Alfred Kuß/Torsten Tomczak

Marketingplanung

Alfred Kuß/Torsten Tomczak

Marketingplanung

Einführung in die marktorientierte Unternehmens- und Geschäftsfeldplanung

3., überarbeitete Auflage

GABLER

Die Deutsche Bibliothek – CIP-Einheitsaufnahme
Ein Titeldatensatz für diese Publikation ist bei
Der Deutschen Bibliothek erhältlich

Prof. Dr. Alfred Kuß ist Univ.-Professor der Betriebswirtschaftslehre, insbesondere Marketing, an der Freien Universität Berlin.

Prof. Dr. Torsten Tomczak ist Ordinarius für Betriebswirtschaftslehre und Marketing sowie Direktor des Instituts für Marketing und Handel an der Universität St. Gallen.

1. Auflage Juni 1998
2. Auflage Februar 2001
3. Auflage Oktober 2002

Lektorat: Barbara Roscher / Jutta Hinrichsen

Der Gabler Verlag ist ein Unternehmen der Fachverlagsgruppe BertelsmannSpringer.
www.gabler.de

Umschlaggestaltung: Ulrike Weigel, www.CorporateDesignGroup.de
Druck und buchbinderische Verarbeitung: Lengericher Handelsdruckerei, Lengerich/Westf.
Gedruckt auf säurefreiem und chlorfrei gebleichtem Papier
Printed in Germany

ISBN 3-409-33683-4

Vorwort zur 3. Auflage

Schon etwa ein Jahr nach dem Erscheinen der 2. Auflage des vorliegenden Lehrbuchs war diese bereits vergriffen. Das war Anlass und Ermunterung genug, eine dritte Auflage vorzubereiten. Dabei ist das – offenbar gut akzeptierte – Konzept des Buchs beibehalten worden: Die zentralen Elemente des Prozesses der Marketingplanung und deren Zusammenhang sollen knapp und leicht verständlich dargestellt werden.

Für die dritte Auflage sind an zahlreichen Stellen Verbesserungen, Aktualisierungen und Ergänzungen vorgenommen worden. Insbesondere ist versucht worden, den Zusammenhang der einzelnen Planungsschritte weiter zu verdeutlichen. Die äusserlich auffallendste Änderung besteht darin, dass – durch «Kästen» gekennzeichnet – eine ganze Reihe von kleinen Fallbeispielen aus der Marketingpraxis sowie einige Zitate führender Marketingexperten eingefügt worden sind, um die verschiedenen Planungsschritte und Ansätze besser zu illustrieren.

Die Fertigstellung der dritten Auflage fällt zeitlich zusammen mit dem Ausscheiden von Prof. Dr. Günther Haedrich aus dem aktiven Hochschuldienst. Da die beiden Autoren ihm fachlich und menschlich viel zu verdanken haben, sei hier die im Vorwort zur ersten Auflage formulierte Widmung erneuert.

Wir danken Herrn Jörg Finsterwalder (St.Gallen), Frau Nadja Barthel (St.Gallen) sowie Herrn Holger Lütters (Berlin) für die redaktionelle Unterstützung bei der Realisierung des Buchs. Frau Barbara Roscher vom Gabler-Verlag hat das Projekt wieder mit ansteckendem Optimismus begleitet.

Beide Autoren sind weiterhin dankbar für kritische Anmerkungen und für Anregungen zur weiteren Entwicklung des Lehrbuchs.

Alfred Kuß (Freie Universität Berlin)
Torsten Tomczak (Universität St.Gallen)

Vorwort zur 2. Auflage

Die erste Auflage des vorliegenden Lehrbuchs hat nach ihrem Erscheinen 1998 recht rasche Verbreitung gefunden, sodass schnell ein erster Nachdruck notwendig wurde. Nachdem auch dieser vergriffen ist, haben wir die Gelegenheit genutzt, um einige Aktualisierungen und Ergänzungen vorzunehmen. Daneben sind – der Grundidee des Buchs folgend – einige Änderungen vorgenommen worden, die im Interesse einer knappen, klaren und leicht verständlichen Darstellung des Prozesses der Marketingplanung liegen. Die wichtigsten Änderungen gegenüber der ersten Auflage seien hier genannt:

1. Kapitel: Erweiterte Darstellung grundlegender Perspektiven des strategischen Marketing
2. Kapitel: Ausführlichere Behandlung der Konkurrenzanalyse
3. Kapitel: Straffere Darstellung der Definition von Geschäfts- und Markttätigkeit; Berücksichtigung neuerer Ansätze beim internationalen Marketing

4. Kapitel: Integration des in St. Gallen entwickelten «aufgabenorientierten Ansatzes»
5. Kapitel: Berücksichtigung der «Balanced Scorecard»

Für Anregungen, Kritik und für Hinweise auf verbliebene Fehler sind wir weiterhin dankbar. Wir danken Frau Nadja Bartel (St.Gallen) und Frau Monika Stuhlmann (Berlin) für die bewährte und tatkräftige Unterstützung bei der Vorbereitung der vorliegenden Auflage des Lehrbuchs.

Prof. Dr. Alfred Kuß, Freie Universität Berlin
Prof. Dr. Torsten Tomczak, Universität St.Gallen

Vorwort zur 1. Auflage

Mit dem vorliegenden Lehrbuch unternehmen wir den Versuch, unterschiedliche und verschiedene Schritte bzw. Ebenen der Marketingplanung betreffende Konzepte und Ansätze in systematischer Weise zusammenzufassen. Maßgeblich ist dafür die Orientierung am (idealtypischen) Ablauf der Marketingplanung. Nach einer Einführung wird zunächst ein Überblick über wichtige Informationsgrundlagen der Marketingplanung gegeben. Es folgen – der Grundidee dieses Buchs entsprechend – Darstellungen der Absatzmärkte und Marketing betreffenden Teile der Unternehmensplanung, der marktorientierten Planung für einzelne Geschäftfelder sowie der Planung des Marketing-Mix. Abschließend werden Grundideen der Implementierung von Marketingplänen und der Kontrolle skizziert.

Sowohl bei der Anlage des Buchs als auch bei der Darstellung von Einzelheiten haben wir uns davon leiten lassen, ein Lehrbuch zu schreiben. Wir haben deswegen im Interesse von Verständlichkeit und Übersichtlichkeit der Darstellungen an zahlreichen Stellen Vereinfachungen von Sachverhalten und auch ein gewisses Maß an Redundanz in Kauf genommen. Im Vordergrund stand das Bestreben, Leserinnen und Lesern das Verständnis des Prozesses der Marketingplanung sowie die Einordnung einschlägiger Ansätze und Hilfsmittel zu erleichtern und einen entsprechenden Überblick zu vermitteln. Hinsichtlich mancher Details (z. B. bezüglich der Instrumente des Marketing) ist sicherlich der Rückgriff auf die jeweilige Spezial-Literatur erforderlich.

Für die tatkräftige Unterstützung bei der Erstellung des Manuskripts bedanken wir uns bei Monika Stuhlmann (Berlin), Eva-Maria Hock und Sabine Dittrich (St.Gallen). Nadja Barthel und Christian Wulle vom Verlag Thexis haben mit viel Geduld und Sorgfalt das Manuskript für den Druck vorbereitet. Auch ihnen sei dafür herzlich gedankt.

In fachlicher und menschlicher Hinsicht sind wir beide durch unseren Lehrer und Freund *Günther Haedrich* wesentlich geprägt worden. Ihm möchten wir dieses Buch in Dankbarkeit widmen.

Prof. Dr. Alfred Kuß, Freie Universität Berlin
Prof. Dr. Torsten Tomczak, Universität St.Gallen

Inhaltsverzeichnis

1. Einführung

1.1 Marketingbegriff

Im vorliegenden Abschnitt soll herausgearbeitet werden, was heute unter dem Begriff Marketing verstanden wird und worin die Besonderheiten des strategischen Marketing bestehen. Im Fortgang dieses Kapitels wird dann überblicksartig auf die Marketingplanung eingegangen, um das Verständnis und die Einordnung der in den folgenden Kapiteln detaillierter behandelten Konzepte zu erleichtern.

Von der Produktions- zur Marketingorientierung

Die Entwicklung von der traditionellen Absatzwirtschaft zum heute gängigen Marketingbegriff soll anhand und als Resultat der Entwicklung der Marktverhältnisse skizziert werden. Dabei wird das, was man heute gemeinhin unter Marketing versteht, in etwas redundanter Weise beleuchtet, um die darin enthaltene Grundidee möglichst deutlich zu machen.

In Übereinstimmung mit führenden Autoren wie Assael (1993) und Nieschlag/Dichtl/Hörschgen (1997) kann man – natürlich in vereinfachender Weise – bestimmte Phasen der Entwicklung des Absatzbereiches identifizieren. Am Anfang stehen Perioden, in denen die Anbieter von Gütern wegen großer Nachfrage und knappen Angebots eine starke Position hatten (Verkäufermärkte). Hier ist an die beginnende industrielle Massenproduktion ab Ende des 19. Jahrhunderts und die Nachkriegszeiten in Deutschland zu denken. Unter den damaligen Bedingungen lag der Schwerpunkt unternehmerischen Handelns hauptsächlich bei der Entwicklung (Rationalisierung) der Produktion und der Beschaffung, weniger beim Absatz, der ja unter jenen Marktverhältnissen kaum Schwierigkeiten bereitete. Man spricht deshalb hier auch von einer Phase der *Produktionsorientierung.* Also unternahm man in der Praxis relativ wenig Anstrengungen im Hinblick auf die Beziehungen des Unternehmens zu den potenziellen Abnehmern. Auch die wissenschaftliche Beschäftigung mit absatzwirtschaftlichen Fragestellungen konzentrierte sich eher auf Probleme der Verteilung von Gütern als auf die Entwicklung von Instrumenten für eine umfassende Absatzpolitik.

Für die neuere Entwicklung des Absatzbereichs ist eine Situation bestimmend, die mit dem Stichwort Käufermarkt gekennzeichnet wird: Käufer mit einem großen Anteil frei verfügbaren Einkommens stehen einem sehr großen und vielfältigen Güterangebot gegenüber, aus dem sie mit relativ hohem Freiheitsgrad auswählen können. Der Anbieter ist also in einer schwächeren Position, weil er im Wettbewerb mit zahlreichen anderen Unternehmen sich an die Wünsche von Käufern, die nicht mehr nur die Befriedigung elementarer Bedürfnisse im Sinn haben, anpassen und diese zu beeinflussen versuchen muss. In der Bundesrepublik Deutschland und in der Schweiz hat es vor allem seit den 60er und 70er Jahren eine solche Situation gegeben. Viele Unternehmen haben in einer Lage, in der der Absatz zum Engpasssektor wurde, die Konsequenz gezogen, ihre gesamten Aktivitäten an den Erfordernissen des Absatzmarktes auszurichten. Man spricht bei einer solchen Politik, auf die noch genauer einzugehen sein wird, von der *Marketingorientierung* eines Unternehmens. Damit ist ein gleichberechtigtes Nebeneinander von Anpassung an Marktbedingungen und aktiver Beeinflussung der Marktbedingungen gemeint.

In der Vergangenheit haben sich zahlreiche kritische Beiträge zum Marketing auf die Frage bezogen, inwieweit man durch die «aktive Komponente» in der Lage ist, Kunden/Konsumenten zu beeinflussen bzw. zu manipulieren. Neuerdings wird diese Fragestellung auch aus einer anderen Perspektive betrachtet: Müssen sich Anbieter «market driven» (Day 1990) verhalten, indem sie sich an (festgelegte, gewissermaßen «gegebene») Wünsche/Präferenzen *anpassen* oder haben sie Spielräume, diese selbst wesentlich zu beeinflussen oder gar zu bestimmen. Carpenter/Glazer/Nakamoto (1997) sprechen bei letzterer Vorgehensweise von «market driving strategies». Zwei Zitate mögen diesen Ansatz illustrieren: «... Untersuchungsergebnisse stellen die bisherigen Sichtweisen zur Entstehung von Wettbewerbsvorteilen ernsthaft in Frage: Wenn Präferenzen nicht festgelegt sind, sondern abhängig sind vom Kontext der Entscheidung, der wiederum teilweise durch die Strategien anderer Anbieter bestimmt ist, und wenn Käufer nicht ihren Nutzen maximieren, sondern unterschiedlichste Entscheidungsstrategien anwenden, die von den Strategien der verschiedenen Anbieter abhängen, dann können die Unternehmen nicht einfach ‹den Kunden geben, was sie wollen›, weil das, was sie wollen, von dem jeweiligen Kontext abhängig ist.» «Wir meinen, wenn Kundenpräferenzen und Entscheidungen kontextabhängig sind, dann besteht ein wichtiges – wenn nicht zentrales – Ziel der Marketingstrategie darin, einen Kontext zu schaffen, um das Umfeld für die Beeinflussung von Präferenzen und Entscheidungen so zu *gestalten,* dass ein dauerhafter Wettbewerbsvorteil entsteht.» (Carpenter/Glazer/Nakamoto 1997, S.XVI/XVII).

Besonders deutlich werden die Unterschiede zwischen Produktions- und Marketingorientierung durch einen Vergleich der traditionellen und der aktuellen Betrachtung des Absatzbereichs.

Traditionell galt der Absatz als letzte Phase des betrieblichen Prozesses, bei dem durch Verwertung/Verkauf von Leistungen Erlöse erzielt werden, die die Existenz des Betriebes sichern und die Fortführung der Produktion ermöglichen. Etwas überspitzt könnte man diese Sichtweise so interpretieren, dass der Absatz hauptsächlich den Zweck hatte, der Fortführung der Produktion zu dienen. Charakteristisch war der Grundgedanke «Absatz = Leistungsverwertung».

Dagegen ist für das Marketing «die bewusst marktorientierte Führung des gesamten Unternehmens oder marktorientiertes Entscheidungsverhalten in der Unternehmung» (Meffert 2000a, S. 8) charakteristisch. Diese Sichtweise wird von vielen Vertretern der Marketingpraxis und -wissenschaft auch mit der (etwas großspurigen) Bezeichnung «Marketing als Führungsphilosophie» versehen. Im Mittelpunkt steht jedenfalls die Ausrichtung des gesamten Unternehmens – einschließlich der Festlegung des Leistungsprogramms – am Absatzmarkt.

Formulierung der zentralen Idee des Marketing bereits 1954 durch den führenden Management-Theoretiker Peter Drucker (Drucker 1954, S. 38)

«Marketing ist so grundlegend, dass es nicht als separate Funktion betrachtet werden kann. ... Es geht um die gesamte Unternehmenstätigkeit betrachtet aus der Perspektive ihres Endergebnisses, d. h. aus der Sicht des Kunden. Zuständigkeit und Verantwortung für Marketing muss deshalb alle Bereiche des Unternehmens durchdringen.»

Diese Idee ist schon frühzeitig (1952!) und klar in einem Bereich von *General Electric* erkannt worden (zitiert nach Kinnear/Bernhardt/Krentler 1995): «Das Marketingkonzept stellt die Verantwortlichen für das Marketing an den Anfang und nicht an das Ende des Produktionsprozesses und integriert Marketing in alle Bereiche des Geschäfts. Deshalb legt das Marketing mit seinen Untersuchungen und Berichten für den Entwicklungsingenieur, die Designabteilung und die Produktion fest, was der Kunde bei einem bestimmten Produkt wünscht, welchen Preis er dafür zahlen will und wo und wann der Bedarf entsteht. Marketing bestimmt die Produktplanung, die Produktionsplanung und die Lagerhaltung genauso wie den Verkauf, den Vertrieb und den Service des Produktes.»

Die Darstellung der bisher skizzierten Positionen wäre unvollständig, wenn nicht noch eine Phase erläutert wird, die zwischen der Produktions- und der Marketingorientierung einzuordnen ist, die Phase der *Verkaufsorientierung.* Dahinter steht die Vorstellung, dass sich in vielen (Verkäufer-)Märkten im Laufe der Zeit durch Sättigungserscheinungen und Substitutionskonkurrenz die Position der Anbieter abschwächt und deshalb besondere Anstrengungen zur Förderung des Absatzes (z. B. verstärkter Außendiensteinsatz, Werbung) notwendig werden. Die Festlegung des Leistungsprogramms ist hier noch nicht direkter Ausfluss absatzwirtschaftlicher Überlegungen, es wird vielmehr versucht, ein gegebenes Angebot möglichst günstig zu «vermarkten». Abbildung 1.1 illustriert die verschiedenartigen Ansätze.

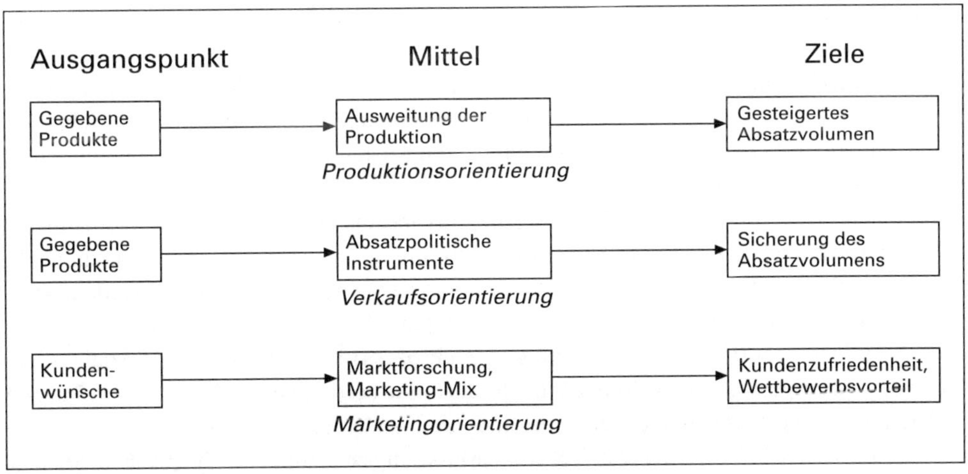

Abb. 1.1: Verschiedene Unternehmensorientierungen

Allerdings bedarf es in diesem Zusammenhang noch einiger erläuternder Bemerkungen:

- Die einzelnen Entwicklungsphasen der Unternehmensorientierung lassen sich historisch weder genau datieren noch exakt voneinander abgrenzen.
- Die dargestellten Entwicklungsphasen sind und waren hauptsächlich in den hochentwickelten Industriegesellschaften zu beobachten.
- Die dargestellte Entwicklung verläuft sicher nicht unabhängig von branchen- oder firmenspezifischen Merkmalen. Während einige Unternehmen beispielsweise aufgrund marktspezifischer Besonderheiten schon marketingorientiert handeln müssen, kann für andere noch (oder wieder) eine Produktionsorientierung zweckmäßig sein. In der Praxis ist zu beobachten, dass sich bei Markenartikelherstellern in Konsumgütermärkten die Marketingorientierung am schnellsten und am weitesten verbreitet hat.
- Die Stichworte Produktions-, Verkaufs- und Marketingorientierung bedeuten natürlich nicht, dass die jeweils anderen Unternehmensfunktionen ganz unwichtig sind. Sie kennzeichnen lediglich bestimmte Schwerpunkte (➔ Engpässe).

Definitionen des Marketingbegriffs

In der folgenden Zusammenstellung finden sich verschiedene Definitionen des modernen Marketingbegriffs. Damit sollen der zentrale Inhalt dieses Begriffs von doch etwas unterschiedlichen Positionen aus beleuchtet und verschiedene relevante Aspekte angesprochen werden. Die Übersicht dient also nicht dazu, die «ideale» Marketingdefinition zum Aussuchen anzubieten, sondern dazu, verschiedene Facetten des Marketingbegriffs darzustellen. Interessant sind dabei nicht zuletzt die beiden Definitionen der American Marketing Association von 1960 und 1985. Während die Definition von 1960 noch deutlich an die Phase der Verkaufsorientierung anknüpft, weist die aktuellere Definition schon über die in diesem Abschnitt diskutierte Sichtweise hinaus.

American Marketing Association 1960: «Marketing ist die Durchführung von Unternehmensaktivitäten, die den Strom von Gütern und Dienstleistungen vom Hersteller zum Konsumenten oder Nutzer leiten.»

American Marketing Association 1985: «Marketing ist der Prozess der Planung und Durchführung der Entwicklung, Preisgestaltung, Verkaufsunterstützung und des Vertriebs von Ideen, Gütern und Dienstleistungen im Rahmen von Austauschbeziehungen, die individuellen und organisationalen Zielen gerecht werden.»

Backhaus (1999, S. 8): «… hat Marketing die Aufgabe, die Funktionen eines Unternehmens auf die (Absatz-)Markterfordernisse auszurichten, um auf diese Weise im Wahrnehmungsfeld der Nachfrager besser als die relevanten Konkurrenzangebote beurteilt zu werden, – mit anderen Worten, um über komparative Konkurrenzvorteile (KKVs) zu verfügen.»

Kotler/Bliemel (2001, S. 12): «Marketing ist ein Prozess im Wirtschafts- und Sozialgefüge, durch den Einzelpersonen und Gruppen ihre Bedürfnisse befriedigen, indem sie Produkte und andere Dinge von Wert erzeugen, anbieten und miteinander austauschen.»

Nieschlag/Dichtl/Hörschgen (1997, S. 13): «Marketing ist ... immer mehr zu einem Schlagwort für eine gewisse Grundhaltung der für ein Unternehmen Verantwortlichen und der in ihm

Tätigen geworden, die sich mit einer konsequenten Ausrichtung aller unmittelbar und mittelbar dem Markt berührenden Entscheidungen an den Erfordernissen und Bedürfnissen der Verbraucher bzw. Bedarfsträger umschreiben lässt ...»

Weinhold-Stünzi (1994a, S. 33): «Marketing ist marktgerichtete und marktgerechte Unternehmenspolitik»

In einigen der vorstehenden Definitionen wird hervorgehoben, dass es beim Marketing im Wesentlichen um die Entwicklung und Förderung vorteilhafter Austauschbeziehungen geht. Diese können sich auf einen Tausch «Ware gegen Geld», aber auch auf einen Austausch «Politische Leistungen gegen Wählerstimmen» oder «Spenden gegen soziale Anerkennung» beziehen. Kotler (1972) spricht in diesem Zusammenhang vom «Generic Concept of Marketing» und meint damit die Übertragung von Ideen und Techniken des Marketing auf Bereiche, die über den Verkauf von Gütern hinausgehen (vgl. dazu auch Kuß 2001).

Austauschbeziehungen außerhalb des kommerziellen Bereichs bei ARTE

In einer Erläuterung im Programmheft des deutsch-französischen Fernsehsenders ARTE vom April 2002 zu einer Sendung über wohltätige Aktivitäten amerikanischer Millionäre steht: «Auch heute werden in den USA – trotz Börsenkrise – neue immense Vermögen geschaffen. Und Philanthropie ist gefragter denn je. Sie ist tief im Bewusstsein der amerikanischen Gesellschaft verankert, ist eine Art Huldigung des der Gründung der USA zugrunde liegenden Individualismus und gleichzeitig Sanktionierung des Kapitalismus. Daraus ist inzwischen ein richtiges Business entstanden, ein System, in dem die einen die anderen umwerben, um deren Geld zu bekommen, und in dem ein florierender Tauschhandel nach dem Motto «Dollar gegen Ehre und Ansehen» stattfindet.»

Merkmale des Marketing

Wenn man die Realisierung des Marketing in verschiedenen Branchen, Situationen, Ländern etc. betrachtet, so sind immer wieder einige ganz typische Merkmale zu finden. Diese sollen im Folgenden skizziert werden, um eine Vertiefung und Abrundung des Verständnisses der Grundideen des Marketing zu erreichen. Abbildung 1.2 gibt einen ersten Überblick über die acht Merkmale.

Von zentraler Bedeutung für das Marketing ist natürlich die *Orientierung an Kundenwünschen.* Damit ist hier ein tief gehendes Verständnis der Bedürfnisse potenzieller Käufer gemeint, das sich in vielen Fällen dadurch ausdrückt, dass die angebotenen bzw. anzubietenden Produkte im Hinblick auf ihre Eignung, Probleme der Kunden zu lösen, betrachtet werden. So besteht das Bedürfnis vieler Kunden von Computerherstellern eben nicht darin, Geräte zu kaufen, die nummerische Operationen konkurrenzlos schnell ausführen können, sondern z. B. darin, Werkzeugmaschinen automatisch zu steuern. Das entsprechende Angebot wäre hier also nicht ein im technischen Sinne besonders leistungsfähiger Rechner, sondern ein komplettes Leistungspaket (Hardware, Software, Service, Schulungen etc.), das der Aufgabenstellung des Kunden gerecht wird.

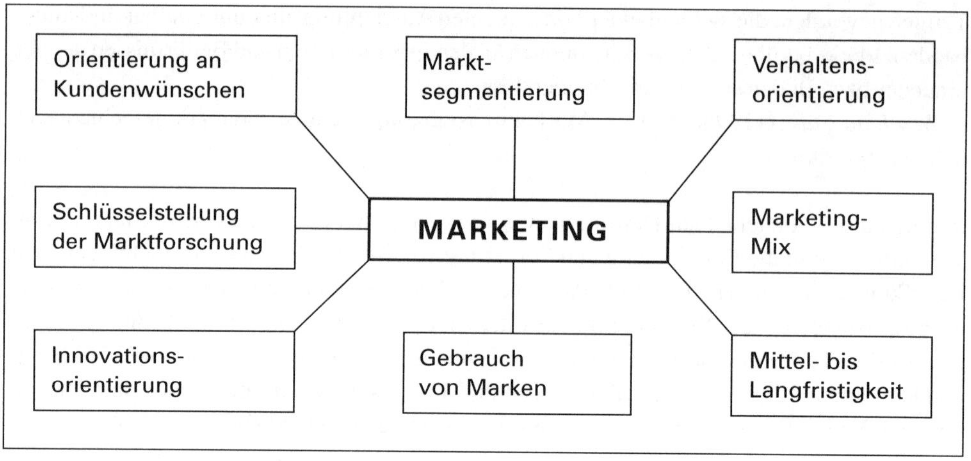

Abb. 1.2: Merkmale des Marketing

Bisher war meist etwas undifferenziert vom Absatzmarkt die Rede. Wenn man aber in hochentwickelten Industriegesellschaften die verschiedensten Märkte betrachtet, so findet man nur noch selten homogene Nachfrage. Typisch ist eher eine mehr oder weniger große Anzahl von Abnehmergruppen mit unterschiedlichen Wünschen. Zum Beispiel findet man nicht «den Automobilkäufer», sondern verschiedene Arten von Autokäufern, die vielleicht hauptsächlich auf Sportlichkeit oder Wirtschaftlichkeit oder Sicherheit Wert legen. Die für das Marketing ganz grundlegende Orientierung am Markt kann also in der Regel nicht undifferenziert erfolgen. Meist ist es notwendig, die potenziellen Abnehmer in Gruppen einzuteilen, die einerseits im Hinblick auf viele relevante Merkmale möglichst homogen und andererseits für ein wirtschaftliches Operieren in diesen Teilmärkten hinreichend groß sind. Diese Aufteilung in Kundengruppen soll es erlauben, sich an deren spezifische Bedürfnisse – möglichst in Abgrenzung zur Konkurrenz – weitgehend anzupassen und «maßgeschneiderte» Beinflussungsstrategien zu entwickeln. Die hier skizzierte, für das Marketing charakteristische Sicht- und Handlungsweise bezeichnet man als *Marktsegmentierung.* Auf diesen wichtigen Gesichtspunkt wird in Abschnitt 3.2.3.3 dieses Buchs noch näher eingegangen.

Der mit der Marktsegmentierung verbundene Aspekt der Ausrichtung auf bestimmte Kundengruppen leitet über zur *Verhaltensorientierung* des Marketing. Zur Bildung dieser Gruppen reicht häufig die Verwendung ökonomischer Merkmale (Einkommen von Konsumenten, Umsatz von Unternehmen etc.) nicht aus. Bei Konsumenten liegt es auf der Hand, dass bei vielen Kaufentscheidungen ökonomische, psychologische und soziologische Variablen zusammenwirken. Wenn man beispielsweise Segmente im Markt für Oberbekleidung bilden will, so darf man wohl neben der Kaufkraft von Konsumenten deren Geschlecht, Alter, Prestigebewusstsein, soziale Beziehungen etc. nicht außer Acht lassen. Auch im Investitionsgütermarketing (bzw. Business-to-Business-Marketing) sind heute verhaltenswissenschaftliche Erkenntnisse unentbehrlich. Man denke nur an die Untersuchung von Kaufentscheidungsprozessen bei komplexen Anlagen, wo Einflüsse zahlreicher beteiligter Personen mit unterschiedlicher Vorbildung, unterschiedlichem Informationsverhalten etc. sowie deren

Interaktionen berücksichtigt werden müssen. Derartige Fragestellungen haben dazu geführt, dass im Marketingbereich seit Mitte der 70er-Jahre verhaltenswissenschaftliche Erkenntnisse wesentliche Bedeutung für Theorie und Praxis erlangt haben.

Alle bisher dargestellten Aspekte der Orientierung am Markt setzen ein umfassendes und leistungsfähiges System der Sammlung und Aufbereitung von Marktinformationen voraus. In der Regel geht eine kontinuierliche Marktbeobachtung (Marktwachstum, Marktanteile etc.) mit sporadischen, gezielten Untersuchungen (Käufertypologien, Präferenzforschung, Werbewirkungstests etc.) einher. Dafür steht mit der Marktforschung inzwischen ein recht umfassendes und bewährtes methodisches Instrumentarium zur Verfügung. Hier sei noch hervorgehoben, dass die Marktforschung nicht nur die Voraussetzungen für die Anpassung des Unternehmens an die Marktbedingungen schafft. Ihr kommt auch eine zentrale Aufgabe bei der Suche nach Aktionsmöglichkeiten für die Beeinflussung der Marktbedingungen und deren Tests zu. Insofern kann man von einer *Schlüsselstellung der Marktforschung* für viele Bereiche des Marketing sprechen. Ein knapper Überblick über die Rolle der Marktforschung im Marketing findet sich im Abschnitt 2.4 dieses Buchs.

Hinsichtlich der Marketingaktivitäten vieler Unternehmen fällt auf, dass meist mehrere Einzelmaßnahmen zugleich eingesetzt werden. Beispielsweise ist im Rahmen der Verkaufsförderung oftmals eine befristete Preissenkung (Sonderpreis) mit besonderen Platzierungen im Handel und Kommunikation (Anzeigen, Handzettel) verbunden. Die Einführung eines neuen Produkts wird häufig durch Werbung und eine Fokussierung der Außendienstanstrengungen begleitet. Diese Beispiele entsprechen der in der Wissenschaft und Praxis fest etablierten Erkenntnis, dass es im Marketing wesentlich auf das *Zusammenwirken von einzelnen Maßnahmen/Instrumenten* ankommt. Dementsprechend ist hier die Koordination von Einzelaktivitäten (und als Voraussetzung dafür die entsprechende Organisation des Marketingbereichs) ein maßgeblicher Erfolgsfaktor. Die Bedeutung des *Marketing-Mix-Konzepts* (vgl. Borden 1964), das die Beachtung des Zusammenspiels verschiedener Maßnahmen beinhaltet, wird schnell deutlich, wenn man sich folgende Beispiele vor Augen führt: Man denke nur an die Erfolgschancen eines neuen qualitativ hochwertigen Produkts des täglichen Bedarfs, das stark beworben und preiswert angeboten wird, bei dem aber der Außendienst nicht rechtzeitig für die Bevorratung des Handels gesorgt hat oder an die Erfolgschancen einer technisch und preislich der Konkurrenz überlegenen Werkzeugmaschine, bei der kein angemessener Service gewährleistet werden kann.

Ein weiteres Merkmal des Marketing ist seine *Innovationsorientierung.* Die Ausrichtung des Leistungsprogramms der Unternehmung an den sich mehr oder weniger schnell ändernden Kundenwünschen hat eben die Konsequenz, dass entsprechend häufig neue Produkte eingeführt oder neue (Teil-)Märkte bearbeitet werden müssen. Hinzu kommt, dass Innovationen bei Produkten, Produktausstattungen, Werbung etc. ein zentrales Mittel sind, um sich von Wettbewerbern abzuheben und potenziellen Abnehmern Vorteile zu bieten, die zu entsprechenden Kaufentscheidungen führen.

Ein Teil der Marketinginstrumente ist nur einsetzbar, wenn Produkte für die Kunden identifizierbar sind (z. B. durch *Marken*). Das gilt wohl vor allem für den kommunikationspolitischen Bereich, der von der Verbindung bestimmter Emotionen mit Produkten durch Werbung bis zu nüchterner Vermittlung technischer Daten reicht. Ohne eine Zuordnung dieser Botschaften zu Produkten mit Hilfe von Marken- oder Firmennamen stoßen derartige Bemühungen ins Leere. Oftmals ist es ein wesentliches Ziel der Marketingmaßnahmen, ein Produkt erst bekannt zu machen und dann auch noch zu profilieren. In der Praxis spricht man dabei auch (etwas überschwänglich) vom «Aufbau von Produktpersönlichkeiten». Der Markenartikelbereich des Konsumgütersektors bietet die meisten und deutlichsten Beispiele für diesen Aspekt.

Als letztes Merkmal soll hier der zumindest *mittelfristige Planungshorizont* des Marketing erwähnt werden. Im Gegensatz zur Phase der Verkaufsorientierung, in der oft die kurzfristige Absatzsteigerung durch Außendienstanstrengungen, Preissenkungen etc. im Vordergrund stand, bedarf es bei der Marketingorientierung eines Unternehmens längerer Zeiträume für die Planung und Realisierung von Maßnahmen. Am Anfang steht ja die sorgfältige Analyse der Absatzmärkte, darauf aufbauend folgt z. B. die Entwicklung geeigneter Produkte und dann vielleicht die Markteinführung. Zwischen der Idee für ein neues Produkt und seiner erfolgreichen Durchsetzung am Markt können Jahre liegen. Typisches Ziel des Marketing ist also eher die dauerhafte Sicherung oder Erschließung von Absatzmärkten durch mittel- und längerfristige Maßnahmen (Produktentwicklung, Aufbau einer Vertriebsorganisation, Werbung etc.) als z. B. die kurzfristige Umsatzsteigerung.

Strategisches Marketing

Man muss an dieser Stelle hinzufügen, dass der bisher charakterisierte Marketingbegriff nicht mehr ganz der aktuellen Entwicklung entspricht. Etwa seit Mitte der 70er-Jahre kann man in einer wachsenden Zahl insbesondere größerer Unternehmen eine Orientierung beobachten, die durch den Begriff *«strategisches Marketing»* gekennzeichnet wird. Diese Tendenz soll hier kurz skizziert werden.

Ebenso wie die eingangs erläuterten drei Phasen der Entwicklung von der Leistungsverwertung zum Marketing als Reaktionen der Unternehmen auf grundlegende Veränderungen der Absatzmärkte zu interpretieren sind, so ist auch das strategische Marketing vor dem Hintergrund wesentlichen Wandels der Marktbedingungen entstanden. Einige der dafür ausschlaggebenden Einflussfaktoren seien hier genannt:

- Schneller technischer Fortschritt und daraus resultierende Verkürzung von Produktlebenszyklen (z. B. bei elektronischen Bauteilen)
- Internationalisierung (bzw. Globalisierung) von Märkten und damit verbundene Intensivierung des Wettbewerbs
- Überangebot und Sättigungserscheinungen in zahlreichen Märkten
- Ressourcenverknappung und Rücksichtnahme auf Umweltprobleme (z. B. in den Bereichen Energie, Chemie, Automobile)
- Verwischung der (bisherigen) Grenzen zwischen Märkten (z. B. bei PCs, Unterhaltungselektronik und Telekommunikation)

Bei derartig veränderten ökonomischen und gesellschaftlichen Bedingungen erscheint das bisher dargestellte Marketingkonzept als zu eng und zu kurzsichtig angelegt. Die Orientierung am Absatzmarkt reicht nicht mehr aus; *langfristige Entwicklungen* der Rahmenbedingungen der Unternehmenstätigkeit (Politik, Gesamtwirtschaft, Wettbewerb etc.) müssen viel stärker in die Planung einbezogen werden. Während man traditionell im Marketing häufig versuchte, in allen bearbeiteten Märkten die eigene Position zu verbessern, sind unter schwierigeren Bedingungen die Unternehmen gezwungen, ihre Ressourcen (Finanzen, Know-how, Außendienstkapazität etc.) konzentriert einzusetzen. *Konzentration der Ressourcen* bedeutet aber, dass man Stagnation oder rückläufige Entwicklungen bei einzelnen Märkten bewusst in Kauf nimmt, um Erfolg in attraktiveren Märkten zu haben.

Zu den entscheidenden Aspekten des Marketing gehört, dass das Leistungsprogramm des Unternehmens Gegenstand absatzmarktorientierter Planung wird. Das kann sich beispielsweise so äußern, dass ein Automobilhersteller festlegen und laufend überprüfen muss, auf welche Marktsegmente (Kleinwagen, Mittelklasse, Großraumlimousinen, Kombis, Luxusautos etc.) seine Modellpalette ausgerichtet sein soll. Selten stand die Frage an, ob er überhaupt weiterhin in der Automobilbranche tätig sein will. Dagegen gehört die naturgemäß sehr langfristig angelegte *Grundsatzentscheidung über die Art der Unternehmenstätigkeit* zum Kern der strategischen Planung.

Beispiele der letzten Jahre zeigen, dass viele Unternehmen hier offenbar eine gezielte Politik betreiben: So hat die Deutsche Bank AG schon 1989 ihre Unternehmenstätigkeit im Bankgeschäft um den Bereich Lebensversicherungen erweitert. Die DaimlerChrysler AG (früher Daimler Benz AG) baute zunächst ihren Konzern durch gezielte Diversifikation (AEG, Dasa, MBB) zu einem Technologie-Konzern um und definiert sich jetzt wieder (enger) als «Mobilitäts-Konzern».

Die Mannesmann AG als Beispiel für die skizzierten Grundsatzentscheidungen über die Art der Unternehmenstätigkeit

Das Jahrzehnte alte Unternehmen der Stahl- und Röhrenbranche trat in den 80er-Jahren in den völlig neuen und andersartigen Markt der mobilen Telekommunikation ein. Innerhalb weniger Jahre wurde dieser Markt zu dem für Mannesmann weitaus wichtigsten und attraktivsten Geschäftsbereich. Der Erfolg dieser Sparte führte letztlich zur Übernahme durch den weltweit operierenden Mobilfunk-Anbieter Vodafone.

Für das strategische Marketing sind drei Fragen grundlegend:

- Auf welchen Märkten bleibt/wird man tätig? (*Wo?* bzw. *Wohin?*)
  (z. B. Eintritt in neue Märkte, Rückzug aus bisherigen Märkten)
- *Wie* erlangt man Wettbewerbsvorteile?
  (z. B. Preisvorteil oder Leistungsvorteil)
- *Wann* wird man in einem Markt tätig?
  (z. B. früher oder später Markteintritt)

Auf diese drei Fragen wird in den folgenden Kapiteln, vor allem im 3. Kapitel, noch ausführlicher eingegangen.

Die Art der Entscheidungen, die im strategischen Marketing zu treffen sind, impliziert schon, dass diese typischerweise auf lange Zeiträume ausgerichtet sind und auf einer hohen Ebene der Unternehmensführung (häufig auf der Geschäftsleitungsebene) getroffen werden. Beachtlich ist noch die mit dem Stichwort «Konzentration der Firmenressourcen» verbundene enge *Verzahnung des Marketing mit anderen Unternehmensfunktionen,* insbesondere der Finanzierung. Dagegen ging man zuvor davon aus, dass sich alle Bereiche den Erfordernissen des Marketing unterzuordnen haben (was gelegentlich wohl auch zu etwas imperialistischem Gehabe der Marketingleute führte).

Typisch für das strategische Marketing ist letztlich noch die ausgeprägte *Orientierung am Wettbewerb mit anderen Anbietern,* die im Hinblick auf Kaufentscheidungen innerhalb der jeweiligen Zielgruppe relevant sind. Die Gewinnung und Verteidigung von Wettbewerbsvorteilen steht im Mittelpunkt der Entscheidungen im Rahmen des strategischen Marketing. Eine grundlegende Unterscheidung gilt *zwei Arten von Wettbewerbsvorteilen:*

- Angebot von Leistungen, die *in der Wahrnehmung der Kunden besser* sind als die von Wettbewerbern (z. B. besserer Service, längere Lebensdauer, gezieltere Ausrichtung auf Kundenwünsche), zu vergleichbaren Preisen oder
- Angebot vergleichbarer Leistungen *zu deutlich niedrigeren Preisen.*

Nach Day (1990, S. 128 ff.) sind für die *Gewinnung von Wettbewerbsvorteilen* überlegene Ressourcen, überlegene Fähigkeiten und überlegenes Management maßgeblich. Beispiele für relevante Ressourcen sind:

- Verfügbarkeit kostengünstiger Produktionsmöglichkeiten
- Kostengünstiger Zugang zu Rohstoffen und Energie
- Vorhandensein eines ausgebauten Vertriebssystems
- Verfügbarkeit finanzieller Mittel
- Verfügbarkeit von Informationen und Informationstechnologie (z. B. Kunden-Datenbanken)
- Etablierte Marken (➔ Goodwill)

Zur Nutzung der Ressourcen für die Gewinnung von Wettbewerbsvorteilen bedarf es bestimmter *Fähigkeiten* des betreffenden Unternehmens. Dazu gehören u. a.:

- spezielle Marktkenntnisse
- Forschungs- und Entwicklungs-Know-how
- Kundenorientierung in allen Unternehmensbereichen
- Fähigkeit zur schnellen Reaktion auf neue Entwicklungen im Absatzmarkt, bei Technologien etc.
- Marketing-Know-how

Mit dem Begriff «Überlegenes Management» in Abbildung 1.3 ist gemeint, dass für die Erringung von Wettbewerbsvorteilen einerseits bestimmte Informationen (z. B. aus der Marktforschung, der Kostenrechnung, der Qualitätskontrolle) den Ausgangspunkt bilden und dass andererseits die Nutzung dieser Informationen zu Maßnahmen führen muss, bei denen Ressourcen und Fähigkeiten des Unternehmens so eingesetzt werden, dass die Leistungen bzw. die dafür verlangten Preise in der Wahrnehmung der Kunden deutlich günstiger sind als die von Konkurrenten. Ist dies der Fall, dann hat der betreffende Anbieter einen *Wettbewerbsvorteil,* und es stellt sich ein *Markterfolg* ein, der verschiedene Ausprägungen haben kann:

- hoher Marktanteil
- starke Kundenbindungen
- hohe Profitabilität

Die durch derartige Markterfolge unmittelbar oder mittelbar entstehenden Erträge und Erfahrungen können genutzt werden, um über den Ausbau von Ressourcen und Fähigkeiten die entstandenen Wettbewerbsvorteile zu sichern und auszubauen. Abbildung 1.3 illustriert diesen Zusammenhang.

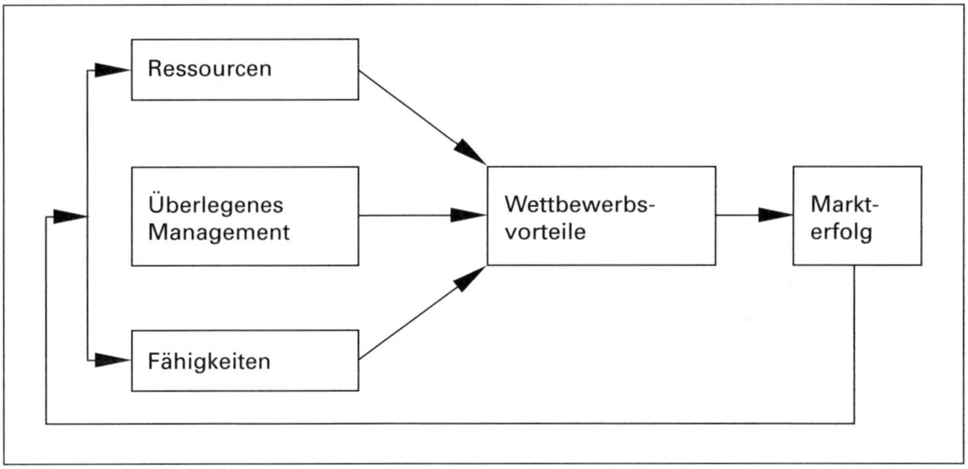

Abb. 1.3: Ursachen und Konsequenzen von Wettbewerbsvorteilen (nach Day, 1990)

Marketing und strategisches Management

Die Diskussion im Feld des strategischen Management wird in den letzten Jahren aus zwei dominierenden Blickwinkeln geführt (vgl. Rasche/Wolfrum 1994; Teece/Pisano/Shuen 1997; Hunt/Lambe 2000): aus einer *Outside-in-Perspektive,* der in erster Linie der «klassische» Marketingansatz und der «Competitive forces approach» zuzuordnen ist (vgl. Porter 1999a), und aus einer *Inside-out-Perspektive,* die weitgehend mit der so genannten «resource based view» gleichzusetzen ist (vgl. Rumelt 1984; Wernerfelt 1984; Prahalad/Hamel 1990). Beiden Perspektiven ist gemeinsam, dass im Zentrum die Frage steht, wie Unternehmen *Wettbewerbsvorteile* erlangen und behaupten können (vgl. Rumelt/Schendel/Teece 1994). Allerdings werden unterschiedliche Wege vorgeschlagen, die teilweise hoch kontrovers zwischen den jeweiligen Vertretern diskutiert werden.

Outside-in-Perspektive

Sowohl der «klassische» Marketingansatz als auch der «competitive forces approach» betrachten primär (aber nicht ausschließlich) Chancen und Risiken, die sich in den Märkten bieten. So orientiert sich der *«klassische» Marketingansatz* an den Bedürfnissen, Problemen, Wünschen, Erwartungen und Forderungen der Kunden (siehe die vorangegangenen Ausführungen). Das unternehmerische Handeln ist an den Marktengpässen auszurichten. Unternehmen, die sämtliche Aktivitäten mit dem Ziel betreiben, den Kundennutzen zu steigern, schaffen die Basis für den Aufbau von Wettbewerbsvorteilen. In jüngerer Zeit haben insbesondere die empirischen Arbeiten von Fritz (1997) und Homburg (2000) den wesentlichen Beitrag der Marktorientierung bzw. Kundennähe zum Unternehmenserfolg belegt. Slater/Narver (1995, S. 67) umschreiben Marktorientierung als «the culture that (1) places the highest priority on the profitable creation and maintenance of superior customer value while considering the interests of other key stakeholders; and (2) provides norms for behavior regarding the organizational development of and responsiveness to marketing information» (vgl. hierzu auch Shapiro 1988; Kohli/Jaworski 1990; Narver/Slater 1990; Deshpandé/Farley/Webster 1993).

Ausgehend von der Erkenntnis, dass eine ausschließliche Orientierung an Kunden und deren Bedürfnissen zu kurz greift, setzte sich – wie oben bereits ausgeführt – ab Anfang der 80er Jahre eine breitere und kompetitivere Orientierung im strategischen Management durch (vgl. Meffert 1994a, S. 4). Im Mittelpunkt des *«competitive forces approach»* von Porter (1999a) steht gemäß der Industrieökonomie entstammenden «Structure-Conduct-Performance»-Hypothese die Branchenattraktivität. Diese wird im Wesentlichen durch die Wettbewerbsintensität determiniert, die wiederum abhängig vom Verhalten der so genannten Wettbewerbskräfte einer Branche (Lieferanten, Kunden, direkte und neue Wettbewerber, Substitutionswettbewerb) ist (vgl. insbesondere Porter 1999a; 1999b). Wettbewerbsvorteile, das heißt Differenzierungs- oder Kostenvorteile, sollen in möglichst attraktiven Märkten angestrebt werden. Eine solche einseitige oder zumindest prioritäre Outside-in-Perspektive wird von den Vertretern der «resourced based view» kritisiert.

Inside-out-Perspektive

Ressourcenorientierten Ansätzen liegt eine inside-out-orientierte Denkhaltung zugrunde, die der Entwicklung und dem effizienten Ausnutzen unternehmensspezifischer Ressourcen («firm specific assets») oberste Priorität einräumt. Der unterschiedliche Erfolg von Unternehmen ist in erster Linie auf ihre verschiedenartige Ressourcenbasis zurückzuführen. Um Wettbewerbsvorteile im Produkt-/Marktwettbewerb zu erringen, sind Wettbewerbsvorteile auf vorgelagerten Ebenen erforderlich. Zentrale Begriffe sind «Intellectual Leadership», Kompetenz- sowie Kernproduktvorteile (vgl. u. a. von Krogh/Rogulic 1996). Beispiele für Ressourcen sind Patente, Marken, Fähigkeiten einzelner Mitarbeiter, Marktanteil, Unternehmensgröße, finanzielle Mittel, Prozess- und Produkttechnologien, Größe der Fabriken, Zugang zu den Beschaffungsmärkten, Distributionssysteme, Servicefähigkeiten etc. (vgl. Grant 1991, S. 118). Wie die Auflistung verdeutlicht, können Ressourcen sowohl materieller als auch immaterieller Natur sein. Zwei Grundannahmen der «Resourced based view» sind hervorzuheben:

- *Prämisse der Ressourcenheterogenität:* Unter dem Begriff Ressourcen werden im Rahmen der «ressource based view» nur solche Inputfaktoren verstanden, die tatsächlich «unternehmensspezifisch», d. h. nicht bzw. nur sehr schwer nachzuahmen sind. Solche Ressourcen zeichnen sich dadurch aus, dass sie einzigartig, nur schwer zu handeln und somit nicht oder nur unter Inkaufnahme von prohibitiven Transaktions- und Transferkosten von einem anderen Unternehmen genutzt werden können. Mit anderen Worten, unternehmensspezifische Ressourcen können im Regelfall nicht gekauft (zumindest nicht losgelöst vom jeweiligen Unternehmen), sondern können nur – teilweise sehr langwierig – entwickelt werden. Typischerweise handelt es sich hierbei häufig um «soft assets» wie Werte, Kulturen und «verborgenes Wissen» (tacit knowledge). Solche unternehmensspezifischen Ressourcen stellen die zentrale Quelle für Wettbewerbsvorteile dar. «Heterogeneity is the most basic condition. It is the sine-qua-non of competitive advantage ... « (Peteraf 1993, S.185).
- *Existenz von Kernkompetenzen («strategische Fähigkeiten»):* Da für sich allein genommen nur wenige Ressourcen produktiv sind, werden im Regelfall mehrere Ressourcen benötigt, um eine Aufgabe oder Aktivität auszuführen. Eine «Capabilitiy» oder auch Kompetenz stellt die Fähigkeit dar, Ressourcen so zu bündeln, dass sie erfolgsträchtig eingesetzt werden können. «A capability is the capacity for a team of resources to perform some task or activity» (Grant 1991, S. 119). Unter «Strategic capabilities» (Grant 1991) werden Fähigkeiten verstanden, die ursächlich für den langfristigen Unternehmenserfolg sind und sich in der Regel dadurch auszeichnen, dass sie mehrere funktionale Capabilities integrieren. So besitzt beispielsweise die Schnellimbiss-Kette McDonald's eine Reihe überragender funktionaler Fähigkeiten in den Gebieten der Produktentwicklung, der Marktforschung, im Personalmanagement, der Finanzsteuerung und im Prozessmanagement. Letztlich entscheidend für den jahrzehntelangen Unternehmenserfolg ist jedoch die strategische Fähigkeit, all diese funktionalen Fähigkeiten derart zu integrieren, dass weltweit in Tausenden von Restaurants mit hoher Konsistenz Produkte und Dienstleistungen auf einem bestimmten Qualitätsniveau angeboten werden können. Prahalad/Hamel (1990) bezeichnen solche strategischen Capabilities als Kernkompetenzen.

Fähigkeit zur Neu- und Weiterentwicklung von Kernkompetenzen («dynamic capabilities»)
Um Wettbewerbsvorteile in einem immer dynamischer und komplexer werdenden Umfeld auf- und ausbauen zu können, reicht es aber nicht aus, bestehende Kernkompetenzen zu verwerten[1]. Vielmehr müssen Unternehmen spezifische Fähigkeiten besitzen, um (Kern-)Kompetenzen neu- und weiterentwickeln zu können. Teece/Pisano/Shuen (1997) sprechen in diesem Zusammenhang von *«dynamic capabilities».* Um den Herausforderungen einer sich wandelnden Umwelt begegnen zu können, müssen Unternehmen vor allem fähig sein, interne und externe (Kern-) Kompetenzen zu integrieren, zu adaptieren und zu rekonfigurieren (neu herauszubilden).

1 Die Grundidee, dass sich der Auf- und Ausbau von Wettbewerbsvorteilen letztendlich nicht nur auf die Verwertung von bereits existierenden Kernkompetenzen stützen kann, sondern vor allem auch der Neu- und Weiterentwicklung von Kernkompetenzen bedarf, wurde schon in den ersten Veröffentlichungen zur «resource based view» – allerdings nur ansatzweise – diskutiert (vgl. Penrose 1959; Teece 1982; Wernerfelt 1984). Mit Teece/Pisano/Shuen (1997) kann festgestellt werden, dass erst in jüngerer Vergangenheit eine vertieftere Auseinandersetzung mit der Frage des Erneuerns von Kompetenzen begonnen hat.

Quantität und Qualität der Kompetenzfelder, die von einem Unternehmen grundsätzlich erschlossen werden können, sind allerdings aufgrund der «Geschichte» eines Unternehmens limitiert. «At any given point in time, firms must follow a certain trajectory or path of competence development» (Teece/Pisano/Shuen 1997, S. 515). Die Wahlmöglichkeiten werden zum einen durch in der Vergangenheit entwickelte Ressourcen und Kompetenzen («position») und zum anderen durch so genannte «path dependencies» eingeengt. Unter letzteren ist der zukünftige Evolutionspfad eines Unternehmens zu verstehen, der insbesondere aufgrund eines nur begrenzten «Lernpotenzials» jedes Unternehmens schon in Teilen vorgezeichnet ist. «If too many parameters are changed simultaneously, the ability of firms to conduct meaningful natural quasi experiments is attenuated» (Teece/Pisano/Shuen 1997, S. 523).

Die Fähigkeiten zur Neu- und Weiterentwicklung von Kompetenzen sind in unterschiedliche organizationale Prozesse eingebettet. Drei Typen von Management- bzw. Organisationsprozessen lassen sich unterscheiden:

- Routinen, die interne, aber auch externe Aktivitäten (Kooperationen) effizient und effektiv integrieren (statisches Konzept),
- Lernprozesse, die der Verbesserung von Routinen dienen (dynamisches Konzept) sowie
- Prozesse, die Ressourcen und Kompetenzen rekonfigurieren (Transformationskonzept).

Um nachhaltig überlegene Wettbewerbspositionen auf- und ausbauen zu können, spielen in diesem Sinn Routine-, Lern-, und Transformationsprozesse eines Unternehmens eine zentrale Rolle.

Zusammenfassung

Ausgehend von unterschiedlichen Ausgangspunkten setzten sich Outside-in- und Inside-out-Perspektive mit derselben Aufgabenstellung auseinander: dem Auf- und Ausbau von Wettbewerbsvorteilen. Beide Perspektiven liefern zum einen wertvolle Einsichten zum Zustandekommen und Behaupten von Wettbewerbsvorteilen, weisen zum anderen aber auch eine gewisse Einseitigkeit in der Argumentation auf. Vereinfacht dargestellt, sagt die Outside-in-Perspektive: Suche einen attraktiven Markt und verschaffe dir dann die erforderlichen Ressourcen, um in diesem Markt Wettbewerbsvorteile zu erlangen. Die Inside-out-Perspektive argumentiert spiegelbildlich: Identifiziere deine Kernkompetenzen und wähle dann die Märkte aus, in denen sich deine Ressourcen am effektivsten verwerten lassen. Der Unterschied beider Perspektiven liegt im Wesentlichen in der Priorisierung: In einem Fall ist in erster Linie die Attraktivität des Markts und im anderen die Spezifität der Ressourcen ursächlich für das Erzielen von Wettbewerbsvorteilen. Wernerfelt, einem der profiliertesten Vertreter der «resource based view», kann daher zugestimmt werden, wenn er feststellt: «Strategies which are not resource-based are unlikely to succeed (...). This is so obvious that I suspect that we soon will drop the compulsion to note that an argument is «resource-based». Basing strategies on the differences between firms should be automatic, rather than noteworthy.» (Wernerfelt 1995, S. 173)

Aus einer Outside in-Perspektive kann allerdings mit derselben Logik formuliert werden, dass Strategien, die nicht «market-based» sind, mit hoher Wahrscheinlichkeit nicht erfolgreich sein werden. Zudem benötigen Unternehmen auch eine Ausrichtung, wenn sie ihre Kernkompetenzen im Sinne des *Dynamic Capabilities-Ansatzes* neu- bzw. weiterentwickeln wollen bzw. aufgrund von Umweltveränderungen müssen. Damit ist insbesondere die Orientierung an attraktiven Branchen bzw. Märkten gemeint.

Im Übrigen wurde die hier vertretene Sichtweise in der deutschsprachigen betriebswirtschaftlichen Literatur schon immer hervorgehoben, wenn auch die verwendeten Terminologien voneinander abweichen. Nach Gälweiler (1990) ergeben sich strategische Erfolgspotenziale aus der Gegenüberstellung von Konstellationen des Markts und internen Faktoren eines Unternehmens. Auch Kirsch (1991, S. 17) betont das Zusammenwirken der beiden Arten als eine strukturelle Vorbedingung für den Erfolg: «Um eine Erfolgswirkung zu entfalten, müssen unternehmerische Fähigkeiten und Ressourcen, die mit marktlichen Chancen korrelieren, in Wettbewerbsvorteile aus der Sicht der Kunden transformiert werden».

Müller-Stewens/Lechner (1999) benutzen in diesem Zusammenhang die Begriffe Fähigkeiten (interne Perspektive, Ressourcen) und Potenziale (externe Perspektive, Einsatzmöglichkeiten der Fähigkeiten). Im Rahmen des St.Galler Management-Konzepts unterscheidet Bleicher (1996) Technologie-, Markt(beziehungs)- und Management- bzw. Humanpotenziale als jene Erfolgspotenziale, die die Unternehmensentwicklung nachhaltig beeinflussen. Technologie- und Humanpotenziale können als Ressourcen-, Marktpotenziale als Kundenpotenziale verstanden werden.

1.2 Der Prozess der Marketingplanung im Überblick

Im vorliegenden Abschnitt soll versucht werden, die zentralen Bestandteile der Marketingplanung, die marktorientierte Unternehmens- und Geschäftsfeldplanung sowie die Planung des Marketing-Mix zu charakterisieren und abzugrenzen. Dabei kann an die Erörterung des strategischen Marketing auf den vorhergehenden Seiten angeknüpft werden.

Ähnliche Unterscheidungen nehmen die meisten Autoren vor, allerdings werden in diesem Zusammenhang unterschiedliche Termini verwendet: So sprechen Kotler/Bliemel (2001, S. 107) vom strategischen und taktisch-operativen Teil der Marketingplanung; Assael (1993) unterscheidet zwischen Marketingstrategien und Entwicklung des Marketing-Mix, wobei mit letzterem die Festlegung des Einsatzes von Marketinginstrumenten für ein bestimmtes Produkt gemeint ist. Kerin et al. (1990, S. 5) trennen in analoger Weise zwischen strategischer *Markt*planung und strategischer *Marketing*planung. Steinmann/Schreyögg (2000) stellen die Unternehmensgesamt-Strategie, die sich auf den Mix von Geschäftsfeldern bezieht, der Geschäftsfeld-Strategie gegenüber, innerhalb derer die Vorgehensweise bei einem einzelnen Geschäftsfeld festgelegt ist.

In Abbildung 1.4 wird ein erster Überblick über Ablauf und Zusammenhänge der Marketingplanung gegeben. Diese ist in drei große Bereiche unterteilt:

Die *marktorientierte Unternehmensplanung* basiert auf allgemeinen Zielen und Grundsätzen des Unternehmens sowie Informationen über die Umwelt des Unternehmens, Bran-

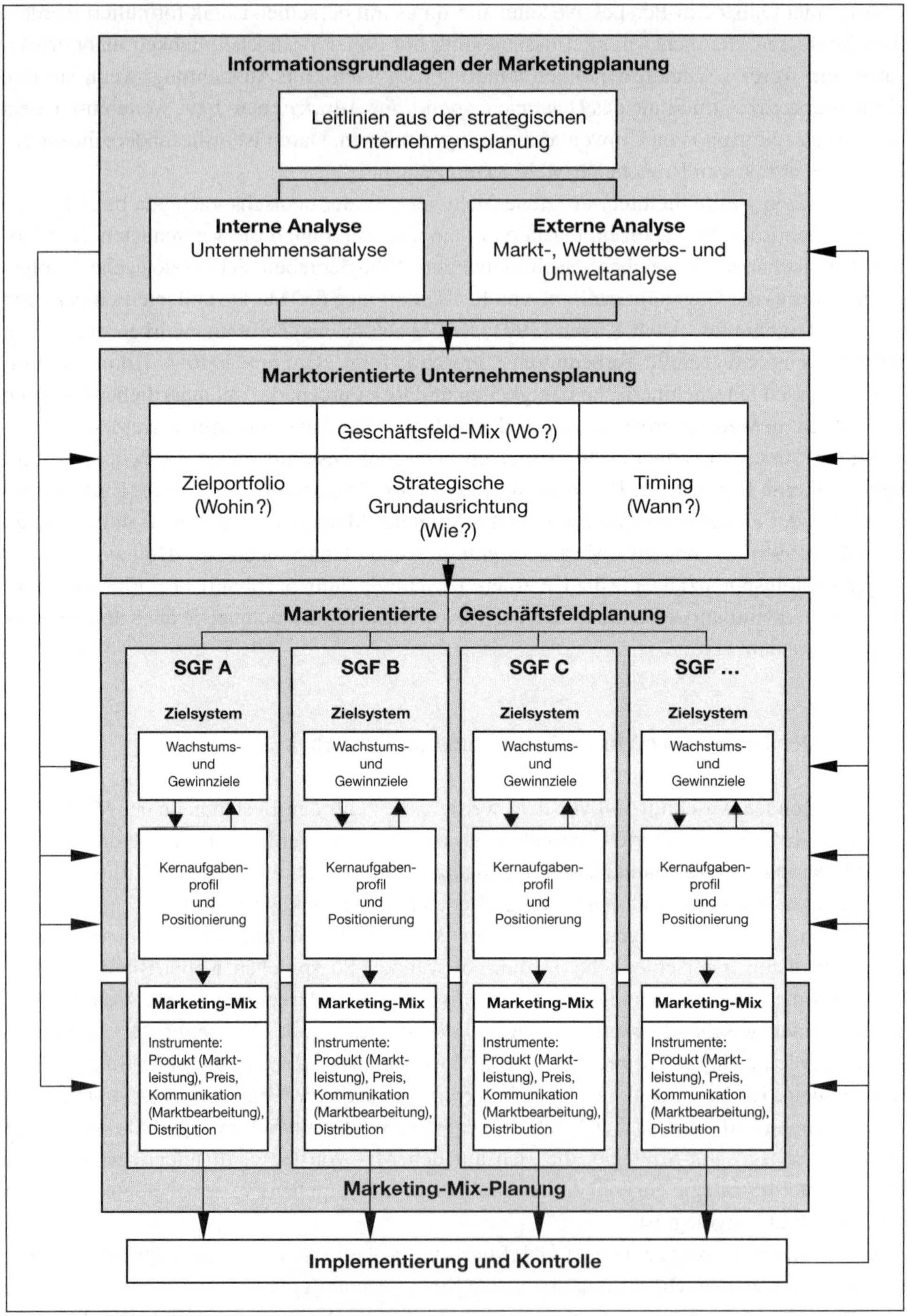

Abb. 1.4: Der Prozess der Marketingplanung im Überblick

chen, einzelne Märkte und die Position des Unternehmens in diesem Umfeld. Das Ergebnis dieser Planungsphase sind Entscheidungen über die verschiedenen Geschäftsfelder (z. B. Markteintritt, angestrebtes Wachstum, Rückzug aus dem Markt) und damit verbundene Festlegungen hinsichtlich strategischer Grundausrichtungen (z. B. «technisch führender Anbieter sein», «preiswerter Massenanbieter sein») und zeitlicher Aspekte (z. B. Markteintritt als erster: Pionier). Es werden also für die Elemente eines (angestrebten) Geschäftsfeld-Mix die bereits oben erwähnten Fragen «Wo?», «Wie»? und «Wann?» beantwortet.

Ein Beispiel für eine solche Planung eines der Geschäftsfelder könnte beispielsweise lauten: Eine Brauerei möchte mit einer Marke im deutschen Braumarkt (Wo?) im Segment der hochprozentigen Premium-Biere (Wie?) innerhalb von fünf Jahren (Wann?) Marktführer werden. Daraus ist erkennbar, dass hier für diese Geschäftsfelder Ziele festgelegt werden, an denen sich dann der nächste Teil des Planungsprozesses orientiert.

Die *marktorientierte Geschäftsfeldplanung* bezieht sich nicht mehr auf die Gesamtheit von Geschäftsfeldern (Mix), sondern erfolgt für jedes Geschäftsfeld separat. Hier werden die jeweiligen Ziele detailliert und konkretisiert, das Kernaufgabenprofil (siehe Abschnitt 4.3) und die Positionierung (d.h. die angestrebte Wahrnehmung der Produkte im Wettbewerbsumfeld vonseiten der Kunden; siehe dazu Abschnitt 4.4) festgelegt, und Richtlinien für den Einsatz der Marketing-Instrumente (z. B. Verfolgung einer Präferenzstrategie mit anspruchsvollen Marken, starker Kommunikation und Vertrieb über qualifizierten Fachhandel) bestimmt. Damit ist dann der Rahmen abgesteckt für die kürzerfristig erfolgende und kürzerfristig veränderbare Planung einzelner Maßnahmen und deren Abstimmung und Zusammenwirken (Marketing-Mix).

Bei der *Marketing-Mix-Planung* geht es also um die Entwicklung von Maßnahmen, Prüfung/Test von Alternativen (z. B. Auswahl von Werbebotschaften und -mitteln) sowie das komplexe Problem der Zusammenfügung verschiedener Einzelmaßnahmen zu einem Marketing-Mix.

Nach den Planungsschritten von recht allgemeinen Zielen und Informationen bis zu konkreten Maßnahmen erfolgt deren *Implementierung* und die *Kontrolle* mit den entsprechenden Rückkopplungen zu den einzelnen Schritten des Planungsprozesses. Implementierung und Kontrolle werden im Rahmen des vorliegenden Buchs (*«Marketingplanung»*) nur knapp skizziert.

Einige wichtige Unterschiede der drei Teile der Marketingplanung sind in Abbildung 1.5 zusammenfassend dargestellt.

	Marktorientierte Unternehmensplanung	Marktorientierte Geschäftsfeldplanung	Marketing-Mix-Planung
Planungseinheit	Geschäftsfeld-Mix (➔ gesamtes Unternehmen)	einzelnes Geschäftsfeld	einzelne(s) Produkt(e), Marke, Kundengruppe
Markt	freie Auswahl von Märkten	Auswahl von Segmenten/Zielgruppen	als gegeben angesehen
Ziele, Erfolgskriterien	Gewinn, Shareholder value, Unternehmenswachstum	Cash flow und Umsatzentwicklung von Geschäftsfeldern	Deckungsbeitrag einzelner Produkte und Kundengruppen, Marktanteil
Wettbewerb	durch Einsatz aller Ressourcen und Fähigkeiten des Unternehmens	durch Leistungs- oder Kostenvorteile gegenüber Wettbewerbern bzw. Abhebung von Wettbewerbern	durch bessere wahrgenommene Befriedigung von Kundenwünschen über das Marketing-Mix
Planungshorizont	langfristig (5-10 Jahre)	mittelfristig (3-5 Jahre)	kurz- bis mittelfristig (0,5-3 Jahre)

Abb. 1.5: Drei Teile der Marketingplanung

Der Marketing-Mix

Im Zusammenhang mit der Planung des Marketing-Mix sollen hier noch kurz die gängigen Instrumente des Marketing charakterisiert werden.

In Wissenschaft und Praxis hat sich bekanntlich eine Vierteilung des Marketinginstrumentariums durchgesetzt. Lediglich bei der Benennung der vier Bereiche sowie der Zuordnung einiger (weniger) Instrumente zu diesen Bereichen gibt es zwischen den verschiedenen Autoren kleinere Abweichungen. Im vorliegenden Lehrbuch wird von

- Produkt- und Sortimentspolitik bzw. Marktleistungsgestaltung,
- Preis- und Kontrahierungspolitik bzw. Preisgestaltung,
- Kommunikationspolitik bzw. Marktbearbeitung,
- Distributionspolitik bzw. Vertriebspolitik

gesprochen. Einzelne dieser Bereiche umfassen zwar Instrumente, die man bei strenger Betrachtung nicht den jeweiligen Bezeichnungen unterordnen würde, die Bezeichnungen haben sich aber eingebürgert und charakterisieren treffend zumindest den Kernbereich der verschiedenen Marketinginstrumente.

Im Marketing ist ein umfassender Produktbegriff, der Sachgüter, Dienstleistungen, Rechte und Kombinationen davon beinhaltet, üblich geworden. Der Begriff *Produktpolitik* (bzw. Marktleistungsgestaltung) umfasst weiterhin Maßnahmen, die in engem Zusammenhang mit dem Produkt stehen, z. B. Verpackung, Service, Garantieleistungen. Letztlich gehören dazu auch Maßnahmen im Sortimentsbereich, also Entscheidungen über die Art und Anzahl angebotener Produkte.

Die *Preispolitik* hat vor allem die Planung und Durchsetzung der für die eigenen Produkte zu erzielenden Preise zum Gegenstand. Eng verbunden mit der Festsetzung des Preises und deswegen ebenfalls der Preispolitik zugeordnet sind die Konditionen (Rabatte, Zahlungsbedingungen) und die Absatzfinanzierung.

Der Begriff *Kommunikationspolitik* kann für den unbefangenen Betrachter etwas verwirrend sein. Im Marketing geht es nämlich nicht primär um einen Austausch von Informationen, Meinungen etc., sondern hauptsächlich um die einseitige Beeinflussung von Nachfragern durch Anbieter. Erst durch die Ausbreitung der Internet-Nutzung haben sich die Möglichkeiten zur Interaktion in der Marketing-Kommunikation deutlich ausgeweitet. Das bekannteste kommunikationspolitische Instrument ist die Werbung. Die Verkaufsförderung umfasst eine Vielzahl von Techniken zur Beeinflussung von Absatzmittlern (Handel, Außendienst) und von Konsumenten am Ort des Verkaufs (point of purchase). Das dritte besonders wichtige Instrument der Kommunikationspolitik ist die Öffentlichkeitsarbeit (Public Relations).

Die *Distributionspolitik* beinhaltet Entscheidungen, die den Weg eines Produkts vom Anbieter zum Endabnehmer betreffen. Damit ist einerseits die eigene Vertriebsorganisation von Unternehmen sowie die Einschaltung von Absatzmittlern und andererseits der auch mit dem Stichwort Marketinglogistik bezeichnete physische Weg des Produkts zum Kunden gemeint. Die wesentlichen Probleme der Marketinglogistik betreffen Lagerhaltung und Transport von Produkten sowie die Standortwahl. Im vorliegenden Buch wird auch der persönliche Verkauf der Vertriebspolitik zugerechnet, obwohl manche bedeutende Autoren darin eher ein kommunikationspolitisches Instrument sehen.

Die hier vorgenommene Charakterisierung der vier genannten Bereiche als Instrumente des Marketing unterstreicht den im vorigen Abschnitt skizzierten *Bedeutungswandel des Absatzbereichs.* In Zeiten der Produktionsorientierung von Unternehmen war die Entscheidung über Produkte und Sortimente nicht Gegenstand absatzwirtschaftlicher Überlegungen. Unter diesen Bedingungen war die entscheidende absatzpolitische Aktionsvariable der Preis. Mit der Phase der Verkaufsorientierung kamen die Kommunikationspolitik und vertriebliche Anstrengungen zur Unterstützung des Absatzes eines vorgegebenen Leistungsprogramms der Unternehmen hinzu. Erst unter dem Vorzeichen des Käufermarkts, der zu einer Marketingorientierung vieler Unternehmen führte, kann man die vier Bereiche (Produkt, Preis, Kommunikation und Distribution) als mehr oder minder gleichgewichtige Instrumente des Marketing ansehen.

Ablauf der Marketingplanung und Aufbau dieses Lehrbuchs

Planungsprozesse im Marketing sind typischerweise durch große Komplexität gekennzeichnet. Eine Vielzahl unterschiedlicher Informationen muss verarbeitet werden, kreative und analytische Tätigkeiten müssen miteinander verknüpft werden und zahlreiche Rückkopplungen und Querverbindungen überlagern den Planungsprozess. Dennoch lassen sich einige grundlegende Schritte der Marketingplanung und eine logische Abfolge dieser Schritte identifizieren. Eine weitere Annäherung an das Verständnis dieses Prozesses soll durch das in Abbildung 1.6 enthaltene Schema erreicht werden.

Dieses zeigt die schrittweise Entwicklung und Konkretisierung einer Marketingstrategie und die Zuständigkeiten verschiedener Management-Ebenen. Aus einer grundlegenden, langfristig orientierten Unternehmensstrategie (z. B. Wachstum im bisherigen Tätigkeitsbereich, Wachstum und Existenzsicherung durch Diversifikation) werden Entscheidungen über die Entwicklung von Geschäftsfeldern abgeleitet. Ergebnis dieses Teils der Marketingplanung ist also eine Geschäftsfeld-Mix-Strategie. In den nächsten Schritten folgen dann die Festlegung der Marketingziele, der Positionierung und der Marketingstrategie. Auf dieser Basis wird ein Marketing-Mix entwickelt, das die Realisierung der in den bisherigen Schritten der Marketingplanung für Produkte und Geschäftsfelder gesetzten Ziele ermöglicht. Als letzter Schritt ist der Einsatz des Marketing-Mix im Absatzmarkt eingezeichnet (Implementierung). Die Reaktionen des Markts sind der Ausgangspunkt für die operative Kontrolle; die strategische Kontrolle bezieht sich auf die Zielerreichung bei den verschiedenen Produkten und Geschäftsfeldern.

Abbildung 1.6 zeigt auch, dass die Festlegung von Unternehmensstrategie und marktorientierter Unternehmensplanung weitgehend Sache der Unternehmensleitung ist. Die Entwicklung und Realisierung des Marketing-Mix liegt dagegen hauptsächlich beim Produkt- und Vertriebs-Management. Die Verbindung zwischen diesen beiden Bereichen stellt eine mittlere Management-Ebene – hier Sparten-Management genannt – her, die für bestimmte Geschäftsfelder zuständig ist.

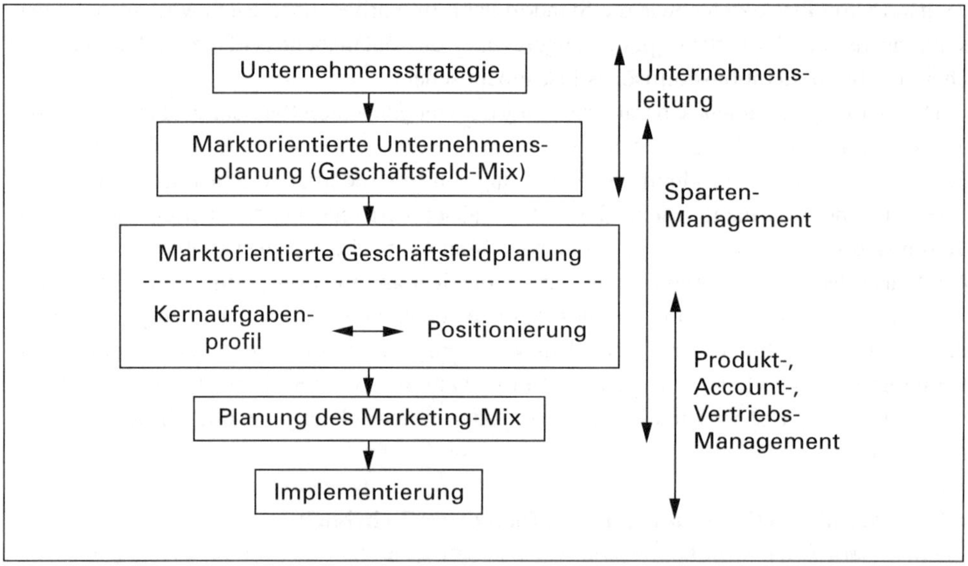

Abb. 1.6: Planungsphasen und Management-Ebenen

Im vorliegenden Lehrbuch wird von dieser groben Struktur der Marketingplanung ausgegangen: Am Anfang (Kapitel 2) stehen die Ausgangsbedingungen der Planung. Darunter kann man sich u.a. die analysierten Umwelt- und Wettbewerbskräfte vorstellen. Darauf aufbauend werden die zentralen Festlegungen durch die Beantwortung der schon erwähnten drei Grundfragen der marktorientierten Unternehmensplanung getroffen:

- Auf welchen Märkten bleibt oder wird ein Unternehmen tätig?
  «Wo? bzw. Wohin?» (Kapitel 3.2, 3.3)
- Welches ist die Grundausrichtung der Marketingstrategie?
  «Wie?» (Kapitel 3.4)
- Zu welcher Zeit wird ein Unternehmen in den verschiedenen Märkten tätig?
  «Wann?» (Kapitel 3.5)

Das Ergebnis dieser Überlegungen schlägt sich in Marketingzielen und Positionierungen für die verschiedenen Produkte bzw. Geschäftsfelder nieder (Kapitel 4). Darauf aufbauend wird der Marketing-Mix entwickelt (Kapitel 5). Am Ende (Kapitel 6) werden Implementierung und Kontrolle erörtert.

Literaturempfehlungen zum 1. Kapitel

BACKHAUS, K. (1999): Industriegütermarketing, 6. Aufl., München.

BELZ, CHR. (1998): Akzente im innovativen Marketing, St.Gallen/Wien.

BRUHN, M. (2001): Marketing, 5. Aufl., Wiesbaden.

DICHTL, E. (1994): Strategische Optionen im Marketing, 3. Aufl., München.

HAEDRICH, G./TOMCZAK, T. (1996): Strategische Markenführung, 2. Aufl., Bern/Stuttgart.

KLEINALTENKAMP, M./PLINKE, W. (Hrsg.) (2000): Strategisches Business-to-Business Marketing, Berlin u. a. O.

KOTLER, P./BLIEMEL, F. (2001): Marketing-Management. Analyse – Strategie – Implementierung, 10. Aufl., Stuttgart.

MEFFERT, H. (1994a): Marketing-Management, Wiesbaden.

NIESCHLAG, R./DICHTL, E./HÖRSCHGEN, H. (1997): Marketing, 18. Aufl., Berlin.

STEFFENHAGEN, H. (2000): Marketing – Eine Einführung, 4. Aufl., Stuttgart.

WEINHOLD-STÜNZI, H. (1994a): Marketing In 20 Lektionen, 27. Aufl., St.Gallen.

2. Informationsgrundlagen der Marketingplanung

Überblick

Im vorliegenden Kapitel soll ein Überblick über wichtige Informationsgrundlagen der Marketingplanung gegeben werden. Die Fülle und Vielfalt entsprechender Quellen, «Gesetzmäßigkeiten» und Methoden soll durch die folgende Ordnung, die sich auch in der Gliederung dieses Kapitels niederschlägt, überschaubarer gemacht werden:

- Informationen allgemeiner Art (also nicht branchen- oder unternehmensspezifisch), die für die Marketingplanung relevant sind (z. B. Produktlebenszyklus, Erfahrungskurveneffekt)
- Informationen, die die jeweilige Branche und die Entwicklung der Unternehmensumwelt betreffen (z. B. Wettbewerbsverhältnisse in der Branche, Hinzukommen ausländischer Wettbewerber durch Abbau staatlicher Handelsbarrieren)
- Informationen, die die Position des jeweiligen Unternehmens im Wettbewerb betreffen (z. B. Stärken und Schwächen des Unternehmens)
- Informationen, die einzelne Produkt-Märkte und Instrumente des Marketing betreffen (z. B. Absatzprognose für neue Produkte, Ergebnisse von Werbepretests)

2.1 Allgemeine Grundlagen der Marketingplanung

2.1.1 Produktlebenszyklus

Der *Produktlebenszyklus* (PLZ) hat natürlich zunächst Bedeutung im Rahmen der Produktpolitik, bestimmt aber auch in starkem Maße Überlegungen im Rahmen der strategischen Marketingplanung. Sein Name weist schon auf ein entscheidendes Merkmal des PLZ hin: Es geht hier um eine dynamische Betrachtung. Im Mittelpunkt steht also nicht die Analyse der Situation eines Produkts zu einem Zeitpunkt (z. B. dessen Marktanteil), sondern die Analyse von Veränderungen im Zeitablauf (z. B. Wachstum des Marktanteils).

Den in der Literatur diskutierten unterschiedlichen Darstellungen des PLZ liegen meist die folgenden Annahmen zugrunde (vgl. Day 1986, S. 59):

- Die Existenz von Produkten am Markt ist *zeitlich begrenzt.*
- Die Entwicklung der Verkaufszahlen hat einen *S-förmigen Verlauf* bis zum Erreichen einer gewissen Sättigung und folgendem Rückgang.
- Bestimmte *markante Punkte* der Lebenszykluskurve (z. B. Wendepunkte) werden oftmals zur Identifizierung und Abgrenzung bestimmter Phasen verwendet, wobei zumindest die Phasen Einführung, Wachstum, Reife und Rückgang unterschieden werden.
- Die einem Produkt zuzuordnenden Deckungsbeiträge steigen in den frühen Phasen des PLZ und fallen später.

Natürlich gibt der Lebenszyklus keinen fest vorgegebenen Verlauf der Umsatzentwicklung eines Produkts an. Dann wären ja Marketing-Aktivitäten überflüssig bzw. sinnlos. In vielen Darstellungen wird deshalb die Möglichkeit der Verlängerung des PLZ durch unterschiedliche Marketing-Maßnahmen explizit berücksichtigt. Eine einfache Darstellung eines PLZ mit vier Phasen findet sich in Abbildung 2.1.

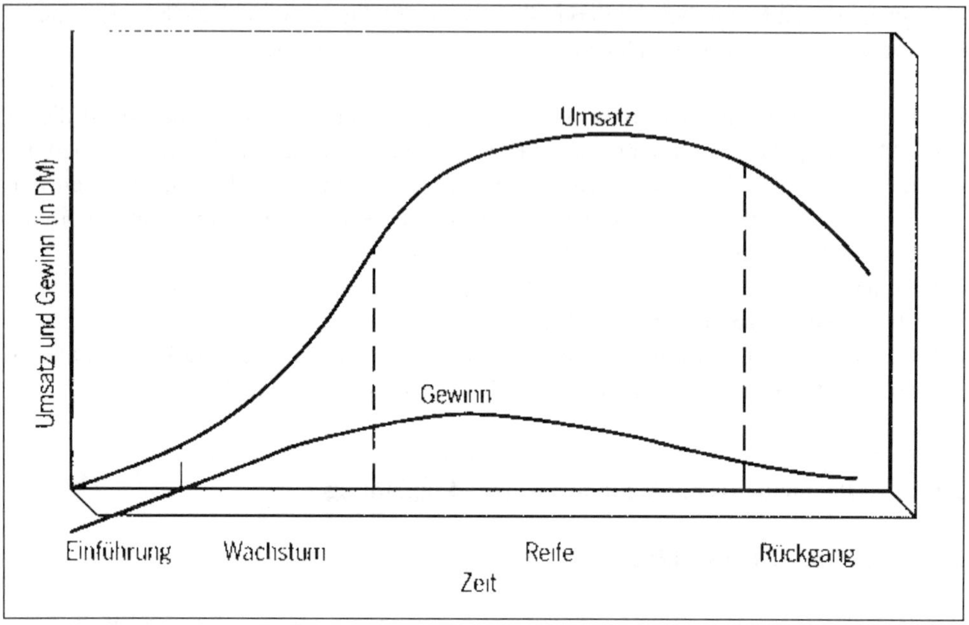

Abb. 2.1: Umsatz- und Gewinnverlauf im Lebenszyklus (Kotler/Bliemel 2001, S. 574)

Die Phasen des Produktlebenszyklus

In der *Einführungsphase* eines Produkts muss man mit relativ niedrigen Umsätzen beginnen, da das Produkt noch nicht hinreichend bekannt und der Vertrieb erst im Aufbau begriffen ist. Dadurch fallen hohe Kosten für Werbung und Vertrieb sowie relativ hohe Produktionskosten an. In Verbindung mit geringen Umsätzen ergibt das negative Deckungsbeiträge.

Die Schnelligkeit der Ausbreitung eines neuen Produkts und damit die Dauer der Einführungsphase hängen u. a. ab von

- der Größe des durch die Kunden wahrgenommenen Vorteils des neuen Produkts gegenüber existierenden Produkten
- der Unsicherheit der potenziellen Käufer hinsichtlich der Funktionserfüllung des neuen Produkts (wahrgenommenes Risiko)
- der Bindung der Kunden an bisherige Produkte bzw. deren Lieferanten
- dem Informationsstand der potenziellen Kunden hinsichtlich des neuen Produkts und seiner Vorzüge
- der Erhältlichkeit des neuen Produkts (Distributionsgrad)

Aus diesen genannten Aspekten lassen sich auch Ansatzpunkte für die erfolgreiche Gestaltung der Einführungsphase bzw. für deren Verkürzung ableiten.

In der *Wachstumsphase* beginnen die Marketing-Maßnahmen «zu greifen», die Umsätze steigen stark an und die Deckungsbeiträge erreichen schnell den positiven Bereich, nicht zuletzt auch, weil der Wettbewerb sich erst gegen Ende der Wachstumsphase verschärft.

Bei der Ausbreitung neuer Technologien spielt es oft eine wichtige Rolle, dass sich in dieser Phase Standards herausbilden. Ein Musterbeispiel dafür ist die Ausbreitung von PCs Anfang der 80er-Jahre. Nachdem in der Einführungsphase unterschiedliche Hardware und Betriebssysteme sowie die ungewissen Überlebenschancen kleiner innovativer Anbieter Unsicherheit bei den potenziellen Anwendern schufen, hat sich dieses nach der Durchsetzung des von der IBM gesetzten Standards grundlegend geändert. Mit einer solchen Produkt-Standardisierung geht häufig ein Anbieter-Shake-Out einher, also das Ausscheiden von Anbietern. Die Produkt-Standardisierung führt einerseits dazu, dass die Fertigung wirtschaftlicher werden kann. Wichtiger ist aber die durch reduzierte Unsicherheit der Kunden verursachte Verringerung der Hemmnisse für den Kauf des neuen Produkts.

Die *Reifephase* ist durch stagnierende bis rückläufige Umsätze und Deckungsbeiträge gekennzeichnet. Ursache dafür sind einerseits Sättigungserscheinungen im Absatzmarkt und andererseits verschärfter Wettbewerb unter einer größeren Zahl von Anbietern, die teilweise verbesserte Produkte auf den Markt bringen.

Eine Schwächung der Position des Anbieters und daraus resultierende sinkende Erträge in der Reifephase ist u. a. durch folgende Gesichtspunkte zu erklären:

- Mit zunehmender Produktvertrautheit und damit einhergehender sinkender Unsicherheit bei den Käufern werden die Bindungen an (etablierte) Lieferanten schwächer und der Wechsel zu Anbietern mit niedrigeren Preisen wird wahrscheinlicher.
- Im Übergang von der Wachstumsphase zur Reifephase können bei den Anbietern Überkapazitäten entstehen, die zu einem verschärften Wettbewerb führen.
- Bei einem stagnierenden Markt können Anbieter nur noch dadurch Wachstum erzielen, dass sie Wettbewerbern Marktanteile abnehmen, was zu entsprechendem Konkurrenzdruck führen kann.

Während der *Rückgangsphase* sinken die Umsätze deutlich ab, weil neue Produkte oder veränderte Kundenwünsche zu einer verringerten Nachfrage führen. Stark verringerte Nachfrage und gleichbleibend scharfer Wettbewerb, der sich auch in Preiskämpfen äußert, ergeben weiter sinkende Deckungsbeiträge.

Am Ende der Rückgangsphase steht die Elimination des Produkts. Eine solche Entscheidung lässt sich zum angemessenen Zeitpunkt leichter durchsetzen, wenn ein Unternehmen die zentrale Botschaft des PLZ beachtet und rechtzeitig (bevor ein Produkt die Rückgangsphase erreicht) ein neues Produkt eingeführt hat, das zum Umsatzträger geworden ist. Dabei zeigt sich auch der tiefere Sinn des Begriffs Lebenszyklus: An die Stelle eines alten, eliminierten Produkts ist ein neues getreten.

Gelegentlich gibt es auch noch den Sonderfall, dass für ein rückläufiges Produkt weiterhin eine kleinere Zahl treuer Käufer existiert. Ein Beispiel dafür bietet der VW-Käfer, der auch

Jahre nach seiner Ersetzung durch ein Nachfolgemodell noch verkauft wurde. In einer solchen Situation wird oft versucht, das Produkt mit geringem Marketing-Aufwand solange anzubieten, wie positive Deckungsbeiträge erzielt werden können, also gewissermaßen das «Produkt zu melken».

Anhand einiger Beispiele, die von den Autoren nach mehr oder minder subjektiver Einschätzung auf dem Stand von 2001 ausgewählt wurden, sollen die Phasen des Produktlebenszyklus illustriert werden (siehe Abbildung 2.2).

Phase des Produktlebenszyklus	**Produkte/Produktgruppen**
Einführung	Coffee-Shops, Navigationssysteme für PKW's
Wachstum	Mobil-Telephone, DVD
Reife	Videorecorder, Massentourismus
Rückgang	Stahl, Audio-Cassetten

Abb 2.2: Beispiele zum Produktlebenszyklus

Die Nützlichkeit des PLZ wird gerade im Zusammenhang mit der strategischen Marketingplanung betont. Dabei geht es ja weniger um exakte Absatzprognosen, sondern eher um das Verständnis strategischer Situationen und die Entwicklung angemessener Strategien und Maßnahmen. Nur wenige andere Hilfsmittel sind dabei so nützlich wie der PLZ, der Veränderungen der Nachfrage und des Wettbewerbs sowie deren Ursachen im Zeitablauf zusammenfassend darstellt. Daraus lassen sich dann Ansatzpunkte für Aktionen und Reaktionen des Anbieters ableiten.

George Day zur Aussagekraft des Produktlebenszyklus (Day 1986, S. 59)
«Das Konzept des Produktlebenszyklus hat dauerhafte Attraktivität wegen seiner intuitiv nachvollziehbaren Logik einer Entwicklung von der Geburt, über Wachstum und Reife zum Rückgang. Das Problem bei dieser einfachen Analogie zur Biologie besteht darin, dass sich viele Produkte nicht in dieser Weise entwickeln; sie scheinen manche Phasen zu überspringen und in anderen Phasen zu verbleiben und können revitalisiert werden nach einer Phase des Rückgangs. Diese anscheinend nicht vorhersagbaren Verläufe haben zu einer gezielten Kritik am Produktlebenszyklus-Konzept als Vorhersage-Modell für die zeitliche Abfolge der verschiedenen Phasen und als präskriptives Modell für die in den jeweiligen Phasen angemessenen und zu befolgenden Strategien geführt.»

Zwei der gängigsten *Implikationen des PLZ* sind die Folgenden: Natürlich müssen Produkte/Geschäftsfelder, die in späteren Perioden die Rentabilität des Unternehmens sichern sollen, frühzeitig entwickelt und am Markt durchgesetzt werden. Hinzu kommt die verbreitete Erfahrung, dass Unternehmen eine starke Position am leichtesten in frühen Phasen der Marktentwicklung gewinnen können. Dafür ist vor allem die Steigerung der Nachfrage durch neue Abnehmer in diesen Phasen ausschlaggebend, wodurch der Verdrängungswettbewerb gegenüber Konkurrenten weniger hart ist.

2.1.2 Erfahrungskurve

Die so genannte Erfahrungskurve hat vor allem durch entsprechende empirische Untersuchungen der Boston Consulting Group (vgl. Hedley 1976) starke Beachtung im Bereich der strategischen Planung gefunden. Wie der Name schon andeutet, geht man davon aus, dass mit zunehmender Erfahrung bei der Herstellung und Vermarktung eines Produkts die Stückkosten sinken. Ein anschauliches Beispiel dafür bietet die Produktion von Chips im Bereich der Mikroelektronik. Vonseiten der Boston Consulting Group hat man sogar versucht, diesen Effekt zu quantifizieren: «Mit der Verdoppelung der im Zeitablauf kumulierten Produktionsmengen gehen die auf die Wertschöpfung bezogenen Stückkosten eines Produkts potenziell um 20 bis 30 Prozent zurück.» (Henderson 1974, S. 19).

Für die graphische Darstellung der Erfahrungskurve und des mit ihr verbundenen Effekts sind die beiden in den Abbildungen 2.3 und 2.4 wiedergegebenen Formen gängig. In beiden Abbildungen wird – natürlich – der gleiche Zusammenhang gezeigt, nämlich der zwischen der Entwicklung von Stückkosten und dem durch die Maßgröße «kumulierte Menge» operationalisierten Anwachsen der gesammelten Erfahrung bei der Herstellung und Vermarktung eines Produkts. Besonders hingewiesen werden muss darauf, dass sich die kumulierte Menge auf den gesamten Zeitraum seit Aufnahme des betreffenden Produkts in das Leistungsprogramm des Unternehmens bezieht, im Gegensatz zu den so genannten «Economies of Scale», wo die produzierte Menge pro Zeiteinheit (z. B. pro Jahr) im Mittelpunkt der Betrachtung steht (vgl. dazu den folgenden Abschnitt 2.1.3). Die Kosten beziehen sich nur auf den Teil der gesamten Stückkosten, der durch die Wertschöpfung im Unternehmen entstanden ist, also nicht auf die Kosten für eingekauftes Material, Bauteile, Dienstleistungen etc.

Ferner wird eine Inflationsbereinigung der Kostengrößen unterstellt. In Abbildung 2.3 wird ein Beispiel einer Erfahrungskurve gezeigt, dem die eingangs dieses Abschnitts genannte Hypothese von Henderson (1974) zugrunde liegt, dass bei Verdoppelung der kumulierten Produktionsmenge die Stückkosten um 20 bis 30 Prozent sinken.

Der Zusammenhang zwischen Verdoppelung der Produktionsmengen und dabei konstanten Änderungsraten der Stückkosten wird besonders plastisch, wenn die Darstellung in einem logarithmisch eingeteilten Koordinatensystem erfolgt, in dem ein bestimmter Abstand auf der Skala jeweils für eine Verdoppelung bzw. Halbierung des betreffenden Messwerts steht. In Abbildung 2.4 ist das bereits aus Abbildung 2.3 bekannte Beispiel in dieser Weise wiedergegeben.

Aus der Fülle der empirischen Belege für das Auftreten von Erfahrungskurveneffekten sei hier zur Illustration nur eine herausgegriffen, die von Day (1986, S. 28 ff.) vorgestellt wurde. Das Beispiel (siehe Abbildung 2.5) bezieht sich auf die Entwicklung von Preisen für verschiedene Größenklassen japanischer Motorräder im Zeitraum von 1959 bis 1974. Zu

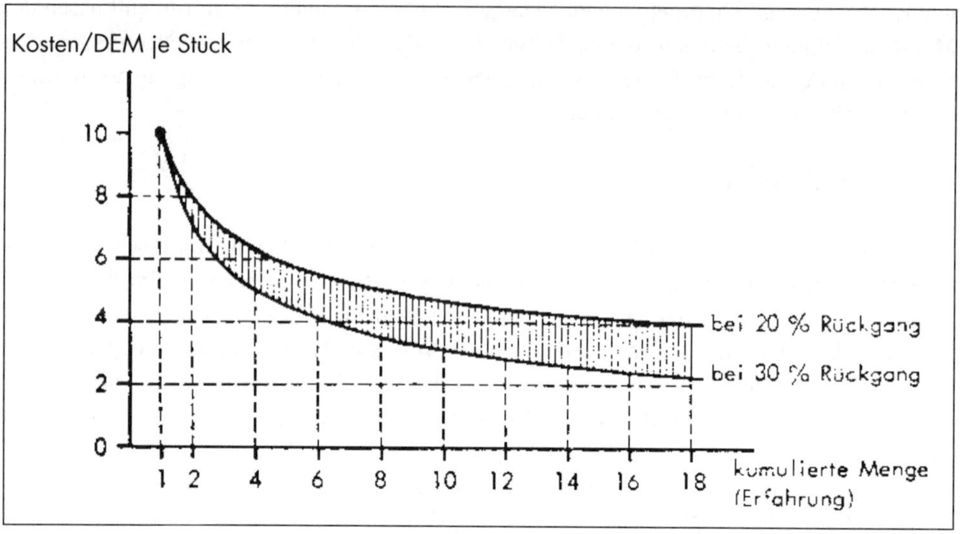

Abb. 2.3: Beispiel einer Erfahrungskurve mit linear eingeteilten Koordinaten (Becker 2001, S. 423)

beachten ist, dass in Ermangelung zugänglicher Daten über Stückkosten hier die Preise als Indikator für die Kostenentwicklung verwendet wurden.

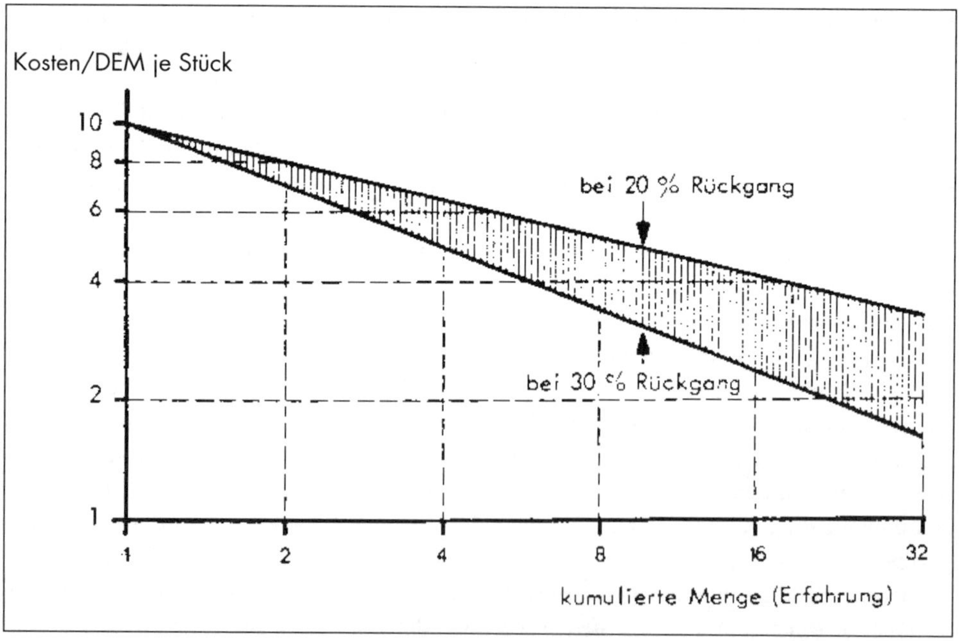

Abb. 2.4: Beispiel einer Erfahrungskurve mit logarithmisch eingeteilten Koordinaten (Becker 2001, S. 423)

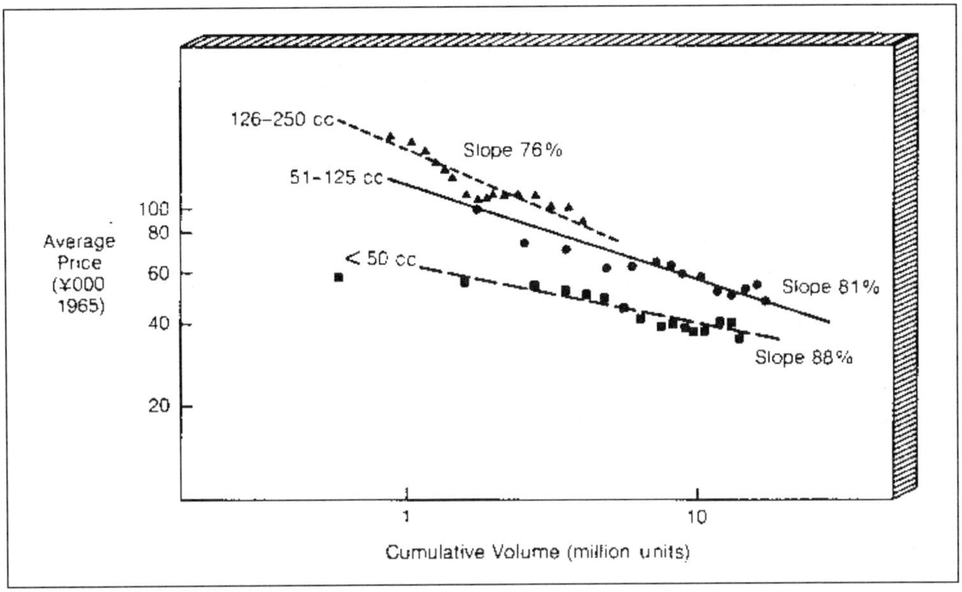

Abb. 2.5: Preise japanischer Motorräder in Abhängigkeit von der kumulierten Produktionsmenge (Day 1986, S. 30)

Was können nun die Gründe für den Erfahrungskurveneffekt sein? Als wichtigste Ursachen für einen solchen Effekt werden genannt:

- *Lerneffekte*
  Mit Lerneffekten meint man die vielfältigen Vorgänge, bei denen durch häufige Wiederholung der gleichen Tätigkeit die Effizienz steigt, weil die Tätigkeit schneller ausgeführt werden kann, Fehler sich verringern, Arbeitsabläufe besser gestaltet werden und evtl. eine weitergehende Spezialisierung möglich wird. Diese Aspekte sind im Zusammenhang mit Fertigungsabläufen besonders leicht nachvollziehbar, sie sind aber auch in anderen Bereichen wirksam, beispielsweise in Forschung und Entwicklung oder bei der Einführung neuer Produkte.

Lerneffekte bei Exxon Chemicals (Czepiel 1992, S. 158)
«Im Lauf der Zeit finden Unternehmen Wege für die Steuerung von Produktions-Maschinen und -Anlagen, die den Output dieser Anlagen deutlich über den wachsen lässt, für den sie konzipiert waren. Beispielsweise berichtete Exxon Chemicals kürzlich darüber, dass man regelmäßig in der Lage war, innerhalb von drei Jahren nach der Inbetriebnahme eine Anlage mit 130 Prozent ihrer ursprünglichen Kapazität zu betreiben.»

- *Neue Produktionstechnologien*
  Neue Produktionstechnologien, z. B. in Form von Fertigungsautomatisierung, haben in vielen Branchen zu dramatisch sinkenden Kosten geführt. So hat in der Halbleiter-Industrie die Entwicklung der Produktionstechniken (in Verbindung mit Lerneffekten, die zu einer deutlichen Reduzierung der Ausschussraten führt) zur Folge gehabt, dass die Preise für Bauteile innerhalb weniger Jahre auf einen Bruchteil der Einführungspreise absanken.

Neue Produktionstechnologien für Kartoffel-Chips (Day 1986, S. 31)
Einem amerikanischen Hersteller von Kartoffel-Chips gelang es, bei der Herstellung die Trocknung der Kartoffel-Chips in einem kontinuierlichen Prozess und nicht mehr partienweise vorzunehmen. Dadurch wurden beachtliche Kostensenkungen beim Erhitzungsverfahren und bei der Qualitätskontrolle erreicht.

- *Veränderungen des Produkts*
  Oftmals ist es möglich, die Stückkosten für ein im wesentlichen unverändertes Produkt dadurch zu senken, dass Werkstoffe durch billigere ersetzt werden, die Zahl der Bauteile verringert oder die Montage des Produkts vereinfacht wird, beispielsweise durch den Ersatz von Schraubverbindungen durch Steckverbindungen.

Kostensenkungen durch Produktveränderungen bei Sony (Czepiel 1992, S.159)
«Sony's Walkman Produktlinie von kleinen Kassettengeräten hat in starkem Maße von Verbesserungen des Produktdesigns profitiert. Der erste Walkman hatte 232 Teile; im Jahre 1989 hat sich diese Anzahl mit 118 halbiert ebenso wie die Zeit, die für die Montage benötigt wird.»

Aus dem Verlauf von Erfahrungskurven lassen sich einige Gesichtspunkte entnehmen, die für die Festlegung von Marketingstrategien relevant sein können (sofern in den entsprechenden Fällen die Erfahrungskurve Gültigkeit hat, siehe unten). Große Bedeutung hat für die Entwicklung so genannter Normstrategien, dass aus der Erfahrungskurve das Bestreben abgeleitet werden kann, *Marktführer* zu werden: Unternehmen mit dem höchsten Marktanteil erreichen – zumindest nach einiger Zeit – die größte kumulierte Produktionsmenge und damit die geringsten Stückkosten, woraus wiederum die größte Ergebnisspanne resultiert, die zur Sicherung der Marktposition über entsprechende Marktinvestitionen und/oder (immer noch kostendeckende) Preissenkungen genutzt werden kann. Auch manche Bemühungen von Unternehmen, die eigenen Märkte auszuweiten und die produzierten/abgesetzten Mengen zu steigern, (z. B. im Zusammenhang des internationalen Marketing) können im Hinblick auf den Erfahrungskurveneffekt interpretiert werden. Letztlich ist noch darauf zu verweisen, dass strategische Entscheidungen (z. B. eine längerfristig orientierte Preispolitik) dadurch beeinflusst werden können, welche (groben) Schätzungen der langfristigen Kostenentwicklung auf

Grundlage der Erfahrungskurve vorgenommen werden, und dass ein früher Markteintritt zu Vorteilen bezüglich des Erfahrungskurveneffekts führen müsste, da später folgende Anbieter anfangs höhere Stückkosten haben (wegen ihrer geringeren kumulierten Menge/Erfahrung).

Am Ende dieses Abschnitts ist noch auf Kritik am *Erfahrungskurvenkonzept* und Begrenzungen seiner Aussagemöglichkeiten einzugehen. Es ergibt sich bei der Anwendung eine beachtliche Zahl von Messproblemen. So muss man sich fragen, was eigentlich unter «einem Produkt» verstanden wird. Ist es nur ein bestimmtes Produkt, das über eine bestimmte Zeit völlig unverändert angeboten wird, oder eine ganze Serie von Einzelprodukten, die im Zeitablauf verändert (modernisiert, verbessert) werden? Auf die bekannten Probleme der Erfassung und Zurechnung von Kosten muss ebenfalls hingewiesen werden. Auch die Hypothese, dass Erfahrung nur durch eine Steigerung der kumulierten Produktionsmenge zustande kommt, ist zweifelhaft. So lässt sich Erfahrung durch vielerlei Arten des Informationstransfers, beispielsweise durch Übernahme von Personal aus anderen Unternehmen, substituieren. Letztlich ist noch darauf zu verweisen, dass sich die Erfahrungskurve auf ein Kostensenkungspotenzial bezieht, zu dessen Realisierung es besonderer Anstrengungen im Unternehmen bedarf.

2.1.3 Economies of Scale

Vom Erfahrungskurveneffekt zu trennen sind die Economies of Scale *(Betriebsgrößenersparnisse)*, also die Reduzierungen der Stückkosten, die durch größere Ausbringungsmengen möglich werden. Bei der Erfahrungskurve ging es um Reduzierung der Stückkosten bei wachsenden kumulierten Produktionsmengen, hier geht es um Kostensenkung bei größeren Produktionsmengen pro Zeiteinheit.

Im Zusammenhang mit der Internationalisierung des Wettbewerbs, die ja bei den in dieser Hinsicht aktiven Unternehmen auch zu wachsender Betriebsgröße führt, diskutiert Porter (1999a, S. 350 ff.) verschiedene Arten von Betriebsgrößenersparnissen. In der Produktion wird bei großen Mengen oft ein höherer Automatisierungsgrad und eine weitergehende Spezialisierung von Einzeltätigkeiten ermöglicht. In der Logistik gilt Ähnliches: Die Automatisierung (z. B. durch Warenwirtschaftssysteme) kann weiter entwickelt werden und die Kapazitätsauslastung eines Logistiksystems kann steigen. Hinsichtlich der Beschaffung ist vor allem an die erhöhte Verhandlungsstärke von Großabnehmern zu denken, die es diesen ermöglicht, niedrigere Preise und/oder andere Lieferkonditionen (z. B. Just-in-Time), Produktanpassungen etc. durchzusetzen. Beim Marketing können sich Betriebsgrößenersparnisse vor allem beim Vertriebssystem und bei den Ausgaben für die Kommunikationspolitik ergeben. Damit ist ein Gesichtspunkt angesprochen, der auch für die davor genannten Faktoren gilt: Mit zunehmender Ausbringungsmenge können entstehende Fixkosten auf eine größere Zahl von Einheiten verteilt werden. Der Aspekt der Verteilung von Fixkosten dürfte nicht zuletzt bezüglich der in vielen Branchen sehr hohen Kosten für Forschung und Entwicklung (z. B. Flugzeuge, Medikamente) beachtlich sein.

Verteilung von Fixkosten in der Automobilbranche mit Bezug zu den Werbeausgaben (Dichtl 1994, S. 271)
«Ein VW-Käufer wird 1990 mit bescheidenen DEM 159 belastet; wer Opel, Ford, Daimler-Benz oder BMW bevorzugte, wurde immerhin schon mit DEM 300 bis 400 zur Kasse gebeten. Fiat, Renault, Honda, Mazda und Nissan brachten es auf DEM 500 bis 700, Jaguar, Alfa Romeo und Range Rover gar auf Größenordnungen zwischen DEM 2'000 und 3'000, während Saab mit DEM 3'255 pro Wagen den Vogel abschoss.» Dabei haben neben unterschiedlichen Werbezielen sicher auch die unterschiedlichen Verkaufszahlen eine Rolle gespielt, auf die das Werbebudget umgelegt werden konnte.»

Von den Economies of Scale zu unterscheiden sind die so genannten Economies of Scope. Auch hierbei geht es um die Gewinnung von Kostenvorteilen, die aber nicht durch größere Mengen, sondern durch die gemeinsame Nutzung von Ressourcen (z. B. Markennamen, Vertriebskanälen, Forschungs-Know-how) für verschiedene Geschäftsfelder entstehen.

2.1.4 Die PIMS-Studie

Eine groß angelegte (noch weiter laufende) empirische Untersuchung hat in den letzten 25 Jahren die Entwicklung der strategischen Marketingplanung maßgeblich beeinflusst, das so genannte PIMS-Projekt (Profit Impact of Market Strategies), das beim Strategic Planning Institute (SPI) in Boston angesiedelt ist. Hierbei wurden inzwischen Daten über 3'000 strategische Geschäftsfelder aus 450 amerikanischen und europäischen Firmen, die einen Zeitraum von jeweils mehreren Jahren betreffen, gesammelt. Durch gängige statistische Analyseverfahren (hauptsächlich die Regressionsanalyse) versucht man u. a. den Einfluss verschiedener Variablen – so genannter Erfolgsfaktoren – auf den Markterfolg zu untersuchen (vgl. Buzzell/Gale 1989).

Im Zusammenhang dieses Buchs interessieren insbesondere die Untersuchungsziele bzw. Ergebnisse, die generellen Charakter haben, also nicht auf die Spezifika einzelner Unternehmen oder Branchen ausgerichtet sind. Die entsprechenden Forschungsziele lassen sich nach Kreilkamp (1987, S. 370 ff.) durch folgende Fragen umreißen:

- Welche Merkmale der Marktverhältnisse beeinflussen den Zusammenhang zwischen dem Handeln von Unternehmen und der Erreichung von Unternehmenszielen (z. B. ROI, Cash Flow)?
- Welche Faktoren erklären die unterschiedliche Rentabilität von Unternehmen bzw. Geschäftsbereichen, welches sind also die strategischen Erfolgsfaktoren?
- Wie stark wird der wirtschaftliche Erfolg von Strategien und Marktverhältnissen beeinflusst?

Neben diesen generellen Analysen spielen Auswertungen, die auf bestimmte Geschäftsbereiche von Unternehmen ausgerichtet sind, für die praktische Relevanz des PIMS-Projekts eine wichtige Rolle.

Die methodische Vorgehensweise bei PIMS ist eingangs dieses Abschnitts schon angedeutet worden. Mit Hilfe eines standardisierten Fragebogens wird bei den teilnehmenden Unternehmen eine recht große Zahl von Variablen (über 100) für jeden Geschäftsbereich erhoben. Der Schwerpunkt liegt dabei auf den Marktverhältnissen, der Wettbewerbsposition des Geschäftsfeldes, der verfolgten Strategie und den erzielten Ergebnissen. In Abbildung 2.6 sind in Anlehnung an Buzzell/Gale (1989, S. 219 ff.) und Kerin et al. (1990, S. 145) die wichtigsten der erhobenen Variablen aufgeführt.

Merkmale der Marktverhältnisse
Langfristiges Marktwachstum, kurzfristiges Marktwachstum, Preisentwicklung, Anzahl und Größe der Kunden, Bestellhäufigkeit und -umfang

Wettbewerbsposition und Strategie des Geschäftsfeldes
Marktanteil, Marktanteil im Vergleich zu den größten Wettbewerbern («relativer Marktanteil»), Produktqualität im Vergleich zu Wettbewerbern, Preis im Vergleich zu Wettbewerbern, Marketingaufwendungen im Vergleich zu Wettbewerbern, Marktsegmentierung, Innovationsrate

Merkmale der Leistungserstellung
Kapitalintensität, Ausmaß vertikaler Integration, Kapazitätsauslastung, Produktivität

Budgetaufteilung
Forschungs- und Entwicklungsbudgets, Budgets für Werbung und Verkaufsförderung, Ausgaben für persönlichen Verkauf

Verfolgte Strategie
Arten der Änderungen bei den oben genannten Variablen, soweit sie vom Unternehmen bestimmt werden.

Ergebnisse
Profitabilität, Cash Flow, Wachstum

Abb. 2.6: Eine Auswahl der für die PIMS-Studie erhobenen Variablen

Die Datenanalyse beim PIMS-Projekt ist im Wesentlichen konzentriert auf Anwendungen des linearen Modells und seiner Varianten (insbesondere der Regressionsanalyse) auf die erhobenen Daten. Dabei wird meist eine der Maßgrößen des wirtschaftlichen Erfolgs als abhängige Variable verwendet, die durch eine oder mehrere der anderen (unabhängigen) Variablen erklärt werden soll. Die Regressionsanalyse erlaubt dann Aussagen darüber, ob eine unabhängige Variable überhaupt (signifikanten) Einfluss auf die jeweilige Ergebnisgröße hat und wie groß dieser Einfluss – auch im Vergleich zu anderen unabhängigen Variablen – ist.

Nun zu einigen hervorhebenswerten *Ergebnissen der PIMS-Studie*. Besonders stark beachtet worden ist der positive Zusammenhang zwischen der Marktposition (gemessen durch Marktanteil oder relativen Marktanteil = Marktanteil im Vergleich zu Marktanteilen der Wettbewerber) und Profitabilität von Geschäftsfeldern, der sich in verschiedenen Teiluntersuchungen bestätigt hat. Abbildung 2.7, die der umfassenden Auswertung der PIMS-Daten durch Buzzell/Gale (1989) entstammt, zeigt diesen Effekt: Bei Geschäftsfeldern, mit denen eine Marktführerschaft erreicht wird (Position 1), wird im Mittel ein ROI von über 30 Prozent erreicht. Dagegen liegt der ROI von Bereichen, die nur die fünfte Position im Markt haben, nur knapp über 10 Prozent.

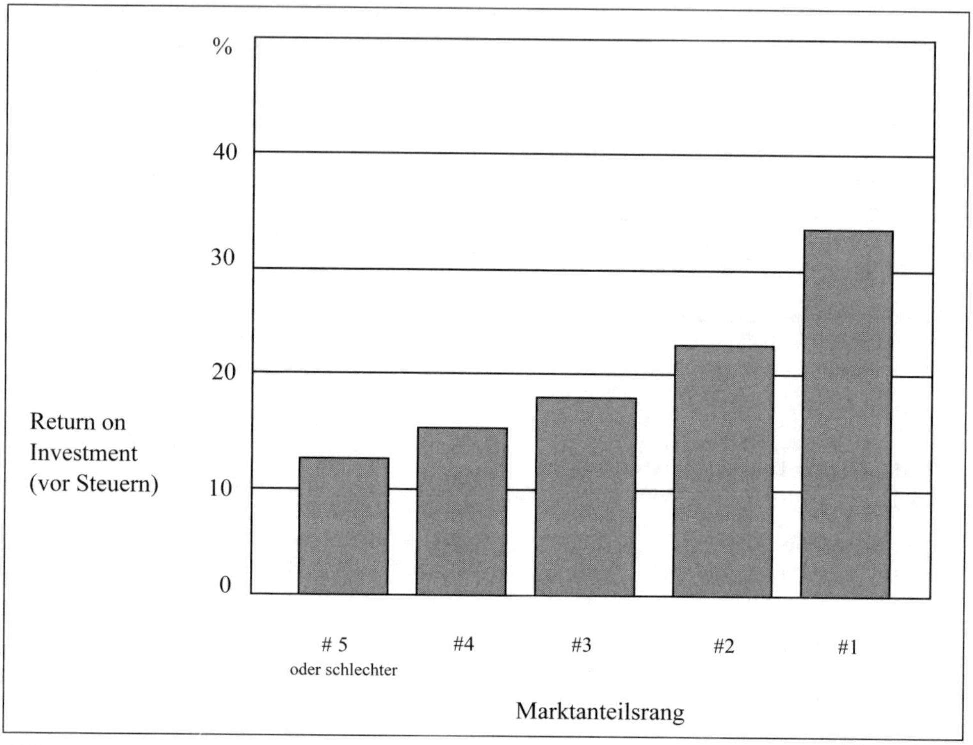

Abb. 2.7: Zusammenhang zwischen Marktposition und ROI (Quelle: Buzzell/Gale 1989, S.66)

Als mögliche Gründe für den vorstehend skizzierten Zusammenhang werden genannt:

- Größere Effizienz bei Produktion und Vertrieb bei großen Anbietern («economies of scale»).
- Risikovermeidung der Kunden durch Kauf bei führenden Anbietern, die entsprechend höhere Preise verlangen können.
- Machtposition großer Anbieter, die höhere Preise durchsetzen können.
- Unter Umständen ist der Zusammenhang auch dadurch erklärbar, dass ein Faktor (z. B. Qualität des Managements) beide Variable (Marktposition und Profitabilität) beeinflusst.

Ein weiteres bedeutendes Ergebnis des PIMS-Projekts bezieht sich auf die Auswirkungen der Produktqualität auf den wirtschaftlichen Erfolg. Hier wird – genauer gesagt – relative Produktqualität dadurch gemessen, dass die Eigenschaften eines Produkts (z. B. Leistung,

Lebensdauer, Zuverlässigkeit) von Angehörigen des betreffenden Unternehmens in Relation zu führenden Wettbewerbsprodukten eingeschätzt wird. Wie in Abbildung 2.8 dargestellt wird, ergab sich ein deutlich positiver Zusammenhang zwischen relativer Produktqualität und Rentabilität.

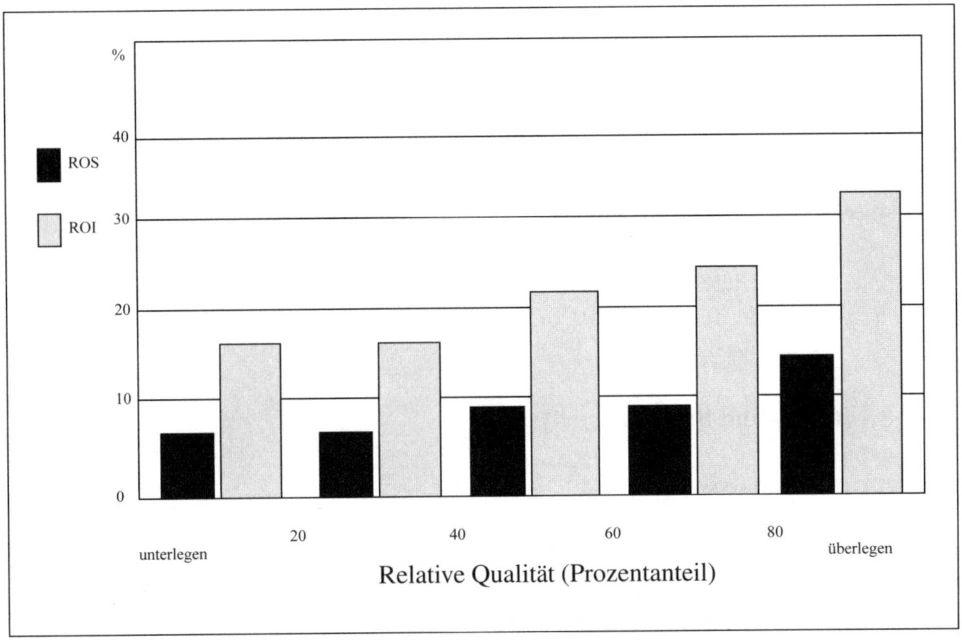

Abb. 2.8: Zusammenhang zwischen relativer Produktqualität und ROI und ROS (Return on Sales) (Quelle: Buzzell/Gale 1989, S. 93)

Auch für dieses Ergebnis gibt es theoretische und/oder auf praktische Erfahrung beruhende Gründe. Nach Buzzell/Gale (1989, S. 94) dürften hier folgende Vorteile überlegener Produktqualität eine Rolle spielen:

- größere Loyalität der Kunden
- mehr Wiederholungskäufe
- geringere Verwundbarkeit bei Preiskämpfen
- Durchsetzbarkeit höherer Preise ohne Marktanteilsverluste
- Marktanteilsgewinne

Natürlich gibt es auch *Kritik* am Vorgehen bei der PIMS-Studie sowie Hinweise auf die Begrenzung der Aussagekraft der Ergebnisse. Einige der relevanten Gesichtspunkte sind die Folgenden:

- Für den Untersuchungsansatz ist die Betrachtung von Durchschnittswerten typisch, die nicht nur dem Einzelfall nicht voll gerecht werden, sondern im Extremfall auch grob irreführend sein können.
- Die in die Untersuchung einbezogenen Daten sind mit zahlreichen Messproblemen und Messfehlern behaftet (z. B. die Ermittlung der relevanten Produktqualität durch subjektive Schätzungen des Managements).
- Zahlreiche unabhängige Variable sind interkorreliert und führen deshalb zu Problemen bei der Anwendung der Regressionsanalyse.

Für eine detailliertere Diskussion von Problemen der PIMS-Studie sei auf Kreilkamp (1987, S. 399 ff.) und Kerin et al. (1990, S. 168 ff.) verwiesen.

2.2 Umwelt- und Branchenanalyse

2.2.1 Umweltanalyse

Im vorstehenden Abschnitt wurden Informationsgrundlagen der Marketingplanung behandelt, die unabhängig von Spezifika einzelner Produkte oder Branchen eine gewisse Allgemeingültigkeit haben. Im vorliegenden und in den folgenden Teilen dieses Kapitels geht es um Rahmenbedingungen des Markterfolges, die schrittweise immer spezifischer auf ein Produkt oder einen Geschäftsbereich bezogen sind. Abbildung 2.9 soll dieses Vorgehen veranschaulichen.

In der «äußeren Schicht» von Abbildung 2.9 sind die Umweltbedingungen als Einflussfaktoren des Markterfolgs mit großem Allgemeinheitsgrad eingetragen. Dabei sind vor allem die staatlichen und rechtlichen, die gesamtwirtschaftlichen und technologischen Charakteristika der Unternehmensumwelt gemeint. Schon spezifischer für das jeweilige Unternehmen ist die Branche, der es angehört. Hier liegt der Schwerpunkt der Betrachtungen bei der Analyse der Wettbewerbskräfte in einer Branche, also bei der Stärke von Abnehmern und Lieferanten, bei der Schärfe des Wettbewerbs unter Unternehmen der gleichen Wirtschaftsstufe und bei der Bedrohung bisheriger Anbieter durch neue Konkurrenten oder durch Ersatzprodukte. Noch direkter ist der Einfluss der Fähigkeiten und Ressourcen, der Stärken und Schwächen eines Unternehmens einerseits und der Marktverhältnisse (z. B. Kundenwünsche, Marktwachstum) andererseits auf den Markterfolg eines Produkts bzw. Geschäftsfelds. Überlegungen zur Analyse dieser Bereiche stehen am Ende dieses Kapitels in den Abschnitten 2.3 und 2.4.

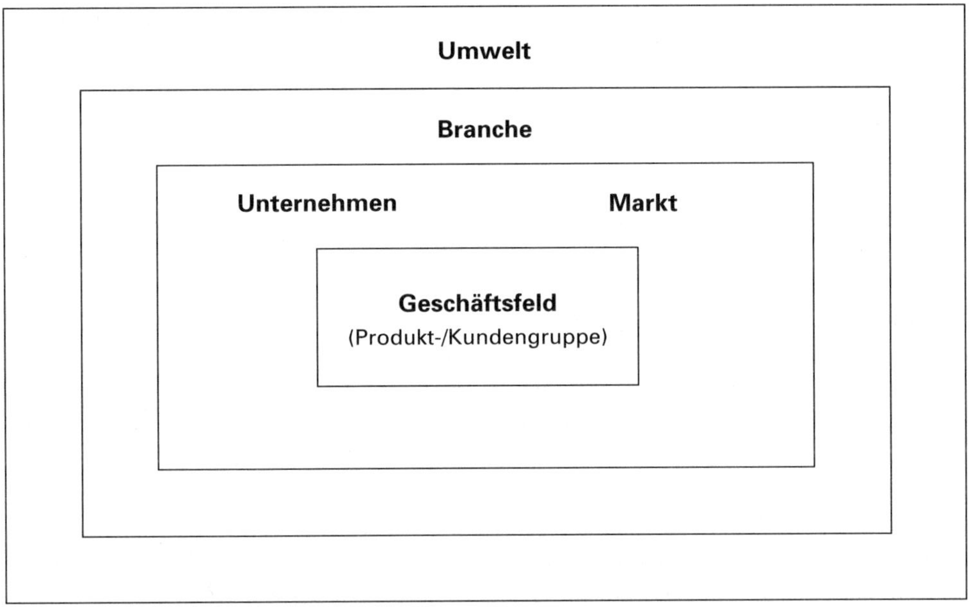

Abb. 2.9: Unterschiedliche spezifische Rahmenbedingungen des Markterfolgs

Nun also zur Analyse der (globalen) Umwelt. Daraus sollen hier angesprochen werden:

- technologische,
- politisch-rechtliche,
- gesamtwirtschaftliche und
- demographische

Rahmenbedingungen.

Technologische Rahmenbedingungen

Die Entstehung und Ausbreitung neuer Technologien kann Chancen für die Entwicklung neuer Geschäftsbereiche mit sich bringen, aber auch eine Bedrohung bisheriger Tätigkeitsbereiche von Unternehmen bedeuten. So ist durch die Entwicklung der Mikroelektronik ein breites Spektrum neuer Produkte in der Büromaschinen- und Kommunikationsbranche möglich geworden, z. B. Telefax, Personal Computer, Satelliten. Auf der anderen Seite sind ebenfalls durch die Mikroelektronik und die damit verbundene Möglichkeit zur Herstellung sehr preiswerter und leistungsfähiger Uhren die traditionellen Hersteller hochwertiger Uhren in eine Existenzkrise geraten. Kotler/Bliemel (2001, S. 302 ff.) weisen u. a. auf die folgenden aktuellen Entwicklungen hin:

- Beschleunigung des technologischen Fortschritts (immer kürzer werdende Produktlebenszyklen)
- Unbegrenzt scheinende Innovationschancen (grundlegende Neuerungen mit weitreichendem Potenzial)
- Hohe Forschungs- und Entwicklungsausgaben (z. B. von Technik-Generation zu Technik-Generation wachsende Kosten der Produktentwicklung)
- Zunehmende Reglementierung des technischen Fortschritts (Auflagen und Vorschriften aus Gründen des Umweltschutzes und der Ethik)

Politisch-rechtliche Rahmenbedingungen
Gerade zu Beginn der 90er Jahre ist deutlich geworden, in welchem Maße politische Veränderungen auch die Aktionsmöglichkeiten von Unternehmen beeinflussen: Durch die Veränderungen in Osteuropa sind bestimmte Märkte entfallen, andere haben sich neu geöffnet. Schon immer hat man vor allem im Zusammenhang mit dem internationalen Marketing derartige Auswirkungen der Politik erkennen können. Prominente Beispiele sind die (politisch gewollte) Ausweitung des internationalen Freihandels durch das GATT-Abkommen und die Einführung des europäischen Binnenmarktes. Politischer Einfluss auf Marketingentscheidungen schlägt sich nicht zuletzt in einschlägigen gesetzlichen Vorschriften nieder.

Bedeutung rechtlicher Rahmenbedingungen für die Markenführung verschiedener Unternehmen (Kotler/Bliemel 2001, S. 308)
«Die Marke Mercedes wurde ... zum Begriff mit hoher Wertbedeutung aufgebaut. Auch andere Marken wie Rolex-Uhren und Persil-Waschmittel zeigen, dass mit Marken auf effiziente Weise Marktgeltung aufgebaut werden kann. Dies ist jedoch nur durch die Gesetzgebung für Patente, Marken, Gebrauchs- und Geschmacksmuster möglich, die den jeweiligen Inhabern eine exklusive Stellung sichert.»

Gesamtwirtschaftliche Rahmenbedingungen
Sowohl das Investitionsgüter- als auch das Konsumgütermarketing werden natürlich durch gesamtwirtschaftliche Faktoren direkt und/oder indirekt beeinflusst. Zahlreiche Entscheidungen über die Beschaffung von Investitionsgütern hängen in starkem Maße ab vom (erwarteten) Wirtschaftswachstum, von Inflationsraten, Zinssätzen etc. Hinzu kommen Auswirkungen von Nachfrageschwankungen bei Konsumenten, die sich wiederum in Änderungen der Nachfrage nach Maschinen, Rohstoffen usw. niederschlagen.

Auf Konsumgütermärkten wirken sich in offenkundiger Weise sinkende oder steigende Realeinkommen von Haushalten deutlich aus; einige Märkte für nicht lebensnotwendigen Bedarf (z. B. Tourismus, Freizeit, Luxuskonsum) werden stärker davon beeinflusst, andere Märkte für den Grundbedarf von Konsumenten weniger. Hier kann auch auf die u. a. durch gesamtwirtschaftliche Faktoren beeinflusste Entwicklung von Konsumentenstimmungen mit ihren Auswirkungen auf aufschiebbare größere Ausgaben (z. B. Kauf von Autos oder Eigenheimen) verwiesen werden.

Demographische Rahmenbedingungen

Demographische Entwicklungen bilden gewissermaßen die «Basis» für die Entwicklung mancher Märkte. So hängt eben die Nachfrage nach Jeans oder Babynahrung wohl weniger von geschmacklichen Trends als von der Altersstruktur der Bevölkerung ab. Wachstum und Schrumpfung von Märkten werden von der Bevölkerungsentwicklung maßgeblich bestimmt. Im Folgenden werden demographische Trends in der Bundesrepublik und in der Schweiz charakterisiert und jeweils einige Beispiele von Märkten genannt, die davon beeinflusst werden:

- Langfristig sinkende Geburtenrate
  Geringere Nachfrage nach Spielwaren, Kinderkleidung; mehr Freizeitaktivitäten kinderloser Ehepaare
- Wachsender Anteil alter Menschen
  Steigende Nachfrage nach Medikamenten, Diätprodukten
- Steigende Zahl von Einpersonenhaushalten
  Höhere Nachfrage nach (kleinen) Wohnungen, Möbeln, Fertiggerichten, Lebensmitteln in Kleinpackungen

Wegen der gravierenden und langfristig wirksamen Einflüsse von Umweltfaktoren auf Unternehmen und Märkte ist im Zusammenhang mit der Entwicklung der strategischen Planung Interesse an Hilfsmitteln der strategischen Frühaufklärung entstanden.

Kreilkamp (1987, S. 255 f.) kennzeichnet die Funktion von Frühaufklärungssystemen: «Strategische Frühaufklärungssysteme sollen Veränderungen der Umwelt ..., die Bedrohungen oder Chancen für das Unternehmen bedeuten, frühzeitig ankündigen, sodass noch Maßnahmen zum Abwenden bzw. zum Ausnützen des Ereignisses möglich sind ... Ein strategisches Frühaufklärungssystem hat aus unternehmerischer Sicht die Funktion eines ‹Radarsystems›: Als eine spezielle Art von Informationssystem soll es die für das Unternehmen möglichen Gefährdungen und Chancen mit zeitlichem Vorlauf signalisieren und entsprechende Reaktionen ermöglichen.»

Strategische Frühaufklärungssysteme umfassen recht unterschiedliche Hilfsmittel: Trendanalysen, Diffusionsmodelle, Expertenbefragungen hinsichtlich Diskontinuitäten der Umweltentwicklung, Szenariotechnik und Analyse der Beziehungen zwischen Umwelt und Strategie. Eine detaillierte Darstellung und Diskussion der vielfältigen Methoden findet sich bei Kreilkamp (1987).

2.2.2 Branchenanalyse

Das Instrumentarium zur Branchenanalyse, genauer gesagt zur Analyse der Wettbewerbsverhältnisse in einer Branche, ist von Porter (1999a, Erscheinungsjahr der Originalpublikation in den USA: 1980) eingeführt worden und hat breite Akzeptanz gefunden. Danach sind fünf Wettbewerbskräfte maßgeblich:

- die Stärke/Machtposition von Kunden (Endkunden und Absatzmittler)
- die Stärke/Machtposition von Zulieferern
- die Rivalität zwischen den bisher in der Branche tätigen Unternehmen
- die Bedrohung, die vom Markteintritt potenzieller neuer Konkurrenten ausgeht
- die Bedrohung, die davon ausgeht, dass neuartige Produkte das bisherige Leistungsangebot der Branche überflüssig oder unattraktiv machen

In Abbildung 2.10 sind die fünf Wettbewerbskräfte zusammenfassend dargestellt.

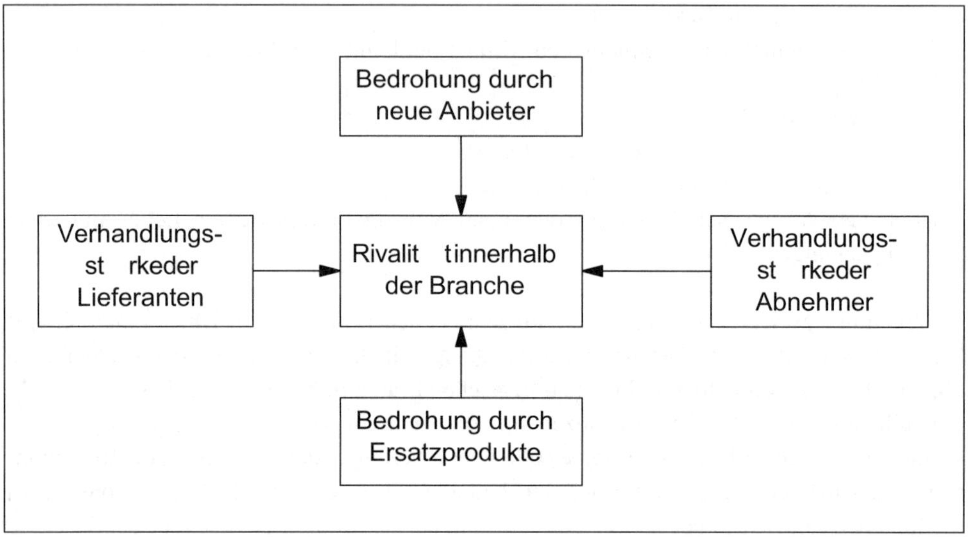

Abb. 2.10: Kräfte des Branchenwettbewerbs (nach Porter 1999a, S. 34)

Nun zu einer Betrachtung der einzelnen Wettbewerbskräfte.

Stärke/Machtposition von Kunden

Die Auswirkungen von Nachfragemacht auf die wirtschaftliche Lage einer Branche lassen sich an vielen Beispielen aus der Praxis (Automobilzulieferer, Lebensmitteleinzelhandel etc.) leicht erkennen. Die erzielbaren Preise sind relativ niedrig, die Abnehmer verlangen eine Ausrichtung von Produkten und Eigenschaften auf ihre speziellen Bedürfnisse und besondere Lieferbedingungen (z. B. Just in time). Nach Porter (1999a, S. 58 ff.) sind vor allem die folgenden Gesichtspunkte dafür ausschlaggebend, dass Kunden Verhandlungsstärke gewinnen und auch nutzen:

- Hohe Nachfragekonzentration auf wenige Abnehmer, die einen großen Teil des Umsatzes von Anbietern auf sich vereinigen
- Hohe Preisempfindlichkeit der Abnehmer, da die gekauften Produkte einen großen Teil der bei ihnen entstehenden Kosten ausmachen

- Standardisierung oder Austauschbarkeit der gekauften Produkte (z. B. bei Rohstoffen) und geringe Umstellungskosten bei Lieferantenwechsel schwächen die Bindungen an bestimmte Lieferanten
- Schlechte wirtschaftliche Lage der Abnehmer, die diese gegenüber Lieferanten besonders preisempfindlich macht und die Tendenz zum Lieferantenwechsel verstärkt
- Möglichkeit der Abnehmer, bisher bezogene Produkte selbst herzustellen («Rückwärtsintegration») und dadurch den Lieferanten zu ersetzen
- Hoher Informationsstand der Abnehmer über alternative Anbieter, Kostensituation der Lieferanten etc. kann in Verhandlungen genutzt werden

Stärke/Machtposition von Lieferanten
Wirkungen von Anbietermacht stehen in gewisser Weise denen von Nachfragemacht gegenüber. Starke Anbieter können hohe Preise durchsetzen und die Produkteigenschaften im Sinne der wirtschaftlichen Gestaltung ihres eigenen Produktions- und Vertriebssystems weitgehend bestimmen. Auch hierzu nennt Porter (1999a, S. 61 ff.) relevante Einflussfaktoren. Danach ist die Verhandlungsstärke von Lieferanten unter folgenden Bedingungen relativ groß:

- Hoch konzentrierte Anbieter stehen einer Vielzahl zersplitterter und damit wirtschaftlich unbedeutender Abnehmer gegenüber
- Für das angebotene Produkt sind kaum gleichwertige Ersatzprodukte verfügbar
- Geringe Bedeutung des auf die Abnehmerbranche bezogenen Teilmarktes für die Lieferanten
- Schlechte Bedingungen der Abnehmer für einen Lieferantenwechsel durch hohe Umstellungskosten oder geringe Standardisierung der bezogenen Produkte (➔«Drohpotenzial»)
- Möglichkeit der Anbieter, durch Vorwärtsintegration zu Konkurrenten ihrer bisherigen Kunden zu werden.

Rivalität zwischen den Unternehmen innerhalb einer Branche
Das Verhalten von Wettbewerbern ist in verschiedenen Branchen höchst unterschiedlich. Es gibt Märkte, in denen die beteiligten Unternehmen nur zurückhaltend agieren und die Verschiebungen von Marktanteilen gering bleiben. In anderen Märkten sind heftige Preiskämpfe und aggressive Werbung an der Tagesordnung und führen zu deutlichen Marktanteilsveränderungen. Insbesondere Preiskämpfe betreffen natürlich direkt die Rentabilität von Unternehmen. Deswegen hat die Analyse der Rivalität von Unternehmen innerhalb einer Branche Bedeutung für die Charakterisierung der dort herrschenden Wettbewerbsverhältnisse. Welches sind nun Faktoren, die eine solche Rivalität tendenziell verstärken?

- Zunächst ist die *Anzahl von Wettbewerbern* zu beachten. Bei einer großen Zahl von Anbietern in einer Branche kann es eher vorkommen, dass Einzelne versuchen, durch aggressives Marktverhalten ihre Position zu stärken.
- In *stagnierenden,* schrumpfenden oder nur langsam wachsenden *Märkten* werden Unternehmen, die ihren Umsatz ausweiten wollen, dazu gezwungen, dies auf Kosten von Wettbewerbern durch Gewinnung zusätzlicher Marktanteile zu tun.

- Ein hoher *Fixkostenanteil* der Unternehmen hat oft das Bestreben zur Folge, bestehende Kapazitäten möglichst weitgehend auszulasten und dabei auch ein Sinken der erzielbaren Preise in Kauf zu nehmen.
- *Geringe Produktdifferenzierung* innerhalb der Branche, also eine gewisse Austauschbarkeit von Produkten, führt zu einer Intensivierung des Preiswettbewerbs, da für die Kunden der Preis dann zum wesentlichen Entscheidungskriterium bei ansonsten kaum unterschiedlichen Angeboten wird.
- Letztlich sei noch auf hohe *Marktaustrittsbarrieren* hingewiesen, also auf Hinderungsgründe, sich aus einer Branche zurückzuziehen, die dazu führen, dass trotz geringerer Erträge versucht wird, bestehende Kapazitäten auszulasten und eine bisherige Marktposition zu halten. Beispiele für Austrittsbarrieren sind politischer Druck, der hinsichtlich der Aufrechterhaltung von Arbeitsplätzen ausgeübt wird, oder der Verbund des betreffenden Geschäftsbereichs mit anderen Aktivitäten des Unternehmens.

Bedrohung durch neue Konkurrenten

Neu in einen Markt eintretende Wettbewerber verstärken den Wettbewerbsdruck, weil sie natürlich bestrebt sind, bisherigen Anbietern Marktanteile abzunehmen. Häufig kommt hinzu, dass sie aus anderen Branchen besonderes Know-how oder erhebliche Kapitalkraft mitbringen, die die Position bisheriger Anbieter bedrohen. Die Wahrscheinlichkeit des Markteintritts neuer Wettbewerber hängt einerseits davon ab, in welchem Ausmaß diese mit Abwehrmaßnahmen der etablierten Anbieter zu rechnen haben. Daneben spielen die so genannten Markteintrittsbarrieren eine wichtige Rolle. Damit sind Aspekte gemeint, die es erschweren oder unmöglich machen, als neuer Anbieter eine wettbewerbsfähige Position zu erringen. Porter (1999a, S. 37 ff.) erläutert die folgenden Arten von Eintrittsbarrieren:

- *Betriebsgrößenersparnisse* (Economies of Scale, siehe Abschnitt 2.1.3)
  Wenn in einer Branche Betriebsgrößenersparnisse eine Rolle spielen, dann ist ein neuer Anbieter gezwungen, entweder mit einem großen Produktionsvolumen in einen Markt einzutreten (mit allen Problemen und Risiken, die damit verbunden sind) oder als anfangs kleiner Anbieter erhebliche Kostennachteile in Kauf zu nehmen.
- *Markenstärke/Käuferloyalität*
  Wenn vonseiten der Abnehmer in einem Markt starke Bindungen an bisher schon angebotene Produkte bestehen, z. B. weil es sich um angesehene Marken handelt, dann muss ein neuer Anbieter erhebliche Anstrengungen bei Werbung, Service etc. unternehmen, um eine vergleichbare Position zu erlangen (➔ Markenbekanntheit und -image).
- *Kapitalbedarf*
  In vielen Branchen (z. B. Automobile, Flugzeuge, Telekommunikation) ist es notwendig, soviel Kapital für Forschung und Entwicklung, Produktionsanlagen, Vertriebs- und Servicesystem oder den Aufbau von Marken zu investieren, dass nur wenige Großunternehmen als neue Anbieter in Frage kommen.

- *Umstellungskosten bei Abnehmern*
  Sollte der Lieferantenwechsel beim Abnehmer mit hohen Kosten verbunden sein (z. B. durch das Erfordernis neuer Software, Umschulung von Mitarbeitern), so verringert das die Chancen neuer Anbieter, Kunden zu gewinnen.
- *Zugang zu Vertriebskanälen*
  Bei begrenzter Aufnahmefähigkeit von Vertriebskanälen (z. B. Einzelhandel) müssen neue Anbieter entweder bisherige daraus verdrängen oder neue Vertriebskanäle aufbauen.

Bedrohung durch Ersatzprodukte
Die gesamte Branche wird bedroht durch Ersatzprodukte, durch die Abnehmer das bisher bezogene Produkt substituieren können. Diese Substitute können durchaus aus «weit entfernt» erscheinenden Branchen kommen. So wurde vor einiger Zeit in den USA diskutiert, inwiefern die Branche «Schnellrestaurants» durch die Ausbreitung von Mikrowellenherden und das Angebot geeigneter Fertiggerichte bedroht wurde. Eine mögliche Bedrohung von Dienstleistungsanbietern für Geschäftsreisende (Fluggesellschaften, Hotels etc.) durch verbesserte Möglichkeiten der elektronischen Kommunikation könnte ein weiteres Beispiel sein.

2.2.3 Konkurrenzanalyse

Während im vorangehenden Abschnitt die Wettbewerbsverhältnisse in einer Branche insgesamt betrachtet wurden, soll es jetzt um die Analyse ausgewählter Konkurrenten gehen. Dabei stellt sich zunächst die Frage, welche Konkurrenten denn besonders beachtet werden müssen. Dann geht es in einem zweiten Schritt um Inhalt und Vorgehensweise der Konkurrenzanalyse.

Zunächst also zur *Identifizierung relevanter Konkurrenten.* Hier gibt es zwei deutlich verschiedene Ansatzpunkte: Einerseits kann man die Kaufentscheidungen der eigenen Kunden betrachten und analysieren, zwischen welchen gleichartigen oder ähnlichen Produkten anderer Anbieter sich diese entschieden haben. Andererseits kann man versuchen, auf der Anbieterseite Unternehmen zu identifizieren, die eine ähnliche Strategie verfolgen wie das eigene Unternehmen. Man spricht dann von einer «strategischen Gruppe» (vgl. Porter 1999a, S.183 ff.).

Bei der Identifizierung von Wettbewerbern, deren Angebote in der Kundensicht ähnlich und damit weitgehend austauschbar sind, kann man an die verbreiteten Positionierungsanalysen (zu Einzelheiten siehe Kapitel 4) anknüpfen, bei denen ja gerade festgestellt wird, wie ähnlich konkurrierende Produkte im Hinblick auf wesentliche Merkmale durch die Kunden wahrgenommen werden. Je größer die Ähnlichkeit von Produkten in der Wahrnehmung der Kunden, desto größer ist auch die «Gefahr», dass diese von einem bisher gekauften zu dem betreffenden Konkurrenzprodukt wechseln. Die Praxis bietet dafür eine Fülle allseits bekannter Beispiele: Vittel und Evian bei Mineralwasser, Mercedes und BMW bzw. Toyota und Mazda bei Automobilen, Toshiba und Pioneer bei Unterhaltungselektronik usw. Schon schwieriger ist die Identifizierung von Konkurrenten, die Substitutionsprodukte anbieten. Das sind in diesem Zusammenhang Produkte, die zwar (technisch) andersartig sind, aber bei Kunden gleiche (Grund-)bedürfnisse befriedigen. So kann ein Kino mit einer benachbarten Diskothek in Konkurrenzbeziehung stehen, weil beide einem Bedürfnis nach Unterhaltung entsprechen. Als weitere Beispiele seien hier der Wettbewerb von Luftverkehrsgesellschaften, Bahngesellschaften (mit Hochgeschwindigkeitszügen) und Telekommunikationsgesellschaften (mit Angebot von Videokonferenzen) im Markt der Geschäftsreisenden (Bedürfnis: Kommunikation mit Geschäftspartnern) und der amerikanische Fast-Food-Anbieter McDonalds genannt, der vor einigen Jahren feststellte, dass er nicht nur mit anderen Fast-Food-Unternehmen (Burger King etc.) in Konkurrenz stand, sondern auch mit Anbietern von Fertiggerichten, die im Mikrowellengerät schnell vorbereitet werden können, und deshalb ebenfalls einem Bedürfnis nach schnellen und preisgünstigen Mahlzeiten entsprechen. An dieser Stelle sei auch auf die Unterscheidung von produkt- und marktorientierter Definition von Märkten in Abschnitt 3.2 verwiesen. Wenn man bei der Bedürfnisbefriedigung ansetzt, um konkurrierende Anbieter (eben auch von Substitutionsprodukten) zu identifizieren, findet man dafür kaum standardisierte Methoden. Hier ist man eher auf explorative Untersuchungen (siehe Abschnitt 2.4.2) mit qualitativen Methoden angewiesen. Eine schwerpunktmäßig so ausgerichtete Vorgehensweise ist die Ermittlung von sog. *Means-End-Chains* (vgl. Kuß/Tomczak 2000, S. 58 ff.). Dabei wird versucht, mit einer speziellen Interviewtechnik Verbindungen von konkreten Produkteigenschaften zu allgemeinen Werten und Bedürfnissen herzustellen.

Für die gewissermaßen «anbieterorientierte» Identifizierung von Konkurrenten spielen *strategische Gruppen* eine zentrale Rolle, die Porter (1999a, S. 183 f.) folgendermaßen kennzeichnet: «Eine strategische Gruppe ist die Gruppe der Unternehmen in einer Branche, die dieselbe oder eine ähnliche Strategie ... verfolgen». Hintergrund für ähnliche Strategien ist häufig die Ähnlichkeit der Anbieter im Hinblick auf Größe, Ressourcen, Ziele etc. (vgl. Aaker 1992, S. 65). Kleinaltenkamp (2000a, S. 89 f.) berichtet beispielsweise über eine Untersuchung, bei der anhand der Kriterien «Problemlösungsnähe» («vollstandardisierte Produkte» bis «Problemlösung für jeweils ein ganz spezielles Bearbeitungsproblem») und «Komplexität der Produkte» («gering» bis «hoch») insgesamt acht strategische Gruppen innerhalb der deutschen Werkzeugmaschinen-Branche identifiziert wurden. Mit der Existenz strategischer Gruppen sind häufig *«Mobilitätsbarrieren»* (Porter 1999a, S. 187 ff.) verbunden, die den Wechsel von einer strategischen Gruppe in eine andere erschweren bzw. unmöglich machen. So kann es im oben zitierten Beispiel für den Anbieter standardisierter Werkzeugmaschinen geringer Komplexität praktisch unmöglich sein, in die Gruppe der Anbieter komplexer Spezialmaschinen einzudringen, weil ihm Know-how und Kapazität im FuE-Bereich fehlen. Andererseits hat vielleicht auch der Spezialanbieter Schwierigkeiten, in den Bereich der Standardanbieter einzudringen, weil ihm die Möglichkeiten zur Serienanfertigung und eine entsprechende Vertriebsorganisation fehlen. Einige der im Abschnitt 2.2.2 dargestellten Arten von Markteintrittsbarrieren kommen hier analog zur Anwendung.

Bisher ist skizziert worden, wie man aus Nachfrager- und Anbieterperspektive relevante Konkurrenten identifizieren kann. Jetzt soll kurz aufgezeigt werden, welches die zentralen *Inhalte der Konkurrenzanalyse* sind. Auch hier stammt das grundlegende Konzept von Michael Porter (1999a, S. 86 ff.). Er unterscheidet vier Elemente einer Konkurrenzanalyse, die in ein «Reaktionsprofil» der Konkurrenten einmünden:

- Die Einschätzung der von Wettbewerbern verfolgten Ziele (z. B. Gewinnung der Marktführerposition?, Sicherung der bisherigen Position?, Wachstum oder Gewinn?)
- Die Identifizierung der Annahmen, auf die die Wettbewerber ihre Strategie aufbauen (z. B. hinsichtlich der Loyalität ihrer Kunden oder der durch die Kunden wahrgenommenen Qualität ihrer Produkte)
- Die Analyse der von Wettbewerbern in der Vergangenheit und gegenwärtig verfolgten Strategie (z. B. Markenführung mit starker Werbung und breiter Distribution bei den Zigaretten-, Bier- und Lebensmittel-Marken von Philip Morris)
- Die Einschätzung von Fähigkeiten (Stärken und Schwächen) der Wettbewerber (z. B. Patente, Vertriebsorganisation, Flexibilität der Fertigungsanlagen; siehe dazu auch Abschnitt 2.3.1).

Diese vier Teile der Konkurrentenanalyse sollen zu Einschätzungen der Wettbewerber im Hinblick auf deren künftigen Aktionen und Reaktionen führen (z. B. zu erwartende Schritte des Konkurrenten oder Passivität wegen Zufriedenheit mit seiner Situation).

Die Informationsquellen für die Konkurrentenanalyse sind höchst unterschiedlich (vgl. Kleinaltenkamp 2000a, S. 98 ff.). Als Beispiele seien hier nur genannt: Messebesuche, Geschäftsberichte, Beobachtungen des eigenen Außendienstes, Internet (Homepages der Konkurrenten, Datenbanken), Patentanmeldungen, Eintragungen im Handelsregister, Marktforschungsuntersuchungen (bei denen Konkurrenzprodukte einbezogen werden).

2.3 Unternehmensanalyse

2.3.1 Stärken-Schwächen-Analyse

Bisher sind allgemeine Prinzipien, die für die strategische Marketingplanung relevant sind, und Kriterien für die Analyse der jeweiligen Branche und der globaleren Unternehmensumwelt erörtert worden. Im vorliegenden Abschnitt soll es um Spezifika des jeweiligen Unternehmens im Hinblick auf Wettbewerbsvorteile und -nachteile gehen. Zur Charakterisierung der Wettbewerbsposition und zur Identifizierung von Ansatzpunkten für Marketingstrategien wird eine Stärken-Schwächen-Analyse vorgenommen, deren Wesen durch ihren Namen schon weitgehend charakterisiert ist. Im Mittelpunkt steht also die Einschätzung der Leistungsfähigkeit eines Unternehmens im Hinblick auf Aspekte, die die Position dieses Unternehmens bezüglich der jeweiligen Marktbedingungen und der Wettbewerbssituation bestimmen. Diese Einschätzung erfolgt weitgehend in Relation zu den vergleichbaren Merkmalen von Wettbewerbern. Insofern spricht man dann von Stärken und Schwächen. Einige führende Autoren bringen die Stärken-Schwächen-Analyse in Verbindung mit den durch Faktoren außerhalb des Unternehmens bestimmten Chancen und Risiken und nennen beides zusammen SWOT-Analyse (Strengths, Weaknesses, Opportunities, Threats).

Für eine Stärken-Schwächen-Analyse müssen natürlich zunächst die Wettbewerber identifiziert werden, auf die sich diese bezieht. Dazu sei auf die Ausführungen in Abschnitt 2.2.3 verwiesen.

Beim strategischen Marketing kann eine Vielzahl von höchst unterschiedlichen Faktoren – nicht nur aus dem Bereich Marketing im engeren Sinne – für die Gewinnung von Wettbewerbsvorteilen relevant sein (siehe unten). Entsprechend weit ist das Spektrum von Merkmalen, die in eine Stärken-Schwächen-Analyse typischerweise einbezogen werden. Als Beispiele seien hier die folgenden Merkmale genannt (vgl. Kreilkamp 1987, S. 237 f. und Hax/Majluf 1996, S. 132 ff.):

- Art und Qualität der Produkte
- Modernität und Kapazität des Produktionsbereichs
- Größe, Qualifikation und Motivation des Vertriebsbereichs
- Kostensituation von Produktion, Vertrieb und Verwaltung
- Produktivität von verschiedenen Unternehmensbereichen
- Logistik und Distributionssystem
- Finanzielles Potenzial
- Leistungsvermögen des FuE-Bereichs
- Marktnähe und Infrastruktur des Standorts
- Patente
- Image von Marken und Gesamtunternehmen

Eine gängige Form der Darstellung von Stärken und Schwächen besteht in entsprechenden Profilen, in denen das Ergebnis der Analyse graphisch veranschaulicht wird. Die Eintragung der Stärken und Schwächen der wichtigsten Wettbewerber erlaubt es, relativ schnell und einfach die Position des eigenen Unternehmens im Wettbewerbsumfeld einzuschätzen.

Das in der Praxis stark beachtete *Benchmarking* kann man als eine besondere Spielart der Stärken-Schwächen-Analyse ansehen. Hier geht es nicht um den Vergleich verschiedener Aspekte der eigenen Leistungsfähigkeit im Vergleich zu Wettbewerbern allgemein, sondern um den Vergleich mit den bezüglich dieser Aspekte jeweils besten Unternehmen der eigenen oder anderer Branchen. So kann sich beispielsweise ein Anbieter von Fotokopierern im Hinblick auf Effizienz des Kundendienstes mit einem in dieser Hinsicht als herausragend geltenden Anbieter von Telefonanlagen vergleichen. Eine solche Gegenüberstellung kann Ansatzpunkte für entsprechende Veränderungen im eigenen Unternehmen und damit für die Gewinnung von Wettbewerbsvorteilen liefern. Kleinaltenkamp (2000a, S. 141) fasst die wesentlichen Schritte beim Benchmarking in folgender Weise zusammen:

«1. Es wird zunächst versucht, die ‹best practices› in bezug auf Produkte, Dienstleistungen oder Prozesse, auch branchenübergreifend und ggf. weltweit, zu identifizieren.
2. Diese ‹best practices› werden zunächst gemessen und bewertet.
3. Im Anschluss daran werden die ‹best practices› den eigenen Produkten, Dienstleistungen und Prozessen gegenübergestellt.
4. Daraus werden Schwachstellen und Verbesserungsmöglichkeiten im eigenen Unternehmen identifiziert.
5. Schließlich werden aus den Erkenntnissen Maßnahmen zur Verbesserung der eigenen Produkte, Dienstleistungen oder Prozesse abgeleitet und umgesetzt».

Benchmarking bei General Electric und Xerox (Backhaus 1999, S. 177)
«Der amerikanische Elektrokonzern General Electric hat für die Verbesserung seiner Servicequalität das in diesem Bereich mit Business Excellence führende amerikanische Handelsunternehmen Wal-Mart ausgemacht und analysiert, um Anregungen für Verbesserungen zu erhalten.

Die Xerox Corporation, dem Pionierunternehmen im Benchmarking, vergleicht sich z. B. bei der Fakturierung mit American Express und im Bereich der Logistik mit dem amerikanischen Versandhandelsunternehmen L. L. Bean.»

2.3.2 Wertkette

Während bei der Stärken-Schwächen-Analyse der Vergleich von *Potenzialen* des eigenen Unternehmens mit denen von Wettbewerbern im Vordergrund steht, ist die Betrachtung von Wertketten auf *Prozesse* bzw. Prozessunterschiede gerichtet (Plinke 1995a, S. 70 ff.). Die letztere hebt sich auch durch eine etwas größere Systematik von der Stärken-Schwächen-Analyse ab, die auf mehr oder weniger vollständigen/angemessenen Checklisten basiert. Ein weiterer Unterschied besteht darin, dass durch den Wertketten-Ansatz die Beeinträchtigung von Prozessen noch deutlicher betont wird.

Die Grundidee der *Wertketten-Analyse* (vgl. Porter 1999b, S. 63 ff.) besteht darin, den Prozess der Wertschöpfung in einem Unternehmen mit seinen «primären» und «unterstützenden» Aktivitäten zu betrachten und mit entsprechenden Prozessen in konkurrierenden Unternehmen zu vergleichen. Als primäre Aktivitäten gelten Erstellung und Vertrieb (einschl. Service) von Leistungen (Sachgüter, Dienstleistungen). Unterstützende Aktivitäten ermöglichen die primären Aktivitäten insofern, als sie die Voraussetzungen für die primären Aktivitäten durch Bereitstellung von Inputs, Know-how, Infrastruktur etc. schaffen. Im Einzelnen werden von Porter die folgenden primären Aktivitäten unterschieden (vgl. auch Abbildung 2.11):

- *Eingangslogistik*
  Eingang, Lagerung und Bereitstellung von Materialien/Bauteilen
- *Operationen*
  Leistungserstellung (Produktion) einschließlich Montage, Qualitätskontrolle, Verpackung etc.
- *Marketing und Vertrieb*
  Einsatz der Marketinginstrumente
- *Ausgangslogistik*
  Lieferung der Produkte an Kunden einschließlich Transport, Lagerhaltung, Auftragsabwicklung etc.
- *Kundendienst*
  Unterstützung beim Einsatz der verkauften Produkte (z. B. Anwenderschulung, Wartung)

Als unterstützende Aktivitäten werden genannt:

- *Beschaffung*
  Einkaufsaktivitäten, die nicht nur die Bereitstellung von Material und Bauteilen (➔ Eingangslogistik) betreffen, sondern die Inputs für alle primären Aktivitäten (z. B. Ausstattung der verschiedenen Bereiche, Dienstleistungen)
- *Technologieentwicklung*
  Entwicklung des Wissens, das für die Aufgabenerfüllung in den verschiedenen Bereichen notwendig ist (z. B. Produktentwicklung, Marktforschung)
- *Personalwirtschaft*
  Sicherung und Entwicklung der personellen Voraussetzungen für die verschiedenen Aktivitäten des Unternehmens (z. B. Personalauswahl, Weiterbildung, Personalplanung)
- *Unternehmensinfrastruktur*
  Tätigkeiten im Unternehmen, die nicht einzelnen Aktivitäten zuzuordnen sind, sondern sich vor allem auf die Führung des Unternehmens insgesamt beziehen (z. B. Geschäftsführung, Rechnungswesen, Rechtsabteilung)

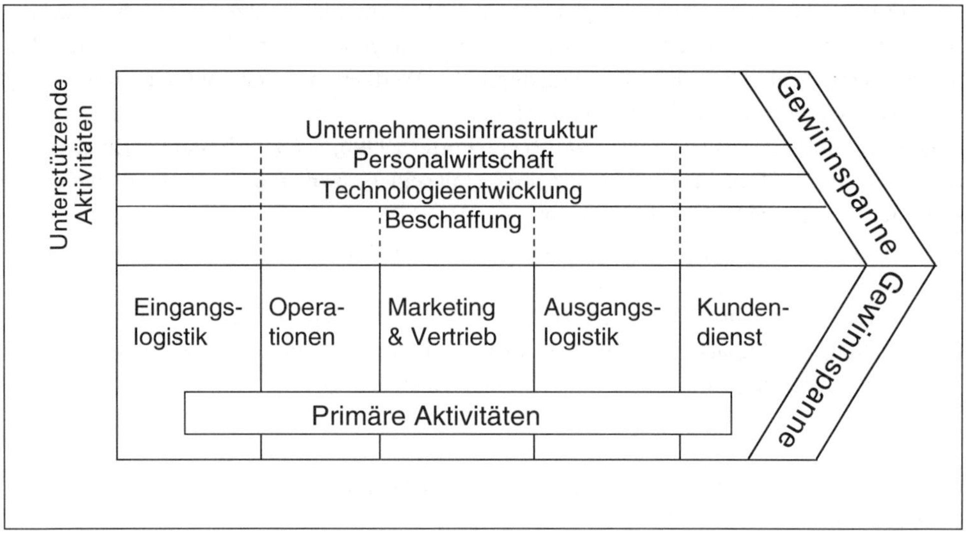

Abb. 2.11: Wertkette (nach Porter 1999b, S. 66)

Der bereits angesprochene Vergleich der in Form einer Wertkette strukturierten eigenen Aktivitäten mit denen von Wettbewerbern deutet schon eine Zielrichtung an, die in den später folgenden Überlegungen eine zentrale Rolle spielt – die Gewinnung von Wettbewerbsvorteilen. Czepiel (1992, S. 137) fasst den Grundgedanken zusammen: «Wettbewerbsvorteile entstehen dadurch, dass man in der Lage ist, den Kunden Leistungen anzubieten, die andere nicht bieten können. Das heißt, dass ein Unternehmen bestimmte Aktivitäten besser, zu niedrigeren Kosten oder einfach anders als andere Unternehmen durchführt. Die Wertkette ist eine Methode, um solche Aktivitäten zu identifizieren.»

Bei der Betrachtung von Wertketten geht es also nicht nur um die Analyse des eigenen Unternehmens (nicht zuletzt im Vergleich zu Konkurrenten), sondern im Anschluss daran auch um Entscheidungen zur Ausgestaltung des Wertschöpfungsprozesses. Gerade die Gegenüberstellung der durch bestimmte Wertaktivitäten verursachten Kosten mit deren Relevanz für den Nutzen des Kunden liefert Ansatzpunkte für entsprechende Veränderungen. Ein bekanntes Beispiel dafür bietet der schwedische Möbelanbieter IKEA, der die mit der Montage und Auslieferung von Möbeln verbundenen Aktivitäten weitgehend eliminiert (bzw. an den Kunden verlagert) hat, dadurch erhebliche Kostensenkungen erreichte, die wiederum zu Preisvorteilen für den Kunden führen. Die Wertkette ist also dadurch veränderlich, dass man einzelne Wertaktivitäten unterschiedlich gestaltet (z. B. Reduktion, größere Effizienz) oder an Lieferanten oder Kunden verlagert.

Weiterhin ergeben sich Veränderungen der Wertkette auch durch technologische Entwicklungen. Ein aktuelles Beispiel bietet der Bereich *Electronic Commerce.* So bestanden bisher wesentliche Funktionen des Handels in der Zusammenstellung und Präsentation von Sortimenten bestimmter Warengruppen (z. B. Lebensmittel, Damenoberbekleidung, Designer-Möbel), die den entsprechenden Zielgruppen Auswahl und Einkauf mit geringem Aufwand (Zeit, Fahrtkosten etc.) ermöglichen, und in der Information und Beratung von Kunden über Eigenschaften, spezifische Eignung und Gebrauch von Produkten. Beide Funktionen können vielfach schon heute leicht vom Kunden selbst – also ohne Einschaltung des Handels – wahrgenommen werden, indem er mit geringem Zeitaufwand und geringen Suchkosten im Internet die weltweit verfügbaren Produktangebote und -informationen sammelt und auswertet (vgl. Albers/Peters 1997). Wenn der Handel derartige Funktionen verliert, dann schwächt das seine bisherige Wettbewerbsposition bzw. zwingt ihn, sich auf andere Funktionen zu konzentrieren (z. B. Vermittlung von Einkaufserlebnissen).

2.4 Marktforschung

2.4.1 Wesen und Aufgaben der Marktforschung

Die speziellen Informationsgrundlagen der Marketingplanung beziehen sich auf einzelne Produkt-Märkte (z. B. deren Größe und Wachstum, Wünsche von Abnehmern entsprechender Produkte etc.) und die Wirkungen des Einsatzes bestimmter Marketinginstrumente in diesen Märkten. Für derartige Fragestellungen existiert das seit langem etablierte Methodenbündel der Marktforschung, dessen Funktionen und grundsätzliche Vorgehensweisen im vorliegenden Abschnitt knapp umrissen werden.

In einer neueren Definition der American Marketing Association (1986, zitiert nach Holbrook 1987, S. 214) wird versucht, durch zwei Aufzählungen das Tätigkeitsfeld der Marktforschung relativ genau und umfassend einzugrenzen: «Marktforschung ist die Funktion, die den Konsumenten, Kunden und die Öffentlichkeit durch Informationen mit dem Anbieter verbindet – Informationen, die benutzt werden zur Identifizierung und Definition von Marketing-Chancen und -Problemen, zur Entwicklung und Modifizierung und Überprüfung von Marketing-Maßnahmen, zur Überprüfung des Marketing-Erfolgs und zur Verbesserung des Verständnisses des Marketing-Prozesses.

Die Marktforschung bestimmt die zur Untersuchung dieser Gesichtspunkte notwendigen Informationen, entwickelt die Methoden zur Sammlung der Informationen, plant die Datenerhebung und führt diese durch, analysiert die Ergebnisse und präsentiert diese und die Schlussfolgerungen daraus.»

Diese Definition der AMA ist überwiegend ausgerichtet auf den kommerziellen Einsatz der Marktforschung, schließt aber – zumindest ansatzweise – die Grundlagenforschung («Verbesserung des Verständnisses des Marketing-Prozesses») und die methodische Forschung («entwickelt die Methoden zur Sammlung der Informationen») mit ein. Von den in der Literatur verwendeten Definitionen gibt sie am ehesten das wieder, was man heute in Wissenschaft und Praxis unter Marktforschung versteht.

Die in der AMA-Definition von 1986 genannten Aufgaben der Marktforschung sollen im Folgenden durch einige Beispiele illustriert werden, um ein plastisches Bild von Zielrichtung und Vielfalt der Tätigkeit des Marktforschers zu vermitteln:

- Identifizierung und Definition von Marketing-Chancen und -Problemen: Bestimmung von Marktsegmenten, Wettbewerbsanalyse, Ermittlung neuer Bedürfnisse von Konsumenten, Untersuchung potenzieller neuer Märkte, Prognose des Marktvolumens
- Entwicklung, Modifizierung und Überprüfung von Marketing-Maßnahmen: Werbe-Pretests, Produkttests, Werbeerfolgskontrolle, Testmärkte
- Überprüfung des Marketing-Erfolgs: Beobachtung der Marktanteils-Entwicklung, Image-Analysen, Messung der Kundenzufriedenheit

In der Praxis ist zu beobachten, dass die Marktforschung häufig schon routinemäßig in Anspruch genommen wird. Das äußert sich z. B. in längerfristig eingeplanten Marktforschungs-Budgets oder in regelmäßig/laufend durchgeführten Untersuchungen spezialisierter Institute (z. B. Panels).

Die verbreitete Akzeptanz der Marktforschung zeigt sich in der Praxis im Vorhandensein großer Marktforschungsinstitute (in der Bundesrepublik z. B. GfK-Nürnberg, Infratest, Emnid, Nielsen) bzw. betrieblicher Marktforschungsabteilungen. An den Universitäten ist die Marktforschung überall zu einem zentralen Teil der Marketing-Ausbildung geworden.

2.4.2 Methoden der Marktforschung

Im vorliegenden Abschnitt soll anhand des typischen Ablaufs einer Marktuntersuchung ein knapper Überblick über methodische Gesichtspunkte der Marktforschung gegeben werden.

In Abbildung 2.12 sind die Phasen einer Marktuntersuchung dargestellt, wobei anzumerken ist, dass derartige Schemata natürlich immer einen generalisierenden und/oder vereinfachenden Charakter haben. In der Realität findet man sicher häufig Studien, bei denen bestimmte Schritte ausgelassen oder hinzugefügt werden. Auch die üblicherweise auftretenden Rückkopplungen bei der Anlage und Durchführung von Untersuchungen sind in Abbildung 2.12 nicht berücksichtigt.

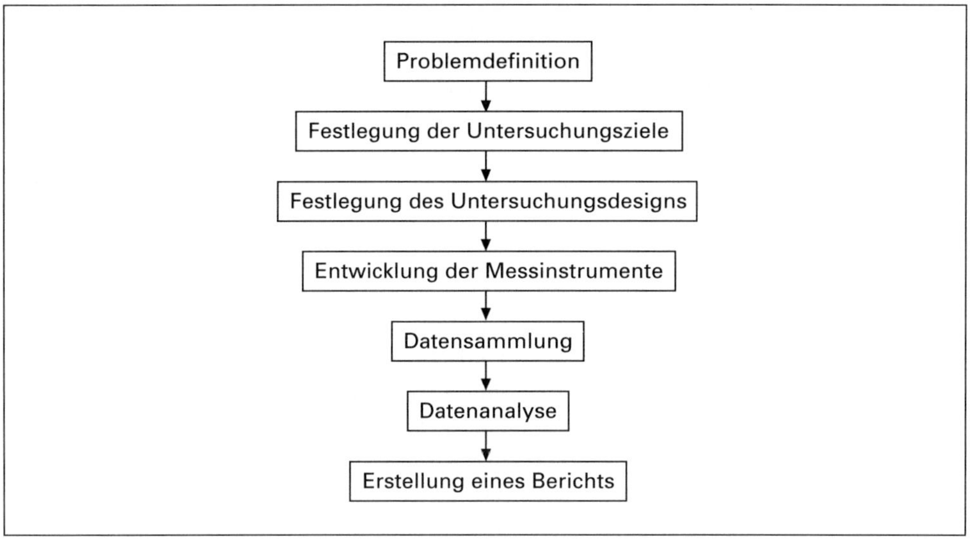

Abb. 2.12: Phasen einer Marktuntersuchung

Das Phasenschema macht aber deutlich, dass die einzelnen Teile des Forschungsprozesses aufeinander aufbauen. Hier gilt der Grundsatz, dass eine Kette nur so stark ist, wie das schwächste ihrer Glieder. Wenn also für eine Untersuchung unzureichende Messinstrumente (z. B. ein Fragebogen mit suggestiv wirkenden Fragen) verwendet wurden, so lässt sich diese Schwäche durch keinerlei Verfahren anspruchsvoller Datenanalyse mehr ausgleichen. Fehler bei der Datensammlung (z. B. geringe Stichprobenausschöpfung) sind später kaum reparabel.

Der erste Schritt im Untersuchungsablauf, die *Problemdefinition,* ist schon für den Erfolg aller weiteren Bemühungen grundlegend. Eine unklare oder falsche Festlegung des Untersuchungsgegenstands führt eben dazu, dass man – unter Umständen in methodisch höchst anspruchsvoller Weise – am wahren Problem «vorbeiforscht». Bei der Problemdefinition kommt es entscheidend auf die Kommunikation zwischen Marketing-Manager und Marktforscher an. Der Manager muss die Möglichkeiten und Grenzen der Marktforschung einschätzen können; der Marktforscher muss das Entscheidungsproblem des Managers und dessen Informationsbedarf kennen. Wenn die erste Phase des Forschungsprozesses in der Literatur auch «Problemformulierung» genannt wird, so deutet dies an, dass hier nicht an ein mehr oder minder stillschweigendes Einverständnis zwischen Auftraggeber und Marktforscher gedacht ist, sondern an die bewusste und explizite (möglichst schriftlich festgelegte) Definition des zu untersuchenden Problems.

Bei der *Festlegung der Untersuchungsziele* handelt es sich um eine Konkretisierung der Aufgabenstellung, die mit der Problemdefinition bereits umrissen ist. Aus einer allgemeinen Problemdefinition, die z. B. darin besteht, dass das eigene Produkt qualitative Nachteile gegenüber einem konkurrierenden Produkt hat, könnte man das Untersuchungsziel ableiten, die für die Kernzielgruppe wichtigsten Produkteigenschaften und die Einschätzung der beiden Produkte hinsichtlich dieser Eigenschaften zu ermitteln. Der üblicherweise begrenzte zeitliche und finanzielle Rahmen der Marktforschung macht eine relativ enge Formulierung des Untersuchungsziels notwendig. Hinzu kommt, dass es angesichts der häufig schwierig anzuwendenden und fehlerempfindlichen Untersuchungsmethoden meist besser ist, wenige wichtige Faktoren möglichst sorgfältig als eine Fülle von mehr oder minder relevanten Aspekten auf oberflächliche Weise zu untersuchen. Mit der Festlegung der Untersuchungsziele ist auch eine Entscheidung über die Art der Untersuchung verbunden. Hier werden drei Arten unterschieden:

- *Explorative Untersuchungen*
  Wie die Bezeichnung schon andeutet, geht es hier darum, Ursachen für Probleme oder Zusammenhänge zwischen Variablen zu entdecken. Explorative Untersuchungen stehen oft am Anfang eines größeren Projekts und dienen der Vorbereitung folgender Untersuchungen. In der Regel werden so genannte «weiche» Methoden der Datenerhebung und -analyse angewandt (z. B. Tiefeninterviews, Gruppendiskussionen). Dementsprechend haben die Ergebnisse eher impressionistischen als definitiven Charakter.
- *Deskriptive Untersuchungen*
  Dieser Untersuchungstyp dürfte in der Praxis am stärksten verbreitet sein. Hier geht es z. B. um Fragen wie diese: Wie groß ist ein Markt? Welche soziodemographischen Merkmale haben Intensiv-Verwender eines Produkts? Welche Zeitschriften lesen die Angehörigen der Kernzielgruppe für ein Produkt? Da von den Untersuchungsergebnissen in der Regel auf eine Grundgesamtheit geschlossen werden soll, werden hier die etablierten Verfahren der Stichprobenziehung, Fragebogenkonstruktion, Inferenzstatistik etc. eingesetzt.
- *Kausal-Untersuchungen*
  Kausal-Untersuchungen sind im Hinblick auf die angewandten Methoden und die Aussagemöglichkeiten die anspruchsvollsten der vorgestellten drei Typen. Hier will man eben nicht nur feststellen, wie z. B. die Kernzielgruppe eines Produkts zu beschreiben wäre, sondern welches die Gründe (Ursachen) für ein bestimmtes Verhalten, bestimmte Präferenzen etc. sind. Dafür sind oft aufwändigere Methoden als für deskriptive Untersuchungen notwendig. Insbesondere Experimente werden für Kausal-Untersuchungen eingesetzt.

Der dritte Schritt des Forschungsprozesses ist die *Festlegung des Untersuchungsdesigns.* Allgemein geht es hier um die grundlegenden Entscheidungen über die Anlage der durchzuführenden Untersuchung (z. B. Befragung oder Beobachtung, Größe der Stichprobe).

In der vierten Phase des Forschungsprozesses werden die *Messinstrumente entwickelt.* Wenn man sich beispielsweise beim Untersuchungsdesign für eine Umfrage entschieden hat, müsste jetzt der Fragebogen mit den einzelnen Fragen entwickelt werden. Das ist eine überaus heikle und schwierige Tätigkeit, da viele Messmethoden der Marktforschung sehr fehlerempfindlich sind.

Häufig ist die fünfte Phase des Forschungsprozesses, die *Datensammlung,* die kostenintensivste. In der Regel wird die Datensammlung von spezialisierten Marktforschungsinstituten durchgeführt, die über einen entsprechend geschulten großen Mitarbeiterstab, spezielle Ausrüstungen für telefonische Interviews etc. verfügen.

Bei der *Datenanalyse* (sechste Phase des Forschungsprozesses) kommen vor allem statistische Methoden zum Einsatz. Hier wird ein breites Methodenspektrum verwendet. Beachtlich ist in diesem Zusammenhang, dass neben den gängigen Verfahren der beschreibenden und schließenden Statistik (Mittelwerte, Streuungsmasse, Häufigkeitsverteilungen, Schätzungen, Tests etc.) im Marketing die so genannten multivariaten Analyseverfahren, also statistische Techniken, bei denen eine größere Zahl von Variablen gleichzeitig analysiert wird, eine wichtige Rolle spielen. Das ist vor allem dadurch zu erklären, dass Phänomene des Marketing (z. B. die Markenwahl von Konsumenten) selten monokausal, sondern eher durch das Zusammenwirken einer größeren Zahl von Einflussfaktoren zu erklären sind.

Den Abschluss einer Untersuchung bildet die *Erstellung eines Berichts,* der dem Management präsentiert wird. Damit kommt man zur Problemdefinition sowie auf die Untersuchungsziele zurück und versucht, die zu Beginn des Forschungsprozesses gestellten Fragen zu beantworten.

Literaturempfehlungen zum 2. Kapitel

BÖHLER, H. (1992): Marktforschung, 2. Aufl., Stuttgart.

BUZZELL, R./GALE, B. (1989): Das PIMS-Programm, Wiesbaden.

CARPENTER, G./GLAZER, R./NAKAMOTO, K. (1997): Readings on Market-Driving Strategies – Towards a New Theory of Competitive Advantage, Reading (Mass.) u.a.O.

CZEPIEL, J. (1992): Competitive Marketing Strategy, Englewood Cliffs (N.J.).

HAMEL, G./PRAHALAD, C. K. (1994): Competing for the Future, Boston.

HAMMANN, P./ERICHSON, B. (2000): Marktforschung, 4. Aufl., Stuttgart/Jena.

KLEINALTENKAMP, M. (2000a): Wettbewerbsstrategie, in: Kleinaltenkamp, M./Plinke, W. (Hrsg.): Strategisches Business-to-Business Marketing, Berlin u.a.O., S. 57-189.

KREILKAMP, E. (1987): Strategisches Management und Marketing, Berlin/New York.

KUß, A./TOMCZAK, T. (2000): Käuferverhalten, 2. Aufl., Stuttgart.

MEFFERT, H. (1992): Marketingforschung und Käuferverhalten, 2. Aufl., Wiesbaden.

NIESCHLAG, R./DICHTL, E./HÖRSCHGEN, H. (1997): Marketing, 18. Aufl., Berlin.

PORTER, M. (1999a): Wettbewerbsstrategie. Methoden zur Analyse von Branchen und Konkurrenten, 10. Aufl., Frankfurt am Main u.a.O.

PORTER, M. (1999b): Wettbewerbsvorteile. Spitzenleistungen erreichen und behaupten, 5. Aufl., Frankfurt am Main u.a.O.

3. Marktorientierte Unternehmensplanung

3.1 Leitlinien der strategischen Unternehmensplanung

Das vorliegende Kapitel ist dem Teil der Unternehmensplanung gewidmet, der sich mit der Auswahl von Märkten und mit grundsätzlichen Überlegungen zur Art der Marktbearbeitung beschäftigt. Die Bezeichnung «marktorientierte Unternehmensplanung» soll diese Betrachtungsweise kennzeichnen. Der damit umrissene Bereich wird im Zusammenhang der Marketingplanung behandelt, weil hier einerseits die Leitlinien für die weiteren Schritte der Marketingplanung festgelegt werden und andererseits marktorientierte Analysen und Überlegungen bei diesen strategischen Entscheidungen eine zentrale Rolle spielen.

Der marktorientierten Planung übergeordnet sind typischerweise Festlegungen bezüglich der *Unternehmensziele* (z. B. Wachstum oder Stabilisierung) und allgemeinerer *Grundsätze des Unternehmens* (z. B. Leitbild und ethische Prinzipien). Beide – Ziele und Grundsätze – werden geprägt durch Einflüsse von Unternehmenseignern und Beschäftigten, von Traditionen des Unternehmens und seiner Kultur, von den gegebenen Möglichkeiten (Ressourcen und Fähigkeiten) und nicht zuletzt von den ökonomischen und gesellschaftlichen Rahmenbedingungen. Normalerweise beziehen sich Unternehmensziele nicht nur auf einen Aspekt (z. B. ausschließlich Gewinn oder Wachstum), sondern auf eine Auswahl von mehreren Gesichtspunkten mit mehr oder weniger expliziter Gewichtung. Verbreitete Bedeutung haben u. a. (vgl. z. B. Meffert 1994a, S. 88 ff.; Walker/Boyd/Larréché 1999, S. 44):

- Rentabilitätsziele
  (Gewinn, Umsatzrentabilität, ROI etc.)
- Größen- und Wachstumsziele
  (Umsatz bzw. Umsatzsteigerung, Marktführerschaft etc.)
- Finanzielle Ziele
  (Liquidität, Selbstfinanzierungsgrad etc.)
- Soziale Ziele
  (Erhaltung von Arbeitsplätzen, Zufriedenheit und Motivation der Mitarbeiter etc.)
- Machtziele
  (Sicherung der Unabhängigkeit des Unternehmens, ökonomischer und gesellschaftlicher Einfluss etc.)

Die in letzter Zeit stark beachtete Orientierung von Unternehmen am so genannten *«Shareholder Value»* lässt sich in diesem Zusammenhang so interpretieren, dass damit mehrere Zielgrößen gleichzeitig angesprochen werden. Der Shareholder Value ist bestimmt durch die diskontierten Cash-flows künftiger Perioden abzüglich Schulden und zuzüglich vorhandener Vermögenswerte. Künftige Cash-flows werden z. B. bestimmt durch die Entwicklung der Marktposition, der Erlöse, der Kosten etc. Insofern wird erkennbar, dass die Erreichung unterschiedlicher Ziele sich über die Erwartungen bezüglich künftiger Cash-flows auf den Wert des Unternehmens und damit auf den Wert der einzelnen Eigentumsanteile niederschlägt.

Den Unternehmenszielen übergeordnet bzw. gedanklich vorgelagert sind oftmals allgemeinere Grundsätze der Unternehmenspolitik. Hier ist zunächst ein *Unternehmenszweck* («Business Mission») zu nennen, der meist auf eine Problemlösung/einen Nutzen beim Kunden (z. B. Rentex: «Wir bieten komplette Textilversorgung für Krankenhäuser») bezogen ist. Darüber hinaus geht die *Unternehmensphilosophie,* die nach Meffert (1994a, S.80) folgenden Aufgaben genügen soll:

- «die spezifische Kompetenz der Unternehmung aufzeigen und dabei ihre spezifischen Lösungsbeiträge für Wirtschaft und Gesellschaft verdeutlichen.
- eine Vision im Sinne einer realistischen Utopie propagieren, die zur Lösung aktueller und potenzieller Problemsteuerungen beiträgt.
- die grundlegenden Wertvorstellungen, Ziele und Erfolgskriterien festlegen und
- das Verhältnis der Unternehmung zu den zentralen Ziel- und Anspruchsgruppen definieren (...)».

Mit dem dritten der genannten Aspekte wird auch die in letzter Zeit immer stärker beachtete Orientierung an ethischen Prinzipien angesprochen. Besondere Prominenz haben in diesem Zusammenhang die gesundheitliche Verträglichkeit von Produkten und der Umweltschutz erlangt. So stellen sich Unternehmen im Hinblick auf ethische Verantwortbarkeit die Frage, ob sie sich aus Märkten für gesundheitsschädliche (z. B. Zigaretten) oder ökologisch schädliche Produkte zurückziehen.

Die Relevanz der vorstehend skizzierten Gesichtspunkte für die Marketingplanung ist leicht erkennbar. Durch Unternehmenszweck, Unternehmensphilosophie und ethische Begrenzungen der Unternehmenstätigkeit wird für die später ausführlicher zu diskutierende Frage, auf welchen Märkten ein Unternehmen tätig ist/sein will («Wo?»), ein Rahmen vorgegeben. Konkrete Beispiele dafür sind Unternehmen, die sich auf bestimmte Tätigkeitsbereiche konzentrieren (z. B. DaimlerChrysler als «Mobilitätskonzern») oder sich auf bestimmte Leistungsstandards festlegen (z. B. Lufthansa mit hohem Sicherheits- und Servicestandard und damit verbundenem Verzicht auf Billigmärkte) oder aus ethischen Gründen bestimmte Märkte nicht bedienen (z. B. Technologieexport in militärisch aggressive Länder).

Die eingangs dieses Abschnitts angesprochenen Unternehmensziele haben etwas differenziertere Auswirkungen. Auch hier ist natürlich der Zusammenhang zur Frage «Wo?» deutlich erkennbar. Unterschiedliche Gewichtungen von Wachstum, Profitabilität, Stabilität etc. haben eben entsprechende Kriterien zur Bewertung der Attraktivität von Märkten zur Folge. Unternehmen, die Marktführer werden und eine dominierende Position erringen wollen, dürfen ihr Tätigkeitsfeld nicht zu eng begrenzen. Von den Zielen wird auch die Frage «Wie?» berührt, also die Frage, wie Unternehmen Wettbewerbsvorteile gewinnen können. So hat die Fristigkeit von Gewinnzielen Auswirkungen auf die Bereitschaft, in neue Produkte und die Erschließung neuer Märkte zu investieren; eine angestrebte Marktführerschaft bedingt oftmals die Erschließung von Massenmärkten durch Kostenführerschaft. Sogar die Frage «Wann?» (hier der Markteintrittszeitpunkt) wird durch die Unternehmensziele beeinflusst: Stark akzentuierte Wachstumsziele dürften eher dazu führen, die besonderen Risiken eines frühen Markteintritts angesichts der damit verbundenen Chancen in Kauf zu nehmen.

Nachdem hier einige sich aus der Unternehmensplanung ergebende Leitlinien für die Marketingplanung skizziert worden sind, sollen in den folgenden Abschnitten die Grundentscheidungen der marktorientierten Unternehmensplanung diskutiert werden.

3.2 Definition der Geschäfts- und Markttätigkeit

3.2.1 Überblick

Eine besonders einfach scheinende Frage gehört zu den schwierigsten und wichtigsten, die sich ein Unternehmen stellen kann:

In welchem Markt sind wir tätig bzw. wollen wir tätig werden?

Vordergründige und schnelle Antworten auf diese Frage können langfristig den Erfolg und sogar die Existenz von Unternehmen gefährden. Ein bekanntes Beispiel dafür sind die amerikanischen Eisenbahngesellschaften, die eben wähnten, in der Eisenbahnbranche tätig zu sein und nicht in der Transportbranche. Das hatte zur Folge, dass sie an der wachsenden Nachfrage nach Transportleistungen nicht partizipierten und Spediteure, die LKWs einsetzten, den Markt bedienten.

Die Definition von Absatzmärkten, in denen ein Unternehmen tätig ist/sein will, hat nach Day (1984) drei wesentliche Funktionen:

- Die *Aufmerksamkeit des Managements* wird auf die Gesichtspunkte gelenkt, die für den dauerhaften Markterfolg des Unternehmens wichtig sind. Das sind meist die der Nachfrage zu Grunde liegenden Bedürfnisse und/oder die wesentlichen Kompetenzen (z. B. bei Technologie oder Service) eines Unternehmens.
- Die *Grenzen der Unternehmenstätigkeit* werden abgesteckt und gleichzeitig Perspektiven für das Wachstum des Unternehmens eröffnet. Wenn sich beispielsweise die Lufthansa als Anbieter von Transportleistungen versteht, dann lässt das Aktivitäten in den Bereichen Lufttaxi, Schnellbahnzüge, Flughafenzubringer etc. zu, schließt aber eine Tätigkeit als Veranstalter von Pauschalreisen aus.
- Die *Grundlagen für die Analyse* der Situation des Unternehmens werden gelegt, indem dessen Absatzmarkt abgegrenzt und Wettbewerber identifiziert werden.

In der detaillierteren Diskussion der folgenden Abschnitte wird zwischen ein- und mehrdimensionalen Ansätzen unterschieden. Bei *mehrdimensionalen Ansätzen* werden mehrere Aspekte gleichzeitig zur Kennzeichnung und Abgrenzung eines (Teil-)Markts herangezogen, während bei *eindimensionalen Ansätzen* der Fokus bei nur einem maßgeblichen Gesichtspunkt liegt. Letzteren werden hier auch die Ansätze zugeordnet, bei denen zwischen alternativen Perspektiven unterschieden wird (markt- versus produktorientiert, Top-Down versus Bottom-Up). Zunächst wird das heute breit akzeptierte mehrdimensionale Abell-Schema vorgestellt. Es folgen die traditionellen (aber immer noch gängigen) eindimensionalen. Es wird sich zeigen, dass dadurch einzelne Aspekte der mehrdimensionalen Ansätze zusätzlich illustriert werden können. Bei den eindimensionalen Betrachtungen wird auch auf die Marktsegmentierung eingegangen, die für das Marketing eine zentrale – deutlich über die marktorientierte Unternehmensplanung hinausreichende – Bedeutung hat. Der nach derartigen Kriterien abgegrenzte Markt, auf den ein Unternehmen seine Angebote und seine sonstigen Marketingaktivitäten ausrichtet, wird meist als *relevanter Markt* bezeichnet.

Am Ende dieses Abschnitts (3.2.4) wird auf so genannte «strategische Geschäftsfelder» eingegangen. Dabei geht die Perspektive über die Kennzeichnung und Abgrenzung von Märkten schon deutlich hinaus, weil daneben auch unterschiedliche Wettbewerbsverhältnisse in verschiedenen Teilmärkten explizit berücksichtigt werden und somit Einheiten entstehen, für die relativ unabhängig Strategien entwickelt und umgesetzt werden können.

Zur Bedeutung der Definition von Märkten (Abell 1980, S. 6)
«In strategischer Sichtweise stellt sich die Frage der Marktdefinition – zumindest implizit –, wenn vom Management ein neues Produkt eingeführt wird, ein altes Produkt eliminiert wird, ein vorhandenes Produkt an neue Kundengruppen vermarktet wird, die Unternehmenstätigkeit durch Acquisitionen diversifiziert wird oder ein Teil des Unternehmens durch Verkauf aufgegeben wird.»

3.2.2 Ein mehrdimensionaler Ansatz zur Definition von Märkten: Das Schema von Abell

Als Hilfsmittel zur Definition der Absatzmärkte von Unternehmen ist von Abell (1980) ein mehrdimensionaler Ansatz eingeführt worden, der seither starke Beachtung gefunden hat. In einer von Day (1984) modifizierten Version dieses Ansatzes werden die vier Dimensionen

- Funktion,
- Technologie,
- Marktsegment und
- Wirtschaftsstufe

verwendet, die im Folgenden kurz erläutert werden sollen.

Bei der *Funktion* geht es natürlich um die Funktion des Leistungsangebots von Unternehmen für die Kunden, also um die Nutzungsmöglichkeiten von Produkten (Sachgüter und Dienstleistungen). Bezogen auf Drucker für PCs könnten deren Funktionen im Druck von Overhead-Folien, von Korrespondenz, im Desktop-Publishing usw. bestehen.

Das Stichwort *Technologie* bezieht sich auf unterschiedliche Verfahren oder Werkstoffe, mit denen die Funktionserfüllung beim Kunden erreicht werden kann. Bei dem erwähnten Beispiel der Drucker für PCs könnten im Hinblick auf die Technologie, Tintenstrahl-, Farb-

Tintenstrahl- und Laser-Drucker unterschieden werden. Allerdings ist natürlich nicht jede Technik für alle Funktionserfüllungen gleichermaßen geeignet.

Die Einteilung eines Gesamtmarktes in *Marktsegmente* gehört zu den schon länger im Marketing etablierten grundlegenden Prinzipien. Gemeint ist damit die Bildung von Kundengruppen, die hinsichtlich ihrer Bedürfnisse und Charakteristika möglichst homogen sind. Wenn man beim Beispiel der PC-Drucker bleibt, könnten das vielleicht Großunternehmen mit vielen PC-Arbeitsplätzen, Graphiker, Freiberufliche, private Haushalte etc. sein.

Die vierte Dimension des hier skizzierten Ansatzes zur Definition von Absatzmärkten ist die *Wirtschaftsstufe,* auf der ein Unternehmen tätig wird. Damit sind die verschiedenen Phasen der wirtschaftlichen Leistungserstellung von der Rohstoffgewinnung bis zur Auslieferung des fertigen Produkts an den Endabnehmer angesprochen. Im PC-Drucker-Beispiel könnte man hier daran denken, dass ein Unternehmen vielleicht Bauteile (als Vorprodukte) und komplette Geräte herstellt, ein zweites nur die Endmontage der fremdbezogenen Komponenten vornimmt und ein drittes möglicherweise extern produzierte fertige Drucker unter der eigenen Marke vertreibt und entsprechende Service-Leistungen anbietet.

Gelegentlich findet man graphische Darstellungen, in denen die Wahlmöglichkeiten von Unternehmen im Hinblick auf die genannten Dimensionen visualisiert sind. Eine Illustration zu dem PC-Drucker-Beispiel, in der natürlich nur drei Dimensionen (hier die ersten drei) berücksichtigt werden können, findet sich in Abbildung 3.1.

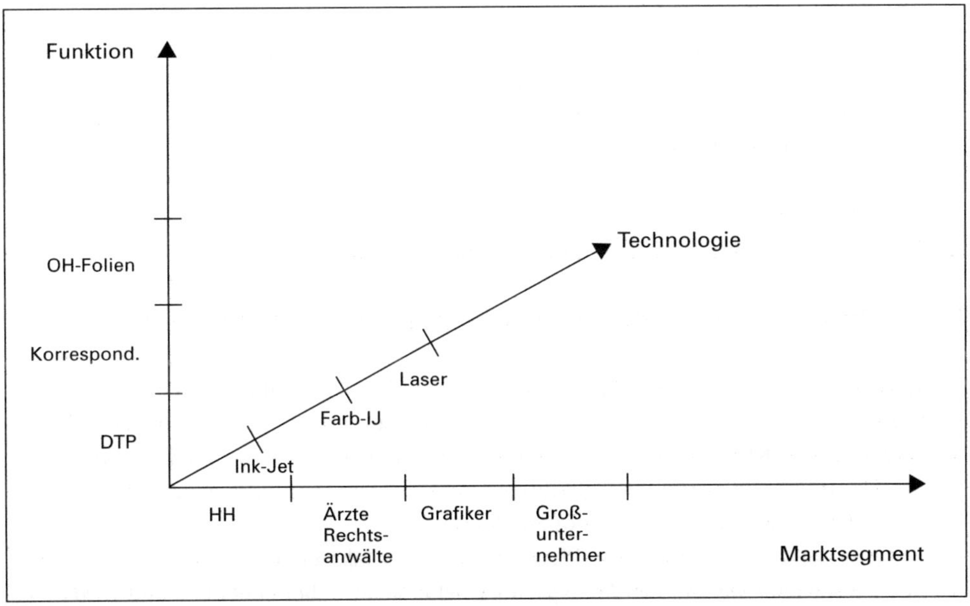

Abb. 3.1: Beispiel zur Definition von Absatzmärkten für PC-Drucker

In Anlehnung an Day (1984, S. 80) sind in Abbildung 3.2 einige gängige Möglichkeiten der Ausprägung einzelner Dimensionen für die Festlegung von Absatzmärkten zusammengestellt. Dabei ist zu beachten, dass die Dimensionen Funktion und Technologie hier aus pragmatischen Gründen zu der Kategorie «Breite des Sortiments» zusammengefasst wurden. Dagegen ist hinsichtlich der Marktsegmentierung schon nach «Anzahl der Kundengruppen» und «regionaler Verteilung» unterschieden worden. Kombinationen einzelner Ausprägungen dieser Kategorien ergeben dann verbreitete Arten der Marktabgrenzung.

1. Breite des Sortiments

A. Spezialisierung hinsichtlich der Funktion des Produkts
B. Breites Angebot an Funktionen des Produkts, aber Spezialisierung im Hinblick auf Technologie
C. Breites Angebot verwandter Technologien und Funktionen
D. Breites oder enges Angebot von Preis-/Qualitätsniveaus

2. Anzahl der Kundengruppen

A. Eine Kundengruppe
B. Mehrere Kundengruppen

3. Regionale Verteilung

A. Lokal oder regional
B. National
C. International

4. Wirtschaftsstufe (eine oder mehrere der Folgenden)

A. Rohmaterial und Einzelteile
B. Komponenten
C. Fertige Komponenten
D. Vertrieb an den Handel
E. Vertrieb an Endabnehmer

Abb. 3.2: Einige gängige Ausprägungen der Dimensionen zur Definition des Absatzmarkts (nach Day 1984)

3.2.3 Eindimensionale Ansätze zur Definition von Märkten

3.2.3.1 Produkt- versus marktorientierte Definition von Unternehmenstätigkeiten

Levitt (1986, S. 141 ff.; die Erstfassung des entsprechenden Artikels ist bereits 1960 erschienen) hat besonders deutlich gemacht, dass die Aufgabe eines Unternehmens in der Befriedigung von Kundenwünschen besteht, nicht in erster Linie in der Produktion von Gütern. Der Bedarf an bestimmten Produkten kann zurückgehen oder ganz verschwinden; Kundenbedürfnisse haben dagegen größere Stabilität.

So ist beispielsweise der Bedarf an Pferdekutschen vor Jahrzehnten stark zurückgegangen, das Bedürfnis nach individuellen Transportmöglichkeiten ist aber geblieben und wird heute durch Automobile befriedigt. Gegenwärtig beobachtet man ein nachlassendes Interesse an den großen allgemein informierenden und unterhaltenden Illustrierten (z. B. Stern, Bunte), weil anscheinend dem entsprechenden (bleibenden) Bedürfnis durch das Fernsehen besser entsprochen wird. Dauerhaft tragfähige Definitionen von Absatzmärkten sollten sich deshalb eher an Kundenwünschen als an den Produktionsmöglichkeiten eines Unternehmens orientieren. Sie sollten *marktorientiert* und *nicht produktorientiert* sein. In Abbildung 3.3 sind einige Beispiele für den Unterschied zwischen produktorientierten und marktorientierten Definitionen der Tätigkeit von Unternehmen zusammengestellt.

	Definitionen der Unternehmenstätigkeit	
Unternehmen	Produktorientiert	Marktorientiert
Duden Verlag	Wir produzieren Wörterbücher	Wir bieten Informationen zur deutschen Sprache an
Esso Energie	Wir verkaufen Benzin	Wir bieten Energie an
Gruner & Jahr Verlag	Wir machen Zeitschriften	Wir bieten Informationen und Unterhaltung an
Siemens	Wir stellen Telefonanlagen her	Wir helfen bei Büroautomatisierung
Rolex	Wir verkaufen Uhren	Wir verkaufen Prestige

Abb. 3.3: Produkt- und marktorientierte Definitionen von Unternehmenstätigkeiten (Die Eintragungen beruhen nicht auf Angaben der Unternehmen)

Bei der hier umrissenen Betrachtungsweise geht es also um die Alternative zwischen einer eher durch Kundenwünsche oder durch (technische) Möglichkeiten des Unternehmens bestimmten Orientierung. Die Ähnlichkeit zu den im Abell-Schema (Abschnitt 3.2.2) dargestellten Dimensionen «Funktionserfüllung beim Kunden» und «Technologie» dürfte leicht erkennbar sein.

3.2.3.2 Top-Down- versus Bottom-Up-Ansatz zur Definition von Märkten

Die Unterscheidung von Top-Down- und Bottom-Up-Ansatz bei der Marktdefinition ist von George Day (1984) vorgestellt worden. Die jeweiligen Bezeichnungen kennzeichnen schon die verschiedenen Perspektiven: *«Top Down»* bezieht sich auf die Sichtweise der Leitung eines (großen) Unternehmens mit mehreren Geschäftsbereichen, die einzelne Märkte als «Einsatzbereiche» für die im Unternehmen vorhandenen Ressourcen zum Zweck der Gewinnerzielung ansieht. So könnte die Leitung einer Bank ihre Ressource «Filialnetz mit Kundenkontakten» im Auge haben und überlegen, bei welcher zusätzlichen Unternehmenstätigkeit, d.h. in welchem neuen Markt sich durch diese Ressource Vorteile gegenüber den jeweiligen Wettbewerbern erzielen lassen. Der Eintritt in den Markt für Bausparverträge könnte die Folge sein. Für ein Unternehmen mit Entwicklungs- und Produktionskapazitäten in der Mikroelektronik ergeben sich vielleicht neue Marktchancen beim Angebot von Speicherchips, Bauteilen für die Unterhaltungselektronik oder elektronischen Steuerungen für Werkzeugmaschinen. Kennzeichnend für die Definition und Abgrenzung von Märkten beim Top-Down-Ansatz sind die in diesen Märkten eingesetzten Ressourcen, beispielsweise bestimmte Technologien, Produktionskapazität und -Know-how oder eine vorhandene Vertriebsorganisation.

Der *Bottom-Up-Ansatz* setzt dagegen bei Kundenbedürfnissen an. Neue Bedürfnisse oder sich verschiebende Präferenzen können zu neuen, darauf ausgerichteten Produkten von Anbieterunternehmen führen, die durch die ursprünglichen Produkte kaum substituierbar sind. So entsteht ein «neuer Markt». Häufig kann man dabei beobachten, dass nicht neue an Stelle von alten Märkten treten, sondern dass eine Differenzierung insofern stattfindet, als neue Märkte zu alten hinzutreten. Beispielsweise kann man im Lebensmittelmarkt eine Differenzierung durch das Angebot von Klein-Packungen, Fertiggerichten etc. für einen «Single-Markt» erkennen. Eine Gegenüberstellung von Merkmalen des Top-Down- und des Bottom-Up-Ansatzes findet sich in der folgenden Abbildung 3.4.

Merkmal	**Top-Down-Ansatz**	**Bottom-Up-Ansatz**
Marktdefinition	Märkte als Bereiche, in denen die Unternehmensressourcen erfolgversprechend eingesetzt werden können	Märkte als sich verändernde Gruppierungen von Kundenwünschen
Schwerpunkt der Betrachtung	Vorteile gegenüber Wettbewerbern z. B. im Hinblick auf Kosten, Erfahrungen, Know-how, Vertriebssystem	Wahrnehmung des Produktnutzens im Vergleich zu Wettbewerbsprodukten vonseiten des Kunden
Identifikation von (neuen) Teilmärkten	Ausnutzung von neuen Technologien, Schwächen von Wettbewerbern etc.	Suche nach «neuen» oder bisher unbefriedigten Bedürfnissen

Abb. 3.4: Gegenüberstellung von Top-Down- und Bottom-Up-Ansatz bei der Definition von Märkten (nach Day 1984, S. 84)

Auch hier ist wieder die Beziehung zu den Dimensionen «Funktionserfüllung beim Kunden» (➜ Bottom-Up) und «Technologie» (➜ Top-Down) des Abell-Schemas erkennbar.

3.2.3.3 Marktsegmentierung

3.2.3.3.1 Bedeutung der Marktsegmentierung

Die Marktsegmentierung gehört zu den bedeutendsten Konzepten des modernen Marketing. Vor einer Fortführung der Diskussion sei hier zunächst eine *Definition* angegeben:

- Marktsegmentierung ist die Aufteilung eines heterogenen Gesamtmarkts in relativ homogene Käufergruppen mit dem Ziel der differenzierten Ansprache dieser Gruppen.

Zur Relevanz der Marktsegmentierung (Kotler 2002, S. 278)
«Ein Unternehmen kann in einem großen und vielfältigen Markt wie dem für Computer oder Erfrischungsgetränke nicht allen Kunden gerecht werden. Die Kunden sind zu zahlreich und zu unterschiedlich hinsichtlich ihrer Anforderungen beim Kauf. Ein Unternehmen muss die Marktsegmente identifizieren, die es erfolgreich bedienen kann.»

Einige der mit der Marktsegmentierung verbundenen Überlegungen werden (hoffentlich) deutlich, wenn man dieser die nicht differenzierte Marktbearbeitung gegenüberstellt. In der folgenden Abbildung 3.5 (vgl. Assael 1985, S. 225) wird dies getan.

Nachdem in hochentwickelten Industriegesellschaften die undifferenzierten Grundbedürfnisse immer weiter gehend gedeckt sind, ist die Marktsegmentierung in vielen Märkten zu einem Schlüssel für den Erfolg geworden. Von der Umsetzung des Grundgedankens der Marktsegmentierung in entsprechende Strategien verspricht man sich u. a. folgende Vorteile:

- Zufriedenstellung der Kunden durch spezifische Produkte
- Effizienterer (weil gezielterer) Einsatz von Werbung, Verkaufsförderung und Distribution
- Minderung des Wettbewerbsdrucks durch Verringerung der Zahl der Konkurrenten im Vergleich zum Gesamtmarkt
- Präzisere Zielfestlegung für die Marketingplanung

nicht-differenzierte Marktbearbeitung	**Marktsegmentierung**
homogene Bedürfnisse im Gesamtmarkt	heterogene Bedürfnisse im Gesamtmarkt, homogene Bedürfnisse innerhalb des Segments
ein Produkt für einen Massenmarkt	spezifische Produkte für definierte Segmente
Vorteile gegenüber der Konkurrenz durch ein Produkt mit klarem Preisvorteil, besseren Eigenschaften oder starker Werbung	Vorteile gegenüber der Konkurrenz durch einzigartige Produkte, die den Bedürfnissen von Segmenten entsprechen
besondere Gewinnmöglichkeiten durch Größenvorteile bei Produktion und Marketing	besondere Gewinnmöglichkeiten durch höhere Spannen bei spezifischen Produkten

Abb. 3.5: Marktsegmentierung und nicht-differenzierte Marktbearbeitung

Meffert (2000a, S. 183) fasst den entscheidenden Gedanken in einem Satz zusammen: «Hauptziel der Marktsegmentierung ist es, einen hohen Identitätsgrad zwischen der angebotenen Marktleistung und den Bedürfnissen der Zielgruppen zu erreichen.»

Natürlich gibt es auch Nachteile bzw. Begrenzungen bei einer Strategie der Marktsegmentierung. Diese treten dann in Erscheinung, wenn ein Unternehmen an Stelle eines einheitlichen Produkts für einen Massenmarkt mehrere Produkte für verschiedene Teilmärkte anbietet. Damit fallen in der Regel erhöhte Kosten für Produktion, Lagerhaltung etc. an.

Daneben kann man gelegentlich beobachten (z. B. im Waschmittelmarkt), dass große Firmen mit mehreren Produkten (Marken) im gleichen Markt oder in nicht deutlich getrennten Teilmärkten operieren. Dann ist häufig eine Konkurrenz dieser Produkte aus gleichem Hause untereinander um Marktanteile nicht zu vermeiden. Dieser Effekt wird in der bisweilen recht bildkräftigen Sprache der Marketing-Praxis als «Kannibalisierung» bezeichnet.

3.2.3.3.2 Vorgehensweise bei der Marktsegmentierung

Für die Bildung von Marktsegmenten müssen einige Voraussetzungen gegeben sein. Die wichtigsten sollen hier kurz diskutiert werden. Anschließend werden dann gängige Kriterien für die Marktsegmentierung in Konsumgüter- und Investitionsgüter-Märkten vorgestellt.

Die elementarste Voraussetzung der Marktsegmentierung besteht darin, dass *Unterschiede* zwischen mehreren Produkten für die Kunden *relevant* sind und von diesen überhaupt *wahrgenommen* werden. Der Lebensmittelsektor bietet zahlreiche Beispiele sowohl für (noch) nicht differenzierbare Produkte (Mehl, Zucker etc.) als auch für eine sehr weit gehende Aufteilung von Märkten nach Preisniveaus, Geschmacksrichtungen, Altersgruppen von Kunden etc. (z. B. Kaffeemarkt). Es gibt auch genügend Beispiele dafür, dass durch Veränderung des Käuferverhaltens und/oder durch gezielte Marketing-Maßnahmen früher undifferenzierte Märkte Segmentierungsmöglichkeiten bieten. Man denke dabei nur an den Biermarkt, in dem früher nur wenige Sorten von regionalen Brauereien angeboten wurden, während heute vielfältige Geschmacksrichtungen (Pils, Alt, Export, Weizen etc.) in unterschiedlichen Preiskategorien (Premium-, Konsum-, Billig-Bier) auch überregional verfügbar sind.

Eine zweite Voraussetzung für die Konstituierung eines Marktsegments besteht darin, dass ausgeprägte *Ähnlichkeiten der Bedürfnisse bei Gruppen von Kunden* existieren müssen. Anderenfalls bestehen wenig Möglichkeiten, für diese Gruppen ein attraktives Produkt anzubieten. Beispiele für sehr unterschiedliche Bedürfnisse bieten die Märkte für bestimmte Dienstleistungen (z. B. Friseure, Unternehmensberater) die stark individualisiert sind.

Die Bearbeitung eines Marktsegments kann natürlich nur sinnvoll sein, wenn es nach *Größe und Potenzial für eine profitable Strategie ausreicht.* In Märkten mit geringer Zahl von Kunden und/oder selten auftretendem Bedarf verbietet sich meist die Einführung einer größeren Zahl unterschiedlicher Produkte für dann jeweils sehr kleine Marktsegmente. Beispiele dafür sind die Märkte für Schuhpflegemittel und – jetzt – Schallplattenspieler.

Die vierte Voraussetzung der Marktsegmentierung ist die *Identifizierbarkeit und Erreichbarkeit der Kunden.* Wenn gezielte Marketing-Strategien für eine Kundengruppe entwickelt werden sollen, dann hat das nur Sinn, wenn man diese durch bestimmte Merkmale beschreiben und dann auch über geeignete Medien, Vertriebswege etc. erreichen kann. Beachtenswert ist in diesem Zusammenhang die Entwicklung des Pressemarkts, wo zahlreiche Zeitschriften konzipiert und eingeführt wurden, um Bevölkerungsgruppen mit einem bestimmten Alter, Lebensstil, Hobby etc. für die Werbung gezielt erreichbar zu machen.

Letztlich soll noch erwähnt werden, dass eine erfolgreiche Marktsegmentierung auch mit der *Fähigkeit eines Unternehmens* verbunden sein muss, für das jeweilige Segment *eine entsprechende Strategie entwickeln und umsetzen zu können.* Beispielsweise ist für die Bearbeitung des Marktsegments «Höchstleistungscomputer» ein bestimmtes technisches

Know-how notwendig. Ein Kleinwagenhersteller dürfte Schwierigkeiten haben, für ein neues Modell im Marktsegment «Luxuslimousinen» hinreichende Akzeptanz bei der dafür in Frage kommenden Klientel zu erzielen. Hier wird auch eine Beziehung zu dem weiter oben angesprochenen Konzept der Kernkompetenzen (Prahalad/Hamel 1991) sichtbar. Damit ist eine Perspektive gemeint, bei der die Entwicklung von überlegenen Fähigkeiten, insbesondere hinsichtlich der Beherrschung bestimmter Technologien, im Mittelpunkt des Interesses steht.

Die meisten der für die Marktsegmentierung angewandten Kriterien lassen sich in Gruppen zusammenfassen. In Abbildung 3.6 sind die im Konsumgüterbereich gängigen Kriteriengruppen dargestellt.

Die in Abbildung 3.6 genannten Kriteriengruppen sollen im Folgenden an Hand von Beispielen charakterisiert und illustriert werden.

- Demografische und geografische Kriterien:
  Alter, Geschlecht, Familienstand und -größe, Region des Wohnsitzes, städtische oder ländliche Bevölkerung
- Ökonomischer und sozialer Status:
  Einkommen, Berufstätigkeit, Soziale Schicht, Ausbildung
- Kaufverhalten:
  Kaufhäufigkeit (z. B. «heavy users»), Einkaufsstättenwahl, Markentreue, Art des Kaufentscheidungsprozesses
- Produktnutzung:
  Verwendungszweck des Produkts, Art der beachteten Produkteigenschaften, Wichtigkeit der beachteten Produkteigenschaften
- Persönlichkeit und Lebensstil:
  Innovationsfreudigkeit, Genussorientierung, Sicherheitsstreben

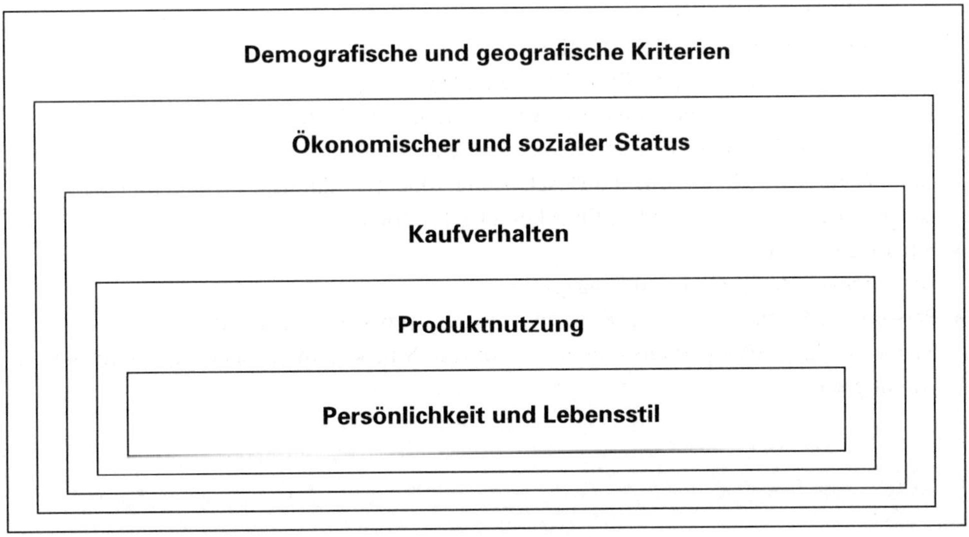

Abb. 3.6: Kriterien für die Marktsegmentierung im Konsumgüterbereich

Die Grundprinzipien der Marktsegmentierung gelten für den Konsumgüter- und den Investitionsgüterbereich in gleicher Weise. Allerdings werden bei der Segmentierung von Investitionsgütermärkten andere Kriterien angewandt. Die wichtigsten Kriteriengruppen sind in Anlehnung an Shapiro/Bonoma (1984) in Abbildung 3.7 zusammengestellt.

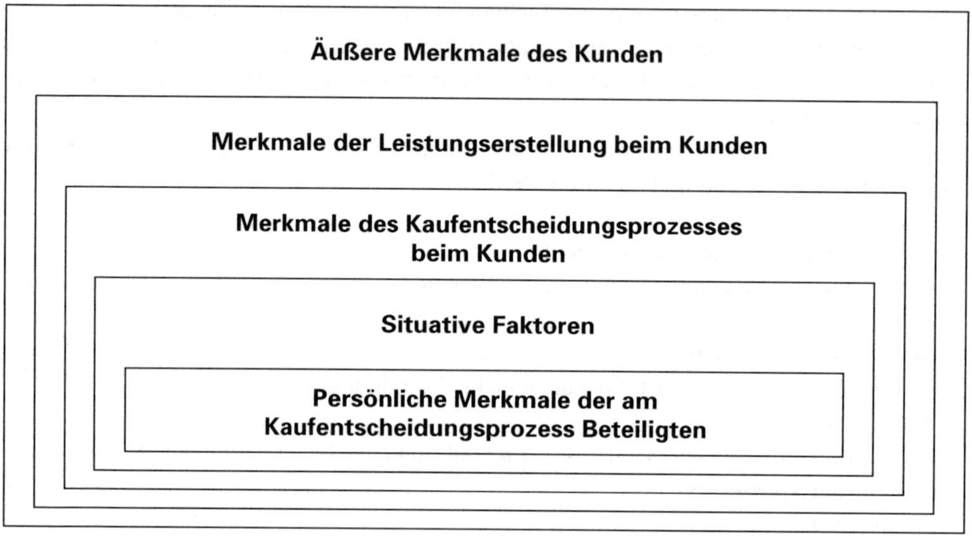

Abb. 3.7: Kriterien für die Marktsegmentierung im Investitionsgüterbereich

Die Bedeutung der Kriteriengruppen aus Abbildung 3.7 soll wieder durch Beispiele für einzelne Segmentierungskriterien gekennzeichnet werden:

- Äußere Merkmale der Kunden:
  Branche, Unternehmensgröße, Region
- Merkmale der Leistungserstellung beim Kunden:
  Angewandte Technologien, bisherige Lieferanten, Fähigkeiten/Know-how
- Merkmale des Kaufentscheidungsprozesses beim Kunden:
  Organisatorische Einordnung der Beschaffung, Machtverhältnisse im Unternehmen, Prinzipien der Beschaffungspolitik, Entscheidungskriterien
- Situative Faktoren:
  Dringlichkeit des Bedarfs, Auftragsgröße
- Persönliche Merkmale der am Kaufentscheidungsprozess Beteiligten:
  Risikofreudigkeit/Sicherheitsstreben, kognitiver Stil, kaufmännische versus technische Orientierung

Regional unterschiedliches Konsumverhalten im Nahrungsmittel- und Getränkemarkt (Becker 2001, S. 253)
«Regionalspezifische Konsumunterschiede bestehen u.a. im Nahrungsmittel- wie auch Getränkemarkt. Vielfach repräsentieren schon einfache geografische Trennlinien – wie z.B. die Main-Linie als subkulturelle, landschaftlich geprägte Nord-/Südabgrenzung – sehr unterschiedliche Konsumpräferenzen. Während im Süden eher milde (süße) Feinkost-Salate, Senfarten oder das normale Vollbier bevorzugt werden, werden im Norden eher saure (scharfe) Salate und Senfarten oder das Pilsbier präferiert. Ähnliche ‹Konsumachsen-Verläufe› bestehen nach der Wiedervereinigung zwischen alten und neuen Bundesländern (West-/Ostunterschiede).»

Den beiden in den Abbildungen 3.6 und 3.7 wiedergegebenen Schemata ist gemein, dass die darin aufgeführten Merkmale im Hinblick auf ihre Beobachtbarkeit geordnet sind. Je besser ein Merkmal erkennbar ist, je leichter also die Beschaffung entsprechender Daten ist, desto weiter außen ist es im jeweiligen Schema eingeordnet. Zur Vermeidung von Fehlinterpretationen müssen noch zwei einschränkende Bemerkungen gemacht werden:

- Die vorgenommene Ordnung der Kriteriengruppen bedeutet nicht, dass diese unabhängig voneinander sind.
- Die Schemata sagen nichts über die Wichtigkeit der einzelnen Kriterien für ein bestimmtes Segmentierungsproblem aus.

Im Investitionsgüter-Marketing ist daneben die Unterscheidung von *Makro- und Mikro-Segmentierung* gebräuchlich. Die Makro-Segmentierung bezieht sich auf Merkmale der als Kunden in Betracht kommenden Unternehmen bzw. Organisationen (z.B. Unternehmensgröße, Standort) während im Hinblick auf die Mikro-Segmentierung die an der Beschaffung beteiligten Personen individuell und als Gruppe («Buying Center») betrachtet werden (z.B. ihre hierarchische Stellung, persönlichen Charakteristika, Entscheidungskriterien) (vgl. Kleinaltenkamp 2000b).

In den meisten Fällen zieht man für die Definition von Marktsegmenten nicht nur ein Kriterium, sondern mehrere heran. Beispielsweise könnten zur Beschreibung des für eine sportliche Version eines Mittelklasse-Autos in Frage kommenden Marktsegments die Kriterien Alter (20 bis 40 Jahre), Einkommen (EUR 40.000.– bis 60.000.– pro Jahr), Region (Europa) und Lebensstil (freizeitorientiert) herangezogen werden.

Der Schwerpunkt der Marktsegmentierung liegt bei der Analyse von Märkten und der Definition und Beschreibung von Teilmärkten. Der auf die Entscheidung zur Bearbeitung eines Marktsegments folgende Schritt ist die Entwicklung eines entsprechenden Angebots. Man spricht hier auch von der *Produktpositionierung* und meint damit die Ausrichtung eines Produkts und der dazugehörigen Marketing-Maßnahmen auf eine bestimmte Kundengruppe mit dem Ziel, dass dieses Angebot entsprechend wahrgenommen und von Konkurrenzangeboten deutlich abgegrenzt wird (siehe dazu Kapitel 4).

Die Marktsegmentierung ist bei der Erläuterung des Abell-Schemas (Abschnitt 3.2.2) schon angesprochen worden. Dort ging es ebenso wie im vorliegenden Abschnitt um die Identifizierung relativ homogener Kundengruppen. Dabei ist zu beachten, dass die Segmentierung auf den unterschiedlichen Planungsstufen von der marktorientierten Unternehmensplanung bis zur Planung des Marketing-Mix unterschiedlich differenziert erfolgen kann. So mag bei der Unternehmensplanung beispielsweise die Festlegung auf «Speditionen im europäischen Markt» durchaus ausreichen. Dagegen kann z. B. für einen Marketing-Mix aus produkt-, preis-, kommunikations- und vertriebspolitischen Maßnahmen die Ausrichtung auf das Segment «mittelständischer Speditionen (15 bis 50 Beschäftigte) mit Standort Deutschland und Ausrichtung auf den Transport von Frischwaren (Kühlwagen) erforderlich sein.

3.2.3.4 Marktareale

Das Stichwort «Marktareale» bezieht sich auf die regionale Abgrenzung von Absatzmärkten. Durch die Entwicklungen im Bereich des Transport- und Lagerwesens, den Abbau von Handelsbarrieren, die Verbesserung von Kommunikationsmöglichkeiten, die Einebnung kultureller Unterschiede etc. sind viele Grenzen von Absatzmärkten, die lange Zeit als vorgegeben erschienen, heute relativiert worden. So findet man bei Produkten, die wegen ihrer Transportkosten und -zeit (Frische der Produkte) früher eher regional vermarktet wurden, heute weitaus größere Marktareale, z. B. bei Obst, Gemüse und Blumen aus Israel. Die Frage, in welchem Gebiet ein Produkt angeboten wird, beantwortet sich nicht mehr gewissermaßen von selbst, sondern ist Gegenstand strategischer Überlegungen.

Hier werden in Anlehnung an Becker (2001, S. 299 ff.) und Jain (1985, S. 601 ff.) unterschieden:

- lokale Markterschließung
- regionale Markterschließung
- nationale Markterschließung
- internationale Markterschließung

Die Begrenzung auf *lokale Märkte* (Heimatmarkt im direkten Einzugsbereich eines Unternehmens) findet man heute im Bereich der Industrie kaum noch. Ausnahmen bieten am ehesten (wegen ihrer besonderen Produktionsbedingungen) die Baubranche und (wegen ihres oftmals lokalen Bezugs) die Verlags- und Druckereibranche. Dagegen ist die nur lokale Markterschließung noch für viele Firmen des Einzelhandels, des Handwerks und verschiedener Dienstleistungsbereiche (z. B. Wäschereien) gebräuchlich.

Eine *regionale Strategie* kann sich in der Bundesrepublik Deutschland z. B. auf ein einzelnes Bundesland oder einige davon beziehen. Oftmals liegen die Gründe für die Beschränkung auf regionale Märkte in besonderen Erfordernissen der Logistik oder in der Orientierung an regionalen Geschmackspräferenzen. Beispiele dafür findet man u. a. in der Getränkebranche (einschl. Brauereien), bei Filialunternehmen des Einzelhandels und im Nahrungsmittelbereich (z. B. Großbäckereien, Molkereien).

In vielen Branchen findet man jetzt eine Ausrichtung auf *nationale Märkte.* Hier sei nur an diverse Markenartikel im Konsumgüterbereich, an große Dienstleistungsunternehmen (z. B. Banken, Deutsche Bahn) oder an die großen Verlage erinnert. Diese Ausrichtung entspricht der kulturellen, sozialen, ökonomischen und politischen Einheitlichkeit nationaler Märkte. Im Investitionsgüterbereich sind ohnehin nur in wenigen Branchen Gründe für regionale Beschränkungen gegeben. Im Konsumgüterbereich haben u. a. folgende Faktoren zur Entwicklung nationaler Marken beigetragen:

- Wichtige Werbeträger (Fernsehen, Zeitschriften) erreichen nationale Gesamtmärkte und können nur für entsprechend ausgerichtete Produkte effizient eingesetzt werden.
- Die Erhältlichkeit im Gesamtmarkt gilt als Voraussetzung für die Etablierung großer Marken.
- Im nationalen Gesamtmarkt tätige Handelsunternehmen bevorzugen in ihren Sortimenten entsprechend verbreitete Marken.

Die gegenwärtig schon große und offenbar weiter wachsende Bedeutung *internationaler Märkte* ist sowohl durch gesamtwirtschaftliche als auch durch betriebswirtschaftliche Gesichtspunkte erklärbar. Für die erstgenannten Aspekte sind insbesondere die zunehmende internationale Arbeitsteilung und die durch die politischen Rahmenbedingungen geprägte Liberalisierung des Welthandels erwähnenswert. In betriebswirtschaftlicher Sicht sprechen u. a. Kosten-Aspekte (Betriebsgrößenersparnisse, Erfahrungskurveneffekt, Ausnutzung von Kostenvorteilen im Ausland), Größe und Wachstum der Märkte sowie die Notwendigkeit, auf internationale Wettbewerber und die Wünsche international tätiger Kunden zu reagieren, für eine Internationalisierung des Absatzgebiets (siehe dazu Abschnitt 3.6).

Allerdings ist die internationale Unternehmenstätigkeit mit besonderen Risiken (z. B. politisches Risiko, Währungsrisiko, Transportrisiko) und Schwierigkeiten (z. B. kulturelle Unterschiede, Kommunikationsprobleme) verbunden. Einerseits hat das internationale Marketing also stark an Bedeutung gewonnen, andererseits tun sich in diesem Bereich für die Unternehmen besondere Probleme auf. Deswegen findet man in der Literatur und in der Praxis ausführliche Auseinandersetzungen mit den Spezifika von nationalem und internationalem Marketing. Dagegen spielen die Besonderheiten lokaler und regionaler im Vergleich zu internationalen Märkten eine relativ geringe Rolle.

Die Definition und Auswahl von Marktarealen kann man natürlich auch als eine Spielart der allgemeinen Prinzipien der Marktsegmentierung betrachten, auf die im vorigen Abschnitt eingegangen wird.

3.2.4 Strategische Geschäftsfelder

In den ersten Abschnitten dieses Lehrbuchs war dann, wenn es darum ging anzugeben, worauf sich die Marketingplanung bezieht, etwas unbestimmt von Geschäftsbereichen oder von Produkten die Rede. In den vorhergehenden Abschnitten des vorliegenden Kapitels sind schon einige Ansatzpunkte zur Charakterisierung und Abgrenzung von Märkten vorgestellt worden, die die Grundlage für Entscheidungen im Rahmen der Marketingplanung darstellen können. Jetzt soll ein Schritt weiter gegangen werden und neben der Abgrenzung eines Markts auch die Wettbewerbsverhältnisse und die eigene Strategie eines Unternehmens bei der Festlegung von Einheiten, auf die sich Entscheidungen der Marketingplanung beziehen, berücksichtigt werden. Es geht hier also um die Definition so genannter strategischer Geschäftsfelder (SGF, manchmal auch als strategische Geschäftseinheiten bezeichnet). Einer *Definition* von Bruce Henderson, dem Gründer der Boston Consulting Group, folgend (zitiert nach Reibstein, 1985, S. 98) gehören zu einem strategischen Geschäftsfeld eine identifizierbare Strategie, ein bestimmter Kundenkreis (Marktsegment) und ein identifizierbarer Kreis von Konkurrenten. Insofern wird hier die Besonderheit dieses Ansatzes erkennbar: Die Ausrichtung auf bestimmte Märkte wird mit der Berücksichtigung unterschiedlicher Wettbewerbsverhältnisse in verschiedenen (Teil-)Märkten verbunden, woraus sich wiederum unterschiedliche (darauf bezogene) Strategien ergeben.

Zum Hauptzweck strategischer Geschäftsfelder (Kreilkamp (1987, S. 316 f.)
«Die Bildung Strategischer Geschäftsfelder soll es einem Unternehmen erlauben, die divergenten Marktaktivitäten im Rahmen einer Gesamtunternehmensbetrachtung aufeinander abzustimmen und zu planen. Allgemein formuliert entspricht ein Strategisches Geschäftsfeld einem möglichst isolierten Ausschnitt aus dem gesamten Betätigungsfeld des Unternehmens mit eigenen Ertragsaussichten, Chancen und Risiken, für den relativ unabhängig eigenständige Strategien entwickelt und realisiert werden können.»

Strategische Geschäftsfelder, die manchmal auch kurz als *Produkt-Markt-Kombinationen* charakterisiert werden, sind also Einheiten innerhalb eines Unternehmens, für die separate Strategien entwickelt werden können. Beachtenswert ist noch, dass ein Geschäftsfeld mehrere Produkte umfassen kann, dass aber auch ein Produkt in mehreren Geschäftsfeldern erscheinen kann (vgl. Abbildung 3.8). Beispielsweise ist denkbar, dass ein Hersteller im Bereich der Unterhaltungselektronik Produkte wie Receiver, Plattenspieler, CD-Player etc. zu einem Geschäftsfeld «HiFi-Geräte» zusammenfasst. Das Gegenbeispiel könnte ein Kaffeehersteller sein, der ein Produkt (Kaffee) mit verschiedenen Strategien bei den Kundenkreisen Endverbraucher und Großverbraucher anbietet. Hier wäre ein im physikalisch-technischen Sinne identisches Produkt zwei verschiedenen strategischen Geschäftsfeldern zugeordnet.

Hinsichtlich der Anzahl zu definierender strategischer Geschäftsfelder ergibt sich ein Konflikt vor allem wegen der folgenden Aspekte:

- Bei hoher Aggregation (wenige SGF, in denen relativ viele Einzelaktivitäten zusammengefasst sind) erreicht man gute Überschaubarkeit für die Planung, nimmt aber eine geringe Differenzierung der jeweils verfolgten Strategien in Kauf.
- Bei geringer Aggregation (viele «kleine» SGF) hat man mehr Spielraum für eine differenzierte Vorgehensweise bei den verschiedenen Bereichen, muss aber eine geringere Überschaubarkeit vonseiten des Managements in hinnehmen.

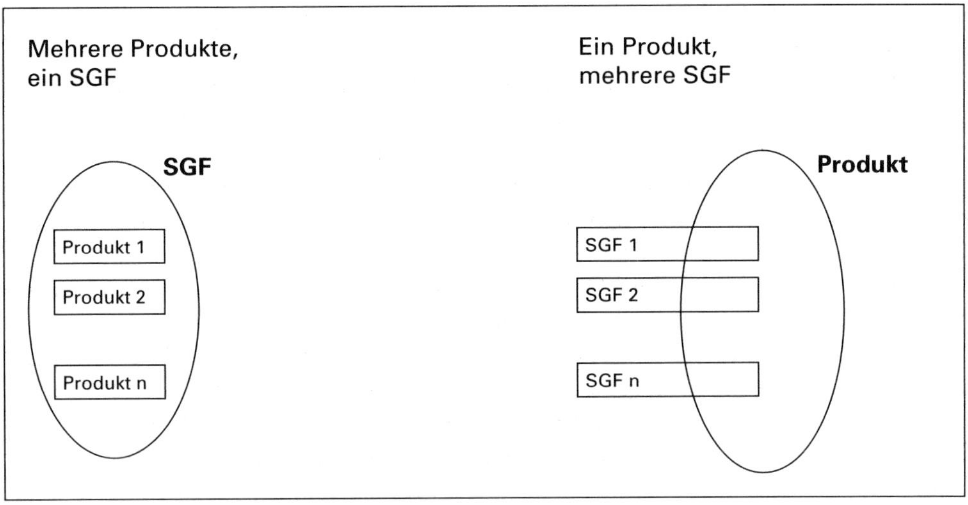

Abb. 3.8: Produkte und strategische Geschäftsfelder (SGF)

Als Kompromiss wird eine hierarchische Geschäftsfeldstruktur vorgeschlagen, bei der mehrere («kleinere») Geschäftsfelder zu größeren Sektoren zusammengefasst werden (vgl. Kreilkamp 1987, S. 328 ff.).

Wenn man an die im Abschnitt 1.2 dieses Buchs dargestellten Überlegungen anknüpft, dann kann man sagen, dass die Grundentscheidungen über die Entwicklung von strategischen Geschäftsfeldern im Mittelpunkt der marktorientierten Unternehmensplanung stehen. Diese Entscheidungen beziehen sich auf

- neue Geschäftsfelder,
- Wachstum, Rückgang oder Beibehaltung der Position bisheriger Geschäftsfelder und die
- Aufgabe bisheriger Geschäftsfelder.

Die marktorientierte Geschäftsfeldplanung und die Planung des Marketing-Mix dienen dann dazu, Maßnahmen auszuwählen, die geeignet sind, die durch die Festlegungen der Unternehmensplanung angestrebten Entwicklungen der jeweiligen Geschäftsfelder auch tatsächlich zu realisieren.

3.3 Marktwahl und Zielportfolio (Wo? bzw. Wohin?)

3.3.1 Vom Ist- zum Zielportfolio

Wenn die bisher von einem Unternehmen bearbeiteten Absatzmärkte definiert und mögliche neue Absatzmärkte identifiziert worden sind, dann müssen Kriterien festgelegt werden, anhand derer Entscheidungen über angestrebtes Wachstum in einzelnen Märkten, den Eintritt in oder den Rückzug aus Absatzmärkten getroffen werden können. Dazu wird in der

Literatur vor allem der inzwischen sehr verbreitete und vielfältig angewandte *Portfolio-Ansatz* vorgeschlagen.

Die *Grundidee von Portfolio-Modellen* besteht darin, dass man die (in manchen Unternehmen zahlreichen) verschiedenen Geschäftsbereiche in einer zweidimensionalen Matrix darstellt. Die beiden Achsen kennzeichnen die Marktchancen (Attraktivität, Wachstum etc.) und die Fähigkeit des eigenen Unternehmens zur Wahrnehmung der Marktchancen (Firmenressourcen, gegenwärtige Marktposition etc.). Durch die Einordnung unterschiedlicher Geschäftsbereiche in eine solche einheitliche Darstellung kann man diese vergleichen und spezifische Strategien entwickeln. Die Anwendung der Portfolio-Methode konzentriert sich auf drei Bereiche. «Eine Gruppe von Unternehmen benutzt Portfolio-Matrizen als diagnostische Hilfsmittel, die zur Zusammenfassung strategischer Beurteilungen und Kernprobleme sowie zur Einschätzung der gegenwärtigen und zukünftigen Position eines Geschäftsfelds dienen. Eine zweite Gruppe von Unternehmen verwendet Portfolio-Modelle als Grundlage für ein Management-System, das die Zuordnung von Strategien zu Geschäftsfeldern, die Aufteilung von Ressourcen und die Beurteilung von Ergebnissen umfasst. Es gibt eine dritte dazwischen liegende Art der Nutzung, bei der das Portfolio-Modell als Rahmen dient zur Erleichterung der Entwicklung strategischer Möglichkeiten, wobei die finanziellen Beziehungen zwischen Geschäftsfeldern und Produkten erkennbar werden, der aber nicht die Auswahl von Möglichkeiten vorwegnimmt.» (Day 1984, S. 120 f.)

Die in Abbildung 3.9 dargestellte Portfolio-Matrix enthält schon Hinweise auf so genannte «Normstrategien». Eine kurze Diskussion derartiger Normstrategien findet sich im folgenden Abschnitt 3.3.2.

		Position des Unternehmens	
		stark	schwach
Marktchancen	groß	Wahrnehmung der Chance	Aufbauen oder aufgeben
	gering	Erhaltung einer profitablen Position	Abernten oder aufgeben

Abb. 3.9: Eine allgemeine Portfolio-Matrix (nach Assael 1993, S. 721)

Mit dem in Abbildung 3.10 dargestellten Beispiel kann illustriert werden, in welcher Weise die marktorientierte Unternehmensplanung Ausgangspunkt und Grundlage der Planung für Geschäftsfelder und Marketing-Mix sein kann. Hier ist die bekannte Portfolio-Matrix der Boston Consulting Group verwendet worden, bei der die Marktchancen durch das Marktwachstum und die eigene Fähigkeit zur Wahrnehmung der Chancen durch den relativen Marktanteil (eigener Marktanteil im Vergleich zu dem des größten Konkurrenten) operationalisiert sind. Die weißen Kreise kennzeichnen die gegenwärtige, die dunklen Kreise die angestrebte Position der einzelnen Geschäftsfelder im Portfolio. Die Größe der Kreise spiegelt den Umsatzanteil der Produkte wider. Beispielsweise kann man erkennen, dass offenbar die Marktposition von Produkt D deutlich verbessert werden soll, während für Produkt B die Marktposition nur gehalten werden soll (vgl. die Bewegung auf der Marktanteilsachse). Damit sind dann die Ziele für die weitere Planungsschritte schon weit gehend vorgegeben.

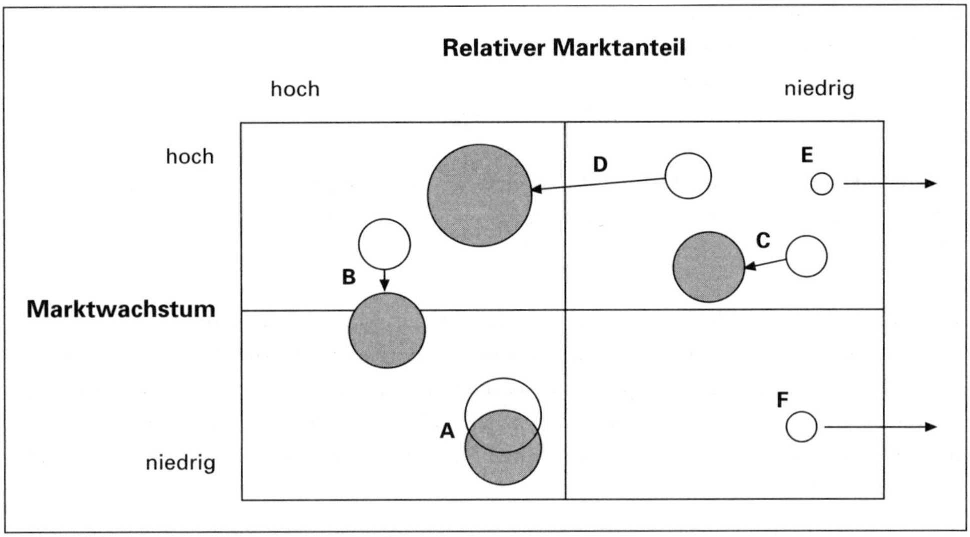

Abb. 3.10: Beispiel für ein Ist- und Ziel-Portfolio

Anhand der Abbildung 3.10 lässt sich auch leicht nachvollziehen, was man unter einem Ist- bzw. einem Zielportfolio versteht. Das *Ist-Portfolio* stellt die gegenwärtige Position der verschiedenen Geschäftsfelder eines Unternehmens in dem gewählten Raster dar. Dagegen wird in Form eines *Zielportfolios* angegeben, welche Entwicklung die Geschäftsfelder (durch die eigenen Strategien) über einen gewissen Zeitraum nehmen sollen.

Nun zurück zu der für diesen Abschnitt zentralen Fragestellung: In welchen Geschäftsfeldern sollen Anstrengungen verstärkt oder vermindert werden, welche Geschäftsfelder sollen aufgegeben und welche neu erschlossen werden? Dazu soll wieder an die mit der Abbildung 3.9 verbundenen Überlegungen angeknüpft werden. Zunächst gilt es zu klären, welches die Faktoren sind, die die Marktchancen bzw. die Fähigkeit des Unternehmens zur Wahrnehmung von Marktchancen beeinflussen.

Bei aller Vorsicht hinsichtlich der Generalisierbarkeit von Aussagen über Faktoren, deren Bedeutung stark durch die jeweiligen Unternehmensziele und Branchenspezifika bestimmt wird, kann man doch einige nennen, denen sehr oft eine gewisse Relevanz zukommt. Im Hinblick auf die Marktchancen, die sich für ein strategisches Geschäftsfeld ergeben, sind das vor allem:

- Marktgröße
- Marktwachstum
- Branchenrentabilität
- Wettbewerbsintensität
- Markteintrittsbarrieren
- Höhe des Kapitaleinsatzes
- Revidierbarkeit des Kapitaleinsatzes
- Anzahl und Struktur von Abnehmern
- Abhängigkeit von Rohstoffen und Energie
- Konjunkturabhängigkeit
- Abhängigkeit von politischen Rahmenbedingungen

Dabei hat das Marktwachstum oftmals eine herausgehobene Bedeutung, nicht zuletzt im Zusammenhang des Portfolio-Modells der Boston Consulting Group. Deutlich wachsende Märkte gelten als besonders attraktiv, weil

- Anbieter in diesen Märkten gewissermaßen mit dem Markt «mitwachsen»,
- Marktanteilsgewinne oftmals leichter als in stagnierenden Märkten fallen, da der Widerstand von Wettbewerbern, deren Umsätze auch bei sinkendem Marktanteil angesichts des Marktwachstums stagnieren oder gar wachsen können, weniger hart ist und
- angesichts starker Nachfrage (Wachstum!) und noch nicht vorhandener Überkapazitäten der Preisdruck relativ gering ist.

Hinsichtlich der Einschätzung der Attraktivität eines (potenziellen) Markts sei auch an die Erörterung der Wettbewerbskräfte nach Porter in Abschnitt 2.2.2 dieses Buchs erinnert. Dort ging es ja mit den Faktoren Stärke von Kunden bzw. Zulieferern, Rivalität in der Branche sowie Bedrohung durch neue Konkurrenten bzw. neue Produkte um Gesichtspunkte, die die gegenwärtigen und zukünftigen Wettbewerbsverhältnisse in einer Branche, und damit deren Attraktivität, maßgeblich bestimmen.

Als Gesichtspunkte, die die Fähigkeit eines Unternehmens zur Wahrnehmung von Marktchancen beeinflussen, sind in erster Linie zu nennen:

- Marktanteil gegenwärtig
- Relativer Marktanteil (bezogen auf große Wettbewerber) gegenwärtig
- Marktanteilsentwicklung
- Unternehmensgröße
- Kapitalkraft des Unternehmens
- Image des Unternehmens
- Bestehende Abnehmerbeziehungen
- Umsatzrendite
- Know-how (Forschung und Entwicklung, Produktion, Marketing)
- Kostensituation (Economies of Scale, Erfahrungskurve etc.)
- Managementqualität

Die Grundidee bei Entscheidungen über die Frage, ob und wie intensiv einzelne strategische Geschäftsfelder bearbeitet werden sollen, ist – bei allen mit der Realisierung in der Praxis verbundenen Problemen – sehr einfach. Für einen Markteintritt bzw. für eine Verstärkung von Anstrengungen bieten sich natürlich in erster Linie Geschäftsfelder an, bei denen sowohl die Marktchancen als auch die Fähigkeiten des betreffenden Unternehmens zur Wahrnehmung der Marktchancen positiv eingeschätzt werden (siehe Abbildung 3.11).

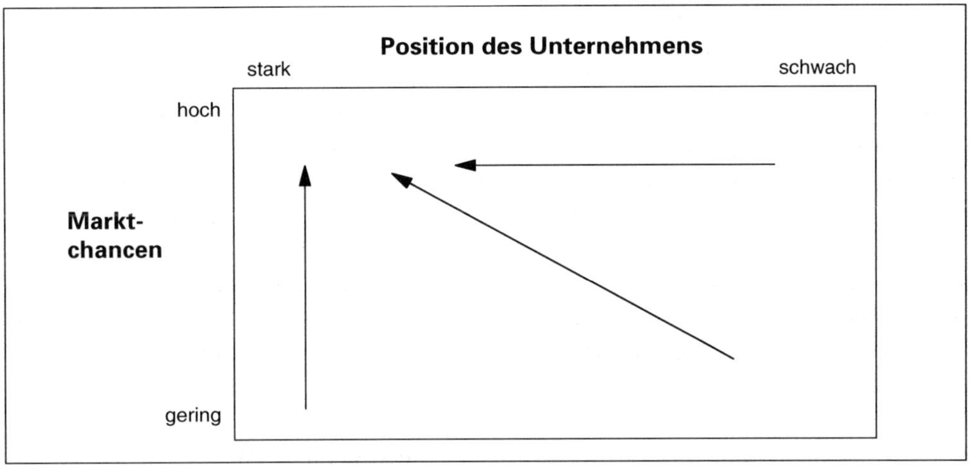

Abb. 3.11: Auswahl zu bearbeitender strategischer Geschäftsfelder

Andere Konstellationen hinsichtlich Marktchancen und Fähigkeiten des Unternehmens führen zu weiteren Fragen bezüglich der Planung für die betreffenden Geschäftsbereiche, die im Folgenden kurz angedeutet seien:

Geringe Marktchancen, eigene starke Position
Lässt sich die Position unter Verminderung des Einsatzes von Ressourcen halten (➜ Rentabilitätsverbesserung)?

Große Marktchancen, eigene schwache Position
Lässt sich die eigene Position verbessern, z. B. durch Einsatz eigener Ressourcen, Zukauf von Know-how, Kooperation mit anderen Unternehmen etc.?

Geringe Marktchancen, eigene schwache Position
Ist eine zeitlich begrenzte Abschöpfung von Gewinnen noch möglich? Ist ein Rückzug aus dem Geschäftsfeld möglich und angebracht?

Wesentlich differenziertere Hinweise bezüglich der Entwicklung von Geschäftsfeldern als die bisher angesprochenen («wachsen», «schrumpfen») gibt die so genannte «Performance-Matrix». Diese baut auf dem bekannten Ansoff-Schema auf, bei der durch die verschiedenen Kombinationen von alten und neuen Produkten in alten und neuen Märkten grundlegende

Typen von Wachstumsmöglichkeiten identifiziert wurden. In der Performance-Matrix wird in ähnlicher Weise zwischen Leistungen auf der einen und Kunden bzw. Märkten auf der anderen Seite unterschieden, wobei hier – im Hinblick auf den möglichen Rückzug aus bisherigen Tätigkeitsfeldern – die drei Optionen «Aufbauen», «Halten» und «Abbauen» unterschieden werden. Die sich ergebenden Kombinationen kennzeichnen typische Arten von Entscheidungen über die zukünftige Entwicklung von Geschäftsfeldern.

Wie der Name schon andeutet, steht bei der Performance-Matrix die Verbesserung der Rentabilität von Geschäftsfeldern im Mittelpunkt der Betrachtung. Dazu werden zwei Hauptrichtungen unterschieden: Umsatzwachstum durch neue Leistungen und/oder Märkte auf der einen Seite und Kostensenkung durch Selektion von besonders profitablen Leistungen und/oder Märkten. Besondere Formen der Perfomanceverbesserung sind auf der in Abbildung 3.12 eingezeichneten Diagonalen eingetragen. Hier geht es um die Konzentration auf wenige Produkte (Leistungen), für die man neue Märkte erschließt bzw. die Konzentration auf ausgewählte Märkte, in denen man zusätzliche Leistungen anstrebt. Wenn sowohl Leistungen als auch Märkte nicht verändert werden, kann die Rentabilität nur durch eine wesentlich effizientere Neugestaltung des Marketing-Mix erreicht werden. Damit ist angedeutet, dass die der Performance-Matrix zu entnehmenden Strategietypen deutlich konkreter und differenzierter sind als die vergleichsweise simplen Grundausrichtungen («wachsen», «schrumpfen»).

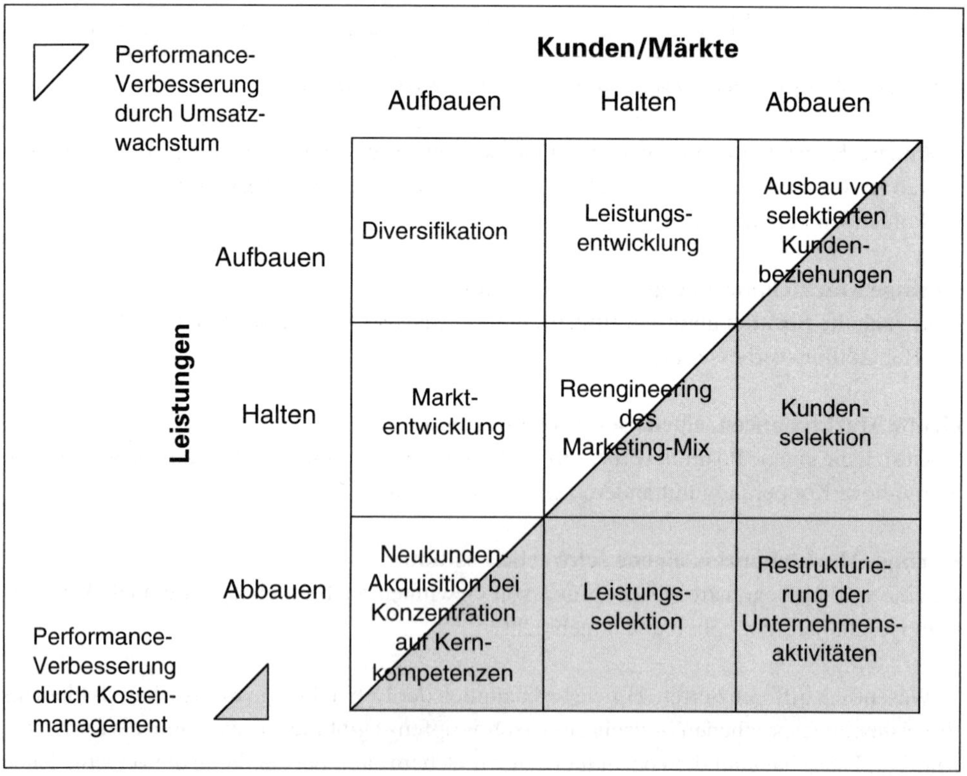

Abb. 3.12: Performance-Matrix (Grundidee geht zurück auf Weinhold 1994a)

3.3.2 Portfolio-Normstrategien

Im vorigen Abschnitt ist bereits die Grundidee von Portfolio-Modellen skizziert worden. Dort ging es vor allem um die Auswahl von Märkten, die zukünftig bearbeitet werden bzw. in denen die Anstrengungen eines Unternehmens verstärkt werden sollen. Hier soll kurz umrissen werden, welche weitergehenden Schlüsse im Hinblick auf die Vorgehensweise von Unternehmen aus dem Portfolio-Ansatz abgeleitet wurden. Der in der Überschrift zu diesem Abschnitt verwendete Begriff «Normstrategien» deutet schon an, dass je nach Position eines Geschäftsfelds in dem Portfolio generalisierte bzw. standardisierte Strategieempfehlungen gegeben werden.

Das – inzwischen in seiner Einfachheit nicht mehr vorrangig verfolgte – Interesse an Normstrategien wird vor dem Hintergrund der Entstehung des Portfolio-Ansatzes am ehesten verständlich (vgl. Kreilkamp 1987, S. 40 ff.). Nachdem man sich in den 70er-Jahren von dem über Jahrzehnte gewohnten kontinuierlichen wirtschaftlichen Wachstum in der Mehrzahl der Märkte verabschieden musste, entstand die Frage, wie das Management insbesondere größerer Unternehmen die Übersicht über die verschiedenen Geschäftsbereiche sichern kann und mit welchen Prioritäten bzw. welchem Ressourceneinsatz die Entwicklung dieser Bereiche betrieben wird (vgl. dazu auch die Ausführungen zum strategischen Marketing in Abschnitt 1.1). Besondere «Popularität» hat in diesem Zusammenhang die Portfolio-Matrix der Boston Consulting Group (BCG) gewonnen, weil sie besonders einfach und plastisch ist. Hinsichtlich der für Portfolio-Modelle charakteristischen Gegenüberstellung eigener Stärken und Schwächen (Fähigkeiten) mit den Chancen und Risiken der Umweltbedingungen hat man hier als (recht einfache) Operationalisierung die Maßgrößen «relativer Marktanteil» und «Marktwachstum» gewählt. Hinsichtlich der abgeleiteten Strategieempfehlungen stützt man sich vor allem auf die schon aus Abschnitt 2.1 bekannten Lebenszyklus- und Erfahrungskurven-Konzepte sowie die Ergebnisse des PIMS-Projekts.

Das *Lebenszyklus-Konzept* legt eine anzustrebende Zusammensetzung des Produkt-Mix nahe. Danach benötigt ein Unternehmen einige Produkte, die sich in der Reifephase befinden, die also nicht mehr viel Investitionen erfordern, sondern vielmehr zur Finanzierung anderer Aktivitäten dienen können. Da diese Produkte irgendwann in eine Degenerationsphase geraten, müssen später andere nachrücken, deren Wachstumsphase dann zu Ende geht. Für diese Produkte müssen wiederum andere aus der Einführungsphase nachkommen. Der Weg durch die vier Felder der in Abbildung 3.9 dargestellten Portfolio-Matrix von rechts oben nach rechts unten vollzieht sich weitgehend analog zum Lebenszyklus.

Aus dem *PIMS-Projekt* und aus dem *Erfahrungskurven-Konzept* wurde für die Normstrategien abgeleitet, dass es wesentlich darauf ankomme, in den bearbeiteten Märkten eine führende Stellung zu erlangen, um den Einfluss der Marktposition auf die Profitabilität und die mit dem Erfahrungskurven-Effekt verbundenen Kostenvorteile zu nutzen.

Es ergeben sich die in Abbildung 3.13 dargestellten vier Felder der Portfolio-Matrix. Die dabei verwendeten Begriffe *«Stars»*, *«Cash Cows»*, *«Question Marks»* und *«Poor Dogs»* kennzeichnen die Position der entsprechenden Geschäftsfelder bzw. Aspekte der jeweils zu verfolgenden Normstrategien.

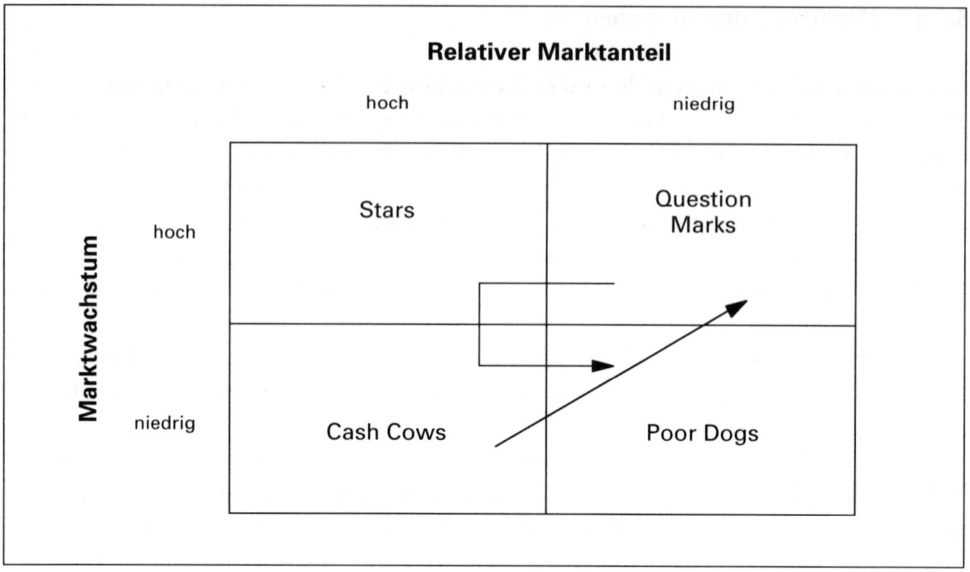

Abb. 3.13: Portfolio-Matrix der Boston Consulting Group (BCG)

Idealtypisch steht am Anfang der Entwicklung eines Geschäftsfelds die Position als *Question Mark,* womit die (zunächst) schwache Stellung (geringer relativer Marktanteil) in einem stark wachsenden Markt gemeint ist. Die Bezeichnung Question Mark rührt daher, dass sich dem Management die Frage stellt, ob durch Einsatz von Ressourcen (Investitionen) Wachstum und damit eine Nutzung der sich bietenden Marktchancen erreicht werden soll oder ob – angesichts begrenzter Ressourcen – darauf zugunsten anderer Bereiche verzichtet werden und ein Rückzug aus diesem Markt ins Auge gefasst werden muss. Wenn starkes Wachstum des Geschäftsfelds erreicht wird, kann daraus ein *Star* werden, also ein Geschäftsfeld mit großem relativen Marktanteil. In einem überdurchschnittlich wachsenden Markt sind zwar hohe Erträge erzielbar (vgl. Buzzell/Gale 1989, S. 48 ff.), Sicherung und Fortsetzung des Wachstums erfordern aber weiterhin erheblichen Ressourceneinsatz. Bei Geschäftsbereichen, die im Lauf dieser beiden Phasen eine starke Marktposition erreicht haben, ist irgendwann damit zu rechnen, dass das Marktwachstum nachlässt und Stagnation eintritt (➜ Lebenszyklus). In dieser Situation steht einem relativ hohen (durch die starke Machtposition begründeten) Ertragspotenzial nur noch ein relativ geringer Ressourceneinsatz gegenüber, da angesichts eines wenig zukunftsträchtigen Markts nicht mehr viel investiert wird. Idealtypisch werden durch die sich ergebenden Überschüsse ausgewählte Question Marks entwickelt. Aus dieser Konstellation (starke Marktposition, Abgabe von Ressourcen) ist die Bezeichnung *Cash Cows* entstanden.

Die bei weitem unattraktivsten Geschäftsfelder sind die so genannten *Poor Dogs.* Sie kennzeichnen eine schwache Position des eigenen Angebots in einem stagnierenden bis rückläufigen Markt. Man kann daraus wenig Erträge erzielen und hat auch bei Ressourcenzufluss wenig Aussicht auf eine positive Entwicklung. Deswegen wird hier der Rückzug aus diesen Tätigkeitsbereichen empfohlen. Die in Abb. 3.7 eingezeichneten Pfeile kennzeichnen die vorstehend skizzierte Entwicklung einzelner Geschäftsfelder bzw. die angenommene Verteilung von Ressourcen. Portfolio-Normstrategien sind inzwischen sehr in Frage gestellt worden (vgl. z. B. Kreilkamp 1987, S. 474 ff.). Diese Kritik bezieht sich vor allem auf

- die durch die Beschränkung auf nur zwei Aspekte (Marktwachstum, relativer Marktanteil) gegebene starke Vereinfachung der Probleme der Strategieentwicklung,
- die Problematik der Abgrenzung der Felder der Portfolio-Matrix (z. B.: Wo beginnt starkes und wo endet geringes Marktwachstum?) und die Definition der Geschäftsfelder sowie
- die zu starke Vereinfachung und die begrenzte Generalisierbarkeit der Normstrategien.

Deswegen werden heute die aus der BCG-Matrix abgeleiteten Strategieempfehlungen zwar noch beachtet, sie werden aber nicht mehr als Strategien angesehen, die generell und direkt auf die jeweils «passende» Marktsituation angewandt werden können.

Das kann aber nicht die Nützlichkeit der Grundidee von Portfolio-Ansätzen relativieren, die ja darin besteht, die Attraktivität von Märkten und die eigenen Chancen, in diesen Märkten erfolgreich zu sein, gegenüberzustellen und daraus Konsequenzen für die Entwicklung von Geschäftsfeldern und den Einsatz von Ressourcen zu ziehen. Derartige Entscheidungen müssen im Rahmen der Marketingplanung getroffen werden und sind ohne die Hilfsmittel eines zweckmäßig aufgebauten Portfolios heute kaum noch denkbar. Lediglich die schematische Anwendung von Normstrategien dürfte wohl obsolet sein.

Möglichkeiten und Grenzen von Portfolio-Modellen (Kotler 2002, S. 98)
«Portfolio-Modelle haben Managern geholfen, stärker strategisch zu denken, die wirtschaftlichen Grundlagen ihrer Geschäftsfelder besser zu verstehen, ihre Planungen zu verbessern, die Kommunikation zwischen Geschäftsfeld-Management und Unternehmensleitung zu verbessern, Informationslücken und wichtige Themen genauer zu bestimmen, schwächere Geschäftsfelder zu eliminieren und Investitionen in vielversprechende Geschäftsfelder zu fördern.

Allerdings müssen Portfolio-Modelle mit Vorsicht angewendet werden. Sie können Unternehmen verleiten, sich zu stark am Marktanteilswachstum oder am Eintritt in stark wachsende Märkte auszurichten oder die bisherigen Geschäftsbereiche zu vernachlässigen.»

3.4 Grundlegende marktstrategische Optionen (Wie?)

3.4.1 Überblick

Am Beginn der folgenden Überlegungen zur Ausrichtung von Marketingstrategien soll eine einfache Darstellung stehen, die im Zusammenhang mit der Charakterisierung der Grundtypen von Wettbewerbsvorteilen unter dem Namen «strategisches Dreieck» eine erhebliche Verbreitung erlangt hat (vgl. Abbildung 3.14). Mit dem strategischen Dreieck wird einer der zentralen Aspekte des strategischen Marketing, die Wettbewerbsorientierung (vgl. Abschnitt 1.1 dieses Buchs), in den Vordergrund gestellt. Im Kern geht es um die Betrachtung der Leistungsangebote von Unternehmen einerseits aus der Perspektive der (oftmals subjektiv geprägten) Wahrnehmungen potenzieller Kunden und andererseits im Vergleich mit entsprechenden Leistungsangeboten konkurrierender Unternehmen.

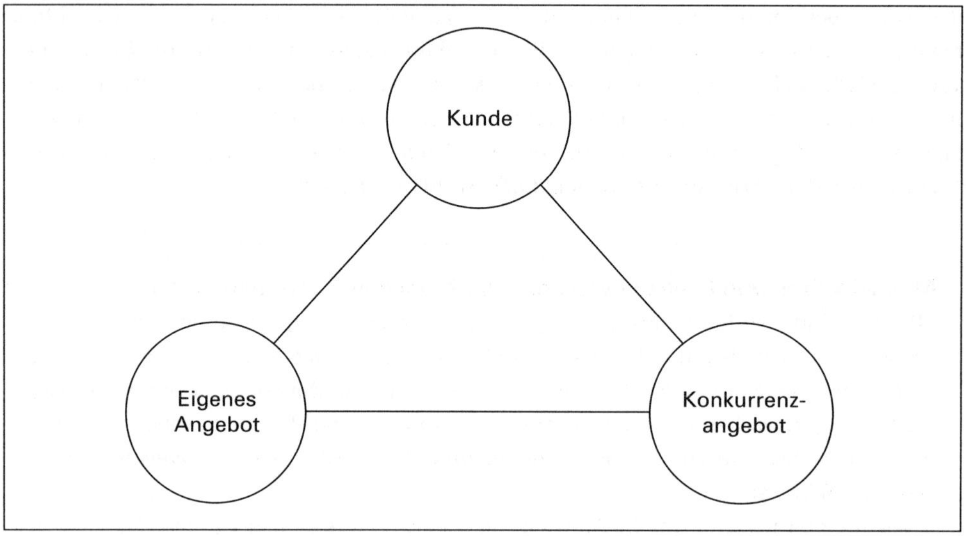

Abb. 3.14: Strategisches Dreieck

Wesentlich ist es für die Analyse strategischer Möglichkeiten, sich in die Situation des Kunden zu versetzen. Er steht auf dem Markt für das von ihm zu beschaffende Produkt in der Regel einer Vielzahl von Angeboten gegenüber, die sich im Hinblick auf diverse Leistungsmerkmale und/oder Preise mehr oder weniger voneinander unterscheiden können. Maßgeblich für die Kaufentscheidung des Kunden ist zunächst die Frage, ob er bestimmte Unterschiede überhaupt wahrnimmt und ob diese Unterschiede für ihn relevant sind. Für ein Unternehmen eröffnen sich zwei Wege, um in der Wahrnehmung potenzieller Kunden Vorteile zu gewinnen und Kaufentscheidungen zugunsten des eigenen Produkts herbeizuführen:

- Entweder muss das *Leistungsangebot* im Hinblick auf relevante Merkmale dem von Konkurrenten *überlegen* sein. Wenn dieser Produktvorteil stärker wiegt als ein möglicherweise durch höheres Preisniveau gegebener Nachteil, dann ist die Preis-Leistungs-Relation günstiger und ein großer Teil der Kunden kommt zu entsprechenden Kaufentscheidungen.
- die geforderten *Preise* müssen deutlich *unter denen von Konkurrenten* liegen. Wenn dieser Preisvorteil nicht durch wesentliche qualitative Nachteile des Produkts kompensiert wird, dann ist ebenfalls die Preis-Leistungs-Relation günstiger und ein – möglicherweise anderer – großer Teil von Kunden trifft Kaufentscheidungen zugunsten dieses Produkts.

In beiden genannten Fällen hat ein Angebot einen klaren Vorteil gegenüber Konkurrenzangeboten: Überlegene Produktleistung bei vergleichbarem Preisniveau oder deutlich niedrigerer Preis bei vergleichbarer Leistung. Problematisch ist die Situation eines Anbieters, wenn er sich weder durch Qualitäts- noch durch Preisvorteile von Wettbewerbern unterscheiden kann: Versetzt man sich wieder in die Situation des Kunden, dann lässt sich leicht nachvollziehen, dass bei gleichwertigem (also austauschbarem) wahrgenommenen Leistungsangebot der Preis bzw. relativ geringfügige Preisunterschiede bei Kaufentscheidungen ausschlaggebend werden. Das Ergebnis kann sein, dass ein Unternehmen bei gleichwertigem Leistungsangebot nicht unbedingt auch ein «branchenübliches Preisniveau» realisieren kann, sondern vielfach in Preiskämpfe verwickelt wird.

Komparativer Konkurrenzvorteil (Backhaus 1999, S. 8)
Backhaus fasst die vorstehend skizzierten Gedanken unter dem Stichwort «komparativer Konkurrenzvorteil» zusammen und erblickt in der Gewinnung von komparativen Konkurrenzvorteilen den Kern der Marketingbemühungen: «(...) Marketing (hat) die Aufgabe, die Funktionen eines Unternehmens auf die (Absatz-) Markterfordernisse auszurichten, um auf diese Weise im Wahrnehmungsfeld der Nachfrager besser als die relevanten Konkurrenzangebote beurteilt zu werden, – mit anderen Worten, um über komparative Konkurrenzvorteile (KKV's) zu verfügen.»

Ähnlich argumentiert auch Kreilkamp (1987, S. 59): «Marketing hat die Aufgabe, Konsumentenbedürfnisse besser zu befriedigen als dies Wettbewerbsprodukte können.» Hier sei am Rande angemerkt, dass sich in diesen Formulierungen auch eine gewisse Akzentverschiebung (stärkere Betonung der Wettbewerbsorientierung *neben* der Kundenorientierung) bei der Charakterisierung des Marketing ausdrückt (vgl. dazu Abschnitt 1.1 des vorliegenden Buchs).

Zurück zu den Grundausrichtungen der Marketingstrategie. Nach den bisherigen Überlegungen sind die beiden strategischen Stoßrichtungen, die in der Abbildung 3.15 dargestellt sind, identifiziert worden. Entweder wird dem Kunden ein Produktnutzen geboten, der größer ist als der von anderen Angeboten, oder es gelingt, ein gleichwertiges Angebot zu deutlich geringeren Kosten zu erstellen und zu niedrigeren Preisen anzubieten.

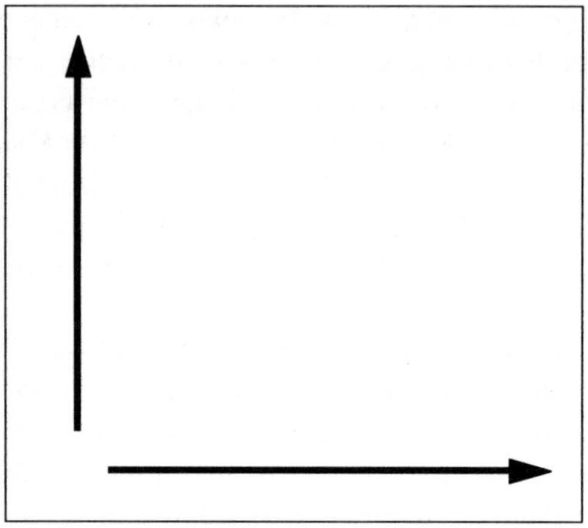

Abb. 3.15: Strategische Stoßrichtungen

Eine Weiterführung dieser Grundidee stammt von Porter (1999a) und hat in Theorie und Praxis starke Beachtung gefunden. Dabei wird – wie bisher – der strategische Vorteil betrachtet und diesem ein strategischer Zielbereich gegenübergestellt. Hinsichtlich des strategischen Vorteils werden unterschieden

- Alleinstellung in der Sicht des Kunden und
- Kostenvorsprung.

Bezüglich des strategischen Zielbereichs geht es darum, ob

- die gesamte Branche oder
- nur einzelne Segmente

zum bearbeiteten Absatzmarkt gehört bzw. gehören. Je nach Art des Vorteils und Zielbereichs ergeben sich bestimmte Strategietypen, die in der Abbildung 3.16 benannt sind und in den folgenden Abschnitten erläutert werden.

3.4.2 Differenzierung

Bei der Differenzierung geht es um die Erlangung von Vorteilen gegenüber Wettbewerbern bei Produktmerkmalen, die für die Kunden wichtig sind. Die Nebenbedingung dabei lautet, dass annähernde Kostenparität im Vergleich zu Wettbewerbern besteht, da ansonsten (bei deutlich höheren Kosten und Preisen) kein Wettbewerbsvorteil bestünde. Die in Frage kommenden Differenzierungsmöglichkeiten können je nach Branche, Unternehmen, Kundenbedürfnissen etc. sehr unterschiedlich sein und sollen anhand von Beispielen im Folgenden umrissen werden.

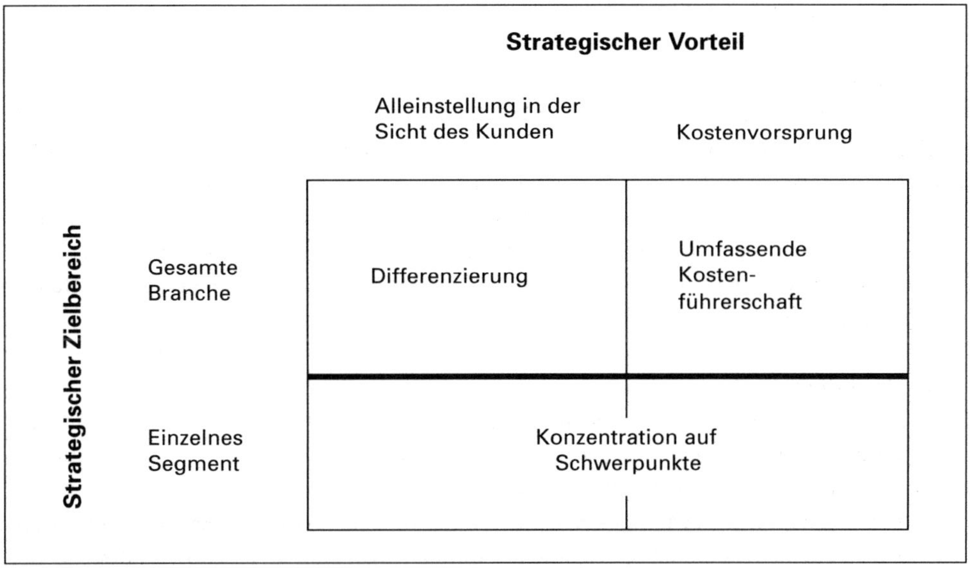

Abb. 3.16: Strategietypen nach Porter (1999a, S. 75)

Lebensdauer und Zuverlässigkeit der Produkte

Insbesondere wenn Ausfallzeiten von Geräten mit hohen Kosten für den Anwender verbunden sind, kann Zuverlässigkeit ein relevanter Gesichtspunkt bei Differenzierungsstrategien sein. Die Lebensdauer von Produkten beeinflusst natürlich das Preis-/Leistungsverhältnis von Produkten, sofern diese nicht einem schnellen Wandel durch raschen technischen Fortschritt oder modische Veränderungen unterworfen sind. Beispiele für Unternehmen, die sich im deutschen Markt durch Lebensdauer und Zuverlässigkeit ihrer Produkte von Wettbewerbern abheben, sind Volvo und Miele.

Design

Die äußere Gestaltung von Produkten ist nicht nur bei Produkten bedeutsam, die von modischen Entwicklungen betroffen sind oder bei denen ästhetische Kriterien kaufentscheidend sind; Designmerkmale sind häufig auch eine besonders gehaltvolle «Schlüsselinformation», die für die Einschätzung der allgemeineren Produktqualität herangezogen wird. Beispiele für Unternehmen, die sich durch gutes Design ihrer Produkte von Wettbewerbern differenzieren, sind Braun (Elektrogeräte) und Bang und Olufsen (Unterhaltungselektronik).

Kundendienst

Analog zu den Überlegungen hinsichtlich der Bedeutung der Zuverlässigkeit von Produkten können auch der Kundendienst und die damit verbundenen Verkürzungen von Anlauf- und Ausfallzeiten ein bedeutsames Differenzierungsmerkmal sein. Das klassische Beispiel hierfür bietet der amerikanische Baumaschinenhersteller Caterpillar, der in der Lage ist, weltweit innerhalb weniger Stunden Ersatzteile und Service-Techniker bereitzustellen. Dadurch verringert sich für seine Kunden das Risiko längeren Stillstands einzelner Maschinen oder sogar ganzer Baustellen beträchtlich.

Technologie
Produktinnovation kann – insbesondere wenn der damit verbundene technische Fortschritt durch Patente geschützt ist – ebenso wie technologische Führerschaft, die durch eine Folge innovativer, überlegener Produkte gewonnen wird, zur Alleinstellung von Produkten und auch zur entsprechenden Entwicklung eines Firmenimages führen. Derartige Beispiele findet man in vielen Branchen, nicht zuletzt in der Computerindustrie. So hat die Firma Apple über lange Zeit eine Alleinstellung im Hinblick auf Einfachheit der Bedienung durch graphische Benutzeroberflächen gehabt.

Vertriebssystem
Die Wahl und Ausgestaltung von Vertriebswegen hat Auswirkungen auf eine Reihe von Faktoren, durch die sich ein Leistungsangebot von konkurrierenden abheben kann. In diesem Zusammenhang seien nur die Stichworte Erhältlichkeit des Produkts, Beratung und Anwenderschulung genannt. Ein bekanntes Beispiel für die Abhebung von Wettbewerbern durch ein besonderes Vertriebssystem ist der Kosmetik-Anbieter Avon, der einen Direktvertrieb seiner Produkte an die Konsumenten aufgebaut hat. Die Coca-Cola-Organisation hat es erreicht, dass ihr Produkt an den verschiedensten Verkaufsstellen (Lebensmittelhandel, Kioske, Kantinen, Gastronomie etc.) und damit praktisch überall erhältlich ist.

Produkt-/Firmenimage
Häufig verbinden potenzielle Kunden mit Produkt- oder Firmennamen bestimmte Vorstellungen hinsichtlich der angebotenen Leistungen. So hat z. B. die Automobilmarke Mercedes Wettbewerbsvorteile dadurch, dass mit dem Produktnamen Zuverlässigkeit, Langlebigkeit, Sicherheit und Prestige assoziiert wird. Auch bei vielen relativ unwichtigen Produkten des täglichen Bedarfs («Low-Involvement-Produkte») orientieren sich die Käufer nicht an einer sorgfältigen Abwägung von Produkteigenschaften, sondern an bekannten und vertrauten Produktnamen.

Wenn man die Literatur zur strategischen Marketingplanung und zahlreiche Beispiele aus der Praxis betrachtet, dann gewinnt man den Eindruck, dass oftmals Differenzierungsstrategien gegenüber einer Gewinnung von Kosten- und Preisvorteilen bevorzugt werden. Dafür dürften u. a. die folgenden Gründe eine Rolle spielen: Differenzierungsstrategien können so angelegt sein, dass ein Anbieter in *mehreren entscheidungsrelevanten Dimensionen* komparative Konkurrenzvorteile gewinnt. Dadurch lassen sich einerseits Wettbewerbsvorteile besser absichern und andererseits unterschiedliche Vorteile, die auf unterschiedliche Abnehmerbedürfnisse (bei verschiedenen Zielgruppen) ausgerichtet sind, miteinander vereinbaren. Weiterhin kann man durch Differenzierung Vorteile erringen, *die durch Wettbewerber nur schwer zu imitieren sind.* Man denke nur an die Überlegenheit, die aus besserem Kundendienst oder einem bestimmten Produktimage resultiert, zu deren Egalisierung es langfristiger intensiver Bemühungen von Wettbewerbern bedarf. Letztlich ist daran zu denken, dass es durch Differenzierungsstrategien *vermieden* wird, dass sich in einer Branche *Preiskämpfe* entwickeln, die die Ertragssituation der gesamten Branche negativ beeinflussen.

3.4.3 Umfassende Kostenführerschaft

Bei der Strategie umfassender Kostenführerschaft geht es darum, kostengünstigster Anbieter der Branche zu werden. Daraus ergibt sich die Möglichkeit, dauerhaft die eigene Leistung zu niedrigeren Preisen als Wettbewerber anbieten zu können oder bei Preisen auf dem Niveau der Wettbewerber höhere Deckungsbeiträge zu erwirtschaften, die wiederum zur Festigung und Stärkung der Wettbewerbsposition genutzt werden können. Es gilt dabei die Nebenbedingung, dass ein Kostenvorteil nur wirksam ist, wenn die Akzeptanz des betreffenden Produkts vergleichbar zu der von Konkurrenzprodukten ist. Hat ein Produkt z. B. einen deutlichen qualitativen Nachteil, dann sind niedrigere Kosten und Preise eben kein Wettbewerbsvorteil, sondern gleichen allenfalls die schwächere Qualität aus. Die Ansatzpunkte für die Gewinnung von Kostenvorteilen können sehr vielfältig sein. Auf einige gängige Möglichkeiten soll im Folgenden kurz eingegangen werden.

Größenbedingte Kostendegression

In Abschnitt 2.1.3 des vorliegenden Buchs ist bereits auf Kostenvorteile bei großen Produktionsmengen pro Zeiteinheit eingegangen worden (Economies of Scale). So können die Möglichkeit zu weitgehender Fertigungsautomatisierung oder die bei entsprechenden Abnahmemengen günstigen Einkaufspreise für Rohstoffe, Bauteile etc. zu deutlichen Kostenvorteilen führen. Daneben lassen sich Fixkosten auf eine größere Zahl produzierter Einheiten verteilen. Ein Weg, um derartige Kostenvorteile zu ermöglichen, besteht darin, durch intensive Marketinganstrengungen Absatzmengen und Marktanteile zu steigern oder das Absatzgebiet auszuweiten (➔ Internationales Marketing).

Technologischer Vorsprung, Erfahrung

In der aktuellen wirtschaftspolitischen Diskussion findet man immer wieder Hinweise auf Kostenvorteile, die durch überlegenes Know-how und Zugang zu neuen Technologien entstehen. So werden niedrigere Stückkosten bei einigen japanischen Unternehmen auf effizientere Produktionsabläufe, geringere Lagerhaltung (Just-in-Time) und fortschrittliche Produktionstechnologien zurückgeführt. Auf den Zusammenhang zwischen Erfahrung bezüglich der Beherrschung von Produktionsprozessen und Stückkosten ist unter dem Stichwort «Erfahrungskurve» im Abschnitt 2.1.2 bereits eingegangen worden.

Zugang zu kostengünstigen Produktionsfaktoren

Die Nutzung von Kostenvorteilen an anderen Produktionsstandorten ist oft ein Motiv für die Internationalisierung der Unternehmenstätigkeit. Hier ist insbesondere an geringere Lohnkosten zu denken. Daneben können geringere Energiekosten, niedrigere Grundstückspreise oder geringere Steuerbelastungen eine Rolle spielen.

Kostengünstiges Produkt-Design

Die Entwicklung und Gestaltung von Produkten bietet zwei unterschiedliche Ansatzpunkte für die Gewinnung von Kostenvorteilen. Zum einen kann das Produkt im Hinblick auf nicht zentrale Leistungsmerkmale vereinfacht werden. So waren einige Fluggesellschaften zeitweilig dadurch erfolgreich, dass sie eine vergleichbare Kernleistung (hinsichtlich Sicherheit, Pünktlichkeit, Streckennetz) durch drastische Reduktion des Service zu deutlich niedrigeren Preisen anbieten konnten als andere Gesellschaften. Zum anderen ist es heute selbstverständlich geworden, bei der Konstruktion neuer Produkte die Möglichkeiten zur Kostensenkung in der Produktion durch standardisierte Bauteile, geringeren Montageaufwand etc. zu beachten. Beispielsweise wurde bei PCs die Montage dadurch vereinfacht, dass bei den meisten Verbindungen zwischen Bauteilen Steckverbindungen ausreichen.

3.4.4 Konzentration auf Schwerpunkte

In den vorigen Abschnitten sind Vorgehensweisen skizziert worden, bei denen es darum ging, in einer gesamten Branche (oder zumindest großen Teilen davon) Wettbewerbsvorteile durch Differenzierung oder Kostenführerschaft zu erzielen. Im Zusammenhang mit dem Stichwort «Konzentration auf Schwerpunkte» steht die Auswahl eines begrenzten Wettbewerbsfelds in einer Branche mit dem Ziel, durch spezielle Ausrichtung darauf Vorteile zu erlangen, im Mittelpunkt. Diese Ausrichtung kann erfolgen durch das Angebot spezieller überlegener Leistungen (Differenzierungsschwerpunkt) oder durch die Gewinnung von Kostenvorteilen in einem eng begrenzten Bereich (Kostenschwerpunkt).

Für beide Arten der Konzentration auf Schwerpunkte gibt es in der Praxis eine Fülle von Beispielen. Hinsichtlich des Differenzierungsschwerpunktes sind im Konsumgüterbereich zahlreiche Markenartikel gehobenen Niveaus und Luxusgüter zu nennen. Unternehmen bzw. Produkte wie Porsche, Rolex, Remy Martin, Pommery könnten ihre spezielle Marktposition kaum behaupten, wenn sie Anbieter von Massenartikeln wären. In der Investitionsgüterindustrie bieten die Hauni-Werke, die weltweit Marktführer in dem sehr engen Marktsegment der Maschinen zur Herstellung von Zigaretten sind, ein entsprechendes Beispiel. Auch die Aktivitäten von Hewlett-Packard im PC-Markt, wo man sich weitgehend auf eine führende Position bei einigen Peripherie-Geräten wie Laser-Druckern und Scannern konzentriert, sind ein passendes Beispiel. Konzentration mit Kostenschwerpunkt findet man häufig im Handel, wo sich einzelne Anbieter (z. B. Discounter) auf Billig-Segmente konzentrierten und durch Ausrichtung des gesamten Geschäftsbetriebs darauf zu niedrigeren Preisen als Wettbewerber anbieten können. Ein anderes Beispiel sind Unternehmen in der Autoreparaturbranche, die sich auf die Instandsetzung von Auspuffanlagen etc. spezialisiert haben und diese Leistung so effizient anbringen, dass sie dem Kunden Preisvorteile bieten können.

3.4.5 Outpacing-Strategien

Die so genannten Outpacing-Strategien (vgl. Gilbert/Strebel 1987; Kleinaltenkamp 1987) stellen in gewisser Weise eine Weiterführung der Grundideen von Porter bezüglich der Ausgestaltung von Marketing-Strategien dar. Das Wort «Outpacing» (to outpace: Konkurrenten ausstechen, besiegen) kennzeichnet schon den zentralen Aspekt. Es geht um den Wechsel zwischen Differenzierung und Kostenführerschaft im Zeitablauf mit dem Ziel, einen wesentlichen und dauerhaften Vorsprung gegenüber Wettbewerbern zu erreichen.

Wenn ein Unternehmen Differenzierungsvorteile erreicht hat, muss es damit rechnen, dass irgendwann andere Anbieter einen entsprechenden Leistungsstand erreichen. Als Outpacing-Strategie wird deshalb empfohlen, rechtzeitig die Ausrichtung der Strategie zu wechseln, also Kostensenkung zu betreiben, um den Differenzierungsvorteil mit Preisvorteilen gegenüber den nachkommenden Wettbewerbern zu verbinden und damit einen entscheidenden Vorteil zu gewinnen.

Analoges wird für Unternehmen mit Kostenvorteilen empfohlen. Bevor andere Konkurrenten eine vergleichbare Kostenposition erreichen, soll eine (qualitative) Differenzierung von deren Angeboten erfolgen. In beiden Fällen wäre das Ergebnis des Prozesses ein Leistungsangebot, das sich sowohl hinsichtlich Qualität als auch hinsichtlich Kosten von Angeboten von Wettbewerbern deutlich vorteilhaft abhebt. «Insgesamt verdeutlicht die Konzeption der Outpacing-Strategie, dass sich nur jene Anbieter langfristig am Markt behaupten können, die, ausgehend von der Qualitäts- oder der Kostenführerschaft, den Nachfragern einen hohen Produktnutzen bei gleichzeitig niedrigen Kosten gewährleisten» (Meffert 1994a, S. 118). Abbildung 3.17 verdeutlicht die Vorgehensweise.

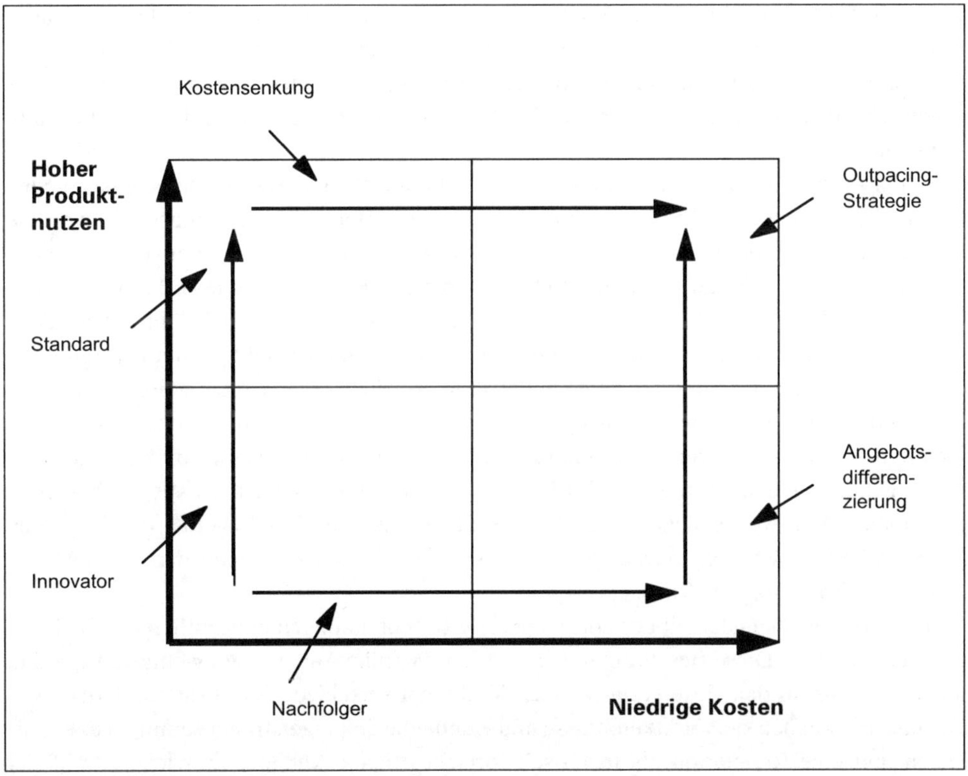

Abb. 3.17: Outpacing-Strategie (nach Gilbert/Strebel 1987, S. 32)

Outpacing-Strategie im Automobilsektor (Kleinaltenkamp 2000a, S. 169)
«Die amerikanische und europäische Automobilindustrie hatte lange Jahre vor allem den Nutzen ihrer Produkte für den Nachfrager im Auge gehabt. Diesen versuchte sie durch laufende Produktdifferenzierungen, Modellwechsel usw. immer weiter zu steigern. Darüber übersah sie jedoch die japanische Konkurrenz, die mit zunächst zwar qualitativ geringwertigen, jedoch kosten- und preismäßig extrem günstigen Produkten auf den Markt trat. Unter dem Schutzschirm des durch die amerikanischen und europäischen Anbieter hochgehaltenen Preisniveaus bei gleichbleibend niedrigen Kosten konnte sie ihre Produkte qualitativ ständig verbessern und so zu einer ernsten Bedrohung für die ehedem übermächtige Konkurrenz werden.»

3.5 Zeitliche Aspekte des Marketing (Wann?)

3.5.1 Früher oder später Markteintritt

Die Frage, zu welchen Zeitpunkten bestimmte strategische Maßnahmen ergriffen werden, ist bislang in Theorie und Praxis weniger beachtet worden als die bisher diskutierten Komplexe. Bezüglich strategischer Fragestellungen konzentrieren sich die vorliegenden Untersuchungen vor allem auf die Frage nach einem günstigen Zeitpunkt für einen Markteintritt. Sogar das eigentlich korrespondierende Problem des Marktaustrittszeitpunkts wird in der Literatur wenig angesprochen.

Zu der Frage, ob ein früher oder ein später Markteintritt eher erfolgversprechend ist, sind einige theoretische Überlegungen und empirische Untersuchungen angestellt worden. Zunächst zu den theoretischen Gesichtspunkten im Zusammenhang mit einem frühen Markteintritt als erster Anbieter in einer Produktkategorie («Pionierstrategie»). Pioniere haben naturgemäß die Möglichkeit, das attraktivste Marktsegment ohne Rücksicht auf Konkurrenten oder bestehende Kundenbindungen relativ frei zu wählen. Damit verbunden ergibt sich ein *weiterer Vorteil* insofern, als Kunden der Pioniere nicht so leicht zu anderen später auftretenden Wettbewerbern wechseln können, da ein solcher Wechsel mit Anpassungsproblemen und -kosten verbunden ist. In einem ganz neu entstehenden Markt, in dem also noch wenig Erfahrungen und festgelegte Präferenzen auf der Abnehmerseite existieren, bestimmt der Pionier recht weit gehend die Maßstäbe, Standards und «Spielregeln», die für diesen Markt gelten. Später folgende Anbieter müssen sich dementsprechend daran orientieren (Carpenter/Nakamoto 1989).

In Distributionskanälen gibt es normalerweise Beschränkungen hinsichtlich der Zahl vertretener Produkte. Diese Beschränkungen werden für frühe Anbieter am wenigsten spürbar, die darüber hinaus den Vorteil relativ freier Wahl unter verschiedenen Absatzmittlern haben. Gleichzeitig können sie Marktkenntnisse und Kundenbeziehungen früher sammeln bzw. aufbauen und eine Reputation als technisch fortschrittlicher Anbieter entwickeln. Auf der anderen Seite, der Beschaffung im weiteren Sinne, wird der Pionier hinsichtlich des Zugangs zu knappen Ressourcen begünstigt. Hier ist beispielsweise an spezielle Rohstoffe und Bauteile, aber auch an das Know-how spezialisierter Fachkräfte zu denken.

Bei Gültigkeit der Erfahrungskurve (vgl. Abschnitt 2.1.2) kann sich der erste Anbieter in einem neuen Markt durch seinen Vorsprung für eine gewisse Zeit stabile Kostenvorteile verschaffen. Hierbei ist besonders zu beachten, dass die Kostensenkung idealtypisch in frühen Phasen der Marktentwicklung besonders groß ist, da ja hier schon bei relativ geringen Mengen jeweils die Verdopplung der kummulierten Produktionsmenge erfolgt, womit ein Kostensenkungspotenzial von 20 bis 30 Prozent verbunden sein soll. Ein Pionier hat demnach schon nach relativ kurzer Zeit einen erheblichen Kostenvorteil gegenüber nachfolgenden Anbietern.

Demgegenüber stehen beträchtliche *Risiken* und Anforderungen, die auf einen Pionier zukommen, insofern also eher einen späteren Markteintritt (*«Folger-Strategie»*) begünstigen. Diese Risiken betreffen die mit der technischen Realisierbarkeit von Entwicklungsprojekten verbundene Unsicherheit, die Einschätzung der Marktentwicklung in einer so frühen Phase sowie die damit verbundene Frage nach der Rentabilität von Investitionen in Technik und Markt. Weiterhin wird man Pionier ja dadurch, dass man besonders schnell ein innovatives Produkt auf den Markt bringt, was die Gefahr impliziert, dass ein dauerhafter Image-Schaden durch nicht ausgereifte Produkte (mit «Kinderkrankheiten») entsteht. Der erste Anbieter hat relativ hohe Entwicklungskosten zu tragen, während sich später auftretende Wettbewerber an seinen technischen Lösungen orientieren können. Letztlich trägt er auch die Last, bei Kunden Informationen über völlig neuartige Produkte zu vermitteln, den Nutzen dieser Produkte zu demonstrieren und entsprechende Präferenzen bei den Kunden aufzubauen.

Die PIMS-Studie (vgl. Abschnitt 2.1.4) hat zu einigen Ergebnissen geführt, die belegen, dass ein früher Markteintritt oft vorteilhaft ist (vgl. Buzzell/Gale 1992, S. 153 ff.). So berichteten 70 Prozent der Unternehmen, die Marktführer sind, dass sie als «Pioniere» in den Markt eingetreten sind. Ein größerer Anteil der «Pioniere» (47 Prozent) als der «Folger» (36 Prozent) profitiert von Patenten, die sich auf das Produkt oder den Fertigungsprozess beziehen. Die Produkte der «Pioniere» haben oft – möglicherweise wegen der vorliegenden umfassenderen Erfahrungen – qualitative Vorteile gegenüber Wettbewerbsprodukten.

Typische Pionier-Vor- und -Nachteile im Bereich Pay-TV in Deutschland

Der erste Anbieter in diesem Markt konnte sein Marktsegment frei wählen und sich für den anspruchslosen Massenmarkt entscheiden. Es bestand guter Zugang zu knappen Ressourcen, hier vor allem zu Sende- und Übertragungsrechten. Weiterhin kann ein früh in den Markt eintretender Anbieter, der schon eine gewisse Zahl von Kunden gewonnen hat, seine (hohen) Fixkosten besser verteilen als ein später folgender Anbieter, der erst beginnt, Kunden zu gewinnen. Andererseits trägt ein Pionier – wie das Beispiel Kirch zeigt – das Risiko einer nur schwer einschätzbaren Akzeptanz eines solchen neuartigen Angebots. Außerdem muss er potenziellen Kunden verdeutlichen, welche Vorteile denn so ein Angebot mit sich bringt.

Die Gegenüberstellung von Pioniervorteilen und -risiken legt eine Schlussfolgerung nahe, für die es – neben der Plausibilität – empirische Belege gibt: Die Pioniervorteile gelten nicht allgemein, sondern beziehen sich nur auf «überlebende» Pioniere, also Anbieter, die die Risiken der Einführungsphase bewältigt und ihren Vorsprung gegenüber «frühen Folgern» erfolgreich verteidigt haben (vgl. Golder/Tellis 1993).

Eine andere Überlegung zu zeitlichen Aspekten der Marketingstrategie bezieht sich darauf, dass häufig empfohlen wird, in neue, schnell wachsende Märkte möglichst früh einzutreten. Die folgenden Argumente (vgl. dazu Day 1986, S. 92 ff.) sind in diesem Zusammenhang maßgeblich:

Marktanteilsgewinne fallen leichter
Bei starkem Marktwachstum können Konkurrenten ihren Umsatz halten oder gar steigern, obwohl sie Marktanteile verlieren. Ihr Widerstand gegen Marktanteilsverluste ist deswegen eher weniger heftig als in stagnierenden Märkten. Außerdem ist Marktwachstum ja in der Regel dadurch gekennzeichnet, dass neue Kunden hinzukommen, bei denen keine bisherigen Bindungen an andere Lieferanten überwunden werden müssen.

Marktanteilsgewinne sind «mehr wert»
Wenn es gelingt, in frühen Phasen der Marktentwicklung gewonnene Marktanteile zu verteidigen, profitiert das betreffende Unternehmen vom Marktwachstum.

Geringerer Preisdruck
In «jungen Märkten» mit expansiver Nachfrage vollzieht sich der Wettbewerb eher über Produktentwicklung und eine Ausweitung von Produktion und Distribution als über Preiskämpfe.

Sicherung des Zugangs zu neuen Technologien
Das Unternehmen bleibt bei frühem Markteintritt auf dem neuesten technischen Stand und gewinnt eine günstige Ausgangsposition für weitere technische Entwicklungsschritte.

Früher aggressiver Markteintritt schreckt andere Unternehmen ab
Wenn ein Unternehmen durch sein Engagement in einem neuen Markt deutlich macht, dass es gewillt ist, hier eine starke Position zu erringen und zu verteidigen, dann kann das von potenziellen Wettbewerbern als Botschaft interpretiert werden, die diese beim Markteintritt zögern lässt.

3.5.2 Strategische Fenster

Der Begriff «Strategische Fenster» ist von Derek Abell geprägt worden. Er versteht darunter «begrenzte Perioden, während derer sich die Bedingungen eines Markts und die Kompetenzen eines Unternehmens optimal entsprechen» (Abell 1978, S. 21). Hier geht es also nicht mehr um frühen oder späten Markteintritt, sondern darum, im Zuge der Entwicklung von Märkten, den richtigen Eintrittszeitpunkt «abzupassen».

Strategischer Fenster in der Computerindustrie (Czepiel 1992, S. 257)
Die Computerbranche war über viele Jahre durch die Dominanz von Großrechnern weniger Hersteller bestimmt und bot kaum Chancen für neue Anbieter. Zwei grundlegende Veränderungen («Diskontinuitäten») des Marktes haben diesen jeweils für neue Anbieter geöffnet. Der Übergang zu PCs bot kleinen, neuen Unternehmen die Möglichkeit, mit innovativen Produkten in diesen schnell wachsenden Markt einzutreten. Wachsende Ausbreitung und Standardisierung von PCs wenige Jahre später begünstigte dann Anbieter, wie z. B. IBM, die in der Lage waren, ausgereifte Produkte effizient zu produzieren und zu vertreiben. Für die innovativen Unternehmen der «ersten Stunde» schloss sich ein strategisches Fenster, ein anderes öffnete sich für eine Vielzahl asiatischer Unternehmen, die Imitate des von IBM geprägten PCs zu niedrigen Kosten produzieren und deutlich billiger anbieten konnten.

Drei Arten von Diskontinuitäten der Marktentwicklung, die zu strategischen Fenstern führen können, werden unterschieden:

Neuartige Nachfrage
Hier geht es um ganz neue Kundengruppen, deren Bedürfnisse sich von bisherigen Kunden einer Branche grundlegend unterscheiden. So entwickelte sich der Kundenkreis für PCs von Computer-Bastlern und -Amateuren in der ersten Phase über kommerzielle Nutzer (Unternehmen, Behörden etc.) in der zweiten Phase zu privaten Haushalten heutzutage mit jeweils neuen Chancen für Anbieter.

Wesentliche Veränderungen von Kundenpräferenzen und Produkteigenschaften
Damit ist eine Veränderung bei Kundenwünschen und den entsprechenden Produkten gemeint, die Bindungen an bisherige Anbieter lockert und damit Chancen für neue Wettbewerber bietet. Als Beispiele dafür seien der Markt für Fernseh-Programmzeitschriften, in dem sich Zeitschriften, die anhand von Tageszeiten und nicht anhand von Programmanbietern (ARD, ZDF etc.) strukturiert sind, immer mehr durchsetzen, und die Ausbreitung von Designer-Marken in der Textilbranche genannt.

Grundlegend neuartige Technologien
Ein technologischer Bruch dergestalt, dass bisherige Kundenbedürfnisse auf neuartige Weise befriedigt werden, bietet Unternehmen, die diese neue Technologie beherrschen, die Chance, über lange Zeit verfestigte Marktstrukturen aufzubrechen. So konnten beim Übergang von mechanischen zu elektronischen Armbanduhren ganz neue Anbieter wie Seiko oder Citizen eine dominierende Stellung erringen.

3.6 Exkurs: Internationalisierung des Marketing

3.6.1 Überblick

Die letzten Jahrzehnte sind u. a. durch eine immer stärkere wirtschaftliche Verflechtung über Ländergrenzen hinweg gekennzeichnet. Diese Entwicklung hat in der gegenwärtigen Situation mit weltweiter Konkurrenz um die Vorherrschaft in bestimmten Märkten, Verschiebung von Arbeitsplätzen über Kontinente, weltweitem Kostenwettbewerb, immer stärkerer internationaler Arbeitsteilung, globalen Kommunikationsnetzen etc. ihren vorläufigen Höhepunkt gefunden. Ursachen dafür sind u. a. im (politisch gewollten) Abbau von Handelsschranken (GATT, EU), in langen Friedensperioden in wichtigen ökonomischen Zentren, in der Entwicklung der Verkehrs- und Kommunikationstechnologie sowie in der Vereinheitlichung technischer Standards zu sehen. Grundsätzlich gelten natürlich auch in internationalen Märkten die vorher erörterten Gesichtspunkte der Definition und Auswahl von Märkten (Wo?) und der Ausrichtung von Strategien (Wie?). Beim internationalen Marketing kommen aber noch einige Besonderheiten hinzu, die im vorliegenden Abschnitt umrissen seien. Zunächst (3.6.2) wird dargestellt, welche Gründe Unternehmen veranlassen können, den Schritt vom (überschaubaren und relativ vertrauten) nationalen zum erheblich komplexeren und risikoreicheren internationalen Marketing zu tun bzw. welche Hintergründe dabei eine Rolle spielen.

Bei der Erörterung der Vorgehensweisen beim internationalen Marketing kann man sich wieder an den schon bekannten drei Grundfragen «Wo?, Wie?, Wann?» orientieren. Zunächst (3.6.3) geht es um die speziellen Aspekte der Auswahl internationaler Märkte («Wo?»). Darauf folgen Überlegungen zur Vorgehensweise bei der internationalen Marktbearbeitung («Wie?»), hier zu den gängigen internationalen Markteintrittsstrategien (3.6.4.1) und zur Frage «Standardisierung oder Differenzierung?», also der Frage nach einer einheitlichen oder mehreren unterschiedlichen Strategien in den verschiedenen internationalen Märkten (3.6.4.2). Danach geht es um zeitliche Aspekte beim internationalen Marketing (3.6.5). Anschließend (3.6.6) wird auf die Koordination von Marketingaktivitäten in verschiedenen internationalen Märkten eingegangen. Ein letzter kurzer Ausblick gilt dem Konzept des Global Marketing (3.6.7).

3.6.2 Anreize und Probleme bei der Internationalisierung des Marketing

Hier sollen zunächst wesentliche Aspekte erörtert werden, die als *Gründe* für die Ausweitung der Unternehmenstätigkeit auf internationale Märkte in Frage kommen. Die einzelnen Gesichtspunkte sind in drei Gruppen zusammengefasst worden, wobei diese Zuordnung nicht immer ganz eindeutig und überschneidungsfrei möglich ist:

- Kosten-Aspekte
- Reaktion auf Wettbewerber
- Marktgröße und -wachstum

Zunächst zu den «*Kosten-Aspekten*». Dabei ist in erster Linie an die durch Ausweitung der Märkte und die damit verbundenen erhöhten Produktions- und Umsatzvolumina verursachten Betriebsgrößenersparnisse zu denken (siehe Abschnitt 2.1.3). Diese *Betriebsgrößenersparnisse* beziehen sich vor allem auf die Bereiche Produktion, Einkauf und Marketing.

Hinreichend viele Beispiele belegen die Bedeutung der so genannten «economies of scale» im internationalen Marketing. Ein Blick in Branchen wie Automobilbau und Unterhaltungselektronik macht sofort deutlich, dass dort (und in vielen anderen Branchen) auf nationale Märkte beschränkte Anbieter nicht mehr wettbewerbsfähig wären, da sie die für eine kostengünstige Produktion mit modernen Anlagen notwendigen Mindestabsatzmengen dort nicht mehr erreichen können. In enger Verbindung zu Betriebsgrößenersparnissen in der Produktion sind Betriebsgrößenersparnisse beim Einkauf zu sehen. International ausgerichtete Unternehmen haben wegen der großen Mengen zu beschaffender Rohstoffe, Bauteile etc. eine größere Verhandlungsstärke gegenüber Lieferanten als kleinere (regional oder national) operierende Unternehmen. Hinzu kommen potenziell niedrigere Produktionskosten bei Zulieferern, die ja vergleichsweise große Stückzahlen von Bauteilen, Komponenten etc. liefern.

Betriebsgrößenersparnisse im Marketing sind naturgemäß auf Teilbereiche des Marketinginstrumentariums beschränkt, da ja – wie insbesondere im Zusammenhang mit der Standardisierung bzw. Differenzierung von Marketingstrategien zu erörtern sein wird – oftmals bestimmte Instrumente auf die speziellen Erfordernisse einzelner Ländermärkte auszurichten sind und deswegen keine Größenvorteile entstehen. In zunehmendem Maße kann man die Internationalisierung von Marken beobachten, d. h. die Entwicklung international bzw. weltweit einheitlich positionierter Produkte mit einheitlichem Design, einheitlicher Verpackung etc. Damit geht teilweise sogar eine internationale Standardisierung großer Teile der Werbung einher, was durch länderübergreifende Medien zusätzlich gefördert wird.

Auch im Zusammenhang des internationalen Marketing ist der *Erfahrungskurveneffekt* (siehe Abschnitt 2.1.2) ein wichtiger Faktor. Es ist leicht nachvollziehbar, dass Unternehmen, die auf internationale oder weltweite Märkte ausgerichtet sind, hier entscheidende Vorteile haben können, insbesondere in neuen Märkten, wenn man bedenkt, dass der Erfahrungskurveneffekt in frühen Phasen der Entwicklung besonders stark wirksam wird, da dann die Lernprozesse in Unternehmen zu besonders schnellen Kostensenkungen führen.

Als weiterer Kosten-Aspekt ist die Verteilung der Fixkosten, nicht zuletzt der *Entwicklungskosten technisch anspruchsvoller Produkte*, von Bedeutung. Man muss nur an Beispiele wie die Märkte für Verkehrsflugzeuge, Pharmazeutika oder elektronische Geräte denken, um zu erkennen, dass dort die Entwicklungskosten auch auf großen nationalen Märkten nicht mehr abgedeckt werden können. Anbieter in derartigen Märkten sind also gezwungen, sich international bzw. weltweit auszurichten, da sie sonst nicht mehr zu konkurrenzfähigen Preisen anbieten oder die technische Entwicklung nicht mehr mitvollziehen können.

Der letzte hier zu nennende Gesichtspunkt, der sich auf Kosten bezieht, ist die *Ausnutzung von Kostenvorteilen im Ausland*. Dabei spielen in erster Linie Faktorkostenunterschiede, z. B. bei Löhnen oder Energie, in verschiedenen Ländern eine Rolle. Hinzu kommt manchmal die Inanspruchnahme von günstigen Krediten, Subventionen etc., die gewährt werden, um Investoren anzuziehen. Die Ausnutzung von komparativen Vorteilen einzelner Standorte führt dazu, dass manche große Unternehmen ihre gesamte Entwicklung und Produktion international dezentralisieren, beispielsweise dergestalt, dass Entwicklungslabors in der Nähe technisch-wissenschaftlicher Zentren angesiedelt, anspruchsvolle Komponenten in Ländern mit qualifizierten Facharbeitern und Technikern gefertigt und einfache Montagearbeiten in Billiglohnländern durchgeführt werden.

Unter dem Gesichtspunkt *«Reaktionen auf Wettbewerber»* werden hier Gründe für die Ausweitung der Unternehmenstätigkeit auf internationale Märkte genannt, die vor allem mit den Beziehungen zu Konkurrenten zu tun haben. Hier sind in verschiedenen Märkten typische Reaktionen auf Aktivitäten ausländischer Wettbewerber erkennbar.

In einer Situation, in der durch die zunehmenden internationalen Aktionsmöglichkeiten von Wettbewerbern auch aus weit entfernten Ländern in vielen Branchen die Binnenmärkte von Unternehmen bedroht werden, reagieren diese oftmals dadurch, dass sie die Position der neuen Wettbewerber in deren heimischen Märkten angreifen. Damit soll vor allem verhindert werden, dass ausländische Konkurrenten in einem von ihnen allein beherrschten Binnenmarkt Mittel erwirtschaften, die sie zur Finanzierung ihrer Auslandsaktivitäten einsetzen können.

Gleichzeitig lernt das bedrohte Unternehmen Stärken und Schwächen des ausländischen Konkurrenten durch die Präsenz in dessen Heimatmarkt besser kennen. In Verbindung damit steht der Gesichtspunkt des Zugangs zu bestimmtem Know-how durch den Eintritt in internationale Märkte. Hier ist nicht nur an technisches Know-how, Informationen über neue Produkte etc. zu denken, sondern auch an frühzeitige Erfahrungen mit auf neue Konsumtrends und Moden gerichteten Marketingstrategien von ausländischen Wettbewerbern.

Eine weitere Art der Reaktion auf Wettbewerber kann darin bestehen, dass man sich starkem Druck in angestammten Märkten entzieht, indem man auf *ausländische Märkte mit weniger intensiver Konkurrenz ausweicht.*

Der Komplex *«Marktgröße und -wachstum»* bietet einige für viele Unternehmen sehr naheliegende Gründe, sich vom nationalen zum internationalen Anbieter zu entwickeln. Angesichts gesättigter, nur noch schwach wachsender oder gar rückläufiger Märkte in manchen Branchen und Ländern, bietet sich ein Ausweichen auf ausländische Märkte an, um bestehende Kapazitäten auszulasten und Wachstum zu erzielen.

Diese Ausweitung der Märkte soll natürlich neue Gewinnmöglichkeiten erschließen, oftmals erfolgt die Marktausweitung deshalb gezielt in Richtung auf stark wachsende Volkswirtschaften, um von deren Wachstum zu profitieren. Unterschiedliche Größen und Wachstumsraten verschiedener Märkte, auf denen ein Unternehmen tätig ist, und deren Verschiebung im Zeitablauf, bieten Gelegenheit, die mit der Abhängigkeit von einzelnen Märkten verbundenen Risiken zu vermindern. Der Ausgleich von Wirkungen unterschiedlicher nationaler konjunktureller Schwankungen ist ein Beispiel dafür.

In Abbildung 3.18 sind die vorstehend skizzierten Antriebskräfte für eine Internationalisierung des Marketing zusammenfassend dargestellt. Eine ausführliche Diskussion dieser und weiterer Gesichtspunkte mit zahlreichen Beispielen findet sich bei Yip (1992).

Nun zur anderen Seite der Betrachtung, also zu den Problemen, die Unternehmen an der Internationalisierung hindern. Neben den allgemeinen Hinderungsgründen für die Marktausweitung (z. B. Kapitalkraft, Marktkenntnisse) eines Unternehmens gibt es noch einige für die internationale Marktausweitung spezifische Gesichtspunkte, die zur Abrundung des

Gesamtbilds hier in Anlehnung an Porter (1999 a, S. 357 ff.) kurz vorgestellt werden sollen. Porter unterscheidet ökonomische Hindernisse, Hindernisse im Bereich der Unternehmensorganisation und institutionelle Hindernisse.

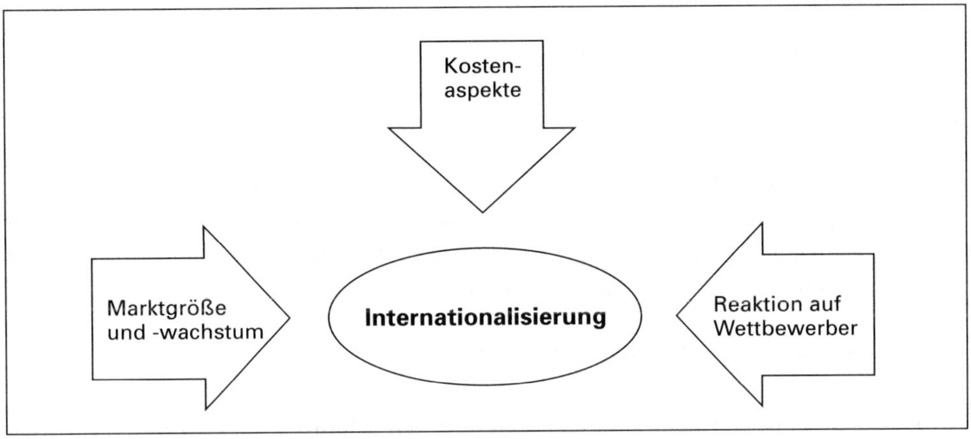

Abb. 3.18: Betriebswirtschaftliche Gründe für eine Internationalisierung

Ökonomische Begrenzungen der internationalen Marktausweitung können im Vergleich zum Preis der Produkte hohe *Transport- und Lagerkosten* sein. Musterbeispiele dafür bietet die Baustoffindustrie (großes Volumen und Gewicht bei geringem Preis pro Einheit) und Teile der chemischen Industrie, die wegen der Gefährlichkeit von Produkten beim Transport besonderen Sicherheitserfordernissen zu genügen haben. In diesen Fällen können Größenvorteile international zentralisierter Produktionen nicht wirksam werden. Stark *unterschiedliche Produktanforderungen* in verschiedenen nationalen Märkten führen dadurch, dass entsprechend unterschiedliche Varianten angeboten werden müssen, ebenfalls dazu, dass ein großer internationaler Anbieter seine prinzipiellen Vorteile nicht voll zur Geltung bringen kann. Gründe für derartige differenzierte Anforderungen können in klimatischen Bedingungen (z. B. Luftfeuchtigkeit ➔ Rostanfälligkeit), kulturellen Unterschieden (z. B. verschiedene Essgewohnheiten), verschiedenen Sicherheitsvorschriften etc. liegen. Einen wichtigen Engpass hinsichtlich der internationalen Marktausweitung bildet oftmals der schwierige und/oder *aufwändige Zugang zu Vertriebskanälen.* Soll der Vertrieb über einheimische Absatzmittler (Handel) erfolgen, so ist es nicht leicht, eingeführte Produkte in deren Sortiment durch die einzuführenden ausländischen zu verdrängen. Die andere Möglichkeit, der Direktvertrieb durch eine eigene Organisation, ist sehr aufwändig. Analoge Probleme zu den mit dem Aufbau eines Direktvertriebs verbundenen ergeben sich, wenn es notwendig ist, ein *regional gestreutes Reparatur- und Service-System* zu etablieren.

Ein weiteres Problem in diesem Zusammenhang ist die Relevanz von Lieferzeiten (z. B. bei verderblichen Gütern) bzw. die *schnelle Reaktion auf kurzfristige Änderungen von Bedürfnissen* (z. B. in der Mode-Branche). In diesem Zusammenhang gibt es aber eindrucksvolle Beispiele, wie durch den Einsatz neuer Technologien derartige Hürden überwunden werden können. So haben israelische Lieferanten als erste die Möglichkeit genutzt, durch den Einsatz von Großraum-Flugzeugen Gemüse und Blumen sehr schnell in Märkte zu liefern (vor allem Mitteleuropa), wo für diese Produkte – zumindest in bestimmten Saisonzeiten – hohe Preise erzielt werden konnten. Das italienische Textil-Unternehmen Benetton vermochte es, durch einen leistungsfähigen und flexiblen Verbund von Informations-, Logistik- und Produktionssystemen sehr kurzfristig auf geschmackliche Trends (z. B. Farben) in verschiedenen internationalen Märkten zu reagieren.

Hindernisse innerhalb der Unternehmensorganisation können entstehen, wenn es notwendig wird, Marketingstrategien national stark zu *differenzieren* und/oder «vor Ort» *in Kundennähe mit Vertrieb und Service präsent* zu sein. Auch stark dezentralisierte große Unternehmen sind hier oftmals kleineren nationalen Anbietern unterlegen.

Letztlich spielen noch *institutionelle Hindernisse* eine Rolle. Damit sind vor allem die noch bestehenden, hauptsächlich von staatlicher Seite aufgebauten Handelshemmnisse gemeint (z. B. Zölle, Importquoten, Vorschriften über local content).

3.6.3 Auswahl internationaler Märkte (Wo?)

Grundsätzlich gelten für die Entscheidungen über den Eintritt in ausländische Märkte die gleichen allgemeinen Prinzipien, die in Abschnitt 3.3 erörtert worden sind. Im Kern ging es dabei um die Gegenüberstellung von Marktchancen einerseits und des Potenzial eines Unternehmens zur Wahrnehmung dieser Marktchancen andererseits. Hinsichtlich des internationalen Marketing sind zusätzlich einige spezifische Gesichtspunkte zu beachten, die im Folgenden skizziert werden.

Die Erörterung der Spezifika internationaler Marktauswahl soll hier in drei Schritten erfolgen, die man auch als stark vereinfachte Darstellung des in der Realität auftretenden entsprechenden Entscheidungsprozesses ansehen kann. Der erste Schritt besteht in der Aussonderung von Ländern, die aus weiter unten im Überblick dargestellten Gründen für ein Auslandsengagement möglicherweise nicht in Frage kommen. Es folgt die Analyse von Faktoren, die für die Erfolgschancen des jeweiligen Produkts in den einzelnen Märkten bedeutsam sind. Hinsichtlich der verbleibenden für einen Eintritt prinzipiell in Frage kommenden Märkte müssen dann in einem dritten Schritt Prioritäten – u. a. hinsichtlich der Reihenfolge des Markteintritts – gesetzt werden.

Zum ersten Schritt, der *Auswahl von Ländern.* Man kann diesen auch als Grobauswahl der zu bearbeitenden Märkte betrachten. Dabei beschränkt man sich meist darauf, an Hand qualitativer Kriterien und einfacher quantitativer Indikatoren Länder auszusondern, die für eine weitere Analyse z. B. wegen zu großer politischer Risiken oder zu geringerer Größe nicht in Betracht kommen. Eine Abwägung – etwa: «Hohes politisches Risiko, aber große Gewinnmöglichkeiten – findet bei dieser Vorgehensweise noch nicht statt.

Die für die Auswahl in Frage kommender Länder herangezogenen Informationen können in der Regel leicht allgemein zugänglichen Quellen (z. B. Veröffentlichungen von Banken oder internationalen Behörden) oder kostengünstig zu beziehenden speziellen Informationsdiensten (z. B. BERI-Index, vgl. Meffert/Bolz 1997) entnommen werden. Gängige Kriterien für eine Länderauswahl, bei der produkt- und branchenspezifische Gesichtspunkte noch keine Rolle spielen, werden in der folgenden Übersicht exemplarisch zusammengestellt:

- *Geographische Faktoren* (z. B. Entfernung zum jeweiligen Land, Transportmöglichkeiten innerhalb des Lands)
- *Demographische Faktoren* (z. B. Bevölkerungszahl und -wachstum)
- *Gesamtwirtschaftliche Faktoren* (z. B. Zahlungsfähigkeit, Inflationsrate, Pro-Kopf-Einkommen)
- *Politische Risiken* (z. B. Umsturz- oder Kriegsgefahr)
- *Gesetzliche Rahmenbedingungen* (z. B. Rechtssicherheit, Währungskonvertibilität, Freiheitlichkeit der Wirtschaftsordnung)
- *Infrastruktur* (z. B. Kommunikationsmöglichkeiten, Funktionsfähigkeit staatlicher Institutionen)

Vorgehen des international tätigen Bau-Unternehmens «Bechtel Corporation» bei der Auswahl von Märkten (Kotler 2002, S. 389)
«Bevor Bechtel den Eintritt in neue Märkte wagt, beginnt das Unternehmen eine detaillierte strategische Marktanalyse. Es betrachtet seine Märkte und versucht festzulegen, wo es in vier oder fünf Jahren tätig sein sollte. Ein Management-Team erstellt eine Kosten-Nutzen-Analyse, die die Stärke von Wettbewerbern, Infrastruktur, Marktregulierungen und Handelsschranken sowie die steuerliche Situation (für Unternehmen und Individuen) berücksichtigt. Im Idealfall sollte der neue Markt ein Land sein mit einem unerschlossenen Bedarf für Bechtels Produkte und Dienstleistungen, mit gut ausgebildeten Arbeitskräften, die in der Lage sind, das Produkt herzustellen, und positiven Rahmenbedingungen (Regierung und physische Bedingungen).»

Beim nächsten Schritt des Auswahlprozesses betrachtet man die *Bedingungen der in Frage kommenden Produktmärkte* und Branchen in den im Auswahlprozess verbliebenen Ländern. Dazu wird hier kurz auf drei besonders bedeutsame einschlägige Gesichtspunkte eingegangen: Marktgröße und -wachstum, Wettbewerbsdruck und Markteintrittsbarrieren.

Die Relevanz von *Marktgrößen und -wachstum* für die Entscheidung über den Eintritt in einem Markt ist offenkundig. Erste Anhaltspunkte dafür lassen sich schon aus den in der vorgelagerten Analysestufe verwendeten demographischen und gesamtwirtschaftlichen Faktoren ableiten. So könnte man beispielsweise das Marktpotenzial für Automobile u. a. durch die Einwohnerzahl des betreffenden Lands abschätzen. Derartige Daten sind relativ leicht erhältlich, liefern aber nur grobe Schätzwerte für die eigentlich interessierenden Variablen Marktgröße und -wachstum. wesentlich genauer sind in der Regel so genannte Mikro-Indikatoren (vgl. Jeannet/Hennessey 1988, S. 142). Diese beziehen sich direkt auf den interessierenden Markt oder stehen zumindest in enger Verbindung damit. So lässt sich die Nachfrage nach Kühlschränken oder Fernsehgeräten in einem Land aus der Zahl der vorhandenen Haushalte, die eine bestimmte Einkommensgrenze übersteigen, abschätzen. Die Anzahl der landwirtschaftlichen Betriebe ist ein Indikator für die Größe des Markts für Traktoren.

Die Stärke und Zahl der in dem jeweiligen Land bereits tätigen Wettbewerber ist ein zweiter naheliegender Aspekt bei der Beurteilung von dessen Attraktivität. Dabei spielen

- die Größe der Wettbewerber (z. B. Kapitalausstattung, Marktanteil) und
- die Leistungsfähigkeit der Wettbewerber (z. B. hinsichtlich des technischen Know-hows oder der Vertriebsorganisation)

gleichermaßen bedeutende Rollen. In vielen Fällen wird die Auswertung publizierter Daten für derartige spezielle Fragestellungen (z. B. Zahl, Größe und Leistungsfähigkeit der Anbieter von zahnmedizinischen Geräten in Argentinien) nicht genügend ergiebig sein und weitere Recherchen bei Handelsabteilungen diplomatischer Vertretungen in dem betreffenden Land, Industrie- und Handelskammern, Datenbanken oder durch Besuche notwendig machen.

Hinsichtlich der *Markteintrittsbarrieren* kann an die Erörterungen dazu in Abschnitt 2.2.2 (Branchenanalyse) angeknüpft werden. Im internationalen Marketing kommen zu diesen Barrieren noch Behinderungen durch staatliche Vorschriften hinzu. Als Bespiele dafür seien hier genannt:

- Importquoten
- Vorschriften über local content (Anteile der im jeweiligen Land zu erbringenden Wertschöpfung)
- Zölle
- Beschränkungen des Devisen- und Kapitalverkehrs

3.6.4 Vorgehensweise bei der internationalen Marktbearbeitung (Wie?)

3.6.4.1 Markteintrittsstrategien

Der Schritt, der sich an die Auswahl von internationalen Märkten, in denen sich ein Unternehmen betätigen will, logisch anschließt, ist die Entscheidung über die zu verfolgende Markteintrittsstrategie. Dafür existiert ein breites Spektrum von Möglichkeiten – vom indirekten Export (siehe unten) der eigenen Produkte bis zur Gründung ausländischer Tochtergesellschaften. Im vorliegenden Abschnitt soll ein sehr knapper Überblick über gängige Arten des Markteintritts gegeben werden.

Man kann vier Kategorien für die Formen der Betätigung in ausländischen Märkten bilden:

- *Export*
  Verkauf von im Inland produzierten Gütern ins Ausland, wobei die Art von deren Vermarktung im Ausland oftmals von in- und ausländischen Absatzmittlern erheblich beeinflusst wird.
- *Vertragliche Kooperation*
  Lizenzverträge – Übertragung von Nutzungsrechten für Patente, Know-how, Markenzeichen etc. an ausländische Unternehmen gegen Zahlung von Lizenzgebühren – und andere Formen vertraglicher Beziehungen.
- *Joint Ventures*
  Gründung von Firmen im Ausland gemeinsam mit einem ausländischen Partner

- *Tochterfirmen im Ausland*
  Gründung oder Übernahme von ausländischen Unternehmen für Herstellung und/oder Vertrieb von Produkten in den jeweiligen Ländern.

Diese vier Kategorien stehen auch für eine intensitätsmäßige Abstufung des Auslandsengagements. Drei dafür relevante Kriterien sind in die folgende Abbildung 3.19 einbezogen.

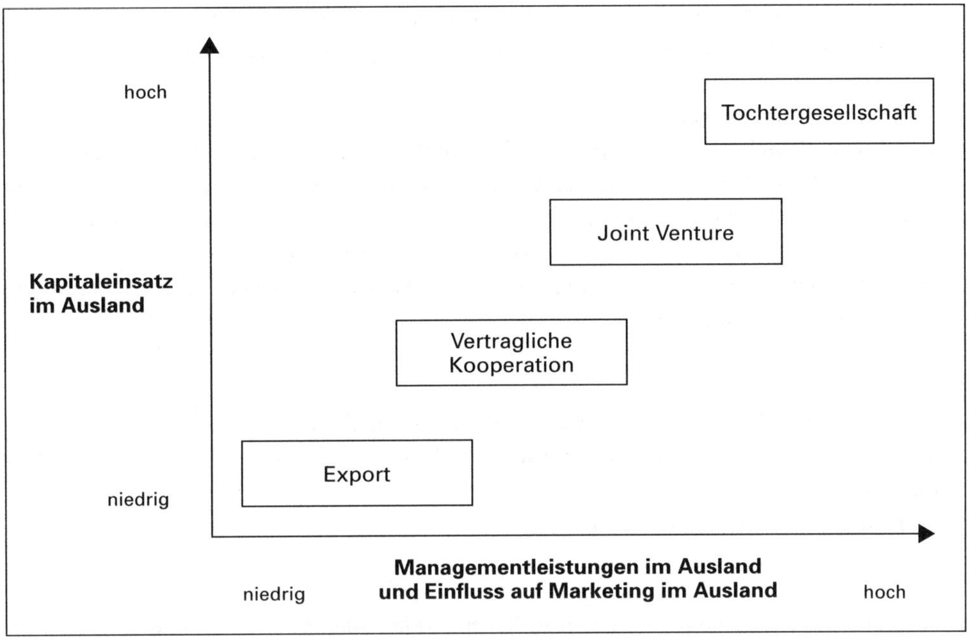

Abb. 3.19: Grundtypen von Markteintrittsstrategien

Es zeigen sich einige typische Unterschiede zwischen den verschiedenen Markteintrittsstrategien. Beim Export ist der *Kapitaleinsatz* sehr gering; Tochtergesellschaften im Ausland bilden mit hohem Kapitaleinsatz den Gegenpol. Im Hinblick auf die Umsetzung längerfristig angelegter Marketingstrategien ist das Ausmaß der im Ausland erbrachten *Managementleistungen* und des *Einflusses* auf die dort vorgenommenen *Marketingmaßnahmen* besonders bedeutsam.

Exportgeschäfte
Als Export bezeichnet man den Verkauf an Absatzmittler im In- oder Ausland, die die Ausfuhr bzw. Einfuhr der Produkte besorgen, oder direkt an ausländische Endabnehmer. Damit ist auch schon die gängige Unterscheidung in direkten und indirekten Export angesprochen. *Indirekter Export* liegt also vor, wenn der Verkauf an die inländische Niederlassung eines ausländischen Importeurs oder über einen inländischen Exporteur erfolgt. Beim *direkten Export* wird dagegen an ausländische Firmen (ausländische Importeure oder Endabnehmer) geliefert, was mehr Marktkenntnisse erfordert.

Insgesamt kann man sagen, dass der Export im Vergleich zu den anderen Formen des Auslandsengagements mit relativ geringen Risiken verbunden ist. Der Kapitaleinsatz ist ebenfalls gering. Andererseits sind die Einflussmöglichkeiten auf das Marketing für die eigenen Produkte im Ausland sehr beschränkt. Deswegen findet man oftmals Versuche, festere Bindungen zu den Absatzmittlern herzustellen, beispielsweise durch wechselseitige Exklusivrechte dergestalt, dass ein Unternehmen in einem Land exklusiv an einen Importeur liefert und dieser sich verpflichtet, keine direkten Wettbewerbsprodukte zu vertreiben. Die genannten Gesichtspunkte illustrieren, dass sich der Export zum Einstieg in das internationale Geschäft eignet, dessen Ausbau aber häufig andere Formen des Auslandsengagements erfordert.

Vertragliche Kooperation

Die wichtigste Möglichkeit des Markteintritts durch vertragliche Bindungen mit ausländischen Firmen besteht in der *Lizenzvergabe.* Dabei wird dem Lizenznehmer gegen Zahlung eines Entgelts das Recht eingeräumt, für einen begrenzten Zeitraum technisches Know-how (z. B. Patente) und Warenzeichen (Marken) eines Lizenzgebers zu nutzen. Wesentliche Vorteile und Probleme, die mit der Lizenzvergabe ins Ausland verbunden sein können, seien nachfolgend zusammengestellt.

Vorteile:

- schneller Markteintritt mit wenig Kapitaleinsatz ist möglich
- Marktnähe und -kenntnisse sowie bestehende Kundenbeziehungen beim ausländischen Lizenznehmer
- Vermeidung von Transportkosten

Probleme:

- gegenwärtige Lizenznehmer können auf Drittmärkten oder durch den Know-how-Erwerb auf zukünftigen Märkten zu Wettbewerbern werden
- Kontrolle über Produktion (z. B. Qualität) und Marketing (z. B. Preisniveau) des Lizenznehmers ist beschränkt
- Entgelte von Lizenznehmern sind im Vergleich zum Gewinnpotenzial bei eigener Produktion und Vermarktung im Ausland gering

Joint Ventures

Bei Joint Ventures bringt ein Unternehmen gemeinsam mit einem in dem vorgesehenen Land ansässigen Unternehmen das Kapital für eine neu zu gründendes Unternehmen ein. Die Grundidee besteht darin, die Stärken der beiden Partner (z. B. Produktionstechnik, Marktkenntnisse, Zugang zu Vertriebskanälen) zusammenzuführen und Schwächen auszugleichen.

Joint Ventures haben in den 80er-Jahren große Bedeutung erlangt, weil dadurch ein Weg eröffnet wurde, in ansonsten weitgehend abgeschlossene Wirtschaftsräume einzudringen. Das zeigte sich einerseits im Hinblick auf die osteuropäischen Länder. Andererseits kann man auch beobachten, dass Firmen, die ihren Sitz nicht im Bereich der EU haben, mit dort ansässigen Unternehmen Joint Ventures gründen, um den Zugang zum Markt der Europäischen Gemeinschaft zu verbessern.

Einige die Vorteilhaftigkeit von Joint Ventures betreffende Gesichtspunkte sind:

- Bessere Akzeptanz in den jeweiligen Ländern durch die Beteiligung heimischer Unternehmen
- Besserer Zugang zu Märkten und zu Marktinformationen über einheimische Unternehmen
- Geringeres, weil geteiltes Risiko
- Kapitaleinsatz kann oftmals teilweise durch die Einbringung von Know-how substituiert werden

Tochtergesellschaften

Ausländische Tochtergesellschaften von Unternehmen sind in der Regel damit befasst, die Produktion und/oder den Vertrieb in dem jeweiligen Land durchzuführen. Hier soll die Betrachtung von reinen Vertriebsgesellschaften ausgeklammert werden, da dabei die in Abbildung 3.19 dargestellten Charakteristika des großen Kapitaleinsatzes und des großen Ausmaßes im Ausland erbrachter Managementleistungen nur im eingeschränkten Maße zutreffen.

Im Hinblick auf Tochtergesellschaften, die (auch) im Ausland produzieren, kann man zwei Arten unterscheiden: Montagewerke und voll ausgebaute Produktionsstätten

Bei *Montagewerken* wird nur der letzte Teil des Produktionsprozesses im Ausland abgewickelt, eben der Zusammenbau weitgehend aus dem Heimatland des betreffenden Unternehmens stammender Komponenten und Einzelteile. Typischerweise liegt der Schwerpunkt hier auf der Nutzung (oftmals kostengünstiger) menschlicher Arbeit im Ausland, die kapitalintensiven Teile der Produktion verbleiben weitgehend im Stammland des Unternehmens.

Die stärkste Form des internationalen Engagements eines Unternehmens stellt die *voll ausgebaute Produktion im Ausland* dar. Wesentliche Gründe dafür sind die Ausnutzung von Kostenvorteilen der jeweiligen Standorte (z. B. Lohnkosten, Energiekosten), die Senkung von Transportkosten und/oder die Umgehung von Importbeschränkungen, Zöllen etc. Wegen des mit dem Aufbau von Produktionsstätten im Ausland verbundenen hohen Kapitaleinsatzes ist die Voraussetzung dafür eine längerfristig gesicherte entsprechende Nachfrage.

3.6.4.2 Standardisierung versus Differenzierung

Eine zentrale Frage bei der Entscheidung über Strategien, mit denen ausländische Märkte bearbeitet werden sollen, ist die nach Standardisierung oder Differenzierung der Marktbearbeitung. Normalerweise wird ein Unternehmen versuchen, eine Marketingstrategie (nicht zuletzt die Produktpolitik!) möglichst weit gehend international zu *standardisieren,* da auf diese Weise am ehesten Kostenvorteile zu erzielen sind. Hinzu kommt die geringere Bindung von Management-Kapazität bei der Verfolgung einer einheitlichen Strategie. In vielen Fällen erfordern aber Faktoren, auf die im Folgenden einzugehen sein wird, zumindest eine *Anpassung an nationale Besonderheiten.* Vier Gruppen solcher Faktoren sollen hier in Anlehnung an Jeannet/Hennessey (1988) kurz gekennzeichnet werden:

Marktcharakteristika
Dazu gehören zunächst klimatische Bedingungen (z. B. Ausstattung von Autos mit Klimaanlagen oder speziellen Heizungen), Art des Elektrizitätsnetzes (z. B. Spannung) und ähnliche Aspekte. Die Größe des Marktes kann den Spielraum bei der Entscheidung über ein Vertriebssystem beschränken, da der Aufbau einer eigenen Vertriebsorganisation in kleinen Märkten oftmals zu hohe Fixkosten zur Folge hat. Gesamtwirtschaftliche Faktoren wie z. B. das Pro-Kopf-Einkommen in verschiedenen Ländern haben direkten Einfluss auf die Art und Preislage von Produkten, die in den jeweiligen Märkten angeboten werden können. Kulturelle und soziale Faktoren (z. B. Analphabetismus) begrenzen die Möglichkeiten bei verschiedenen Marketingmaßnahmen.

Branchencharakteristika
Hier sind hauptsächlich zwei spezifische Aspekte zu nennen: Die Phase des Lebenszyklus, in der sich ein Produkt im jeweiligen Markt befindet, und die Stärke der örtlichen Wettbewerber. Beides wirkt sich deutlich z. B. auf den preispolitischen Spielraum, den Zugang zu Vertriebskanälen oder die Möglichkeiten zur Produktdifferenzierung aus.

Marketing-Institutionen
Unter Marketing-Institutionen sind hier Absatzmittler, Werbeträger und einschlägige Dienstleister (z. B. Werbeagenturen, Marktforschungsinstitute) im jeweiligen Land zu verstehen. Dass dadurch die internationale Standardisierbarkeit von Distributions- oder Kommunikationsstrategien beeinträchtigt werden kann, ist offenkundig.

Gesetzliche Restriktionen
Derartige Restriktionen können sich auf Sicherheitsvorschriften, Umweltschutzauflagen, Luxus-Steuern in einzelnen Ländern usw. beziehen. Beispielsweise sind in Israel die Steuern, die Käufer von Neuwagen zu zahlen haben, so hoch, dass Autos von der oberen Mittelklasse an kaum verkauft werden. Ein anderes Beispiel ist die langjährige Einschränkung der Übertragbarkeit einzelner in den USA entwickelter Kommunikationsstrategien auf europäische Märkte durch Einschränkungen bei vergleichender Werbung.

Aus den eingangs dieses Abschnitts genannten Gründen findet man oftmals das Bestreben, Marketingstrategien so weit wie möglich zu *standardisieren.* Hinzu kommt gerade in einer Zeit stark zunehmender weltweiter Kommunikation das Erfordernis, Produktpositionierungen bzw. Markenimages nicht durch zu heterogene Marketingstrategien in den verschiedenen Märkten zu verwässern. Andererseits machen es Gesichtspunkte wie die vorstehend angesprochenen notwendig, eine gewisse *Differenzierung* vorzunehmen. Die typische Lösung ist ein Kompromiss zwischen den Polen Standardisierung und Differenzierung. Meffert/Althans (1982, S. 107) geben dafür die Devise aus: «Soviel Standardisierung wie möglich, soviel Differenzierung wie nötig». Eine recht typische Art, solch einen Kompromiss zu finden, besteht darin, das Produkt selbst und die grundlegenden Maßnahmen zur Produktpositionierung international weit gehend zu standardisieren und bei Instrumenten, deren Einsatz stärker von den länderspezifischen Gegebenheiten abhängt (z. B. Distributionssystem, Werbemedien), eine Differenzierung vorzunehmen. Durch die Standardisierung des Produkts bleiben die Kostenvorteile eines großen internationalen Anbieters bestehen; die einheitliche Positionierung verhindert, dass das Markenimage gefährdet wird.

3.6.5 Reihenfolge des Markteintritts (Wann?)

Ein sehr einfaches Prinzip bei der Festlegung der Reihenfolge des Markteintritts ist die Setzung von Prioritäten, wobei als gängiges Kriterium die Ähnlichkeit von Märkten herangezogen wird. Der entsprechende Grundgedanke ist leicht nachvollziehbar. Man geht davon aus, dass ein Unternehmen sich zunächst den Märkten zuwendet, die dem vertrauten heimischen Markt am ähnlichsten sind. Bei ähnlichem ökonomischen Standard, ähnlichen Konsumentengewohnheiten, kulturellen Gemeinsamkeiten, ähnlicher Handelsstruktur etc. bereitet es vergleichsweise geringe Schwierigkeiten, im bisherigen Absatzmarkt erfolgreiche Strategien dorthin zu übertragen. Das Risiko scheiternder Markteintritte und der Aufwand für die Modifizierung von Marktstrategien bleiben vergleichsweise niedrig.

Hinsichtlich der Festlegung der Reihenfolge des Eintritts in neue internationale Märkte werden in der Literatur (vgl. Backhaus/Büschken/Voeth 2001, S. 158 ff.) weiterhin zwei verschiedene Strategien vorgschlagen, die mit einprägsamen Namen versehen sind: Die *«Wasserfall-Strategie»* und die *«Sprinkler-Strategie»*.

Bei der Wasserfall-Strategie erweitern die Anbieter den Kreis bearbeiteter internationaler Märkte Schritt für Schritt. Nachdem aus dem Heimatmarkt Erfahrungen vorliegen, erfolgt zunächst die Bearbeitung von Märkten, die diesem sehr ähnlich sind (z. B. erst Deutschland, dann Österreich). Von Schritt zu Schritt steigt dann die Unterschiedlichkeit der hinzukommenden neuen Märkte im Vergleich zum Heimatmarkt. Der Begriff «Wasserfall-Strategie» bezieht sich also darauf, dass man zuerst in den vertrauten Märkten tätig wird und dass später («im Fluss der Zeit») die Erschließung zunehmend andersartiger Märkte erfolgt. Eine solche Strategie ermöglicht dem Anbieter Lernprozesse hinsichtlich der Erfordernisse fremder Märkte und hält das mit dem Markteintritt verbundene Risiko relativ gering, führt aber zu einem eher langsamen Prozess der internationalen Marktdurchdringung. Der Name Sprinkler-Strategie deutet schon an, dass es um die Erschließung verschiedener internationaler Märkte zur gleichen Zeit oder innerhalb eines kurzen Zeitraums (ein bis zwei Jahre) geht. Trotz aller Risiken liegt ein wesentlicher Vorteil darin, dass relativ schnell hohe Umsätze erzielt werden und die Amortisation des Aufwandes für Forschung, Entwicklung und Markteinführung ebenfalls zügig erfolgen kann. Beachtenswert ist in diesem Zusammenhang auch der Aspekt, dass angesichts der in vielen Branchen (z. B. Elektronik; Software) heutzutage sehr kurzen Produktlebenszyklen ohnehin kaum Spielraum für eine schrittweise (und damit langsame) Durchdringung internationaler Märkte besteht. Letztlich sei noch auf die in Abschnitt 3.5.1 skizzierten Vor- und Nachteile eines frühen oder späten Markteintritts verwiesen.

3.6.6 Koordinationsprobleme im internationalen Marketing

Insbesondere bei einer differenzierten Vorgehensweise in verschiedenen Märkten entsteht die Aufgabe, die unterschiedlichen Strategien und Maßnahmen in den einzelnen Märkten zu koordinieren. Der Grund dafür liegt bei so genannten «Rückkopplungen» zwischen Ländermärkten (vgl. Backhaus/Büschken/Voeth 2001, S. 38 ff.). Mit dem Begriff Rückkopplung sind die Ursachen für Abhängigkeiten bei der Bearbeitung unterschiedlicher Ländermärkte gemeint. Backhaus/Büschken/Voeth (2001, S. 51 ff.) unterscheiden dabei zwischen anbieterbezogenen und nachfragerbezogenen Rückkopplungen.

Backhaus/Büschken/Voeth (2001, S. 52) verstehen Folgendes unter anbieterbezogenen Rückkopplungen: «Die Erschließung eines Ländermarkts oder mehrerer neuer Ländermärkte bzw. die Veränderung seiner oder ihrer Bearbeitung verändert die Rahmenbedingungen innerhalb des anbietenden Unternehmens so, dass sich die Freiheitsgrade bei der Marktbearbeitung – anderer Ländermärkte verändern. Mithin muss die nationale Marketingpolitik in anderen Ländermärkten angepasst werden.» Derartige Rückkopplungen können unterschiedliche Gründe haben. Einer davon besteht in der Struktur des international tätigen Unternehmens. Wenn starke Verbindungen verschiedener internationaler Einheiten beim Austausch von Ressourcen (wechselseitige Lieferbeziehungen etc.) bestehen, haben Veränderungen in einem Land deutliche Auswirkungen auf die Aktivitäten in anderen Ländern. Entsprechend schwach sind die Rückkoppelungen bei Unternehmen mit weitgehend unabhängig operierenden nationalen Einheiten. Weiterhin ist an die im Abschnitt 3.6.2 skizzierten Kosten-Aspekte zu denken. Dabei ging es ja u. a. darum, dass durch internationale Ausweitung der Unternehmenstätigkeit Erfahrungskurveneffekte und Betriebsgrößenersparnisse (nicht zuletzt durch Verteilung von Fixkosten) erzielt werden können. Hier ist die Relevanz im Hinblick auf Rückkopplungen sofort erkennbar: Steigerungen der Absatzmenge in bisherigen Märkten oder durch Eintritt in neue Märkte führen zu Senkungen der Stückkosten, die z. B. Spielräume für Preissenkungen schaffen.

Backhaus/Büschken/Voeth (2001, S. 74 f.) kennzeichnen nachfragerbezogene Rückkopplungen in folgender Weise: «Die Erschließung eines Ländermarktes oder mehrerer neuer Ländermärkte bzw. die Veränderung seiner oder ihrer Bearbeitung beeinflusst in der Folge das Verhalten der relevanten Nachfrager in anderen Ländermärkten.» Zentrale Ursache für derartige Rückkopplungen ist der Informations- und Güteraustausch zwischen verschiedenen Ländermärkten. Im Zeitalter weltweit verfügbarer elektronischer Medien (insbesondere Internet) besteht leichter Zugang zu Informationen über Art, Qualität und Preise von Produkten, die in den verschiedensten Teilen der Welt angeboten werden. Durch diese Informationen können wiederum Ansprüche und Preisbereitschaft von Kunden in einzelnen nationalen Märkten beeinflusst werden. Beim Güteraustausch geht es vor allem um die Nutzung von Preis- und Qualitätsunterschieden in verschiedenen Ländern durch die Kunden. Als typisches Beispiel dafür gelten Re-Importe deutscher Automobile aus ausländischen Märkten, in denen diese zu deutlich niedrigeren Preisen angeboten werden. Es ist unmittelbar einsichtig, dass es unter diesen Bedingungen erschwert wird, Märkte differenziert (mit unterschiedlichen Produkten und Preisen) zu bearbeiten.

In einer Situation, in der Rückkoppelungen zwischen verschiedenen Ländermärkten auftreten, müssen die Anbieterunternehmen dieser durch Koordination ihrer internationalen Aktivitäten gerecht werden oder versuchen, Strategien zur Reduktion der Rückkopplungen zu entwickeln (vgl. Backhaus/Büschken/Voeth 2001, S. 369 ff.). Wenn es gelingt, Rückkopplungen einzuschränken, reduziert sich der Koordinationsbedarf. Hinsichtlich der genannten nachfragebezogenen Rückkopplungen dürften in den heute verbreiteten offenen

Gesellschaften angesichts des Entwicklungsstands von Kommunikationstechnologien kaum Ansatzpunkte für eine Einschränkung des Informationsaustausches bestehen. Dagegen ist es oftmals möglich, Produkte, die in den verschiedenen ausländischen Märkten angeboten werden, so zu modifizieren, dass ein Güteraustausch zur Ausnutzung von Preisunterschieden erschwert wird. Als Beispiele für entsprechende Maßnahmen seien genannt:

- Unterschiedliche Produktbezeichnungen/Marken, die einen Vergleich und Austausch erschweren,
- Unterschiedliche Packungsarten und -größen,
- Packungsaufschriften, Gebrauchsanweisungen, Handbücher nur in der jeweiligen Landessprache,
- Einschränkung von Garantie- und Serviceleistungen.

Daneben kann man versuchen, die Angebotsmengen auf den verschiedenen Märkten zu steuern, dass die Spielräume für einen Weiterverkauf in andere als die vorgesehenen Märkte gering sind. Bezüglich anbieterbezogener Rückkopplungen seien hier nur die Möglichkeiten zur Verringerung der Fertigungstiefe genannt, wodurch die Auswirkungen von Absatzschwankungen auf die Kostensituation des Anbieterunternehmens reduziert werden.

Wenn Rückkopplungen bestehen und sich diese nicht einschränken lassen (siehe oben), dann muss eine entsprechende Koordination der Marketingaktivitäten in den Ländermärkten erfolgen. Im Mittelpunkt steht dabei die Ausgestaltung der Marketinginstrumente mit der Abwägung zwischen Standardisierung und Differenzierung (siehe Abschnitt 3.6.4.2). Daneben geht es um Markteintritts- und -austrittszeitpunkte für die verschiedenen Märkte, durch die die (z. B. preisnivellierenden) Wirkungen von Rückkopplungen eingeschränkt werden.

3.6.7 Global Marketing

Ein wesentlicher Schritt bei der Entwicklung des internationalen Marketing in der Praxis und in der Fachdiskussion war die Ausrichtung auf das Konzept des «Global Marketing». Geprägt wurde dieser Begriff von Theodore Levitt, der im Jahre 1983 in seinem Aufsatz «The Globalization of Markets» die Hypothese vom weltweit einheitlichen Marketing auf weltweit vereinheitlichten Märkten formuliert und begründet hat.

«Das multinationale und das globale Unternehmen sind nicht das gleiche. Das multinationale Unternehmen ist in einer Anzahl von Ländern tätig und passt seine Produkte und Praktiken jeweils an – mit relativ hohen Kosten. Die globale Unternehmung verhält sich – mit relativ niedrigen Kosten so, als ob die ganze Welt (oder die wichtigsten Teile davon) eine Einheit darstellen; sie verkauft überall die gleichen Dinge auf die gleiche Weise.» (Levitt 1983, S. 92)

Globalisierungsstrategie der US-amerikanischen National Basketball Association (NBA) (Kotler 2002, S. 384)
Führende NBA-Spieler reisen nach Saisonschluss in die verschiedensten Länder, um dort für den Basketball der *NBA* zu werben. Die *NBA* beschäftigt etwa 100 MitarbeiterInnen für die globale Ausweitung ihres Angebots. Im Jahre 2001 wurden die Spiele der *NBA* in 210 Länder der Erde übertragen und es wurden in den letzten fünf Jahren Lizenzprodukte der *NBA* (T-Shirts, Mützen etc.) im Werte von etwa einer Milliarde US-Dollar außerhalb der USA verkauft.

Die auf den Weltmarkt gerichtete Marketingstrategie kann als letzte Stufe der Ausweitung der Unternehmenstätigkeit vom Binnenmarkt über internationale Märkte angesehen werden. Wenn diese Orientierung zusammenkommt mit einer länderübergreifend standardisierten Marktbearbeitung, dann spricht man vom Global Marketing. Yip (1992, S. 4 ff.) kennzeichnet drei typische Schritte bei der Entwicklung zum globalen Marketing:

1. Entwicklung einer grundlegenden Strategie (in der Regel zunächst für den Heimat-Markt), die einen klaren Wettbewerbsvorteil zur Folge hat,
2. Internationalisierung durch Ausweitung der Aktivitäten auf andere Länder,
3. Globalisierung durch Abstimmung/Vereinheitlichung der einzelnen Länder-Strategien.

Abbildung 3.20 illustriert diesen Prozess.

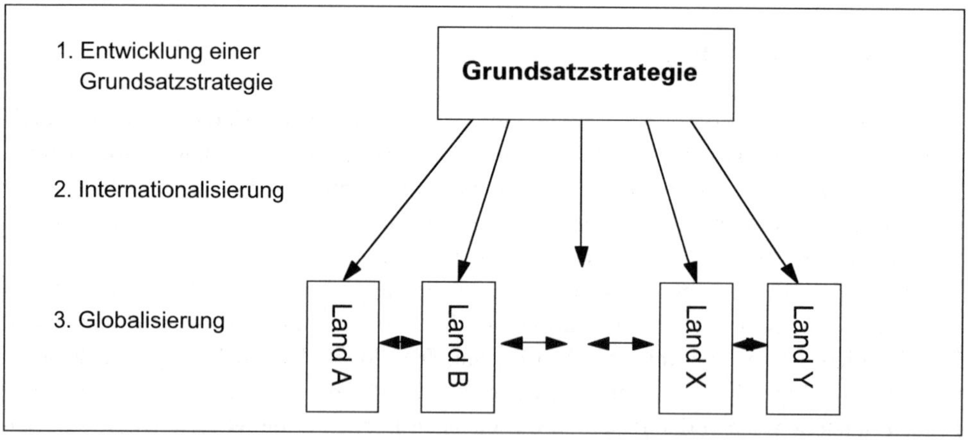

Abb. 3.20: Von der Internationalisierung zur Globalisierung (nach Yip 1992, S. 5)

Zumindest zwei Entwicklungen können als Voraussetzung für die Globalisierung von Marketingstrategien angesehen werden: Die *weltweite Annäherung von Wünschen* und Bedürfnissen der Kunden und die in vielen Bereichen wachsende Bereitschaft, *preiswerte und qualitativ hochwertige Standard-Produkte* zu akzeptieren.

Levitt (1983) belegt seine These von der internationalen Homogenisierung der Konsumentenwünsche mit einigen Beispielen: Produkte wie Coca Cola, Hamburger, SONY-Fernseher und Levi Jeans sind weltweit gefragt. Die Gastronomie (z. B. Steaks, Pizza, griechischer Salat), Unterhaltungsmusik etc. werden international immer ähnlicher. Die Ursache für diese Vereinheitlichung von Konsumentenwünschen wird vor allem in der Verringerung kultureller Unterschiede zwischen verschiedenen Ländern gesehen. Die Ausweitung des Tourismus, verbesserte Kommunikationsmöglichkeiten, internationale Vereinheitlichung der Medien und ihrer Unterhaltungsprogramme usw. führen dazu, dass die Entfernungen zwischen verschiedenen Ländern als immer geringer erscheinen. Im Investitionsgüterbereich beobachtet man seit langem eine weltweite Orientierung an den technisch führenden Produkten, weil dort die Kaufentscheidungen von Fachleuten getroffen werden, die durch Ausbildung und entsprechende Medien den Entwicklungsstand in ihrem Spezialgebiet genau kennen. Auch in weniger entwickelten Ländern werden heute in immer geringerem Maße Produkte akzeptiert, die nicht dem neuesten in den führenden Industrieländern üblichen Standard entsprechen, über den man durch sich ausweitende internationale Beziehungen besser informatiert ist. Auch wenn Kundenwünsche in vielen Märkten immer ähnlicher werden, findet die Auswirkung dieser Tendenz auf die Nachfrageentwicklung doch darin ihre Grenze, dass sich die Kaufkraft-Unterschiede zwischen den hochentwickelten und den weniger entwickelten Ländern nicht in gleichem Maße verringert haben, sondern eher größer werden.

Ein wesentliches Ziel des Global Marketing besteht darin, durch *weltweit standardisierte Produkte und Absatzstrategien* gegenüber Wettbewerbern deutliche Vorteile zu erzielen und damit die Basis für *weltweite Kostenführerschaft* zu schaffen. Auch die in diesem Buch schon mehrfach erwähnten Erfahrungskurveneffekte spielen hier eine wichtige Rolle. Kostenführerschaft kann in Preisvorteile umgesetzt werden, die so gravierend sind, dass von den Abnehmern die mit einer Standardisierung verbundene geringere Anpassung der Produkte an individuelle Wünsche, regionale Besonderheiten etc. akzeptiert wird. Die Allgemeingültigkeit von Levitt's Hypothese, dass in der Wahrnehmung der Kunden Preisvorteile die Nachteile einer Standardisierung mehr als kompensieren, wird aber bezweifelt.

Erwähnenswert ist der Gesichtspunkt, dass Global Marketing keineswegs im Widerspruch zu einer Strategie der Marktsegmentierung steht. Vielmehr sind globale Marketingkonzeptionen häufig auf länderübergreifende Segmente ausgerichtet. Entsprechende Beispiele bieten u.a. die Märkte für Luxusgüter und Computer.

3.7 Fazit

Im vorliegenden 3. Kapitel ist die marktorientierte Unternehmensplanung diskutiert worden. Diese Diskussion orientierte sich an den drei Grundfragen:

- Wo bzw. wohin?
- Wie? und
- Wann?

Ergebnis dieser Phase der Marketingplanung müsste es also sein:

- jedes Geschäftsfeld zu charakterisieren (wo?) und festzulegen, wie dieses Geschäftsfeld sich entwickeln soll (wohin?),
- welche grundlegenden Strategietypen dabei zur Anwendung kommen sollen (wie?) und
- zu welcher Zeit die entsprechenden Aktivitäten erfolgen sollen (wann?).

Die Tätigkeit auf internationalen Märkten lässt sich zwar auch in dieses Raster einordnen, ist wegen der damit verbundenen Spezifika aber zusätzlich erörtert worden. Wenn die drei genannten Grundfragen beantwortet sind, ist damit der Rahmen für die weitere Konkretisierung von Zielen und Maßnahmen in der marktorientierten Geschäftsfeldplanung und der Marketing-Mix-Planung abgesteckt.

Literaturempfehlungen zum 3. Kapitel

BACKHAUS, K./BÜSCHKEN, J./VOETH, M. (2001). Internationales Marketing, 4. Aufl., Stuttgart.

BENKENSTEIN, M. (1997): Strategisches Marketing, Stuttgart u.a.O.

BERNDT, R./FANTAPIÉ ALTOBELLI, C./SANDER, M. (1997): Internationale Marketing-Politik, Berlin u.a.O.

CZEPIEL, J. (1992): Competitive Marketing Strategy, Englewood Cliffs (N.J.).

HAX, A./MAJLUF, N. (1996): The Strategy Concept and Process, 2. Aufl., Upper Saddle River (N.J.).

KLEINALTENKAMP, M./PLINKE, W. (Hrsg.) (1995): Technischer Vertrieb. Grundlagen des Business-to-Business Marketing, Berlin u.a.O.

KLEINALTENKAMP, M./ PLINKE, W. (Hrsg.) (2000): Strategisches Business-to-Business Marketing, Berlin u.a.O.

KREILKAMP, E. (1987): Strategisches Management und Marketing, Berlin/New York.

MEFFERT, H. (1994a): Marketing-Management. Analyse – Strategie – Implementierung, Wiesbaden.

MEFFERT, H./BOLZ, J. (1997): Internationales Marketing-Management, 3. Aufl., Stuttgart u.a.O.

PORTER, M. (1999a): Wettbewerbsstrategie. Methoden zur Analyse von Branchen und Konkurrenten, 10. Aufl., Frankfurt am Main u.a.O.

PORTER, M. (1999b): Wettbewerbsvorteile. Spitzenleistungen erreichen und behaupten, 5. Aufl., Frankfurt am Main u.a.O.

WALKER, O./BOYD, H./LARRÉCHÉ, J. (1999): Marketing Strategy – Planning and Implementation, 3. Aufl., Boston u.a.O.

4. Marktorientierte Geschäftsfeldplanung

4.1 Interdependenzen zwischen Unternehmensplanung, Geschäftsfeldplanung und Marketing-Mix-Planung

Die vielfältigen Interdependenzen, die zwischen marktorientierter Unternehmensplanung, marktorientierter Geschäftsfeldplanung und Marketing-Mix-Planung bestehen, werden im Folgenden erläutert (siehe auch die Abbildung 4.1).

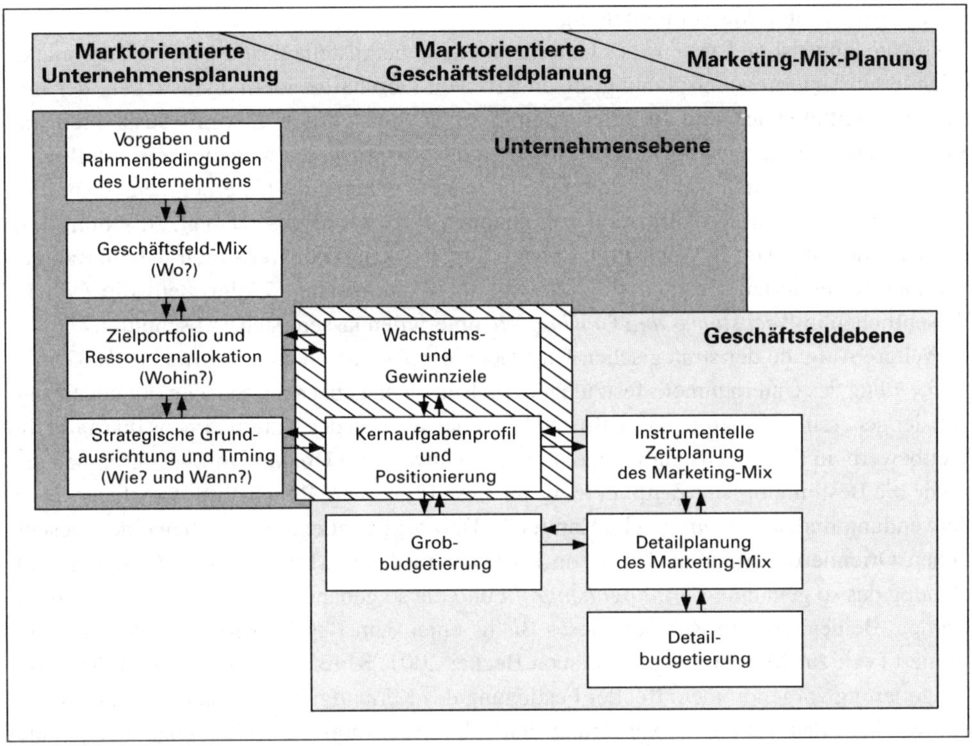

Abb. 4.1: Interdependenzen zwischen marktorientierter Unternehmensplanung, marktorientierter Geschäftsfeldplanung und Marketing-Mix-Planung (vgl. auch Meffert 1994a, S. 28)

In den vorangegangenen Abschnitten wurden die Zusammenhänge zwischen strategischer Unternehmens- und strategischer Marketingplanung herausgearbeitet. Die beiden Planungsbereiche sind eng miteinander verzahnt. Da letztendlich der langfristige Erfolg eines Unternehmens vom Bestehen auf den Absatzmärkten abhängt, stellt die (strategische) Marketingplanung das Kernstück der strategischen Unternehmensplanung dar (vgl. Meffert 1994a, S. 27). Es wurde deutlich, dass im Rahmen des normativen Managements, wenn die *Vision* des Unternehmens («Was ist (sollte) unser Geschäft (sein)?») sowie daraus abgeleitet die *Unternehmenspolitik* («zu erfüllende Missionen des Unternehmens») umrissen werden, marktorientierte Überlegungen eine zentrale Rolle spielen (vgl. die Ausführungen in Abschnitt 3.1).

Orientiert an diesen Vorgaben und unter Berücksichtigung weiterer Rahmenbedingungen (u.a. Kernkompetenzen) wird der *Geschäftsfeld-Mix* als zentraler Bestandteil der marktorientierten Unternehmensplanung definiert. Im Wesentlichen ist festzulegen, in welchen *Märkten* («Kunden mit spezifischen Bedürfnissen bzw. Problemen») das Unternehmen mit welchen *Leistungen* («Grund-, Zusatz- und Nebenleistungen») agieren will (vgl. hierzu Abschnitt 3.2). Die entscheidende Rolle, die der Marktsegmentierung bei der Bildung von strategischen Geschäftsfeldern (SGF) zukommt, unterstreicht die enge Verknüpfung von Unternehmens- und Marketingplanung.

Um die langfristige Existenz des Unternehmens sicherzustellen, ist es Aufgabe der marktorientierten Unternehmensplanung, einen Mix von Geschäftsfeldern anzustreben, der hinsichtlich Mittelbedarf und Mittelerzeugung sowie hinsichtlich Zukunftsaussichten und Risikoträchtigkeit ausgewogen ist. Im Rahmen des *Zielportfolios* werden Zielvorstellungen für einzelne Geschäftsfelder aus dem Gesamtzusammenhang des Unternehmens formuliert sowie Prioritäten bei der Allokation von knappen *Ressourcen* gesetzt (vgl. Abschnitt 3.3). Diese Festlegungen (z. B. Wachstum, Behauptung, Rückzug) konkretisieren sich im Rahmen der marktorientierten Geschäftsfeldplanung in ökonomischen Zielgrößen, die sich im Wesentlichen in *Wachstums- und Gewinnziele* unterteilen lassen (siehe Abschnitt 4.2.3).

Weitere Aufgabe der strategischen Unternehmensplanung ist es, die *strategische Grundausrichtung* des Unternehmens festzulegen. Im Einzelnen geht es um Entscheidungen bezüglich der generellen Prinzipien, Regeln und Vorgehensweisen des Unternehmens im Markt, im Wettbewerb, in der Gesellschaft, gegenüber der Umwelt, im Umgang mit Technologien etc. sowie die Bestimmung der Zeitpunkte, wann diese Prinzipien, Regeln und Vorgehensweisen Anwendung finden *(Timing)* (siehe Kapitel 3). Derartige Festlegungen stellen einen wesentlichen Orientierungsrahmen dar, wenn im Rahmen der marktorientierten Geschäftsfeldplanung das so genannte *Kernaufgabenprofil* und die so genannte *Positionierung* formuliert werden. Beides wird im Rahmen dieses Buchs unter dem Begriff *Marketingstrategie* subsumiert (vgl. zur Marketingstrategie auch Becker 2001, S. 135 ff.). Zudem wird die Grobbudgetierung vorgenommen. Bei der Festlegung des Kernaufgabenprofils ist zu bestimmen, mit welcher Intensität die zur Verfügung stehenden Wachstums- und Gewinnquellen genutzt werden sollen (siehe den Abschnitt 4.3). Grundsätzlich stehen dem Unternehmen bezüglich des Kernaufgabenprofils die folgenden Möglichkeiten zur Verfügung:

- Gewinnung neuer Kunden («Kundenakquisition»),
- Halten und Ausbau bestehender Kundenbeziehungen («Kundenbindung»).
- Entwicklung neuer Leistungsangebote («Leistungsinnovation») und
- Verlängerung und Optimierung des Lebenszyklus bestehender Leistungsangebote («Leistungspflege»).

Inhalte von *Positionierungszielen* sind:

- Aussagen über die Kunden (Marktsegmente), die erreicht werden sollen;
- Aussagen über deren Bedürfnisse (Probleme, Wünsche, Forderungen, Erwartungen), die befriedigt werden sollen;
- Aussagen über die Art und das Ausmaß des angestrebten Konkurrenzvorteils;
- Aussagen über die geplante Ausgestaltung des Leistungsangebots (Problemlösung), welches von den Kunden als zur Befriedigung ihrer Bedürfnisse am besten geeignet wahrgenommen werden soll (vgl. Abschnitt 4.4).

Mit anderen Worten: Bei der Formulierung von Positionierungszielen wird festgelegt, wie ein bestimmter komparativer Konkurrenzvorteil (KKV) bei einer bestimmten Kundengruppe erzielt werden soll (vgl. die Abschnitte 3.4 und 4.4.1).

Aufgabe der Positionierungstrategie ist es, den Weg zu bestimmen, der im Markt und im Wettbewerb eingeschlagen werden soll, um die jeweiligen Positionierungsziele zu erreichen (siehe den Abschnitt 4.4.5).

Bei der sich anschließenden *Marketing-Mix-Planung* geht es darum, orientiert an der jeweiligen Strategie in einem ersten Schritt die Einsatzschwerpunkte und -grundsätze des Marketing-Mix (im Rahmen der so genannten instrumentellen Leitplanung) zu bestimmen, um dann in einem zweiten Schritt im Zuge einer Detailplanung des Marketing Mix die einzelnen Instrumentalbereiche des Marketing-Mix, und zwar

- die Produkt- und Sortimentspolitik bzw. Marktleistungsgestaltung
- die Preis- und Kontrahierungspolitik bzw. Preisgestaltung
- die Kommunikationspolitik bzw. Marktbearbeitung
- die Distributionspolitik

in Abstimmung mit den Kernaufgaben und der Positionierung integriert und separat spezifisch planen zu können sowie die Detailbudgets festzulegen (siehe Abschnitt 5).

Die in der Abbildung 4.1 eingezeichneten Pfeile verdeutlichen, dass ein solcher Planungsprozess selbstverständlich nicht streng sequenziell von oben nach unten abzuarbeiten ist. Vielmehr handelt es sich um einen iterativen, vernetzten und dynamischen Prozess, in dessen Verlauf Vorgaben, Ziele, Strategien und Maßnahmen immer wieder verändert und immer weiter konkretisiert werden müssen.

Nachdem in den vorangegangenen Abschnitten Fragen der Marketingplanung auf der Unternehmensebene behandelt wurden, sollen nun das Kernaufgabenprofil und die Positionierungsziele als *Bindeglieder zwischen der Marketingplanung auf der Unternehmensebene und der Marketingplanung auf der Geschäftsfeldebene* (siehe auch die Darstellung in der Abbildung 4.1) erörtert werden, bevor dann im 5. Kapitel auf die operative Marketingplanung eingegangen werden kann.

4.2 Marketingzielsysteme auf der Geschäftsfeldebene

4.2.1 Dimensionen von Marketingzielen

In allgemeiner Form können Ziele verstanden werden als Aussagen oder Vorstellungen über angestrebte Zustände (Zweck), die durch Handlungen (Mittel) hergestellt werden sollen (vgl. u. a. Kupsch 1979, S. 15). Ziele übernehmen somit im Rahmen eines rationalen Planungsprozesses wichtige Steuerungs-, Kontroll- und Koordinationsfunktionen. Damit sie diese Funktionen erfüllen können, müssen sie operational, d.h. messbar und beeinflussbar, sein.

Die Art und Weise der Festlegung von Zieldimensionen determiniert den Grad der Messbarkeit von Zielen. Bei der Formulierung von Marketingzielen müssen im Einzelnen präzise Angaben zu den folgenden vier Dimensionen getroffen werden (vgl. zur Thematik der Dimensionen von Marketingzielen u.a. Haedrich/Tomczak 1996a, S. 75 ff.; Steffenhagen 2000; Becker 2001, S. 108 ff.):

- *Zielobjekt*
  Hierbei handelt es sich im Marketing typischerweise um ein Objekt, dass sowohl durch einen bestimmten Leistungs- als auch Marktbezug gekennzeichnet ist (z. B. Personalcomputer für Privatpersonen). Mit anderen Worten: Planungsbezug sind so genannte Produkt-Markt-Kombinationen bzw. Bündel von Produkt-Markt-Kombinationen. Im Extremfall kann dies das Gesamtunternehmen sein, das mit einer Vielzahl von Leistungen in verschiedenen Märkten agiert. Im anderen Extremfall kann es sich um ein einzelnes Produkt handeln, das beispielsweise in einem eng begrenzten regionalen Markt betrachtet werden soll. Das zentrale Zielobjekt der marktorientierten Unternehmensplanung ist, wie in Abschnitt 3.2 dargelegt, der angestrebte Mix von strategischen Geschäftsfeldern.
- *Zielinhalt (Was?)*
  Mögliche Inhalte von Marketingzielen sind beispielsweise Deckungsbeitrag, Umsatz, Marktanteil, Image, Bekanntheitsgrad, Distributionsgrad, «share of voice», Kundenzufriedenheit. Unter dem Gesichtspunkt der Beeinflussbarkeit lassen sich viele der oben genannten Zielgrößen mehreren Funktionsbereichen eines Unternehmens zuordnen. Zielgrößen, die dominant durch absatzmarktgerichtete Anstrengungen zu beeinflussen sind, lassen sich grundsätzlich als Marketingziele charakterisieren (vgl. auch Steffenhagen 2000).
- *Zielausmaß (Wieviel?)*
  Möglichst präzise Festlegungen hinsichtlich des Ausmaßes eines bestimmten Zielinhalts sind zu treffen. Das Setzen von Zielen und das Messen des Zielerreichungsgrads kann auf kardinalem (z. B. Umsatzwachstum um 10,5 Prozent), ordinalem (z. B. Erreichen der Qualitätsführerschaft) und nominalem (z. B. Eintritt in einen neuen ausländischen Markt) Skalenniveau erfolgen. Das Zielausmaß kann begrenzt (z. B. Marktanteilswachstum um 15 Prozent) oder unbegrenzt (höchstes Marktanteilswachstum in der Branche) vorgegeben werden.

- *Zeitraum (Wann?)*
  Um ein Marketingziel vollständig zu formulieren, ist die Periode (Monat, Quartal, Jahr) anzugeben, in der mit dem jeweiligen Zielobjekt ein bestimmtes Zielausmaß erreicht werden soll.

4.2.2 Marketingzielsysteme

Von zentraler Bedeutung für die Marketingplanung ist die Orientierung der Marktaktivitäten an einem klaren, in sich widerspruchsfreien *Marketingzielsystem.* «Ohne diese Ausrichtung droht die Unternehmens- und Marketingstrategie zu einer reaktiven Anpassung an Umweltveränderungen mit der Gefahr des ‹Muddling Through› zu degenerieren» (Meffert 1994a, S.78).

Allgemein muss allerdings festgestellt werden, dass kein vollständiges und schlüssiges System von Marketingzielen vorliegt. Dies ist zweifellos auf die Vielzahl und Komplexität von Zielgrößen zurückzuführen, die für das Marketing relevant sind. Die Palette von in der Literatur diskutierten Marketingzielen reicht von Zielgrößen wie Rentabilität, Gewinn und Marktanteil, die auch im Rahmen der strategischen Unternehmensplanung von zentraler Bedeutung sind, bis hin zu Zielen für einzelne Instrumente des Marketing-Mix, wie beispielsweise «aktiver Bekanntheitsgrad» und «gewichteter Distributionsgrad» (vgl. die ausführliche Diskussion zu Arten von Marketingzielen bei Becker 2001, S. 60 ff.).

Da ein umfassendes Marketingzielsystem, das all diese für das Marketing relevanten Zielgrößen integriert, (momentan noch) nicht existiert, ist bei der Marketingplanung auf verschiedene Teil-Zielsysteme zurückzugreifen, die in Abhängigkeit von unterschiedlichen Problemstellungen und Perspektiven eine bestimmte Menge von Zielen in einen systematischen Zusammenhang stellen. Grundsätzlich lassen sich zwei Arten von Zielrelationen unterscheiden (vgl. Kupsch 1979, S. 33):

Definitionslogische Beziehungen
Bei definitionslogischen Beziehungen stellen untergeordnete Ziele Partialziele dar, die nur einen Teil des Oberziels umfassen. Derartig deduktiv orientierte Zielhierarchien spielen im Rahmen der Kennzahlenrechnung eine zentrale Rolle (vgl. u. a. Staehle 1969; Reichmann 1988). Solche *Kennzahlensysteme* sind dadurch charakterisiert, dass die sachlichen Interdependenzen zwischen den einzelnen Systemelementen durch additive, substraktive, multiplikative und divisive Rechenoperationen beschrieben werden können (siehe beispielhaft die in der Abbildung 4.2 wiedergegebene Zielhierarchie). Die rechentechnische Verknüpfung erlaubt es, die Auswirkungen der wertmäßigen Veränderung einer Kennzahl auf vor- bzw. nachgelagerte Kennzahlen exakt zu ermitteln (vgl. Schmidt 1986, S. 169).

Sachlogische Mittel-Zweck-Beziehungen
Sachlogisch strukturierte Zielsysteme stützen sich auf vermutete oder (besser) auf empirisch ermittelte Zweck-Mittel-Relationen (vgl. Schmidt 1988, S.170 ff.). Bei solchen Zielsystemen lassen sich die Relationen zwischen den Systemelementen nicht exakt quantifizieren, sie sind aber nach Art und in ihrer tendenziellen Wirkungsrichtung bekannt (siehe das Beispiel in der Abbildung 4.3).

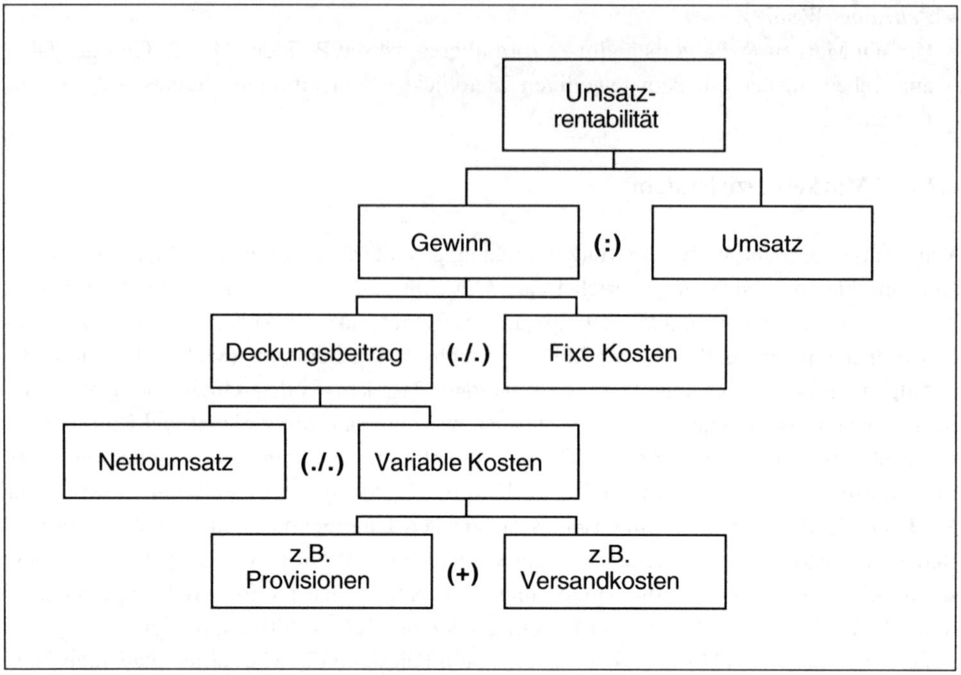

Abb. 4.2: Beispiel für ein Kennzahlensystem

Wie angesprochen, ist es erforderlich, in einem ersten Schritt für unterschiedliche Problemstellungen und Perspektiven derartige Marketing-(Teil-)Zielsysteme zu entwerfen, die dann in einem zweiten Schritt untereinander zu koordinieren sind. Ansatzpunkte für die Entwicklung von Marketing-(Teil)Zielsystemen stellen

- die *Planungsebenen* (Unternehmensplanung, Geschäftsfeldplanung und Marketing-Mix-Planung) und
- die *Zielinhalte* (z. B. Gewinn, Umsatz, Rentabilität, Kundenzufriedenheit, Image, Marktanteil) dar.

4.2.3 Beziehungen zwischen Zielen auf der Unternehmens- und der Geschäftsfeldebene

Die ökonomischen Zielgrößen Wachstum und Gewinn, das Kernaufgabenprofil (zukünftige Kunden, aktuelle Kunden, neue Leistungen, bestehende Leistungen) sowie die Positionierungsziele stellen, wie in Abschnitt 4.1 ausgeführt, die obersten Marketingziele auf der Geschäftsfeldebene dar und verbinden die marktorientierte Geschäftsfeldplanung mit der marktorientierten Unternehmensplanung.

Der umfassende Prozess der Marketingplanung auf Unternehmens- und Geschäftsfeldebene lässt sich auch als Zielsystem auffassen. Zielsysteme weisen, wie dargelegt, vielfach eine hierarchische Struktur auf, d. h. zwischen Zielen auf verschiedenen Ebenen bestehen

Mittel-Zweck-Beziehungen, wobei untergeordnete Ziele Mittel zur Erreichung von übergeordneten Zielen sind.

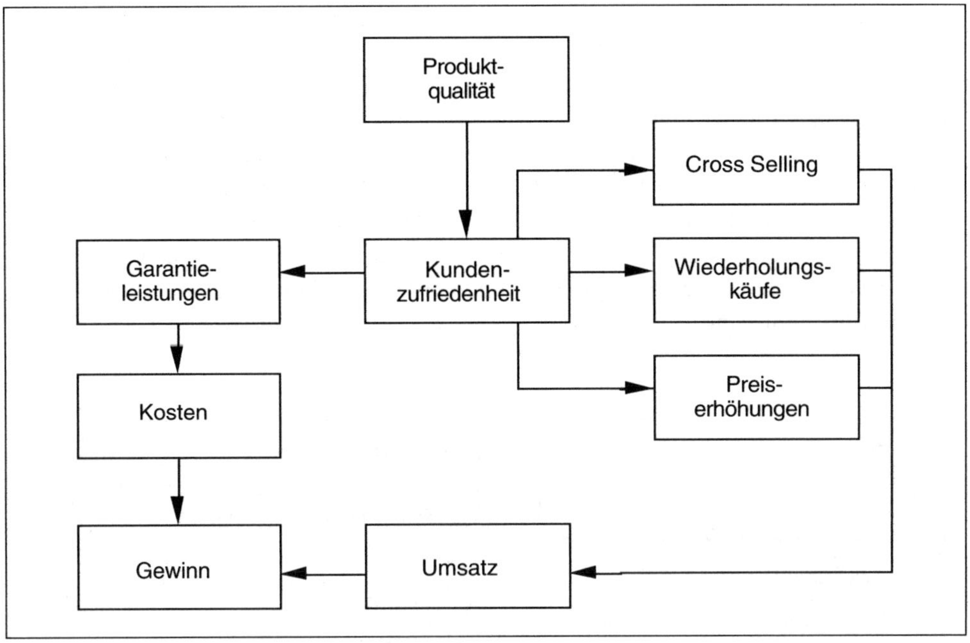

Abb. 4.3: Beispiel für ein sachlogisch orientiertes Marketing-Zielsystem

Die *ökonomischen Ziele,* die den einzelnen Geschäftsfeldern vorgegeben werden, stellen aus dem Blickwinkel der Unternehmensplanung Mittel dar, um die Vielzahl von Geschäftsfeldern im Unternehmen so zu steuern, dass die Unternehmenszielsetzungen erreicht werden können. Aus der Geschäftsfeld-Perspektive lassen sich wiederum die Positionierungsziele als Mittel betrachten, die dem Zweck dienen, die ökonomischen Ziele umzusetzen. Wachstums- und Gewinnziele einzelner Geschäftsfelder sind somit je nach Perspektive Mittel oder Zweck.

Auch die *Positionierungsziele* nehmen eine solche Doppelfunktion im Rahmen der marktorientierten Geschäftsfeldplanung wahr. Zum einen sind sie Mittel, um die strategische Grundausrichtung des Unternehmens im Markt umzusetzen und um, wie angesprochen, die ökonomischen Ziele zu realisieren, zum anderen dienen sie als Orientierungmaßstab (Zweck) bei der Formulierung der Positionierungsstrategie.

Das Beispiel in Abbildung 4.4 veranschaulicht die Zusammenhänge. Aufgrund der «Dog»-Position im Unternehmens-Portfolio wird mit dem betrachteten Geschäftsfeld mittelfristig eine Abschöpfungsstrategie verfolgt, die langfristig in eine Desinvestition münden soll (Maximierung des Cash-flow). Um diese Zielsetzung zu erreichen, wird mittelfristig eine Erhöhung des Deckungsbeitrags angestrebt, indem massive Kosteneinsparungen («rigide Budgetkürzungen») vorgenommen werden, die den auf die allgemeine Marktschrumpfung zurückgehenden Umsatz mehr als ausgleichen. Diese ökonomischen Ziele lassen sich nur realisieren, wenn sie in ein adäquates Kernaufgabenprofil und in entsprechende Positionierungsziele umgesetzt werden. Zu beachten ist, dass neben den ökonomischen Marketingzielen die strategische Grundausrichtung des Unternehmens die Ausgestaltung des Kernaufgabenprofils und der Positionierungsziele determinieren. Im dargestellten Beispiel sollen die Kosten dadurch gesenkt werden, dass zum einen alle Anstrengungen auf bestehende Kundenbeziehungen konzentriert werden (d.h. keine teuere Neukundenakquisition) und dass zum anderen nicht verrechenbare Nebenleistungen abgebaut werden (Kernaufgabenprofil). Einer aus Sicht der Kunden wahrgenommenen Verschlechterung des Preis-/Leistungs-Verhältnisses soll dadurch begegnet werden, dass ein in der Vergangenheit erarbeiteter Imagevorteil «ausgeschlachtet» wird, indem die Preise gesenkt werden und sich so zusätzlich Preispräferenzen der Kunden bedienen lassen (Erläuterung: Aufgrund des vorhandenen akquisitorischen Potenzials ist es möglich, die durch den Leistungsabbau realisierten Kosteneinsparungen nur zu einem kleinen Teil via Preisreduzierung an die Kunden weiterzugeben) (Positionierung).

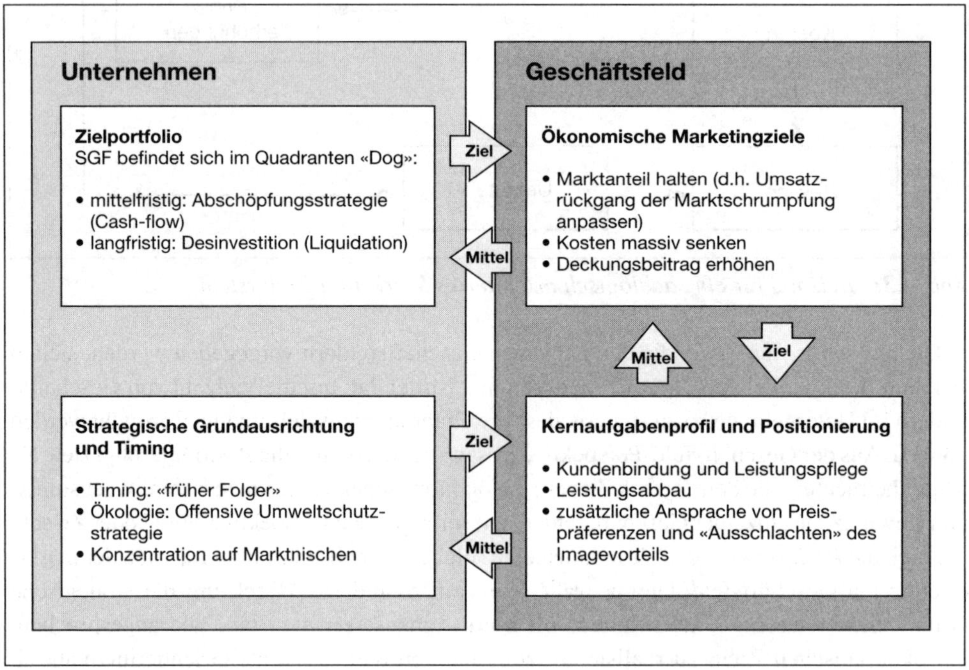

Abb. 4.4: Mittel-Zweck-Beziehungen zwischen Zielen auf der Unternehmens- und Geschäftsfeldebene (Beispiel)

Die ökonomischen Wachstums- und Gewinnziele, das Kernaufgabenprofil sowie die Positionierungsziele lassen sich somit als *zentrale Bindeglieder* zwischen der Unternehmens- und der Geschäftsfeldebene charakterisieren. Sie können daher auch als die *obersten «generischen» Marketingziele* bezeichnet werden, da sie die im Zielsystem eines Unternehmens am höchsten angesiedelten Zielgrößen sind, die durch absatzmarktgerichtete Anstrengungen beeinflusst werden.

Zusammenfassend lässt sich feststellen, dass den ökonomischen Wachstums- und Gewinnzielen, dem Kernaufgabenprofil sowie den Positionierungszielen wichtige *Steuerungs- und Koordinationsfunktionen* zukommen. Zum einen stellen sie sicher, dass sämtliche Aktivitäten innerhalb der strategischen und operativen Marketingplanung aufeinander abgestimmt sind. Zum anderen verbinden sie die marktorientierte Geschäftsfeldplanung mit der strategischen Unternehmensplanung.

4.2.4 Beziehungen zwischen ökonomischen Marketingzielen, Kernaufgabenprofil und Positionierungszielen

In der Abbildung 4.5 werden die Inhalte und Interdependenzen von ökonomischen Marketingzielen, Kernaufgabenprofil und Positionierungszielen überblicksartig wiedergegeben.

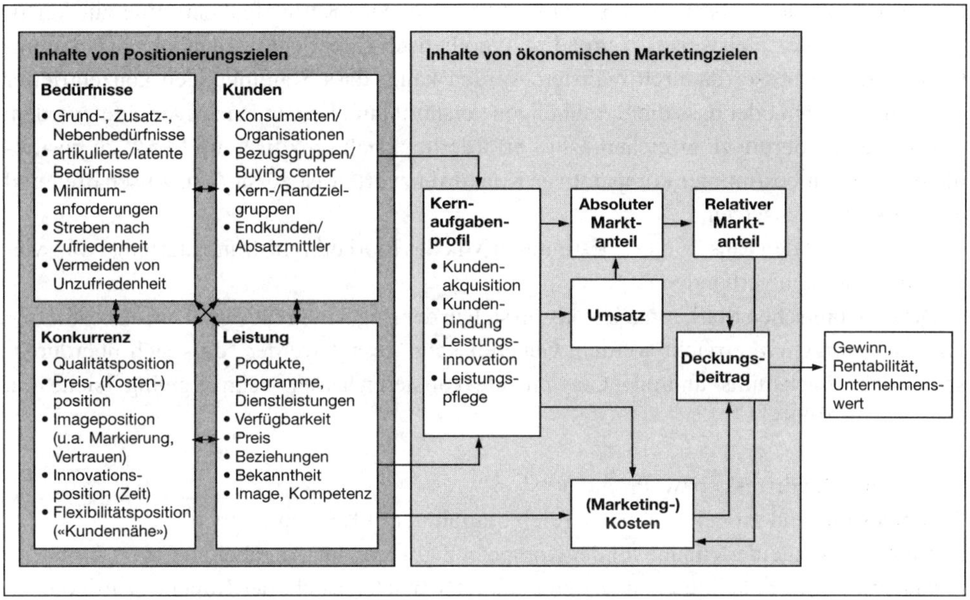

Abb. 4.5: Inhalte und Interdependenzen von ökonomischen Marketingzielen und Positionierungszielen

Die Inhalte der so genannten Normstrategien (Behauptung, Wachstum, Rückzug bzw. Cash-flow-Verbrauch sowie -Erzeugung) lassen sich im Kern auf Aussagen über Wachstums- und Abschöpfungsstrategien sowie auf Aussagen über Kombinationen dieser beiden Orientierungen zurückführen. Daher ist es zweckmäßig, die Inhalte ökonomischer Marketingziele in Wachstums- und Gewinnziele zu unterteilen.

Zentrale *Wachstumsziele* sind der Umsatz (Preis x Absatzmenge) sowie der absolute Marktanteil (z. B. eigener Umsatzanteil am (Teil-)Marktvolumen in der vergangenen Periode) und der relative Marktanteil (z. B. eigener absoluter Marktanteil im Verhältnis zum Marktanteil des stärksten Konkurrenten). Zentrales *Gewinnziel* ist der Deckungsbeitrag, der durch eine

Verringerung der (Marketing-)Kosten und/oder durch eine Steigerung des Umsatzes verbessert werden kann. Der Deckungsbeitrag als marktspezifischer Erfolgsbeitrag stellt die Schnittstelle zu den generellen Unternehmenszielen Gewinn, Rendite und Unternehmenswert (abgezinster Cash-flow) her. Ein hoher absoluter Marktanteil wirkt sich, wie insbesondere die PIMS-Studien belegt haben (siehe Abschnitt 2.1.4), potenziell positiv auf die Kostensituation aus. Der relative Marktanteil lässt zudem Schlüsse auf die Kostenposition gegenüber dem Wettbewerb zu. Diese Ziele lassen sich erreichen, indem ein bestimmtes Kernaufgabenprofil formuliert und umgesetzt wird. Im Einzelnen ist zu klären, ob eher neue Kunden akquiriert, ob eher Preisbereitschaft, Kauffrequenz und -intensität sowie Verbundkäufe (Cross Selling) von aktuellen Kunden erhöht werden sollen oder ob eher versucht werden soll, neue Leistungen in den Markt einzuführen und/oder den Lebenszyklus bestehender Leistungen zu verlängern und zu optimieren. In jeder Situation stehen, um vorgegebene ökonomische Marketingziele erreichen zu können, (in Abhängigkeit von den eigenen Kompetenzen; siehe hierzu insbesondere Abschnitt 4.3.3.3) mehrere denkbare Kernaufgabenprofile zur Verfügung. So kann beispielsweise – zumindest hypothetisch – überlegt werden, ob ein bestimmtes Umsatzziel besser dadurch realisiert werden kann, dass Stammkunden konzentrierter bearbeitet werden oder dass die Bemühungen verstärkt auf Neukunden ausgerichtet werden.

Um dies wiederum zu erreichen, ist es erforderlich, sich spezifisch im Markt zu positionieren, d. h. ein bestimmter komparativer Konkurrenzvorteil ist zu suchen, zu schaffen und am Markt durchzusetzen.

Dies verlangt den Einsatz eines bestimmten Mix des Marketinginstrumentariums, was wiederum mit Kosten verbunden ist.

Die ökonomischen Marketingziele lassen sich in der Regel nur realisieren, wenn bestimmte *Positionierungsziele* erreicht werden. Generell kann gesagt werden, dass sich überdurchschnittliche Wachstums- und/oder Gewinnziele realisieren lassen, wenn es gelingt (siehe u. a. auch Simon 1988),

1. relevante Bedürfnisse bzw. Probleme
2. von ausreichend großen («wirtschaftlich tragfähigen») Kundengruppen
3. mit maßgeschneiderten, auf solider Kompetenz gründenden Angeboten
4. dauerhaft besser als irgend ein anderer Anbieter (nach Ansicht der Kunden (zufrieden zu stellen bzw. zu lösen.

Das heißt, bei der Formulierung eines Positionierungsziel-Systems sind möglichst präzise Antworten auf die folgenden Fragen zu geben:

1. Welche (kaufentscheidungs-)relevanten Bedürfnisse müssen und sollen angesprochen werden?

Festzulegen ist, welche Bedürfnisse, Probleme, Wünsche, Forderungen etc. der jeweiligen Kunden überhaupt und mit welcher Intensität angesprochen werden sollen. Verschiedene Typen von Bedürfnissen sind zu unterscheiden: Grund-, Zusatz- und Nebenbedürfnisse, artikulierte und latente Bedürfnisse, Minimumanforderungen sowie Bedürfnisse vor und nach dem Kauf (Streben nach Zufriedenheit, Vermeiden von Unzufriedenheit). Je nach Kundentyp (z. B. Neu- versus Stammkunde, Fach- versus Machtpromotoren, Käufer versus Verwender) beeinflussen unterschiedlich strukturierte Bedürfnisbündel die jeweiligen Kauf- und Wiederkaufentscheidungen. Spezifische Präferenzen für das eigene Angebot sind herauszubilden.

2. Wer muss und soll dem bearbeiteten Kundenkreis zugerechnet werden?

Hier sind Angaben darüber zu machen, welcher Kreis von Konsumenten oder Organisationen generell angesprochen werden soll (Makro-Segmentierung), welche Individuen oder Gruppen die Kaufentscheidung beeinflussen (Mikro-Segmentierung; Bezugsgruppen, Buying Center), ob sich die Marktbearbeitung auf Kern- oder Randzielgruppen konzentrieren soll. In vielen Märkten müssen zudem mit Endkunden und Absatzmittlern zumindest zwei Typen von Kunden unterschieden werden, deren Bearbeitung eng miteinander verknüpfte Marketing-Konzepte verlangt.

3. Welche Leistungen müssen und sollen angeboten werden?

Zu bestimmen ist, mit welchen Kernleistungen bzw. Minimumqualitäten und Zusatzleistungen bzw. Werterhöhungsqualitäten die jeweiligen Bedürfnisse der verschiedenen Typen von Kunden befriedigt werden sollen. Zu den Kernleistungen gehören in der Regel das «generische Produkt» bzw. die «generische Dienstleistung» mit seinen bzw. ihren fundamentalen, rudimentären, technologischen Grundleistungen und die Minimalleistungen, die die jeweiligen Kunden hinsichtlich Nutzbarkeit, Preis, Information und Verfügbarkeit erwarten (vgl. Große-Oetringhaus 1996, S. 62). Zusatzleistungen sind Leistungen, die von den Kunden nicht grundsätzlich erwartet werden (können) (vgl. u.a. Stauss 1996, S. 243 f.). Zusatzleistungen lassen sich grundsätzlich in allen Feldern des Marketing erbringen (Nutzbarkeit, finanzielle Anreize, Image, Beziehungen, Verfügbarkeit). Was in einer spezifischen Marktsituation Kern- oder Zusatzleistungen sind, hängt in erster Linie von den Erwartungen der Kunden ab, die insbesondere vom Reifegrad des Marktes, der Wettbewerbssituation und der herrschenden Marktnorm beeinflusst werden.

4. Welche Positionen müssen und sollen gegenüber dem Wettbewerb eingenommen werden?

Es sind Aussagen darüber zu treffen, welche Positionen die angebotenen Leistungen bei den jeweiligen Kunden im Verhältnis zum Wettbewerb einnehmen sollen. Mit Meffert (1994a, S. 126 ff.) lassen sich die Grunddimensionen Qualitäts-, Preis- (Kosten-), Image- (u.a. Markierung, Vertrauen), Innovations- (Zeit-) und Flexibilitätsorientierung («Kundennähe») unterscheiden. Entlang dieser Dimensionen und im Hinblick auf die zu bearbeitenden Kunden und deren Bedürfnisse ist zu definieren, welcher bzw. welche Wettbewerbsvorteil(e) realisiert werden soll(en). Ziel muss es dabei sein, in der Wahrnehmung der Kunden einen dauerhaften, d.h. von der Konkurrenz nur schwer einholbaren Vorsprung aufzubauen (vgl. u.a. Simon 1988). Das heißt die zentrale Zielsetzung besteht nicht in einer Maximierung des Nutzens für den jeweiligen Kunden, sondern darin, einen relevanten Kundennutzen besser als die Konkurrenz oder der Kunde selbst zu erbringen. Im Mittelpunkt steht die relative Steigerung des Kundennutzens (vgl. Große-Oetringhaus 1996).

Im folgenden Abschnitt 4.3 wird das Themenfeld «Festlegung des Kernaufgabenprofils» vertieft behandelt.

4.3 Festlegung des Kernaufgabenprofils

4.3.1 Überblick

Der nächste Schritt im Marketingplanungsprozess beschäftigt sich mit der Frage, welche Optionen grundsätzlich zur Verfügung stehen, um die angestrebten ökonomischen Marketingziele (Deckungsbeitrag, Umsatz, Marktanteile etc.) zu erreichen.

Der von Tomczak/Reinecke (1996; 1999) entwickelte aufgabenorientierte Ansatz setzt hier an und rückt mit den so genannten Kernaufgaben des Marketing die zentralen Wachstums- und Gewinngeneratoren eines Unternehmens bzw. eines Geschäftsbereichs sowie das Management der dazu erforderlichen Kompetenzen in den Mittelpunkt der strategischen Marketingplanung.[1]

Unternehmen können ihre Wachstums- und Gewinnziele erreichen, indem sie *neue Kunden* akquirieren und/oder indem sie Preisbereitschaft, Kauffrequenz und -intensität sowie Verbundkäufe (Cross Selling) von *aktuellen Kunden* erhöhen. Zudem können sie versuchen, *neue Leistungen* in den Markt einzuführen und/oder den Lebenszyklus *bestehender Leistungen* zu verlängern und zu optimieren. Im Einzelnen lassen sich die in Abbildung 4.6 dargestellten Wachstums- und Gewinnquellen sowie Kernaufgaben unterscheiden.

Bezeichnung	**Wachstums- bzw. Gewinnquelle**	**Kernaufgabe**	**Ansätze**
Kunden-akquisition	Zukünftige Kunden	Erschließen von Kundenpotenzialen	• Gewinnen von Nichtverwendern • Erobern von Kunden der Konkurrenz
Kunden-bindung	Aktuelle Kunden	Ausschöpfen von Kundenpotenzialen	• Kunden halten (Retention) • Kunden durchdringen (Penetration)
Leistungs-innovation	Neue Leistungen	Erschließen von Leistungspotenzialen	• Echte Marktneuheiten entwickeln und einführen • Imitationen entwickeln und einführen
Leistungs-pflege	Bestehende Leistungen	Ausschöpfen von Leistungspotenzialen	• Leistungen erhalten • Leistungen ausbauen

Abb. 4.6: Überblick über die Kernaufgaben des Marketing (Tomczak/Reinecke/Mühlmeier 2002)

1 In diesem Buch wird der aufgabenorientierte Ansatz lediglich auf der Geschäftsbereichsebene angewandt, da sich die bisherigen Entwicklungsanstrengungen auf diese Ebene konzentrierten. Grundsätzlich lässt sich die Idee der Aufgabenorientierung aber auf jede Planungsebene übertragen (Konzern, Unternehmen, regionale Vertriebsorganisation, Filiale eines Handelsbetriebs, einzelner Außendienstmitarbeiter usw.).

Die aufgabenorientierte Sichtweise im Marketing ist im Grunde nicht «revolutionär». Sie knüpft an Bestehendem an, beispielsweise der bekannten Matrix von Ansoff (1965), und entspricht damit der Denkweise des Managements in Umsatzwachstum und Gewinnsteigerung. Auch ist keine der vier Kernaufgaben (Kundenakquisition, Kundenbindung, Leistungsinnovation und Leistungspflege) grundsätzlich neu. Richtungsweisend und innovativ ist der explizite Fokus auf den Umgang mit Kunden- und Leistungspotenzialen sowie die Forderung, dies bestmöglich mit den Kompetenzen eines Unternehmens abzustimmen. Marktorientierte Unternehmensführung ist in diesem Sinne mit einem *integrierten Management der vier Kernaufgaben* gleichzusetzen.

4.3.2 Grundidee des aufgabenorientierten Ansatzes

Beim aufgabenorientierten Ansatz handelt es sich (wie im Folgenden verdeutlicht wird (um einen Beitrag der Marketingtheorie zur »knowledge-based view of the firm», einer eigenständigen Weiterentwicklung des resource-based view (siehe hierzu die Ausführungen in Abschnitt 1.1 zur Outside-in- und zur Inside-out-Perspektive). Im Kern beschäftigt sich der aufgabenorientierte Ansatz mit spezifischen Kompetenzen, die ein Unternehmen benötigt, um *Marktpotenziale* besser als der Wettbewerb nutzen zu können.

Marktpotenziale, Kernaufgaben und Kompetenzen stellen die zentralen Konstrukte des aufgabenorientierten Ansatzes dar. Um bestimmte Marktpotenziale erschließen zu können, sind von einem Unternehmen spezifische Kernaufgaben (Kundenakquisition und -bindung sowie Leistungsinnovation und -pflege) auszuführen, die wiederum bestimmte Kompetenzen verlangen (Outside-in-Perspektive). Oder anders herum formuliert: Dadurch, dass ein Unternehmen in der Lage ist, bestimmte Kernaufgaben kompetent zu erfüllen, besitzt es die grundsätzliche Fähigkeit, gewisse Marktpotenziale zu nutzen (Inside-out-Perspektive).

Marktpotenziale

Im Rahmen des aufgabenorientierten Ansatzes[2] wird das Konstrukt *Marktpotenzial* weit definiert. Darunter werden sämtliche Bedürfnisse subsumiert, die von einem Unternehmen (bzw. Geschäftsbereich) zukünftig befriedigt werden können. Zwei Aspekte sind hervorzuheben:

- *Bedürfnisse* von potenziellen Kunden bilden den entscheidenden Bezugspunkt. Denn zumindest hypothetisch lässt sich durch entsprechende Marketingmaßnahmen jedes Bedürfnis in Nachfrage umwandeln. Als Bedürfnis wird in der Regel das mit dem Streben nach Beseitigung eines Mangels verbundene Gefühl verstanden. Diese gängige Definition (vgl. u.a. Weinhold-Stünzi 1994a, S. 127; Balderjahn 1995) geht letztendlich auf von Hermann (1870) zurück.[3] Zu unterscheiden ist zwischen aktuellen und latenten (d.h. mit Blick auf einen bestimmten Markt zukünftigen) Bedürfnissen (vgl. zur Diskussion unter-

2 Aus einer eher produktorientierten Perspektive wird unter Marktpotenzial die Anzahl absetzbarer Einheiten einer Leistung auf einem bestimmten Markt, d. h. die überhaupt mögliche Aufnahmefähigkeit eines Markts verstanden (vgl. u.a. Pümpin 1992, S. 21; Olfert/Rahn 1996; Nieschlag/Dichtl/Hörschgen 1997, S. 35; Meffert 2000b, S. 171).

3 Für eine klassische, umfassende und kritische Auseinandersetzung mit dem Thema «Das Bedürfnis als absatzwirtschaftliches Problem» siehe Lisowsky (1968).

schiedlicher Arten von Bedürfnissen Geschka/Eggert-Kipfelstuhl 1994). *Aktuelle Bedürfnisse* sind derzeit vorhanden, dem Kunden bekannt und werden durch eigene Angebote oder Angebote der Konkurrenz befriedigt. *Latente Bedürfnisse* existieren ebenfalls zum betrachteten Zeitpunkt, sind allerdings für den potenziellen Kunden mit Blick auf einen bestimmten Markt noch nicht relevant und werden in Substitutionsmärkten (teilweise unvollkommen) befriedigt.

- Um Marktpotenziale nutzen zu können, stehen Unternehmen grundsätzlich im *Wettbewerb* – entweder in einem eher direkten Verdrängungswettbewerb oder aber in einem eher indirekten Substitutionswettbewerb, in jedem Fall aber einem Wettbewerb um Kaufkraft.

Zwei Arten von Marktpotenzialen sind zu unterscheiden (siehe auch die Abbildung 4.7)

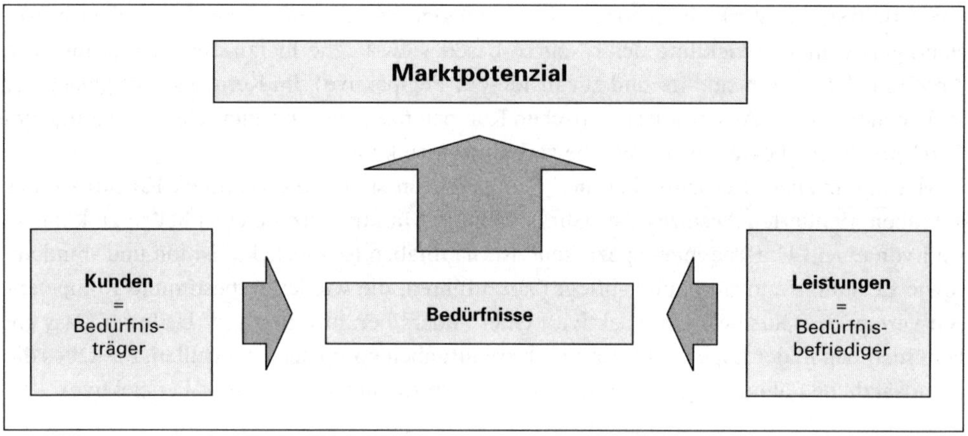

Abb. 4.7: Marktpotenzial und Bedürfnisse

Kundenpotenziale

Um Kundenpotenziale erfassen zu können, sind Kunden mit bestimmten Bedürfnissen zu identifizieren. Kunden können bildhaft auch als *«Bedürfnisträger»* bezeichnet werden, die sich einerseits hinsichtlich ihrer Bedürfnisse, andererseits aber in ihrer Kaufkraft unterscheiden. Die Relevanz eines Bedürfnisses differiert zum einen zwischen den Kunden und zum anderen in Abhängigkeit von Kauf- und Konsum- bzw. Verwendungssituation. So spielt zum Beispiel im Automobilmarkt das Bedürfnis nach «Fahrdynamik» für einen bestimmten Kundenkreis (die typischen BMW- und Porsche-Kunden) eine zentrale Rolle, ist für andere Zielgruppen (z. B. Volvo- und Saab-Kunden) hingegen von eher untergeordneter Bedeutung. Auch variiert mit Blick auf einen spezifischen Kunden die Bedeutung bestimmter Bedürfnisse im Zeitablauf (Tag, Jahr, Jahrzehnt). So gibt es beispielsweise Kunden, die frühmorgens sehr gesundheitsorientiert essen (beispielsweise ein Müsli), am Mittag sich eher convenienceorientiert verpflegen (z. B. ein Sandwich) und sich am Abend genussorientiert verhalten (z. B. Besuch eines Nobelrestaurants) (Stichwort: Phänomen des «hybriden» Kunden).

Grundsätzlich kann festgestellt werden:

- Je mehr Kunden ein Bedürfnis teilen (Anzahl der Bedürfnisträger),
- je subjektiv relevanter dieses Bedürfnis ist und
- je kaufkräftiger die jeweiligen Bedürfnisträger sind,

desto größer ist das Kundenpotenzial.

Wenn lediglich die Größe des Markts sowie der Wunsch nach Mobilität betrachtet werden würden, wäre beispielsweise das Kundenpotenzial in der Volksrepublik China für Automobile als extrem hoch einzuschätzen. Durch die insgesamt niedrige *Kaufkraft* reduziert sich allerdings das Kundenpotenzial.

Leistungspotenziale

Hier geht es darum, festzustellen, welche Bedürfnisse sich durch bestimmte Leistungen oder Leistungseigenschaften potenziell befriedigen lassen. Leistungen – in der Regel Kombinationen von Sachgütern, Dienstleistungen und Rechten – lassen sich in diesem Sinne auch mit dem Begriff *«Bedürfnisbefriediger»* umschreiben. Sie sind aufgrund ihrer spezifischen Eigenschaften potenziell in der Lage, ein mehr oder weniger breites und tiefes Spektrum von Bedürfnissen zu befriedigen.

Grundsätzlich kann jede Leistung und jeder Wert (sei er materieller oder immaterieller Natur (Gegenstand eines Bedürfnisses sein. Letzteres ist in der Realität niemals rein und einheitlich, sondern immer ein Bedürfniskomplex (vgl. Lisowsky 1968, S. 7 u. S. 79).

Der *Means-End-Chain-Ansatz* erfasst dieses Phänomen anschaulich (vgl. u.a. Kuß 1996; Olson/Reynolds 1983; Kuß/Tomczak 2000), indem er deutlich macht, dass sich aus den Eigenschaften einer Leistung (z.B. einem Erfrischungsgetränk mit wenig Kalorien) verschiedene funktionale und psychosoziale Konsequenzen (Halten des Körpergewichts, gutes Aussehen, Gesundheit, Steigerung des Selbstbewusstseins) ableiten lassen, die wiederum dazu dienen (= Means), übergeordnete individuelle Wertvorstellungen (= Ends), wie beispielsweise Selbstsicherheit, Selbstachtung, zu realisieren. Hierbei handelt es sich um Potenziale, die in der einzelnen Leistung bzw. Leistungseigenschaft liegen, die aber durch entsprechende Maßnahmen eines Unternehmens zu nutzen sind.

Das Leistungspotenzial ist umso größer,

- je vielfältiger das Spektrum von mit einer Leistung zu befriedigenden Bedürfnissen ist und
- je höher der Stellenwert ist, den die zu befriedigenden Bedürfnisse im Vergleich zu anderen Bedürfnissen aufweisen.

Wie die enorme Summe von über DEM 99,4 Mrd. belegt, die in Deutschland im Jahr 2000 insgesamt für die so genannten UMTS-Lizenzen bezahlt wurde, schätzten Unternehmen, wie die Deutsche Telekom oder France Telecom/Mobilcom, die Leistungspotenziale für diese Technologie als extrem hoch ein. Die genannten Unternehmen gingen davon aus, dass sich mit Hilfe der UMTS-Technologie bei einer Vielzahl von Kunden eine enorme Bandbreite von Bedürfnissen befriedigen lassen wird.

Kompetenzen und Kernaufgaben

Um Marktpotenziale, d. h. Kunden- und Leistungspotenziale nutzen zu können, benötigen Unternehmen spezifische Kompetenzen: Zum einen, um neue Potenziale zu erschließen (Innovation), und zum anderen, um bereits erschlossene Potenziale auszuschöpfen (Persistenz) (siehe die Abbildung 4.8). Die folgenden vier Arten von Kompetenzen stehen somit im Mittelpunkt eines marktorientierten strategischen Managements:

- *Kundenakquisitions-Kompetenz* (d. h. die Fähigkeit, Kundenpotenziale zu erschließen),
- *Kundenbindungs-Kompetenz* (d. h. die Fähigkeit, Kundenpotenziale auszuschöpfen),
- *Leistungsinnovations-Kompetenz* (d. h. die Fähigkeit, Leistungspotenziale zu erschließen) und
- *Leistungspflege-Kompetenz* (d. h. die Fähigkeit, Leistungspotenziale auszuschöpfen).

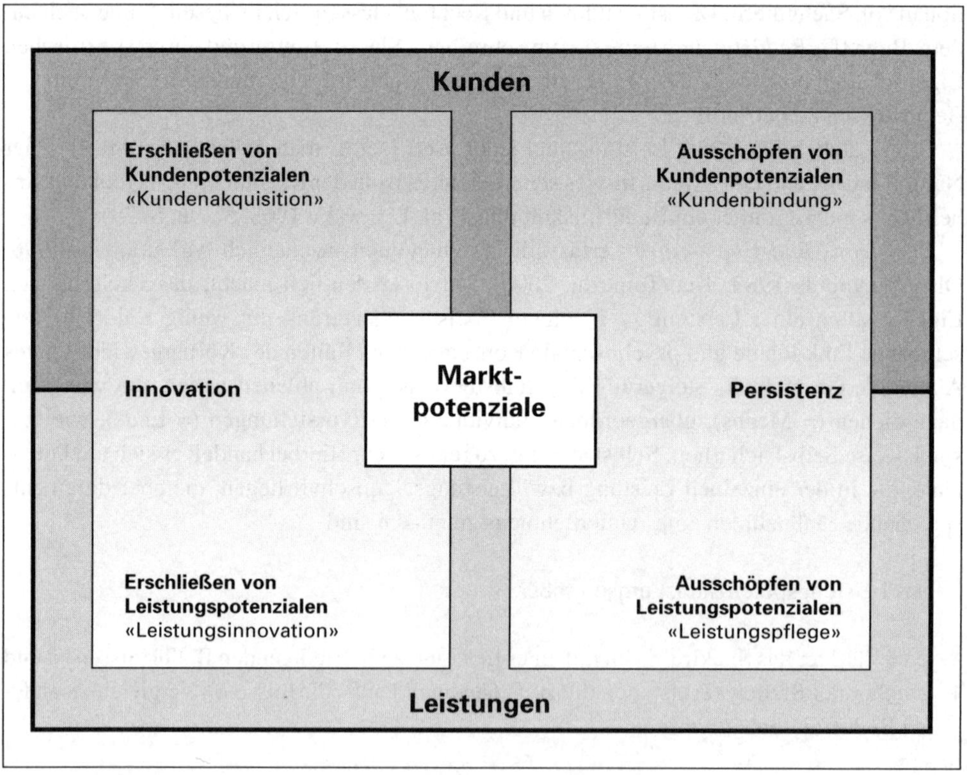

Abb. 4.8: Kompetenzen und Kernaufgaben

Im folgenden Abschnitt werden die einzelnen Kernaufgaben sowie die damit verbundenen Aktivitäten näher erläutert.

4.3.3 Kernaufgaben des Marketing

4.3.3.1 Nutzen von Kundenpotenzialen: Kundenakquisition und -bindung

Die Kompetenz zur Nutzung von Kundenpotenzialen (i.e.S. die Kundenakquisitions- und Kundenbindungskompetenz) beinhaltet, dass Unternehmen, bevor sie Kundenpotenziale nutzen, d.h. erschließen und ausschöpfen, diese richtig bewerten *(Kundenwertbestimmung)* und die richtigen Kundenpotenziale auswählen *(Kundenselektion)*. Daher werden zunächst in einem ersten Schritt die Aktivitäten der Kundenbewertung und -selektion erläutert, bevor im Einzelnen auf die Kernaufgaben Kundenakquisition und -bindung eingegangen wird.

Kundenwert und Kundenselektion: Evaluieren und selektieren von Kundenpotenzialen
Eine Kundenbewertung und -selektion ist sowohl für potenzielle als auch bestehende Kunden durchführbar. In der Mehrzahl der Fälle dominiert zurzeit noch die Bewertung der Bestandskunden. Zunehmend wird jedoch auch der Markt der potenziellen Käufer bereits vorbewertet und -selektiert.

Bewertung der Kundengruppe BWL-Studenten durch die Lufthansa
(Rudolf-Sipötz 2001, S. 99)
So werden bespielsweise BWL-Studenten von *Lufthansa* als High-Potenzials eingestuft. Die Wahrscheinlichkeit, dass diese Gruppe in ihrem späteren Berufsleben eine verhältnismäßig hohe Flughäufigkeit/-intensität aufweist, ist größer als bei Studenten anderer Studienrichtungen. Somit wird den BWL-Studenten ein hoher Lebenszeitwert (Kundenwert) zugerechnet. Eine solche Bewertung und Selektion ist sowohl im Rahmen von Kundenakquisitionsaktivitäten (z.B. für Mailings) als auch für Kundenbindungsmaßnahmen (bspw. Vielfliegerprogramm) sinnvoll und einsetzbar.

Kundenwert
Kundenpotenziale lassen sich mit einer Vielzahl von möglichen Bewertungsmethoden analysieren (vgl. für das Nachfolgende auch Tomczak/Reinecke/Finsterwalder 2000, S. 412). Eine Vielzahl von Autoren hat sich bereits mit der diffizilen Materie der Kundenbewertung auseinandergesetzt (siehe beispielsweise Plinke 1989; Haag 1992; Schleuning 1994; Link 1995; Schulz 1995; Bruhn et al. 2000, Köhler 2000; Rudolf-Sipötz 2001; Rudolf-Sipötz/Tomczak 2001). Der Kundenwert bringt die *Gesamtbedeutung* eines Kunden aus Sicht eines Anbieters zum Ausdruck (Karg 2001, S. 76). In der Regel lässt sich der Kundenwert in *ökonomische und vorökonomische Bestimmungsfaktoren* zerlegen (Schleuning 1994, S. 161; Schulz 1995, S. 103 ff.).

Bei *ökonomischen Größen* – hierbei handelt es sich um eine monetäre Betrachtung – kann der jährliche Umsatz beziehungsweise das Umsatzpotenzial des einzelnen Kunden zum einen mit einfachen ABC-Analysen differenziert betrachtet (Link 1995, S. 108; Köhler 2000, S. 421 ff.) und gegebenenfalls zusätzlich die jeweilige Kundenlebenszyklusphase berücksichtigt werden (Woodside/Soni 1991, S. 6 ff.). ABC-Analysen teilen die Kunden in Kategorien ein, wie beispielsweise A = Schlüsselkunden, B = «normale» Kunden und C = Kleinkunden. Zum anderen lässt sich der Kundenwert über Kundendeckungsbeitrags(potenzial)rechnungen (Haag 1992, S. 25 ff.; Köhler 2000, S. 421 ff.) untersuchen, wodurch Aussagen über die Rentabilität und das zukünftige Potenzial des Kunden getroffen werden können. Das Deckungsbeitragspotenzial eines Kunden ist die Summe aus dem gegenwärtigen sowie dem für die Zukunft prognostizierten Deckungsbeitrag. Es sollte zusätzlich Vor- und Nachlaufkosten berücksichtigen (z. B. Kosten der Akquisition oder bei der Beendigung von Geschäftsbeziehungen) (Link 1995, S. 109). Des Weiteren besteht die Möglichkeit, eine Customer Lifetime-Betrachtung vorzunehmen. Das Konzept des *Customer Lifetime Value* überträgt Prinzipien der Investitionsrechnung auf die Kundenbeziehung.

Besondere Schwierigkeiten bereitet es den Unternehmen, zukünftige Größen zu erheben bzw. zu prognostizieren und in die Kundenbewertung einzubeziehen. Banken können beispielsweise bis zum 25. Lebensjahr eines bestimmten Kunden keine realistische Voraussage über den künftigen Deckungsbeitrag machen (Dubs 1998, S. 76).

Vorökonomische Größen umfassen das Referenz- (Weiterempfehlung), Cross-Selling- (Absatz weiterer als der bisherigen Leistungen), Informations- (Zufluss und Nutzbarkeit von Kundeninformationen), Innovations- (Kunde als Impulsgeber des Unternehmens), Loyalitäts- (Affinität zum Anbieter) und Kooperationspotenzial (Synergien und Wertsteigerungspotenziale durch verstärkte Zusammenarbeit und Integration der Wertschöpfungsketten) des Kunden (siehe hierzu ausführlich Plinke 1989, S. 317; Schleuning 1994, S. 161 ff.; Schulz 1995, S. 113 ff., Rudolf-Sipötz 2001, S. 90 ff.; Rudolf-Sipötz/Tomczak 2001, S. 15 ff.).

Die ökonomischen und vorökonomischen Größen lassen sich mit verschiedenen Methoden erfassen. Zu ihnen zählen *Scoring- und Portfoliomodelle.*

Scoringmodelle unterstützen die Kundenbewertung, wenn dabei eine größere Anzahl qualitativer und quantitativer Merkmale einbezogen werden soll. Neben monetären Größen und Merkmalen, die das Referenz-, Cross-Selling- oder Informationspotenzial näher beschreiben, werden zusätzlich verhaltensrelevante Merkmale (z. B. Kaufhäufigkeit) berücksichtigt. Die Bewertung erfolgt mit Hilfe von Punkten, die dann insgesamt zu einem Kundenpunktwert verdichtet werden. Je höher dieser Wert, desto wertvoller ist der Kunde für den Anbieter (Link 1995).

Eine besondere Form der Kundenanalyse auf der Grundlage kombinierter Kriterien bieten *Kundenportfolio-Analysen* (Fink/Meyer 1995; Schulz 1995, 126 ff.; Plinke 1995b, Sp. 1335 ff.). Analog zu Unternehmensportfolios stehen statt Strategischer Geschäftseinheiten hier Kunden bzw. Geschäftsbeziehungen im Mittelpunkt. Die gewählten Dimensionen bestehen entweder aus je einem Kriterium (z. B. Umsatz) oder es werden mehrere Kriterien zu einer Dimension verdichtet (z. B. Kundenattraktivität). Die Wahl der Indikatoren bestimmt den Aussagewert der Modelle. Die gerade beschriebenen Elemente des Kundenwerts und die Messmethoden fasst Abbildung 4.9 zusammen.

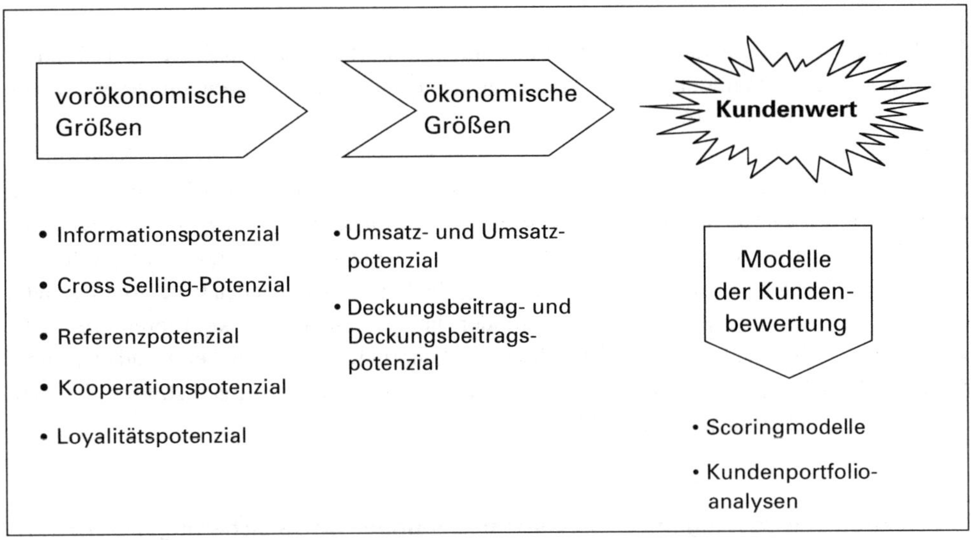

Abb. 4.9: Elemente des Kundenwerts und Messmethoden (Karg 2001, S. 77)

Besonders aussagekräftig ist die Darstellung des Kundenwerts in Form eines dreidimensionalen Vektors (vgl. auch Huldi/Staub 1995, S. 27 ff.; Rudolf-Sipötz 2001, S. 178 ff.; Rudolf-Sipötz/Tomczak 2001; S. 80 ff.). Ein solcher *Kundenkubus* setzt sich aus dem gegenwärtigen Erfolgsbeitrag (z. B. Deckungsbeitrag) und dem zukünftigen Erfolgspotenzial (z. B. Deckungsbeitragspotenzial) – beides ökonomische Größen – sowie den vorökonomischen Faktoren, wie dem Informations- und Referenzpotenzial etc. zusammen (siehe Abbildung 4.10).

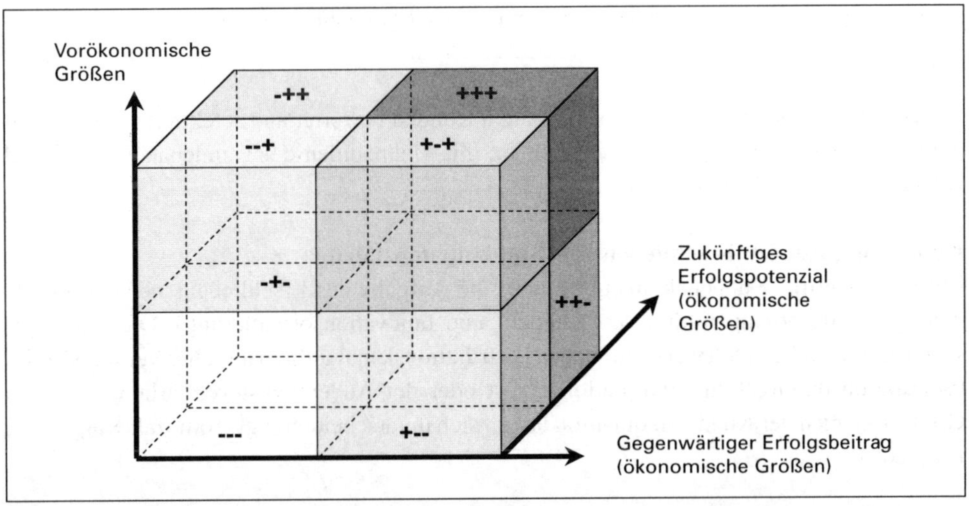

Abb. 4.10: Kundenkubus zur Bewertung und Selektion von Kunden (Huldi/Staub 1995, S. 27 ff.; Rudolf-Sipötz 2001, S. 193; Rudolf-Sipötz/Tomczak 2001, S. 83)

Kundenselektion

Die Kunden werden anhand der drei Dimensionen bewertet. Damit lässt sich der Kundenkubus als einfache Methode zur Visualisierung des Kundenwerts verwenden, der wiederum eine wichtige Grundlage für die Kundenselektion ist. So sind bspw. die Kunden im äußeren Quader (Kennzeichung in der Abbildung: +++) als Top-Kunden durch eine hohe Rentabilität, großes Entwicklungspotenzial und eine hervorragende Bewertung ihres Ressourcenpotenzials erkennbar. Diese Kunden müssen vom Unternehmen gehalten (oder akquiriert) und deren Potenziale ausgebaut werden. Kunden, die in den Quader nahe am Ursprung fallen (in der Abbildung mit «- - -» markiert) sind die «Verzichtskunden», bei denen kein Grund besteht, diese länger im Kundenportfolio zu halten oder diese überhaupt zu akquirieren (vgl. auch Rudolf-Sipötz/Tomczak 2001, S. 83 ff.). Steht ein Unternehmen mit solchen Kunden ist einer Geschäftsbeziehung, so ist diese zu beenden (siehe auch Finsterwalder 2000; 2002 bzw. Tomczak/Reinecke/Finsterwalder 2000).

Selektion und Beendigung von Kundenbeziehungen im Versicherungsbereich
(Finsterwalder 2002)
Gerade im Versicherungsbereich existieren unter den Versicherungsnehmern eine Reihe von «Wiederholungstätern». Diese Kunden sind aufgrund ihres Verhaltens dauerhaft unprofitabel, sei es, weil sie Versicherungsfälle bewusst provozieren oder aus anderen Gründen. So gibt es Kunden, bei denen fünf Schäden in zwei Jahren keine Seltenheit sind. In solchen Wiederholungsfällen kommt es zur Kündigung der Verträge und zur Auflösung der Beziehung zum Kunden. Die Versicherung wählt bewusst eine Exitstrategie für diese Kunden. Häufig haben Versicherungsverträge eine jährliche oder sogar kurzfristigere Kündigungsmöglichkeit seitens der Versicherung. Das Unternehmen kann damit in den Fällen, in denen eine Sanierung nicht möglich erscheint, eine Auflösung der Geschäftsbeziehung vornehmen, ohne lange Wartefristen in Kauf nehmen zu müssen.

Nachdem die potenziellen und bestehenden Kunden bewertet und selektiert wurden, sind die vom Unternehmen gewünschten Kunden mit Maßnahmen der Kundenakquisition und Kundenbindung zu bearbeiten.

Kundenakquisition: Erschließen von Kundenpotenzialen

Mit dem Begriff «Kundenakquisition» wird die Aufgabe des Erschließens neuer Kundenpotenziale erfasst (Integration von Kunden- und Innovationsorientierung). Dies kann geschehen, indem beispielsweise ein neuer Distributionskanal aufgebaut, eine Verkaufsförderungsaktion durchgeführt, internationalisiert oder der Außendienst verstärkt wird. Zwei Grundstrategien der Kundenakquisition lassen sich unterscheiden (vgl. Tomczak/Karg 1999; Karg 2001):

- *Kunden der Konkurrenz abwerben und*
- *bisherige Nichtverwender bzw. -verbraucher ansprechen.*

Unter *Nichtverwendern* sind Kunden zu verstehen, die bestimmte Produkte oder Dienstleistungen bisher nicht gekauft bzw. noch nicht in Anspruch genommen haben. Nichtverwender weisen entweder ein latentes oder ein nicht befriedigtes aktuelles Bedürfnis bezüglich einer Leistung auf. Insgesamt steht der Anbieter bei der Ansprache von Nichtverwendern eher in einem *Substitutionswettbewerb,* bei dem es im Wesentlichen darum geht, den jeweiligen Kunden davon zu überzeugen, dass ein für ihn mit Blick auf einen bestimmten Markt bisher latentes Bedürfnis relevant ist und bei seiner Kaufentscheidung berücksichtigt werden sollte *(«Anders-Prinzip»).* Um latente Bedürfnisse aktivieren zu können, müssen die Umstände, die bei einem Kunden ein Bedürfnis wecken, ermittelt werden. Die Ausgestaltung der erforderlichen Maßnahmen ist dabei u. a. von der Innovationsbereitschaft der angesprochenen Nichtverwender und von den Aktivierungsmaßnahmen der Konkurrenz abhängig (vgl. O'Shaughnessy 1987, S. 25 ff.; Kroeber-Riel/Weinberg 1999, S. 90 ff.; Kotler/Bliemel 2001, S. 325 ff.). Um potenzielle Kunden mit aktuellen, nicht befriedigten Bedürfnissen zu gewinnen, muss ein Anbieter versuchen, jene Barrieren (wie z. B. finanzielle Restriktionen) abzubauen, die den Kunden davon abhalten, den Kauf zu tätigen. Ein Beispiel stellt 3M dar.

Gewinnen von Nichtverwendern bei 3M (Rüttimann 1998, S. 145 ff.)

Die *Minnesota Mining & Manufacturing Company (3M)* hat sich u.a. zum Ziel gesetzt, 30 Prozent des Umsatzes mit Produkten zu erzielen, die noch keine drei Jahre auf dem Markt sind. *3M Breathe Right,* ein Pflasterstrip, der mit rund 25g Spannkraft die Nasenflügel anhebt und dadurch die Atemleistung erhöht, wurde ursprünglich zur Reduktion des Schnarchgeräusches entwickelt. Zur Überraschung des Unternehmens fand das Produkt nach der Lancierung im Jahre 1995 allerdings nicht bei den Schnarchern, sondern bei Sportlern großen Anklang. Diese Erkenntnis wurde bei der Entwicklung des europäischen Markts gezielt genutzt. Erst nachdem sich das Nasenpflaster innerhalb der ersten drei Monate nach Einführung im Sport etablierte, wurde begonnen, das Kundenpotenzial der Schnarcher zu erschließen. Zweifel innerhalb der medizinischen Fachwelt und seitens potenzieller Kunden wurde mit mehreren Studien und Untersuchungen begegnet. Insbesondere im Sport kam die deutliche Sichtbarkeit des Produktes einer raschen Verbreitung eindeutig zugute.

Um *Kunden der Konkurrenz* zu gewinnen, ist hingegen ein anderer Ansatz erforderlich. In gesättigten Märkten, in denen im Regelfall ein intensiver Verdrängungswettbewerb herrscht, implementieren die Wettbewerber Kundenbindungsstrategien (vgl. Diller 1996, S. 81; Dietrich 2000; Meffert 2000b, S. 117). Die Aufgabe besteht hier im Wesentlichen darin, potenzielle Kunden von den relativen Vorteilen der eigenen Leistungen zu überzeugen, um sie zu einem Anbieterwechsel zu bewegen *(«Besser- bzw. Billiger-Prinzip»).* Daher werden ein genaues Verständnis der Bestimmungsfaktoren der Kundenbindung (siehe hierzu auch die Ausführungen zur Kundenbindung im folgenden Abschnitt) und der Wechselgründe sowie die Wahl des richtigen Zeitpunkts zu kritischen Bestandteilen einer erfolgreichen Kundenakquisition. Ein Beispiel für das Gewinnen von Kunden der Konkurrenz stellt das im folgenden Kasten beschriebene Vorgehen der Zürcher Kantonalbank dar.

Gewinnen von Kunden der Konkurrenz bei der Zürcher Kantonalbank
(Vogler/Lienhardt 1999, S. 34 ff.; Karg 2001, S. 2)
Die *Zürcher Kantonalbank (ZKB)* wusste die Veränderung im Schweizer Bankenmarkt äußerst erfolgreich zu nutzen. Mit der Übernahme der *Volksbank* durch die *Credit Suisse* entstand eine erste Verunsicherung im Bankenmarkt, und die Stimmung im Zusammenhang mit der späteren Fusion zwischen dem *Bankverein (SBV)* und der *Bankgesellschaft (SBG)* als *UBS* schwenkte um von der anfänglichen Bewunderung für die globale Bank hin zu einer Frustration. Viele Kunden wollten ihre gesamten Bankgeschäfte nicht über *einen* Anbieter abwickeln und hatten deshalb Geschäftsbeziehungen sowohl zur *SBV* als auch zur *SBG* aufgebaut. Gleichzeitig hatten die beiden Großbanken angekündigt, auch im Retailgeschäft stärker auf die Profitabilität der Kunden zu achten und Bereinigungen im Kundenstamm durchzuführen. Weiterhin sahen sich die Mitarbeiter der beiden Institute mit Personalkürzungen konfrontiert. Die Zürcher Kantonalbank nahm diese Chance wahr und konnte mit der Kampagne «Willkommen bei der ZKB» über 80'000 Neukunden gewinnen sowie die Zufriedenheit der eigenen Klienten und Mitarbeiter deutlich erhöhen.

Kundenbindung: Ausschöpfen von Kundenpotenzialen
Im Mittelpunkt der Kernaufgabe *«Kundenbindung»* steht die Frage, wie sich einmal erschlossene Kundenpotenziale ausschöpfen lassen (Integration von Kunden- und Persistenzorientierung) (siehe hierzu insbesondere Dittrich 2000). Hierzu müssen Unternehmen psychologische (Kundenzufriedenheit, Vertrauen) und faktische, d. h. technologische, rechtliche sowie ökonomische Wechselbarrieren bei selektierten Kundengruppen optimieren. Zwei grundsätzliche Ansätze sind im Feld der Kundenbindung zu unterscheiden (Tomczak/Reinecke/Mühlmeier 2002; Finsterwalder et al. 2002):

- Retention (Kunden halten) und
- Penetration (Kunden durchdringen).

Kundenpotenziale lassen sich schon allein dadurch ausschöpfen *(Retention)*, dass kontinuierliche Wiederkäufe sichergestellt und Wechsel zur Konkurrenz vermieden oder Kunden zurückgewonnen werden. Um dies zu erreichen, sind sowohl eher proaktive Maßnahmen, wie z. B. die Erhöhung der Kundenzufriedenheit (vgl. u. a. Dittrich 2000) als auch eher reaktive Maßnahmen erforderlich, wie z. B. ein professionelles Beschwerdenmanagement (vgl. u. a. Stauss/Seidel 1998) oder ein systematisches Kundenrückgewinnungsmanagement (vgl. u. a. Stauss 1997; 2000).

Kundenbindung durch Beschwerdemanagement bei den Stadtwerken Hannover (Stauss/Seidel 1998, S. 77 f.)
Die Mehrzahl der Unternehmen haben mittlerweile eigene Beschwerdeabteilungen für ihre Kunden eingerichtet. Dem Kunden sollte über bestimmte Kanäle die Möglichkeit geboten werden, seine (Un)Zufriedenheit zu äußern (Beschwerdestimulierung). Eine spezifische Form der Beschwerdestimulierung sind die so genannten Meinungskarten (Comment Cards). Hierbei handelt es sich um vorgedruckte Antwortkarten, auf denen die Kunden in ihren eigenen Worten schildern können, worüber sie sich geärgert oder was sie als positiv empfunden haben. So geben die *Stadtwerke Hannover* solche Meinungskarten aus, um Ihren Kunden die Gelegenheit zur Beschwerdeartikulation zu geben. Auf der Karte heißt es: «Ihre Meinung interessiert uns! Lob oder Tadel? Kritik oder Anregung? Können wir ein Problem mit Ihnen besprechen und lösen? Ihre Meinung ist für uns sehr wichtig. Auf der Kartenrückseite ist Platz für alles, was Sie uns zu sagen haben. Vielen Dank im Voraus.»

Kundenbeziehungen lassen sich ausbauen *(Penetration)*, indem z. B. Preisbereitschaften besser ausgenutzt, Kauffrequenzen und -intensitäten gesteigert (Erhöhung von Wiederkäufen bzw. Up-Selling) sowie Verbundkäufe (Folgekäufe und Cross Selling) gefördert werden. Beim Up-Selling soll der Kunden zum Kauf höherwertiger Produkte veranlasst werden (z. B. Kauf eines Autos einer Modellklasse über dem alten Produkt). Folgekäufe können sich aufgrund direkter Kaufverbunde zwischen dem Erstprodukt und einer anderen Leistung ergeben (wie z. B. Kauf einer Barbie-Puppe und anschließender Kauf von weiteren Puppen und Accessoires). Unter Cross Selling sind Zusatzkäufe zu verstehen (z. B. Verkauf einer Lebensversicherung an einen Assekuranzkunden, der bisher lediglich Sachversicherungen wie Hausrat- und Automobilversicherungen gekauft hat). Zwei Beispiele sollen die Durchdringung von Kunden illustrieren.

Kundendurchdringung durch Up-Selling, Cross Selling und Folgekäufe bei Miele und Gillette (Dittrich 2000, S. 141)
Aufbauend auf Kundenzufriedenheit, der starken Marke und dem sich daraus ergebenden Referenzpotenzial möchte sich der Reinigungsspezialist *Miele* auch als Küchenprofi etablieren. Die «vertikale Kundenbindung» (Wiederholungskäufe; z. B. erneuter Kauf einer Waschmaschine) soll durch eine «horizontale Kundenbindung» (Zusatzkäufe; z. B. Herd, Mikrowelle, Staubsauger) ergänzt werden. Dafür sind unter anderem alle Geräte im Design und in der grundsätzlichen funktionalen Anordnung soweit wie möglich angepasst worden (Knopf auf der gleichen Seite, Farbe, gleiche Höhe von Trockner und Waschmaschine etc.). Der Aufbau von Bedienungsanleitungen ist identisch. Kochbücher von Miele werden zu einer Minibibliothek in der Küche. Auch Folgekäufe sind denkbar, beispielsweise durch das Angebot von Nutzungs- und Serviceverträgen beim Kauf einer Waschmaschine.

Ein anderes Beispiel stellt *Gillette* als Anbieter von Rasierapparaten und -klingen dar. Während vorhandene, männliche Kunden sich in der Regel nur bei Verlust oder bei einer Produktneuheit (beispielsweise dem Wechsel von *Sensor Excel auf Gillette Mach 3)* einen neuen Rasierer kaufen würden (Wiederkauf bzw. Up-Selling) geben sie im deutschen Markt jährlich maximal etwa DEM 60 bis 70 für Rasierklingen aus (Folgekauf). Zusatzkäufe werden durch After- und Pre-Shave-Produkte erzielt. In letzterem Fall ist insbesondere die Markenkommunikation (Imagetransfer) gefordert.

Exkurs: CRM (Customer Relationship Management)
Die obigen Ausführungen werden in jüngster Zeit auch unter dem Schlagwort des Customer Relationship Management (CRM) bzw. Kundenbeziehungsmanagement diskutiert. CRM betrachtet somit die Kundenseite des aufgabenorientierten Ansatzes, setzt sich also – wie oben ausgeführt – mit dem Erschließen und Ausschöpfen von Kundenpotenzialen auseinander (vgl. zum Folgenden auch Finsterwalder 2002; Finsterwalder et al. 2002).

Entwicklungspfad
Customer Relationship Management ist erst in den letzten Jahren zu einem Schlagwort im Umgang mit *Kundenbeziehungen* geworden. Standen etwa Mitte der 80er-Jahre die Forschungsbemühungen um die *Kundenzufriedenheit* (dazu bspw. Stauss 1999) im Mittelpunkt, die von einer Fokussierung der *Kundenbindung* (siehe z. B. Peter 1997; Bruhn/Homburg 1999; Dittrich 2000) abgelöst wurden (etwa ab 1995), so wird seit etwa 2000 stärker das umfassende, systematische und differenzierte Management von Kundenbeziehungen gewichtet (siehe Abbildung 4.11) (Grönroos 1994; vgl. auch Reinecke/Sipötz/Wiemann 1998, S. 264 ff.; Hansen 2000, S. 415 ff.).

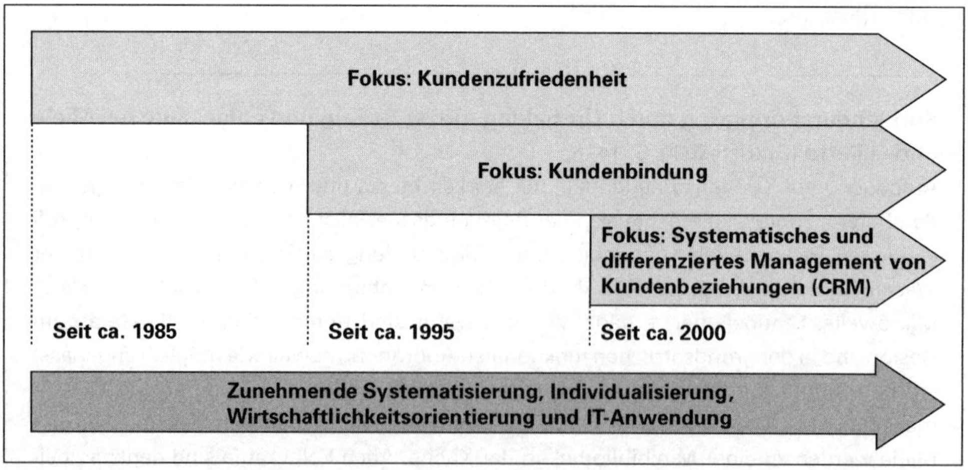

Abb. 4.11: Entwicklung des Customer Relationship Management (in Anlehnung an Homburg/ Sieben 2000, S. 7)

Die diesem Konzept des Kundenmanagements zugrunde liegende Idee ist jedoch nicht neu. Neu ist die Bezeichnung für ein altes Phänomen (Gummesson 1998, S. 10), das sich am besten mit dem alten Sprichwort aus dem Mittleren Osten zusammenfassen lässt: «Als Händler wirst Du erfolgreich sein, wenn Du einen Geschäftsfreund in jeder Stadt hast» (Worthington/Horne 1998, S. 39). Als neu-altes Konzept ist Customer Relationship Management sowohl für Praktiker als auch für Wissenschaftler von Interesse. Einige Forscher erheben dieses Konzept gar zum Paradigmenwechsel im Marketing (z. B. McKenna 1991; Kotler 1992; Webster 1992; Grönroos 1994; Sheth/Parvatiyar 1995; Wilson 1995; Brodie et al. 1997), während andere sich auch die Frage stellen, ob es sich nicht nur um «alten Wein in neuen Schläuchen» handelt (Gummesson 1994, S. 18; Bruhn/Bunge 1996, S. 173).

Customer Relationship Management stellt keine Neudefinition des Marketinggedankens dar (Tomczak 1996, S. 195), sondern vielmehr eine Refokussierung und Erweiterung der traditionellen, durch das Marketing-Mix geprägten Sichtweise des Marketing (Gummesson 1994, S. 9; Baker/Buttery/Richter-Buttery 1998, Bruhn/Bunge 1996, S. 186; Bruhn 1999, S. 191). Die langjährige Orientierung am Marketing-Mix hat zu einer funktionalen Abgrenzung der Marketingaktivitäten im Unternehmen geführt (Grönroos 1994, S. 7). Die Refokussierung hat zudem den wichtigen Aspekt der Wirtschaftlichkeit von Kundenbeziehungen – wie oben unter dem Stichwort Kundenwert erläutert – in den Mittelpunkt gerückt. Zentrale Erfolgsgröße des CRM ist die Profitabilität der Kundenbeziehung, die neben dem Kundenwert auch den Ressourceneinsatz des Unternehmens über den gesamten Kundenlebenszyklus umfasst (Homburg/Sieben 2000, S. 7 f.). Von einem Paradigmenwechsel zu sprechen scheint – und hier ist Meffert (1999, S. 424; siehe auch Peter/Schneider 1994; Backhaus 1997, S. 31 ff.) zuzustimmen – verfehlt zu sein.

Begriff des CRM

Aufgrund der verschiedenen Disziplinen in Forschung und Praxis, die sich mit Customer Relationship Management beschäftigen, ist mit dem Begriff CRM häufig ein heterogenes Verständnis von Inhalten und Aktivitäten verbunden, die den Umgang mit dem Kunden betreffen. Vielfältig sind auch die Begriffe, die Bezug zur Steuerung von Kundenbeziehungen nehmen. Sie reichen vom (Kunden-)Beziehungsmanagement (Diller/Kusterer 1988), Beziehungsmarketing (Hentschel 1991) über das Management von Geschäftsbeziehungen (Belz et al. 1998) hin zu den verwendeten englischen Termini des (Customer) Relationship Marketing bzw. Customer (Relationship) Management (Grönroos 1994; Tomczak 1996; Payne/Rapp 1999; Hennig-Thurau/Hansen 2000). Was also ist Customer Relationship Management?

Customer Relationship Management ist ein unternehmensweit integrierendes Führungs- und Organisationsprinzip, das alle Maßnahmen umfasst, die auf eine verbesserte Kundenorientierung und Kundenzufriedenheit gerichtet sind. Übergeordnete Zielsetzung ist es, die Fähigkeit eines Unternehmens sicherzustellen, langfristig profitable Kundenbeziehungen aufzubauen (Akquisition), aufrecht zu erhalten (Retention) und im Zeitablauf zu intensivieren (Entwicklung bzw. Penetration) (vgl. auch Berry 1983, S. 25). Ergänzen lässt sich diese Perspektive um die Rückgewinnung verlorener Kunden (siehe Stauss 2000) und, wenn notwendig, um die Beendigung von Kundenbeziehungen (vgl. Hentschel 1991, S. 25; Finsterwalder 2000): «(...) effective relationship management is about managing both ‹growing› and ‹declining› relationships» (Alajoutsijärvi et al. 2000, S. 1271).

Bei dem Konzept des Relationship Management bzw. Marketing handelt es sich demnach um ein Konzept, das «(...) in seinem theoretischen Bezugsrahmen eine Reihe bereits existierender Modelle und Theorien zur Erfassung und Analyse von Geschäftsbeziehungen» (Bruhn/Bunge 1996, S. 184) einschließt.

4.3.3.2 Nutzen von Leistungspotenzialen: Leistungsinnovation und -pflege

Ebenso wie auf der Kundenseite ist auf der Leistungsseite vor dem Erschließen und Ausschöpfen von Leistungspotenzialen eine Leistungsbewertung und Leistungsselektion durchzuführen. Hierbei wird die Leistungsinnovations- und Leistungspflegekompetenz des Unternehmens angesprochen. Daher werden wieder in einem ersten Schritt die Aktivitäten der Leistungsbewertung und -selektion erläutert, bevor dann detailliert auf die Kernaufgaben Leistungsinnovation und -pflege eingegangen wird.

Leistungsbewertung und Leistungsselektion: Evaluieren und selektieren von Leistungspotenzialen

Bei der Leistungsbewertung und -selektion ist eine Betrachtung für neue (Leistungsinnovationen) und bestehende Leistungen (Leistungspflege) vorzunehmen.

Leistungsbewertung und -selektion

Laufend oder in bestimmten zeitlichen Abständen muss überprüft werden, über welche Potenziale die einzelnen Leistungen (noch) verfügen, z. B. in welchem Stadium des Produktlebenszyklus sie sich befinden, welche Positionierung sie einnehmen usw. (Tomczak/Reinecke/Kaetzke 2000, S. 448). Zu überprüfen ist, mit welchen Produkten, Dienstleistungen und Rechten welche (potenziellen) Umsätze zu erzielen sind bzw. erzielt wurden respektive welche gegenwärtigen und zukünftigen Produktdeckungsbeiträge möglich sind und waren. Umsatz- und Deckungsbeitragsrechnungen auf Produkt- bzw. Leistungsbasis liefern wichtige Informationen, die beispielsweise im Rahmen einer Portfolio- oder ABC-Analyse zur Selektion der unterschiedlichen Leistungen genutzt werden können. Ziel ist es beipielsweise, Leistungen mit geringen (zu erwartenden) Deckungsbeiträgen aus dem Leistungsspektrum zu eliminieren (vgl. auch Tomczak/Reinecke/Kaetzke 2000, S. 448) bzw. gar nicht erst auf den Markt zu bringen (die Erfolgsträchtigkeit einer Produktinnovation lässt sich bspw. mit Hilfe von Testmärkten oder Markttests prüfen).

Bei der *Umsatzrechnung* wird der Umsatz als Bewertungskriterium herangezogen (vgl. Nieschlag/Dichtl/Hörschgen 1997, S. 229 ff.). Eine solche Umsatzbetrachtung soll primär die absolute und relative Bedeutung der jeweiligen Produkte/Produktgruppen als Umsatzträger widerspiegeln, darüber hinaus aber auch Werteabweichungen ausweisen und zwar sowohl im Hinblick auf Plandaten als auch auf Vergleichsgrößen aus der Vorperiode. Umsatzbetrachtungen können zudem Hinweise auf zu eliminierende Produkte liefern. Hierzu eignet sich z. B. eine *ABC-Analyse,* bei der die Produkte in drei Klassen eingeteilt werden, und zwar nach Maßgabe ihres Beitrags zum Unternehmenserfolg. Abbildung 4.12 zeigt eine solche Bewertung.

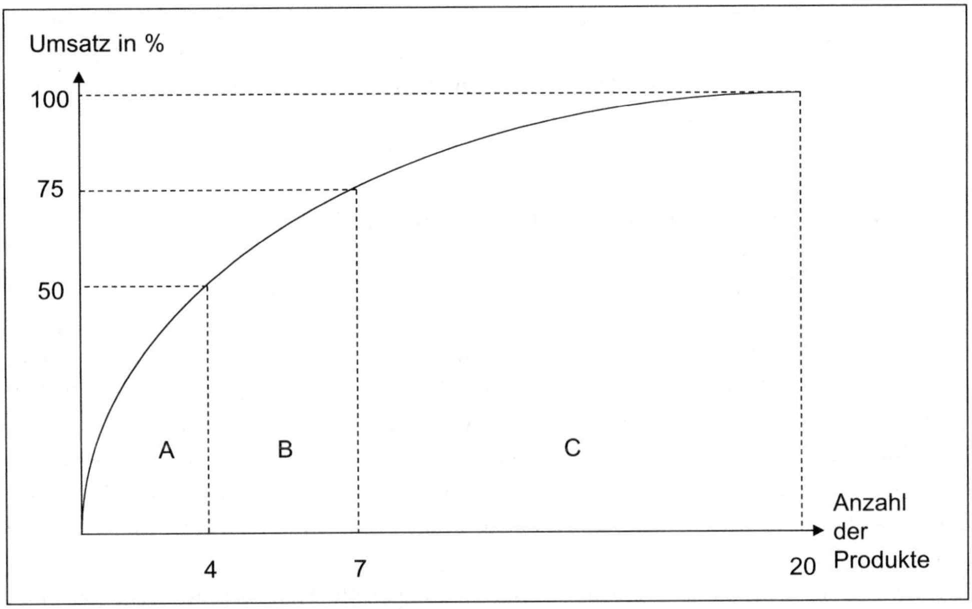

Abb. 4.12: ABC-Analyse auf Umsatzbasis (Nieschlag/Dichtl/Hörschgen 1997, S. 230)

Die Abbildung verdeutlicht, dass die ersten vier Produkte einen hohen Beitrag zum Gesamtumsatz liefern, der Beitrag der Produkte fünf bis sieben mittel ausfällt und die Produkte acht bis zwanzig einen geringen Beitrag beisteuern und evtl. aus dem Leistungsportfolio entfernt werden sollten.

Bei der *Deckungsbeitragsrechnung* erfolgt eine Produktbewertung beispielsweise nach folgendem Schema (bezogen auf einen Zeitraum) (vgl. Nieschlag/Dichtl/Hörschgen 1997, S. 231):

Abgesetzte Mengen × erzielte Preise

./. direkt zurechenbare Vertriebskosten
./. abgesetzte Mengen × Verrechnungsstückkosten des Fertigungsbereichs

= Deckungsbeitrag je Produkt bzw. Produktgruppe

Damit stellt der Deckungsbeitrag eines Produkts nichts anderes dar als denjenigen Teil des Umsatzes, der nach Abzug der ihm direkt zurechenbaren Kosten zur Deckung anderer Kosten in dem Unternehmen sowie zur Gewinnerzielung übrigbleibt (Nieschlag/Dichtl/Hörschgen 1997, S. 231). Informationen aus der Deckungsbeitragsrechnung können unter Verwendung einer ABC-Analyse zur Selektion von Leistungen herangezogen werden.

Mit Hilfe der *Portfoliotechnik* (siehe zur Idee und zum methodischen Vorgehen die Ausführungen in Abschnitt 3.3) können bestehende und neue Leistungen in ein Raster eingeordnet werden, das bspw. nach den beiden Dimensionen Marktattraktivität (d. h. zukünftiges Marktpotenzial) und Marktposition (z. B. Umsatzbedeutung, relativer Deckungsbeitrag,

Marktanteil) differenziert und aus dem sich Hinweise für die Leistungsselektion ableiten lassen. Produkte, die eine schwache Marktposition und geringe Marktattraktivität aufweisen, werden beispielsweise in das Feld der so genannten «Dogs» eingeordnet und stellen Eliminationskandidaten dar. Leistungen mit starker Marktposition und hoher Marktattraktivität stellen so genannte «Stars» dar, in die in Zukunft investitiert werden soll.

Leistungsinnovation: Erschließen von Leistungspotenzialen

Die Kernaufgabe *«Leistungsinnovation»* setzt sich mit dem Erschließen von Leistungspotenzialen auseinander (Integration von Leistungs- und Innovationsorientierung) (vgl. für das Nachfolgende auch Tomczak/Reinecke/Mühlmeier 2002). Sie umfasst sämtliche Maßnahmen, die ergriffen werden, um neue Problemlösungen zu kreieren und im Markt durchzusetzen. Eine Innovation muss auf einzigartigen Ressourcen beziehungsweise Fähigkeiten des Unternehmens beruhen; dies kann beispielsweise eine Marke (z. B. Marlboro, Nivea), die Investitionsintensität in der Forschung & Entwicklung (wie z. B. bei SAP), eine spezifische Unternehmenskultur (z. B. bei 3M) oder ein Kernprodukt (z. B. der Kunststoff PTFE [Polytetrafluorethylen] der Firma Gore; vgl. dazu auch später das Fallbeispiel unter Punkt 4.4.3.3) sein.

Bei dieser Kernaufgabe lassen sich zwei Stoßrichtungen unterscheiden. Auf der einen Seite kann ein Unternehmen wirklich *echte Marktneuheiten* entwickeln und einführen («New to the World»-Angebote), auf der anderen Seite kann es durch *Imitationen* bereits am Markt befindliche Leistungen kopieren. Während die wirklich neuen, innovativen Leistungen hauptsächlich auf internen Faktoren und Ressourcen, z. B. Know-how für eine neue Technologie, basieren, stehen bei der Erstellung von Imitationen die Leistungen der Konkurrenz und die Fähigkeit, diese zu kopieren, im Mittelpunkt. Eine Unterscheidung des Neuheitsgrads aus Sicht des Markts und aus Sicht des Unternehmens ist hier sinnvoll. Marktneuheiten, im Extremfall «New to the World»-Angebote, sind prinzipiell neue Problemlösungen, wobei eine Herausforderung entweder auf völlig neue Weise bewältigt oder aber ein Bedürfnis befriedigt wird, für das es bisher noch kein Konzept gab. Unternehmensneuheiten, im Extremfall Imitationen, hingegen sind solche, die sich nur in ihrer äußeren Gestaltung oder in einer etwas modifizierten, meist verbesserten Funktionserfüllung von ähnlichen, bereits am Markt befindlichen Leistungen unterscheiden (vgl. Nieschlag/Dichtl/Hörschgen 1997, S. 261 f.), die technische Neuerung aber erstmalig vom Unternehmen genutzt wurde, unabhängig davon, ob andere Unternehmen den Schritt vor ihm getan haben oder nicht (vgl. Witte 1973, S. 3). Als Beispiel für eine Leistungsinnovation gilt das Produkt Pralinelli von Lindt & Sprüngli.

Leistungsinnovation Pralinelli von Lindt & Sprüngli (Ludwig 1998, S.199 ff.)
Zu den traditionsreichen Firmen der Schweiz gehören die Schokoladefabriken *Lindt & Sprüngli.* Seit über 150 Jahren gelingt es dem Unternehmen immer wieder, mit neuen und ungewöhnlichen Rezepturen und Marketingkonzepten im Schweizer Schokoladenmarkt, aber auch auf internationalen Märkten einen Spitzenplatz hinsichtlich Qualität und Naschvergnügen zu behaupten.

Ein Beispiel für eine Leistungsinnvoation ist die Marke *«Pralinelli»*. So warb *Lindt & Sprüngli* im Mai und August 1997 in allen bekannten Zeitschriften und Journals für sein neues Produkt: «Neu: Pralinelli von Lindt. Überraschend leicht. Die liebevolle Vereinigung feinster Lindt-Chokolade mit einem knusprig-luftigen Schäumchen-Kern macht das neue Pralinelli so unerwartet leicht. Und garantiert ein himmlisches Erlebnis, das auch Ihr Herz höher schlagen lässt.» Hintergrund für diese Produktinnovation ist zum einen der von *Lindt & Sprüngli* als wichtig erachtete Monopraliné-Markt (Pralinen ohne Alkohol). Zum anderen wurden folgende Trends im Konsumentenverhalten bei der Produktinnovation beachtet: Stärkere Nachfrage nach leichten, luftigen Produkten; Trend zu Zwischendurch- und Snackprodukten; damit einhergehend vermehrter Bedarf an Produkten in Packungen für den Eigenkonsum sowie ansteigender Konsum außer Haus. Der Konsument sucht des Weiteren nach dem «Ess- bzw. Beißerlebnis». Dazu können so genannte multidimensionale Produkte beitragen. Diese bestehen zum Beispiel aus verschiedenen Schichten von unterschiedlicher Konsistenz und Aussehen.

Leistungspflege

Hat ein Unternehmen mit erfolgreichen neuen Angeboten Potenziale erschlossen, so geht es im Rahmen der Kernaufgabe *«Leistungspflege»* darum, diese Potenziale auszuschöpfen (Integration von Persistenz- und Leistungsorientierung) (vgl. hierzu insbesondere Tomczak/Reinecke/Kaetzke 2000). Das Ziel besteht darin, mit der jeweiligen Problemlösung möglichst lange und umfassend im Markt erfolgreich präsent zu sein (Stichwort: Verlängerung und Optimierung des Produktlebenszyklus) und somit nachhaltig Werte zu generieren. Zwei Ansätze stehen hierbei im Mittelpunkt. Zum einen kann das Unternehmen danach streben, bestehende Leistungen zu erhalten, zum anderen kann es den Ausbau bestehender Leistungen in den Vordergrund stellen (vgl. Kaetzke/Tomczak 2000, S. 19).

Erhalt von Leistungspotenzialen

Variation und Revitalisierung sind Möglichkeiten für ein Unternehmen, um eine bestehende Leistung zu erhalten. Bei der *Variation* handelt es sich um marginale Adaptionen und Ablösung der bereits am Markt eingeführten Leistung, wobei die Leistung jedoch insgesamt weitgehend unverändert bleibt (zum Beispiel Weiterentwicklung des VW Golfs in den letzten 25 Jahren). Werden vorhandene Werte wiederbelebt, so spricht man von *Revitalisierung*. Durch die Revitalisierung lassen sich je nach Ausgangslage der bisherigen Leistung und nach den angestrebten Zielen Leistungspotenziale nicht nur erhalten, sondern sogar ausbauen (zum Beispiel New Beetle von VW).

Ausbau von Leistungspotenzialen

Differenzierung, Up-Selling, Bundling und Multiplikation sind Optionen, um Leistungspotenziale auszubauen. Bei der *Differenzierung* sollen Verkäufe ähnlicher (zusätzlicher) Leistungen erzeugt bzw. erhöht werden. So werden neben der bereits am Markt befindlichen Version einer Leistung weitere Versionen (Varietäten) dieser Leistung eingeführt (zum Beispiel die unterschiedlichen Typen der BMW 3er-Reihe).[4] Beim *Up-Selling* wird versucht, die Wertschöpfung zu erhöhen, indem anstelle von bisher verkauften Grundversionen teurere Varianten abgesetzt werden (beispielsweise Ersetzen von Nivea-Crème durch die höherwertige Nivea-Gesichtscrème). Demgegenüber hat das *Bundling* zum Ziel, Verkäufe dadurch zu erzeugen bzw. zu erhöhen, dass bereits eingeführte Produkte mit komplementären Produkten oder mit (Zusatz-)Dienstleistungen kombiniert werden. Diese Option basiert auf dem Leistungssystem-Ansatz (vgl. Belz 1991, Belz et al. 1997, S. 14 ff.). Bei der *Multiplikation* werden bestehende Leistungskonzepte wiederholt und systematisch auf neue Märkte angewendet (vgl. hierzu von Krogh/Cusumano 2001, die diese Strategie mit den Begriffen «Skalieren» und «Duplizieren» charakterisieren). Verkäufe in neuen Märkten sollen erzeugt bzw. erhöht werden (zum Beispiel Verbreitung des vor Jahrzehnten entwickelten Fastfood-Konzepts von McDonald's in aller Welt) (vgl. Tomczak/Reinecke/Kaetzke 2000).

Das folgende Beispiel schildert einige Herausforderungen und Lösungen der Leistungspflege bei Coca-Cola (Roosdorp 1998, S. 241 ff.)

Kaum ein anderes Produkt kann eine derartige Kontinuität in Leistung und Verpackung vorweisen wie *Coca-Cola.* Das geheime Rezept des Coca-Cola Konzentrats blieb seit seiner Erfindung 1886 unverändert. Diese einzigartige Leistungspflege beruht auf verschiedenen Marketingaktivitäten. Die Ergebnisse intensiver, laufender Marktforschung fließen direkt in die Planung der Kommunikationsmaßnahmen ein und regulieren somit eventuell auftretende Abweichungen zwischen Soll- und Ist-Positionierung bei den einzelnen Zielgruppen. Trotz globalem Marketing können die Teilmärkte und Subzielgruppen differenziert bearbeitet werden. Ein effektives und dichtes Distributionssystem sorgt für eine maximale Verfügbarkeit. Ein Positionierungsmodell, welches die ursprünglichen und bis heute vermittelten Markenwerte zusammenfasst, dient als Orientierung für alle Aktivitäten. Für *Coca-Cola* steht stets die Frage im Raum, was zu tun ist, um die statische, dass heißt zeitlich unveränderte Produktleistung in einem dynamischen Umfeld dauernd aktuell zu positionieren. Eine kritische Phase in der Leistungspflege zeigt die Änderung der Rezeptur im Jahre 1985. *Coca-Cola* veränderte zu dieser Zeit die Zusammensetzung der klassischen Coke, um sie zu verbessern. Die neue Rezeptur sollte unter dem Namen *«New Coke»* den Klassiker ersetzen. Der langjährige Konkurrenzkampf mit *Pepsi* und dem Pepsi-Test, bei dem *Pepsi* bei den Konsumenten immer besser abschnitt, waren ausschlaggebend für diese Maßnahme der Leistungspflege. Die umfangreichen Markttests vor der Einführung wiesen jedoch einen systematischen Fehler auf, weil den Probanden nicht klar gemacht wurde, das *«New Coke»* als Ersatz und nicht als Ergänzung von *«Classic Coke»* gedacht war.

4 Wenn es sich hierbei um eine derart umfangreiche Veränderung gegenüber der ursprünglichen Leistung handelt, sodass der Leistungskern neu definiert wird, dann kann die Variation einer Leistung unter Umständen bereits als Leistungsinnovation bezeichnet werden. Ob eine Leistung als gänzlich neu oder als veränderte Version gilt, hängt nach Ansicht zahlreicher Autoren entscheidend von der Kundensicht ab (vgl. Herrmann 1998, S. 535 f.).

> Die massive Empörung der Konsumenten und der Umsatzeinbruch führten dazu, dass die klassische Coca-Cola schon nach wenigen Tagen wieder eingeführt wurde. *New Coke* verschwand wieder vom Markt. Den Coca-Cola-Managern wurde bewusst, wie hoch das Commitment der Konsumenten ist und welcher beständige Wert von der Marke ausgeht. Leistungspflege heißt für *Coca-Cola* daher vor allem, die Positionierung und nicht das Produkt zu pflegen.

4.3.3.3 Spezifische Kompetenzen für die Kernaufgaben

Um eine Kernaufgabe erfüllen zu können, benötigen Unternehmen spezifische Kompetenzen (vgl. nochmals die oben angesprochenen Kompetenzen Kundenakquisitions-, -bindungs-, Leistungsinnovations- und -pflegekompetenz). Dabei werden dass unterschiedliche, oft auch konkurrierende Kompetenzen benötigt, um die einzelnen Kernaufgaben erfolgreich zu bewältigen (siehe Abbildung 4.13). Bei den aufgeführten Kompetenzen handelt es sich jeweils, der wissensorientierten Definition folgend, um eine Abstimmung und Verknüpfung von Wissen und Aufgaben. So setzt beispielsweise die Kompetenz «Kreativität» zum einen voraus, dass ein Individuum über das Wissen verfügt, Ideen, Methoden und Leistungen zu entwickeln, die neu und nutzenstiftend sowohl für den Kunden als auch für das Unternehmen sind. Zudem muss das Individuum für die Entwicklung dieser Ideen, Methoden und Leistungen Kenntnisse besitzen, um zu entscheiden, welche Informationen oder Materialien in welcher Form eingesetzt werden sollen. Des Weiteren muss dieses Wissen mit komplexen Aufgaben verknüpft werden, damit eine Kreativitätskompetenz entsteht. Denn nur bei komplexen Aufgaben kann sich dieses Wissen durch eine größere Motivation, höhere Zufriedenheit und eine höhere Produktivität voll entfalten (vgl. von Krogh/Roos 1995; Cummings/Oldham 1997; Zimmer 2001).

In diesem Zusammenhang sei aber ausdrücklich darauf hingewiesen, dass es sich bei den genannten Fähigkeiten lediglich um Beispiele handelt. Aufgrund der komplexen Struktur von Wissen ist es zumindest mit Hilfe der derzeit verfügbaren Methoden schwierig, alle Fähigkeiten zu eruieren, die in der jeweiligen Situation dazu führen, dass eine Kernaufgabe überdurchschnittlich erfüllt wird (vgl. von Krogh/Venzin 1995, S. 420 ff. sowie die dort zitierte Literatur). Dies ist nicht zuletzt darauf zurückzuführen, dass Fähigkeiten zum Teil auf unternehmensindividuellen Entwicklungen beruhen und in komplexe Strukturen eingebettet sind; Ursache-Wirkungsbeziehungen zwischen Fähigkeit und Wettbewerbsvorteil sind häufig sogar dem Unternehmen selbst nicht bekannt. Gerade dies führt aber dazu, dass Fähigkeiten schwer imitierbar sind und somit überhaupt zu Wettbewerbsvorteilen führen können (vgl. Barney 1991, S. 107 ff.). Eine Herausforderung für die Wissenschaft besteht in einem solchen Fall von Komplexität zum einen darin, typische Kompetenzmuster zu erkennen (vgl. Ulrich 1981); zum anderen sollten differenziertere Methoden und Messinstrumente entwickelt werden, um Fähigkeiten adäquat zu erfassen und zu operationalisieren.[5]

5 Diese Themen widmet sich insbesondere das Forschungsgebiet des Wissensmanagements (vgl. insbesondere von Krogh/Ichijo/Nonaka 2000; Probst/Raub/Romhardt 1997 und Nonaka/Takeuchi 1995).

Kern-aufgabe	**Philo-sophie**	**Erforderliche Kompetenzen (Beispiele)**	**Unternehmens-beispiele**
Kunden-akquisition	«Win the customer»	• Risikoreduktionsfähigkeit • Schlagkräftiger Verkauf, Huntermentalität • Fähigkeit zur Fokussierung	Vorwerk, AWD
Kunden-bindung	«Care for the customer»	• Fähigkeit, Kundeninformationen zu erfassen und zu verarbeiten • Beratungs- und Interaktionfähigkeit • Fähigkeit zur Kundenintegration • Fähigkeit, Bindungen aufzubauen	IBM, MLP, Ritz Carlton
Leistungs-innovation	«Leave for new shores»	• Kreativität und Offenheit («Thinking out of the box») • Risikobereitschaft • Geschwindigkeit («Time based competition»)	Apple, 3M, Gore
Leistungs-pflege	«Optimize your solution»	• Fähigkeit zur Optimierung • Streben nach Sicherheit • Fähigkeit zur Standardisierung (Economies of Scale)	Procter & Gamble, Mc Donald's,

Abb. 4.13: Spezifische Kompetenzen zur Erfüllung der Kernaufgaben (Tomczak/Reinecke/Mühlmeier 2002)

Grundsätzlich sieht sich jedes Unternehmen zwei Herausforderungen gegenüber: Zum einen geht es darum, Kompetenzen zu entwickeln, um die einzelnen Kernaufgaben bestmöglich erfüllen zu können (siehe hierzu Abschnitt 4.3.3.4). Zum anderen muss im Zentrum des Bemühens die *Integration* der vier Kernaufgaben stehen. Ziel ist somit ein optimales *Kernaufgabenprofil* (siehe hierzu Abschnitt 4.3.4).

4.3.3.4 Abstimmung von Marktpotenzialen und Kompetenzen

Ob – und falls ja, welche – Maßnahmen ergriffen werden, um bestimmte Kunden zu akquirieren oder zu binden bzw. neue Leistungen in einen Markt einzuführen oder in den Relaunch bestehender Leistungen zu investieren, hängt davon ab, wo die knappen Ressourcen eines Unternehmens am effektivsten und effizientesten eingesetzt werden können.

Mit anderen Worten: Marktpotenziale einerseits und Kompetenzen andererseits sind miteinander abzustimmen. Die in der Abbildung 4.14 wiedergegebene *Marktpotenzial-Kompetenzen-Matrix* erfasst die möglichen Optionen, denen sich ein Unternehmen gegenübersieht.

Grundsätzlich sollten die Mittel dort eingesetzt werden, wo vorhandene Kompetenzen auf ein möglichst großes Marktpotenzial treffen (Kompetenznutzung). Vor dem Hintergrund sich dynamisch wandelnder Märkte und anspruchsvoller Wertsteigerungsziele müssen Unternehmen zusätzliche Kompetenzen aufbauen, um identifizierte Marktpotenziale nutzen zu können (Kompetenzentwicklung) (siehe auch Meffert/Burmann 2000). Im Sinn eines effizienten Mitteleinsatzes ist es aber auch erforderlich, (vorhandene) Kompetenzen abzubauen (oder gar nicht erst zu entwickeln), für die kein Marktpotenzial mehr vorhanden ist. Im Folgenden werden zur Illustration einige Beispiele für Kompetenznutzung und -entwicklung genannt.

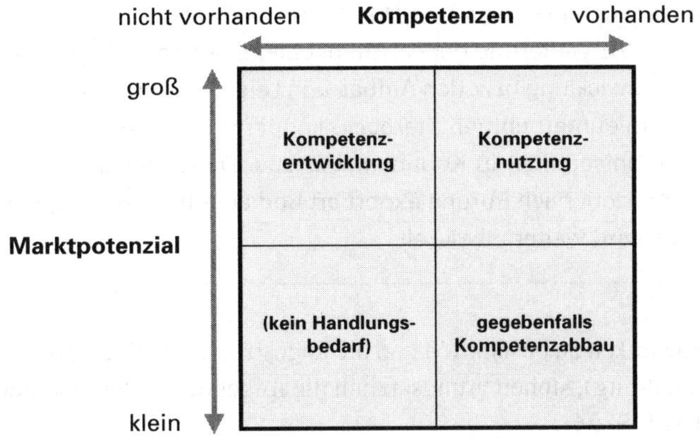

Abb. 4.14: Marktpotenzial-Kompetenzen-Matrix

Kompetenznutzung und -entwicklung bei verschiedenen Unternehmen
(Tomczak/Reinecke/Mühlmeier 2002)

Kompetenznutzung

- Der führende europäische Hotelkonzern Accor nutzt seine insbesondere in Frankreich entwickelten Kundenakquisitionskompetenzen beim Erschließen des deutschen Economy-Hoteleriemarktes (IBIS, ETAP Hotels, Formule 1).
- Mit einer Erweiterung des Versicherungssortiments um Spar- und Anlageprodukte nutzt die *Zürich-Versicherung* ihre Kundenbindungs-Kompetenz, die im Wesentlichen auf der Beziehungspflege der Außendienstmitarbeiter basiert.
- *3M* nutzt die eigene Innovations-Kompetenz in so unterschiedlichen Feldern wie Gesundheitsfürsorge, Büromaterial, Elektronik und Kommunikation sowie Transport.
- Die Variation des Smart-Grundmodells ist eine Nutzung der über Jahrzehnte gewachsenen Leistungspflege-Kompetenz von *DaimlerChrysler* (u.a. Mercedes S-, E- und C-Klasse).

Kompetenzentwicklung

- *Hilti,* ein internationales Unternehmen im Bereich der Befestigungs- und Abbautechnik, verfügt über eine ausgesprochene Kundenakquisitions-Kompetenz, die bisher im Wesentlichen durch den direkten Vertrieb begründet ist. Mit der selektiven Einführung eines Shop-in-Shop-Konzepts in amerikanischen Verkaufscentern entwickelt Hilti diese Kompetenz weiter.
- *IBM* rundete seine traditionelle Kundenbindungs-Kompetenz ab, indem dieses Unternehmen ein Global Account Management realisierte, um seine Kunden dadurch weltweit bestmöglich bedienen zu können.

- Die Eröffnung so genannter Golden Arch-Hotels durch *McDonald's* in der Schweiz und die damit verbundene Erweiterung der Leistungspalette um neue Angebotsformen ist ein Beispiel für die Entwicklung bzw. den Aufbau von Leistungsinnovations-Kompetenz.
- Das Kaffeegastronomieunternehmen *Starbucks* kooperiert seit dem Frühjahr 2001 mit lokalen Vertriebsorganisationen in Kontinentaleuropa. Dadurch soll das in den USA sehr erfolgreiche Konzept nach Europa exportiert und adaptiert werden; die Fähigkeit zur Leistungspflege wird weiterentwickelt.

Um fehlende Kompetenzen zu beschaffen und die angestrebten Ziele zu erreichen (Wachstum, Gewinn, Wertsteigerung), stehen grundsätzlich die folgenden Möglichkeiten offen (vgl. Verdin/Williamson 1994, S. 84):

- *Interne Entwicklung* (asset accumulation): Vorhandene eigene Kompetenzen werden auf- bzw. ausgebaut.
- *Kooperative Entwicklung* (asset sharing): Die grundlegende Idee besteht darin, sich auf eigene Kernkompetenzen zu konzentrieren, sich aber den Zugriff auf die Kompetenzen Dritter (beispielsweise die Stärken spezialisierter Unternehmen) zu sichern. Dies kann mit Hilfe von Tochter- bzw. Schwestergesellschaften oder über den Aufbau strategischer Kooperationen (horizontale Kooperationsrichtung) bzw. strategischer Netzwerke (vertikale oder diagonale Kooperationsrichtung) erfolgen (vgl. Rössl 1994; Backhaus/Meyer 1993; Sydow 1992).
- *Externe Entwicklung* (asset acquisition): Via Fusionen und Akquisitionen werden fehlende Kompetenzen beschafft.

Welcher Weg, um Kompetenzen zu erlangen, zu wählen ist, hängt stark von der Branchenspezifität und der Handelbarkeit der Kompetenzen ab. Entscheidend sind die relativen Kosten, die durch den Erwerb verursacht werden (vgl. Verdin/Williamson 1994, S. 84). So stehen beispielsweise einem Unternehmen, das sich über die zukünftige Bearbeitung seiner Kunden Gedanken macht, grundsätzlich die in Abbildung 4.15 gezeigten Möglichkeiten zur Verfügung.

	Bearbeitungsform	Charakteristikum	Status («6 V»)
Inhouse	Vollständig interne Bearbeitung	Das Management von Kundenbeziehungen erfolgt weiterhin durch das Unternehmen selbst.	«Verankern» der Kundenbeziehungen
	Quasi interne Bearbeitung	Das Management von Kundenbeziehungen erfolgt durch Gründung eines Spin-off oder neuen Geschäftsbereichs.	«Verschieben» der Kundenbeziehungen
	Kooperative Bearbeitung	Das Management von Kundenbeziehungen erfolgt gemeinschaftlich mit einem anderen Unternehmen.	«Verteilen» der Kundenbeziehungen
	Fusionierte Bearbeitung	Das Management von Kundenbeziehungen erfolgt durch Gründung eines Spin-off unterschiedlicher Unternehmen.	«Verschmelzen» der Kundenbeziehungen
	Quasi externe Bearbeitung	Das Management von Kundenbeziehungen erfolgt durch Beauftragung eines anderen Unternehmens.	«Vermieten» der Kundenbeziehungen
Outhouse	Vollständig externe Bearbeitung	Das Management von Kundenbeziehungen erfolgt endgültig durch ein anderes als das eigene Unternehmen.	«Verkaufen» der Kundenbeziehungen

Abb. 4.15: Die «6 V»: Strategien zur Behandlung von Kundenbeziehungen als Beispiel für unterschiedliche Möglichkeiten der Kompetenznutzung und -entwicklung (Finsterwalder 2002)

4.3.4 Integration der Kernaufgaben

Für ein erfolgreiches Marketing-Management reicht es nicht aus, auf der Ebene der einzelnen Kernaufgaben Kompetenzen aufzubauen, zu nutzen und zu entwickeln. Dies könnte zu *suboptimalen Lösungen* führen. Daher ist es notwendig, die vier Kernaufgaben miteinander abzustimmen.

4.3.4.1 Typen von Kernaufgabenprofilen

Um Marktpotenziale systematisch nutzen zu können, ist eine integrierte Ausrichtung des Handelns an den vier Kernaufgaben erforderlich. In der Abbildung 4.16 werden die im vorangegangenen Abschnitt vorgestellten Optionen, die grundsätzlich zur Verfügung stehen, um Wachstum und Gewinn zu erzielen, zusammenfassend dargestellt.

Für ein Unternehmen wird es im Regelfall aufgrund mangelnder Kompetenzen nicht möglich sein, in jeder Situation sämtliche Optionen zu nutzen. Die zentrale Herausforderung besteht mithin darin, basierend auf einer Analyse von Marktpotenzialen und Kompetenzen

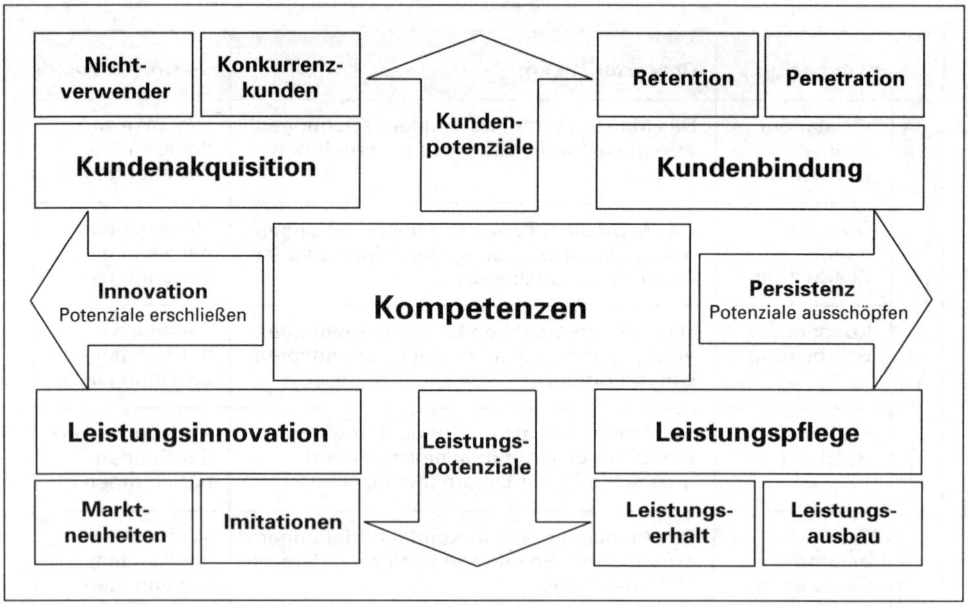

Abb. 4.16: Wachstums- und Gewinnoptionen (Tomczak/Reinecke/Mühlmeier 2002)

das jeweils adäquate *Kernaufgabenprofil* zu identifizieren und dem unternehmerischen Handeln zugrunde zu legen, das die höchste Wertgenerierung ermöglicht. Mit anderen Worten: In welchen der vier Kernaufgaben soll ein Unternehmen Kompetenzvorteile aufbauen, um dadurch Wettbewerbsvorteile im Markt zu erzielen? Im Folgenden werden einige Kernaufgabenprofile beispielhaft erläutert (siehe auch Abbildung 4.17).

In neuen und innovativen Märkten stehen insbesondere Kundenakquisition und Leistungsinnovation im Vordergrund; daraus ergibt sich das Kernaufgabenprofil eines *Trendsetters,* der gleichzeitig Kunden- und Leistungspotenziale erschließen möchte. Der Grenznutzen des Marketingbudgets liegt bei diesen beiden Kernaufgaben wesentlich höher als bei Kundenbindung und Leistungspflege. So setzen z. B. Mobilfunkanbieter ihre Marketingressourcen in Europa derzeit insbesondere für die Kundenakquisition ein. Werbung, Sponsoring und Promotionsaktionen stehen im Vordergrund. Gleichzeitig investieren zahlreiche Anbieter maßgeblich in den Ausbau ihres Netzdienstes und gehen Marketingkoalitionen mit Hardware- und Dienstleistungsunternehmen ein, um attraktive Leistungspakete zu schnüren. Die Preisgestaltung wird stark differenziert und auf verschiedene potenzielle Benutzergruppen zugeschnitten, um Neukunden zu gewinnen. So entwickelten die Anbieter des E-plus-Netzes in Deutschland spezifische Leistungsangebote für die Kundengruppe «Computerfreaks». Dagegen investieren neue Anbieter bisher (noch) nicht wesentlich in Maßnahmen der Kundenbindung; sie wird primär über vertragliche und technische Barrieren sichergestellt. Auch von einer maßgeblichen Leistungspflege kann in diesem jungen Markt noch nicht die Rede sein. Für einen langfristigen Erfolg ist es notwendig, entweder als echter Trendsetter immer wieder neue Leistungen anzubieten oder aber zu einem geeigneten Zeitpunkt den Schwerpunkt allmählich von der Kundenakquisition auf die Kundenbindung zu verlagern.

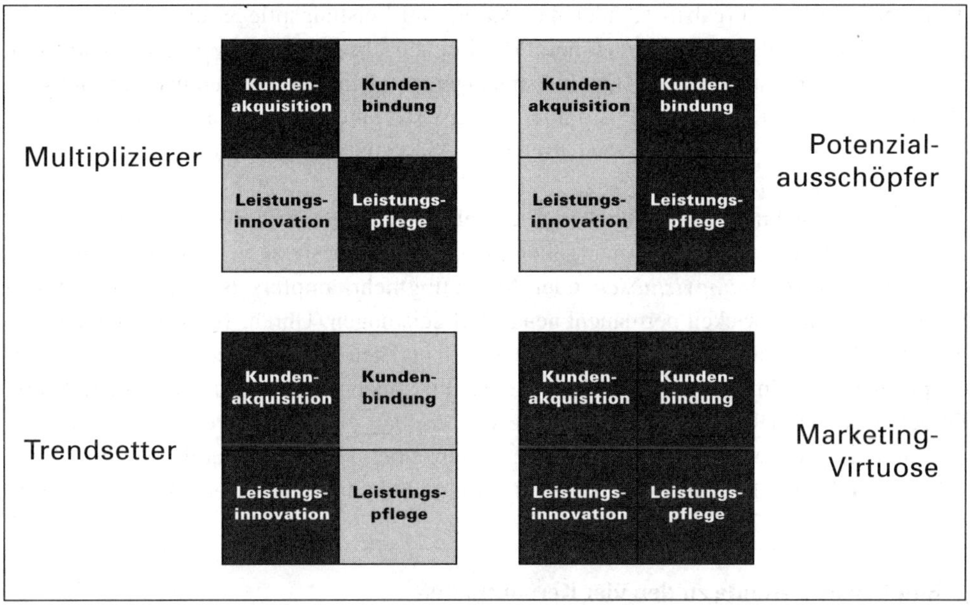

Abb. 4.17: Typologiebeispiele unterschiedlicher Kernaufgabenprofile

Aufgrund der zunehmenden Marktsättigung zeichnet sich letzteres im europäischen Mobilfunkmarkt bereits ab.

Ein zum Trendsetter spiegelbildliches Kernaufgabenprofil verfolgen die *Potenzialausschöpfer.* Diese konzentrieren sich auf vorhandene Kunden- und Leistungspotenziale und optimieren ihre Marketingmaßnahmen so, dass diese Potenziale nachhaltig ausgeschöpft werden. Beispiele für Potenzialausschöpfer im Telefonfestnetzmarkt sind die ehemaligen nationalen Telefongesellschaften wie die Deutsche Telekom oder die schweizerische Swisscom; diese Unternehmen verfügen über einen großen Kundenstamm und bieten eine breite Leistungspalette an. Da die Märkte liberalisiert wurden, müssen sie zum einen verhindern, dass insbesondere attraktive Kunden (Unternehmen, private Vieltelefonierer) zur Konkurrenz wechseln; andererseits müssen sie ihre vorhandenen Leistungsangebote an die geänderten Marktverhältnisse anpassen und beispielsweise durch neue Dienstleistungen aktualisieren und verbessern (detailliertere Rechnungen, Ausschöpfen der Möglichkeiten der ISDN-Technologie).

Der *Multiplizierer* legt seine Schwerpunkte auf die Instrumente Kundenakquisition und Leistungspflege. Typisches Beispiel hierfür sind internationale Franchisegeber wie McDonald's. Ihr Ziel ist es, das Potenzial einer erfolgreichen Idee weltweit auszuschöpfen; dazu müssen neue Kundenpotenziale erschlossen werden, wie folgende Aussage des CEO von McDonald's belegt: «The 120 countries in which we operate represent 95 percent of the world's purchasing power. Yet, we feed less than 1 percent of the world's population on any given day» (Greenberg 2001, S. 3). So eröffnete McDonald's von 1995 bis zum Jahr 2000 weltweit 10'408 Restaurants (total 28'707); gut alle vier Stunden wuchs das McDonald's-Filialnetz somit um eine Niederlassung. Franchisegeber wie McDonald's fokussieren eindeutig auf die Kernaufgaben Kundenakquisition und Leistungspflege; dies zeigt auch die Arbeitsteilung mit den Franchisenehmern: Der Franchisegeber ist für die Kundenakquisition (Werbung) und Leistungspflege (Qualitätsmanagement, Schulungen, Bereitstellen und Weiterentwickeln von Know-how, Positionierung usw.) verantwortlich. Kundenbindung ist in erster Linie Ergebnis des operativen Geschäfts («Marketing brings customers in, operations brings them back.»).

Einige Unternehmen verzichten darauf, einzelne Kernaufgaben hervorzuheben; vielmehr streben sie danach, alle vier Kernaufgaben gleichzeitig intensiv zu verfolgen. Ein Beispiel eines solchen *Marketingvirtuosen* oder Marketingmehrkämpfers ist das Unternehmen Swatch. Swatch entwickelt permanent neue Marktleistungen (Uhren, Telekommunikationsprodukte, Automobile), erschließt mit bestehenden und neuen Angeboten laufend neue Kundenpotenziale im (internationalen) Markt, betont die Kundenbindung (Angebot von Zubehör, Fördern des Sammeltriebs, Erhöhen der Preisbereitschaft durch höherwertige Marktleistungen) und pflegt die Marke Swatch wie auch die einzelnen Sortimente durch ständige Aktualisierung und eine Markenpositionierung, die kommunikativ hervorragend umgesetzt wird.

Empirische Befunde zu den vier Kernaufgaben

(Tomczak/Reinecke/Mühlmeier 2002)

Das Institut für Marketing und Handel an der Universität St.Gallen führte im Jahr 2000 eine branchenübergreifende empirische Studie zum Thema *«Marketing Performance Measurement»* in der deutschsprachigen Schweiz und in Deutschland durch. Im Rahmen dieser standardisierten schriftlichen Befragung wurden insbesondere das Kernaufgabenprofil, Wettbewerbsvorteile und Erfolgskenngrößen auf Geschäftsbereichsebene erhoben. Befragt wurden jeweils jene Mitglieder von Geschäfts(bereichs)leitungen, die für Marketing und/oder Verkauf in größeren Unternehmen zuständig sind. Die Grundgesamtheit für die Erhebung bildete eine Zufallsauswahl aus den Top 2000-Unternehmen aus Deutschland und der Schweiz (ohne Non-Profit-Unternehmen), wobei Adressen und Namen der Befragten vorgängig durch das Institut für Marketing und Handel telefonisch überprüft wurden. Insgesamt beteiligten sich 418 *Führungskräfte* an dieser Befragung. Die Rücklaufquote von 21 Prozent in der Schweiz ($n = 236$) und 12 Prozent in Deutschland ($n = 182$) ist für eine nichtbranchenspezifische Befragung als zufriedenstellend zu bewerten (vgl. hierzu Diekmann 1995, S. 441; Hüttner 1989, S. 41 f.). 406 der 418 Befragten gaben das Kernaufgabenprofil korrekt an. Theoretisch sind 16 ($= 2^4$) verschiedene Kernaufgabenprofile denkbar. Aus Abbildung 4.18 geht hervor, dass sich für jedes dieser möglichen Kernaufgabenprofile in der Realität Beispiele finden lassen. Andererseits zeigt es sich aber auch eindeutig, dass einige Kernaufgabenprofile wesentlich häufiger als andere auftreten. So agieren immerhin 14 Prozent aller Unternehmen als «Kundenakquirierer», 9 Prozent haben gleichzeitig Kompetenzvorteile in der Kundenakquisition und der -bindung. Hervorzuheben ist ferner, dass immerhin zirka 6 Prozent der Unternehmen in der Lage sind, das Kernaufgabenprofil eines «Marketingvirtuosen» (Mehrkämpfer) im Markt durchzusetzen.

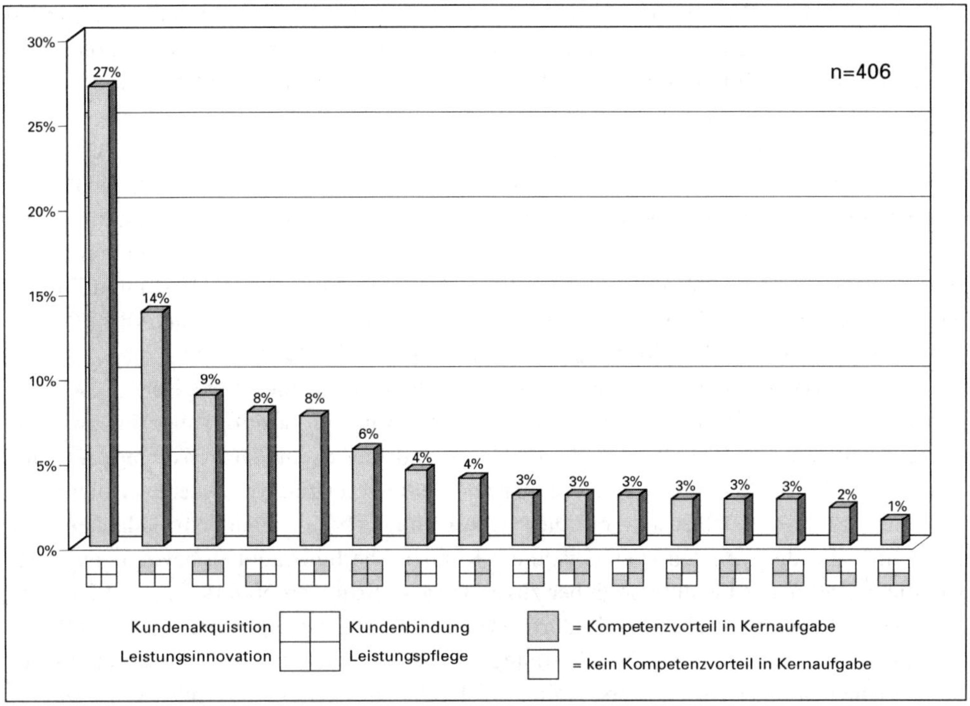

Abb. 4.18: Häufigkeit der Kernaufgabenprofile (Tomczak/Reinecke/Mühlmeier 2002)

4.3.4.2 Wettbewerbsüberlegene Kernaufgabenprofile

Zwei grundsätzliche Perspektiven bei der Formulierung von Kernaufgabenprofilen lassen sich unterscheiden:

Konzentration auf Kernkompetenzen

Unternehmen fokussieren sich auf eine Kernaufgabe und versuchen, in diesem Bereich ihre Überlegenheit gegenüber dem Wettbewerb zu nutzen und weiter auszubauen. Der Nachteil dieses Ansatzes liegt darin, dass sich nicht alle denkbaren Marktpotenziale nutzen lassen. Um das Ziel «Business Excellence» zu realisieren, sollte die Zielsetzung darin bestehen, eine Konzentration auf die Kernkompetenzen vorzunehmen. Dabei sind alle nicht erfolgsentscheidenden Wertschöpfungsaktivitäten auszulagern, um so eine gewollte Beschränkung auf Kernkompetenzen zu erreichen (vgl. auch Töpfer 1998, S. 45).

Nutzung aller Marktpotenziale

Um alle denkbaren Wachstums- und Gewinnchancen realisieren zu können, müssen Unternehmen versuchen, alle Kernaufgaben gleichzeitig bestmöglich zu bewältigen («Mehrkämpfer»). Ein solches Vorgehen ist allerdings mit der Gefahr der «Verzettelung» verbunden. Aufgrund mangelnder Kompetenzen kann kein wettbewerbsüberlegenes Kernaufgabenprofil entwickelt werden. «No company can be good at everything. First, companies have limited funds and must decide where to concentrate them. Second, choosing to be good at one thing may reduce the possibility of being good at something else» (Kotler 1999, S. 55).

Vor dem Hintergrund des hier aufgezeigten Spannungsfelds ist zu fragen, ob sich bestimmte generalisierbare Regeln für die Formulierung von Kernaufgabenprofilen erkennen lassen. In der Literatur diskutieren verschiedene Autoren im Rahmen von Ansätzen, die eine ähnliche Ausrichtung wie der aufgabenorientierte Ansatz aufweisen, diese Fragestellung und liefern (erste) wertvolle Hinweise zur Formulierung wettbewerbsüberlegener Kernaufgabenprofile. Zu nennen sind hier insbesondere die Ansätze von Miles/Snow (1978) und Treacy/Wiersema (1995) sowie Weiterentwicklungen bzw. Anwendungen von Slater/Olson/Reddy (1997), Hagel/Singer (1999), Meffert/Burmann (2000) und Rudolph (2000).

Nach Treacy/Wiersema (1995) muss ein Unternehmen bzw. eine strategische Geschäftseinheit erstens ein einzigartiges Leistungsversprechen (value proposition) abgeben, zweitens ein neues operatives Geschäftsmodell aufbauen und drittens seine Nutzenstrategien (value disciplines) trotz unablässiger Veränderungen und Verbesserungen konsequent verfolgen, um auf dem Markt erfolgreich zu agieren. Diese Überlegungen basieren auf dem Gedanken, dass in jedem Markt drei Kundentypen existieren: Kunden, die Innovationen bevorzugen, Kunden, die anstatt neuer Leistungen lieber zuverlässige Leistungen präferieren, und Kunden, deren individuellen Wünschen und Bedürfnissen möglichst gut entsprochen werden soll. Daraus lassen sich insgesamt drei Nutzenstrategien ableiten, wie ein Unternehmen operatives Geschäftsmodell und Leistungsversprechen erfolgreich miteinander verbinden kann: *Operational Excellence, Product Leadership* und *Customer Intimacy* (siehe Abbildung 4.19). Jede der drei Strategien stützt sich auf ein eigenes Geschäftsmodell, in dem Organisationsstruktur, Unternehmensprozesse, Informationssystem und Unternehmenskultur ganz bestimmte Merkmale aufweisen.

Geschäftsmodell	**Ansatz**	**Kompetenzvorteile**	**Beispiele**
Operational Excellence	• Economies of Scale • niedrigster Preis • Effizienz	Leistungspflege	Wal Mart Aldi McDonald's
Customer Intimacy	• Economies of Scope • Kundennähe • beste Problemlösung für (den) Kunden	Kundenakquisition Kundenbindung	IBM Dell MLP
Product Leadership	• Innovativste Leistung • Preispremium • Time based-Competition	Leistungsinnovation Leistungspflege	Intel 3 M Apple
Brand Champion	• Markenwert • Kundennähe auf Massenmärkten • Distribution	Kundenakquisition Kundenbindung Leistungspflege	Procter & Gamble Adidas Unilever

Abb. 4.19: Geschäftsmodelle und entsprechende Kernaufgabenprofile

Operational-Excellence-Unternehmen bieten solide Leistungen, die ohne großen Aufwand zu den geringsten Lebenszykluskosten ausgeliefert werden. Ihre Prozesse sind optimiert und rationalisiert, sodass sie eine möglichst hohe Effizienz erreichen. So ist es ihnen möglich, Leistungen mit einem niedrigen Preis, aber angemessener Qualität anzubieten. Dadurch können sie eine Wettbewerbsposition einnehmen, die für andere Wettbewerber in ihrem Markt unerreichbar bleibt.

Product-Leadership-Unternehmen hingegen treiben die Entwicklung von Produkten fortwährend voran und bringen so kontinuierlich Produkte hervor, die den Stand der Technik neu definieren. Sie legen ihren Fokus auf die Kernprozesse Innovation, Produktentwicklung sowie Marktsondierung; ferner halten sie ständig Ausschau nach First-Mover-Vorteilen. Nicht der Preis, sondern die Leistung steht bei ihnen im Vordergrund.

Customer-Intimacy-Unternehmen haben ihr Management auf Kundennähe ausgerichtet. Ihr Leistungsversprechen besteht darin, ausgewählten Kunden die beste Problemlösung und somit umfassende Unterstützung zu bieten. Customer-Intimacy-Unternehmen beschäftigen sich unaufhörlich damit, ihre Leistungen an spezifische Kundenanforderungen anzupassen – unter Gewährleistung moderater Preise. Für sie zählt nicht der Ertrag einer individuellen Transaktion, sondern der Nutzen einer langen Beziehung.

Treacy/Wiersema (1995) betonen, dass ein Unternehmen zum einen in einer der drei Disziplinen nach Höchstleistung streben, zum anderen aber auch bemüht sein muss, in den zwei anderen Disziplinen keine signifikanten Wettbewerbsnachteile zuzulassen.

Slater/Olson/Reddy (1997) fügten den drei Geschäftsmodellen nach Treacy/Wiersema noch das Geschäftsmodell des *Brand Champion* hinzu. Das Brand Champion-Geschäftsmodell betont wie das Customer Intimacy-Geschäftsmodell die Kundenperspektive, stellt jedoch das «Massenmarktkomplementär» hierzu dar. Eine starke Marke kann aus Sicht des Kunden das Risiko reduzieren, enttäuschende und schlechte Leistungen zu erwerben. Des Weiteren ermöglicht sie einem Unternehmen teure und uneffektive Preispromotionen zu vermeiden, wenn durch die Marke wichtige Informationen über ein Produkt gut und schnell kommuniziert werden. Entscheidend bei diesem Geschäftsmodell sind der Aufbau und die Pflege des Markenwerts inklusive der Marktsegmentierung und -analyse, der Positionierung und der Pflege guter Kanalbeziehungen.

Fazit

Werden die Aussagen der oben vorgestellten Ansätze zusammenfassend betrachtet und in Beziehung zum aufgabenorientierten Ansatz gesetzt, so lassen sich die im Folgenden vorgestellten Schlussfolgerungen ziehen:

- Im Wesentlichen lassen sich – basierend auf dem Ansatz von Treacy/Wiersema (1995) – unterschiedliche Typen potenziell erfolgreicher Geschäftsmodelle erkennen: Product Leadership, Operational Excellence und Customer Intimacy. Slater/Olson/Reddy (1997) ergänzen den Brand Champion.
- Um ein Geschäftsmodell erfolgreich im Markt durchzusetzen, werden spezifische Kompetenzen benötigt.

- Um solche Kompetenzen herausbilden zu können, ist es erforderlich, sich auf eines der Geschäftsmodelle zu konzentrieren (siehe insbesondere Hagel/Singer 1999).
- Die Geschäftsmodelle lassen sich in die «Terminologie» des aufgabenorientierten Ansatzes übertragen. So erfordert das Geschäftsmodell Operational Excellence einen Kompetenzvorteil in der Kernaufgabe Leistungspflege. Product Leader müssen dagegen überdurchschnittlich gut in der Kernaufgabe der Leistungsinnovation sein, während Customer Intimacy-Unternehmen Kompetenzvorteile bezüglich Kundenakquisition und Kundenbindung aufweisen müssen. Brand Champions müssen sowohl den Umgang mit Kundenpotenzialen (Kundenakquisition und Kundenbindung) als auch die Kernaufgabe Leistungspflege überdurchschnittlich gut beherrschen.
- Um erfolgreich zu sein, müssen Unternehmen ein Geschäftsmodell exzellent umsetzen. Ferner dürfen sie in den jeweils anderen Kompetenzfeldern (bzw. Kernaufgaben) keine Wettbewerbsnachteile aufweisen (vgl. Treacy/Wiersema 1995).
- Durch die Wahl eines bestimmten Geschäftsmodells werden simultan schon grundlegende Aspekte der Positionierung festgelegt.

Der aufgabenorientierte Ansatz erweitert allerdings den Blickwinkel des Ansatzes von Treacy/Wiersema (1995):

- Die Kernaufgaben Kundenakquisition und Kundenbindung benötigen unterschiedliche Kompetenzen und können daher nicht von vornherein in einem Geschäftsmodell «Customer Relationship» zusammengefasst werden.
- Zudem existieren mehr als die drei von Treacy/Wiersema identifizierten Geschäftsmodelle (siehe auch den Ansatz von Slater/Olson/Reddy 1997). So konnten auch im Rahmen der schon angesprochenen empirischen Studie andere erfolgreiche Kernaufgabenprofile (Geschäftsmodelle) identifiziert werden – so z. B. «Multiplizierer» (Schwerpunkte in Kundenakquisition und Leistungspflege), «Potenzialausschöpfer» (Schwerpunkte in Kundenbindung und Leistungspflege) oder auch erfolgreiche «Mehrkämpfer».
- Dynamische Aspekte, d.h. der Wechsel von einem Geschäftsmodell zu einem anderen, werden in den oben genannten Ansätzen nicht explizit thematisiert. Hier setzen auch Meffert/Burmann (2000) an, indem sie eine dynamische, auf dem *Produktlebenszykluskonzept* basierende Betrachtungsweise fordern. Dies gilt insbesondere in so genannten turbulenten Märkten mit hoher technologischer Entwicklungsgeschwindigkeit (vgl. Burmann 2000). Dabei wird versucht, in einzelnen Produktlebenszyklusphasen die erfolgskritischen Kompetenzen zu identifizieren und auf dieser Grundlage Implikationen für das Product Life Cycle Management abzuleiten. Meffert/Burmann (2000) greifen auf den Ansatz von Treacy/Wiersema zurück und unterscheiden Technologiekompetenz (product leadership), operationale Kompetenz (operational excellence) und Beziehungskompetenz (customer intimacy). Zur Sicherung des Erfolgs sind in einzelnen Lebenszyklusphasen teilweise diametrale Kompetenzen erforderlich (vgl. Moore 1999, S. 174f.). Da sich die Produktlebenszyklen insbesondere in turbulenten Märkten in den letzten Jahren verkürzt haben und damit die Lebenszyklusphasen in immer kürzeren Abständen aufeinander folgen, wird der schnelle und effiziente Wechsel zwischen unterschiedlichen erfolgsent-

scheidenden Kompetenzen und die damit einhergehende unterschiedliche Marktbearbeitungsstrategie zu einer zentralen Herausforderung für einen nachhaltigen Markterfolg.

Nachdem der Marketingplaner das Kernaufgabenprofil formuliert hat, mit dem die jeweiligen Wachstums- und Gewinnziele realisiert werden sollen, geht es im nächsten Planungsschritt darum, das so genannte Positionierungszielsystem festzulegen. Im Wesentlichen ist zu bestimmen, welcher komparative Konkurrenzvorteil im Markt auf- bzw. ausgebaut werden soll.

4.4 Positionierung

Dieser Abschnitt entspricht in weiten Teilen der Darstellung bei Haedrich/Tomczak (1996b, S. 136 ff).

4.4.1 Überblick

Jede angebotene Leistung besitzt aus dem subjektiven Blickwinkel der Kunden eine bestimmte *Position im Markt.* Diese Position wird durch vielfältige Faktoren beeinflusst. Selbst ohne den zielgerichteten Einsatz des Marketing-Mix weist eine angebotene Leistung ein mehr oder weniger prägnantes Profil auf, d. h. sie kann – und dies ist in der Praxis durchaus der Fall – eine bestimmte Position im Markt weitgehend passiv und ungesteuert besetzen.

Die *Positionierung* zielt auf die *strategische* und *aktive* Gestaltung und Steuerung der Stellung einer Marktleistung im jeweils relevanten Markt ab (vgl. hierzu Esch 1992; Mühlbacher/Dreher 1996). Zentrale Aufgabe der Positionierung ist es, die zukünftige Stellung eines Leistungsangebots im Markt und im Wettbewerb festzulegen, um die Richtung für einen effizienten Einsatz des Marketing-Mix gemäß der ökonomischen Zielsetzungen vorzugeben. Die Positionierung liefert die Leitidee für die quantitative und qualitative Ausgestaltung des Marketing-Mix (vgl. Becker 1996). Kroeber-Riel/Esch (2000, S. 47) bezeichnen die Positionierung daher mit Recht auch als «hohe Schule des Marketing».

Wie in Abschnitt 3.4.1 angesprochen, liegt der Kern aller Marketingbemühungen darin, *komparative Konkurrenzvorteile* (KKV) zu erzielen. Backhaus (1999, S. 31) spricht in diesem Zusammenhang anschaulich vom Prinzip des «Survival of the Fittest», d. h. ein Produkt bzw. ein Leistungsangebot ist derart zu positionieren, dass eine dauerhafte und profitable Alleinstellung im Wettbewerb erreicht wird. Ein komparativer Konkurrenzvorteil bzw. – in der Sprache der Praxis – eine *«Unique selling proposition (USP)»* oder *«Unique marketing proposition (UMP)»* ergibt sich, wenn die folgenden Forderungen erfüllt sind (vgl. insbesondere Magyar 1987, S. 142 ff.; Meffert 1988, S. 119 ff.):

1. Ein echter, d. h. für die anvisierte Kundengruppe bedeutsamer Kundennutzen muss angesprochen werden. Die Leistungen des eigenen Angebots sind in eine Leistung für den jeweiligen Kunden zu übersetzen. Die Größe eines komparativen Konkurrenzvorteils hängt u. a. davon ab, welche Bedeutung das zu lösende Problem für den jeweiligen Kun-

den besitzt. Es gilt: Je wichtiger das Problem für den Kunden ist, desto größer ist das Potenzial zur Erlangung von komparativen Konkurrenzvorteilen.

2. Der Nutzen muss das eigene Leistungsangebot möglichst dauerhaft von Wettbewerbsangeboten positiv abgrenzen. Die zentrale Zielsetzung besteht nicht in einer Maximierung des Nutzens des jeweiligen Kunden, sondern darin, einen relevanten Kundennutzen besser als irgendein anderer Wettbewerber oder der Kunde selbst befriedigen zu können. Mit anderen Worten: im Mittelpunkt steht die relative Steigerung des Kundennutzens (vgl. Große-Oetringhaus 1996).
3. Der Nutzen sollte auf Kernkompetenzen in dem Unternehmen treffen. «Die Analyse der eigenen Ressourcenpotenziale im Sinne von besonderen Fähigkeiten ist eine entscheidende Voraussetzung für die Definition von KKVs.» (Backhaus 1992, S. 22) Dauerhafte komparative Konkurrenzvorteile liegen demnach nur dann vor, wenn tatsächlich überlegene Fähigkeiten und Ressourcen vorhanden sind (vgl. Day/Wensley 1988).
4. Der Nutzen muss für die Kunden deutlich wahrnehmbar sein. In diesem Zusammenhang führt Trommsdorff (1992, S. 324 f.) aus: «Wie in anderen Erfolgsfaktorenprojekten auch, stellt sich bei PIMS heraus, dass die von den Kunden wahrgenommene Produktqualität neben dem Marktanteil der wichtigste Erfolgsfaktor ist; gemeint ist nicht die technisch gemessene objektive Qualität, sondern der Qualitätseindruck, den die Kunden (…) von der Produktqualität (…) haben.» (siehe auch die Ausführungen zu PIMS in Abschnitt 2.1.4) Maßstab für die erfolgreiche Umsetzung einer Positionierung ist somit die subjektive Wahrnehmung der Kunden (vgl. Tomczak/Müller 1993). Diese Aussage ist nicht nur für die Konsumgüter- oder Dienstleistungsbranche, sondern auch für die Investitionsgüterindustrie von Relevanz. Auch hier entscheidet nicht eine wie auch immer definierte objektive Qualität, sondern die von den Kunden subjektiv wahrgenommene Qualität der angebotenen Leistungen über den Markterfolg.

   Auch im Investitionsgütermarketing muss es darum gehen, im Dienst der Positionierung die Wahrnehmung der Kunden zu beeinflussen. Selbstverständlich müssen andere Kommunikationsinstrumente als im Konsumgütermarketing eingesetzt werden. Mit emotionalisierender TV-Werbung wird man bei der Vermarktung von Verpackungsmaschinen oder Niederspannungsgeräten nur wenig Erfolg haben. Eine professionelle Offertenerstellung oder die Pflege der persönlichen Beziehungen zu den Mitgliedern des Buying Centers sind hier vielfach wichtige Kommunikationsinstrumente (vgl. z. B. Belz 1993). Etats in Größenordnungen von EUR 150'000 für die Erstellung eines Angebots (Marktforschung, Spezifikationen, Projektierung usw.), um einen Auftrag in Höhe von Euro 1,5 Millionen zu erhalten, stellen beispielsweise in den Märkten des Fernmeldewesens keine Seltenheit dar.

Das Streben nach komparativen Konkurrenzvorteilen ist mit dem Ziel des Aufbaus von *akquisitorischem Potenzial* gleichzusetzen. Mit dem Begriff akquisitorisches Potenzial wird eine Bedingungskonstellation erfasst, bei der ein Unternehmen seine Leistungen prinzipiell unter horizontalen Konkurrenzbedingungen offeriert, aber durch das Anbieten echter Leistungsvorteile über ein «Privatmonopol» verfügt (vgl. insbesondere Gutenberg 1976, S. 246 f.; Weinhold-Stünzi 1990, S. 248 ff.; Simon 1982, S. 74 ff.).

4.4.2 Reaktive Positionierung: Das klassische Positionierungsmodell

4.4.2.1 Darstellung des klassischen Positionierungsmodells

Ein zentraler Grundgedanke des Marketing lautet: Kunden wählen diejenigen Produkte bzw. Leistungen, deren wahrgenommene Eigenschaften ihren (Nutzen-)Erwartungen am besten entsprechen. Es gilt, sich an dieser zentralen Hypothese zu orientieren, wenn Produkte bzw. Leistungen im Markt erfolgreich positioniert werden sollen.

Diese Grundgedanken liegen dem «klassischen» Positionierungsmodell zugrunde. Hierbei werden die Positionen verschiedener, miteinander im Wettbewerb stehender Produkte bzw. Leistungen in einem so genannten *Positionierungsraum* wiedergegeben. Dieser Positionierungsraum wird durch Achsen gebildet, die die kaufentscheidungsrelevanten Produkteigenschaften eines Markts widerspiegeln (vgl. u. a. Freter 1983, S. 33 ff.; Brockhoff 1992).

Um sich mit einem beherrschbaren und kommunizierbaren Entscheidungsproblem auseinandersetzen zu können, ist man in der Praxis vielfach bemüht, die von den Kunden wahrgenommene Marktrealität in einem möglichst niedrig dimensionierten Positionierungsraum abzubilden. So finden im Regelfall zwei- oder dreidimensionale Positionierungsmodelle Anwendung. Selbstverständlich stellt ein solches Vorgehen in der Regel eine erhebliche Vereinfachung der Realität dar, da bei den Kunden üblicherweise mehr als zwei oder drei Eigenschaften bzw. Nutzenerwartungen den Kauf eines Produkts bzw. einer Marke beeinflussen. Andererseits ist ein solches Vorgehen in vielen Fällen sachlich gerechtfertigt: Durch die Reduktion der Eigenschaften wird die Grundlage für eine kompakte Positionierung geschaffen, die sich im Markt und somit bei den Kunden durchsetzen lässt (vgl. auch Kroeber-Riel/Esch 2000, S. 47 ff.). «Nur wer seine volle Kraft auf wenige Parameter konzentriert, wird dort wahrnehmbar und dauerhaft bessere Leistungen erreichen» (Simon 1988, S. 471).

In Abbildung 4.20 wird beispielhaft ein dreidimensionales Positionierungsmodell dargestellt; abgebildet werden die Positionen von Fluggesellschaften. Neben den Positionen von Produkten bzw. Leistungen, so genannten *Realmarken,* lassen sich in derartigen Positionierungsmodellen auch Ansatzpunkte für eventuell offene Marktsegmente erfassen, indem so genannte Idealmarken erhoben werden, die die Idealvorstellungen bzw. Präferenzen einer bestimmten Kundengruppe im Hinblick auf den betrachteten Markt bündeln.

Das «klassische» Positionierungsmodell weist vier Kernelemente auf (vgl. insbesondere Wind 1982; Freter 1983, S. 34 f.):

- *Eigenschaften:* Die relevanten produktspezifischen (Nutzen-)Erwartungen der Kunden sind zu ermitteln. Zu beachten ist, dass Eigenschaften nicht gleichgewichtig auf die Kaufentscheidungen der Kunden Einfluss nehmen. Für Flugpassagiere sind die Eigenschaften «Service», «Flugatmosphäre» und «Zuverlässigkeit/Vertrauen» von besonderer Bedeutung für die Kaufentscheidung und -zufriedenheit.
- *Positionen von Produkten bzw. Leistungen:* Jedes Produkt bzw. jede Leistung wird durch die von den Kunden wahrgenommenen Ausprägungen in den relevanten Eigenschaften

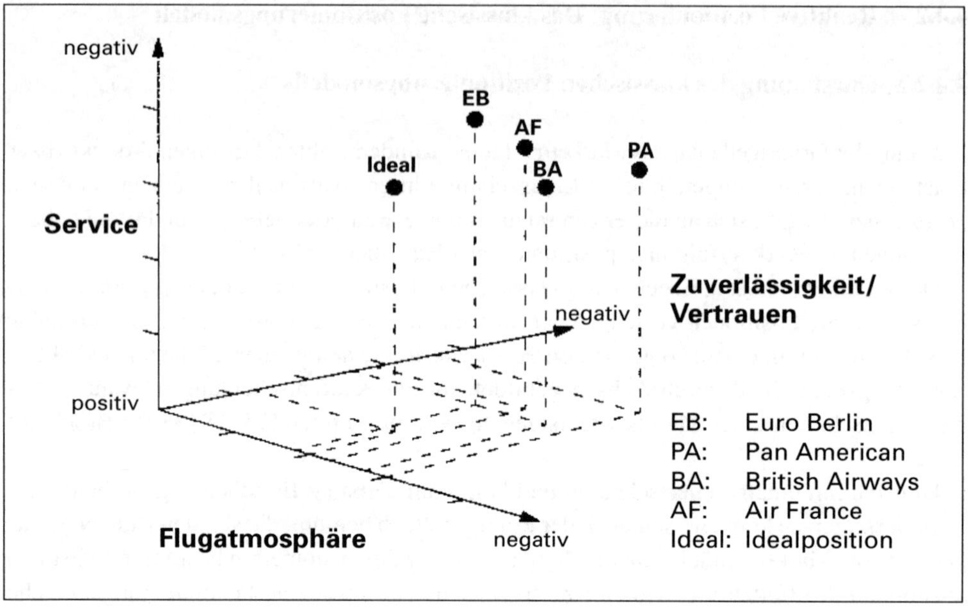

Abb. 4.20: Dreidimensionales Positionierungsmodell – Beispiel Fluggesellschaften (Trommsdorff 1992, S. 330)

charakterisiert. Im Beispiel sind dies die Fluggesellschaften Euro Berlin, Pan American, British Airways und Air France, die in dem für Fluggäste relevanten Eigenschaftsraum positioniert werden.

- *Positionen von Kunden:* Jeder Kunde verfügt über ein Anforderungs- bzw. Präferenzprofil an ein ideales Produkt bzw. an eine ideale Leistung. Kunden mit ähnlichen Anforderungen und somit homogenen Bedürfnissen bilden ein Marktsegment. In dem Beispiel aus dem Fluggeschäft wird nur der durchschnittliche Idealpunkt eines Segments bzw. des gesamten Markts wiedergegeben.
- *Distanzen zwischen Produkt- und Kundenpositionen:* Zwischen der Position eines Kunden und den wahrgenommenen Ausprägungen der betrachteten angebotenen Leistungen bestehen Distanzen. Die zentralen Hypothesen des «klassischen» Positionierungsmodells lauten:

  (a) Je geringer die Real-Ideal-Distanz, desto größer wird die Wahrscheinlichkeit, dass der Kunde ein bestimmtes Produkt kauft.

  (b) Es wird das Produkt mit der geringsten Real-Ideal-Distanz bevorzugt (gekauft).

Grundsätzlich lassen sich zwei Stoßrichtungen bei der Entwicklung einer Positionierung unterscheiden (Esch 1992, S. 10 f.; Kroeber-Riel/Weinberg 1999, S. 216 f.):

1. Anpassung der angebotenen Leistungen an die Nutzenerwartungen (Bedürfnisse, Wünsche) der Kunden
Bei dieser Vorgehensweise werden die Nutzenerwartungen der Kunden an die so genannte Idealmarke als gegeben angenommen. Es wird das Ziel verfolgt, ein Angebot auf den Markt zu bringen, dass der Idealmarke möglichst gut entspricht.

2. Anpassung der Nutzenerwartungen der Kunden an die angebotenen Leistungen
Hier wird versucht, die Nutzenerwartungen der Kunden an die Idealmarke so zu verändern, dass ihnen die angebotenen Leistungen («Realmarken») zusagen.

Die Zielsetzung beider Vorgehensweisen besteht somit immer in einer Verringerung des von den Kunden wahrgenommenen Abstandes zwischen Ideal- und Realmarken. In der Regel kommen in der Praxis beide Ansätze kombiniert zum Einsatz.

4.4.2.2 Möglichkeiten und Grenzen des «klassischen» Positionierungsmodells

Das «klassische» Positionierungsmodell liefert dem Marketingpraktiker zweifellos wertvolle und unverzichtbare Hinweise für die Planung des zukünftigen Einsatzes seines Marketing-Mix. Auf Basis einer Ist-Analyse lassen sich Erkenntnisse darüber gewinnen, ob mit der aktuell verfolgten Positionierungsstrategie die relevanten Bedürfnisse der Zielgruppe befriedigt werden oder ob gewisse Verschiebungen bei der Wahrnehmung des Images stattgefunden haben. Auch lassen sich – wie aufgezeigt – bis zu einem gewissen Grad wettbewerbsorientierte Strategien ableiten, indem beispielsweise angestrebt wird, das eigene Leistungsangebot möglichst nahe bei einer bisher vom Wettbewerb nicht bedienten Idealmarke zu positionieren.

Angesichts der heutigen intensiven Wettbewerbsverhältnisse weist eine lediglich an dem «klassischen» Positionierungsmodell ausgerichtete Positionierungsstrategie in zahlreichen Märkten allerdings einige schwerwiegende *Mängel* auf. Im Einzelnen sind dies:

- *Trend zur Gleichschaltung der konkurrierenden Angebote:* Alle Wettbewerber in einem Markt verfügen heutzutage nahezu über dieselben Informationen und kommen in der Folge dann zumindest in der Tendenz zu ähnlichen Schlussfolgerungen bezüglich der Ausrichtung der Marketing- und Wettbewerbsstrategien. Die Wettbewerber in einem bestimmten Markt müssten modellgemäß immer ähnlichere Strategien verfolgen, wodurch ihre Angebote sowohl bezüglich der objektiven Funktionalität als auch der emotionalen Qualität für die Kunden austauschbar werden. Eine Entwicklung, die sich in der Realität in zahlreichen Märkten beobachten lässt (z. B. Waschmaschinen, Autoreifen, Joghurts).
- *Reaktives Marketing:* Das Modell ist vergangenheitsorientiert (vgl. Trommsdorff 1992, S.332). Sowohl Wettbewerb als auch Kundenerwartungen bzw. -bedürfnisse sind jedoch dynamisch. Auf Basis einer solchen Analyse lassen sich typischerweise lediglich Imagedefizite erkennen, die beseitigt werden sollen. Dieses Vorgehen ist vielfach sicherlich notwendig, aber letztlich Ausdruck eines reaktiven Marketing.

- *Mangelnde Innovationsorientierung:* Die Präferenzen der Kunden (Idealmarken) werden in der Praxis durch gängige Methoden der Marktforschung ermittelt, in der Regel durch repräsentative, standardisierte Befragungen. Auf diesem Weg lassen sich aber nur die verbreiteten Ansichten der Kunden erheben, die maßgeblich durch das in der Vergangenheit betriebene Marketing geprägt wurden. «Wer sich bei der Positionierung daran orientiert, übernimmt leicht Branchenklischees, die veraltet und verbraucht sind (...)» (Kroeber-Riel/Esch 2000, S. 51). Eine Positionierung, die sich an zukünftigen Marktpotenzialen orientiert und eine Alleinstellung gegenüber der Konkurrenz erlaubt, lässt sich auf diesem Weg nicht erreichen. *Innovative Positionierungen* verlangen Kreativität, Spekulation und strategische Weitsicht vom Anbieter. Innovationen wie der Sony-Walkman, der Energydrink «Red Bull», seinerzeit die Swatch-Uhren, das Magazin «Fit for Fun» der Verlagsgruppe «Milchstraße» usw. lassen sich nicht bei potenziellen Kunden «erfragen», sondern verlangen vom Anbieter Ideen und ein Gespür dafür, welche neuen Nutzenkombinationen vom «Markt» akzeptiert werden.
- *Unzureichende Annahmen zum Kundenverhalten:* Die Realität der Märkte sieht heutzutage vielfach so aus, dass sich kein Wettbewerber Defizite bei einem Basis-Imagemerkmal bzw. bei einer grundlegenden Eigenschaft der angebotenen Leistungen erlaubt. Trommsdorff (1992, S. 330) identifiziert vor diesem Hintergrund eine weitere fundamentale Schwäche des «klassischen» Positionierungsmodells, wenn er feststellt: «Die Vorstellung von einem allen Wettbewerbsmarken gemeinsamen, einheitlichen Image-Merkmalsraum verträgt sich insbesondere nicht mit den Erkenntnissen der noch jungen Low-Involvement-Theorie der Konsumentenbeeinflussung. Es werden durchaus nicht alle Wettbewerbsmarken nach denselben Kriterien beurteilt.» Erfolgreiche Produkte sind auf eigenen, nur von diesen erfolgreich besetzten Eigenschaftsdimensionen positioniert. Im höherpreisigen Automobilmarkt besetzt BMW beispielsweise die Positionierungsdimension «elegante Fahrdynamik»; schwedische Automobilanbieter (Volvo, Saab) sind hingegen traditionell nahezu ein Synonym für die Eigenschaft «solide Sicherheit».

Fazit: Mit Hilfe des «klassischen» Positionierungsmodells wird versucht, entweder die angebotenen Leistungen an die Erwartungen der Kunden oder die Erwartungen der Kunden an die angebotenen Leistungen anzupassen. Im Mittelpunkt eines solchen Vorgehens stehen Wünsche, die von den Kunden in welcher Form auch immer explizit mit Blick auf eine bestimmte Produktkategorie artikuliert wurden. Daher kann das Positionierungsvorgehen nach diesem Modell als reaktiv bezeichnet werden.

4.4.3 Aktive Positionierung

4.4.3.1 Überblick

Vor dem Hintergrund der oben diskutierten Entwicklungen gewinnt in vielen Märkten ein ergänzender Positionierungsansatz immer größere Bedeutung (vgl. Tomczak/Reinecke 1995). In zahlreichen Märkten reicht es heutzutage nicht mehr aus, das Marketing an artikulierten Kundenwünschen auszurichten. Vielmehr wird es erforderlich, *latent vorhandene Kundenwünsche* zu eruieren und mit entsprechenden Marketingaktivitäten zu bedienen (siehe auch die Abbildung 4.21).

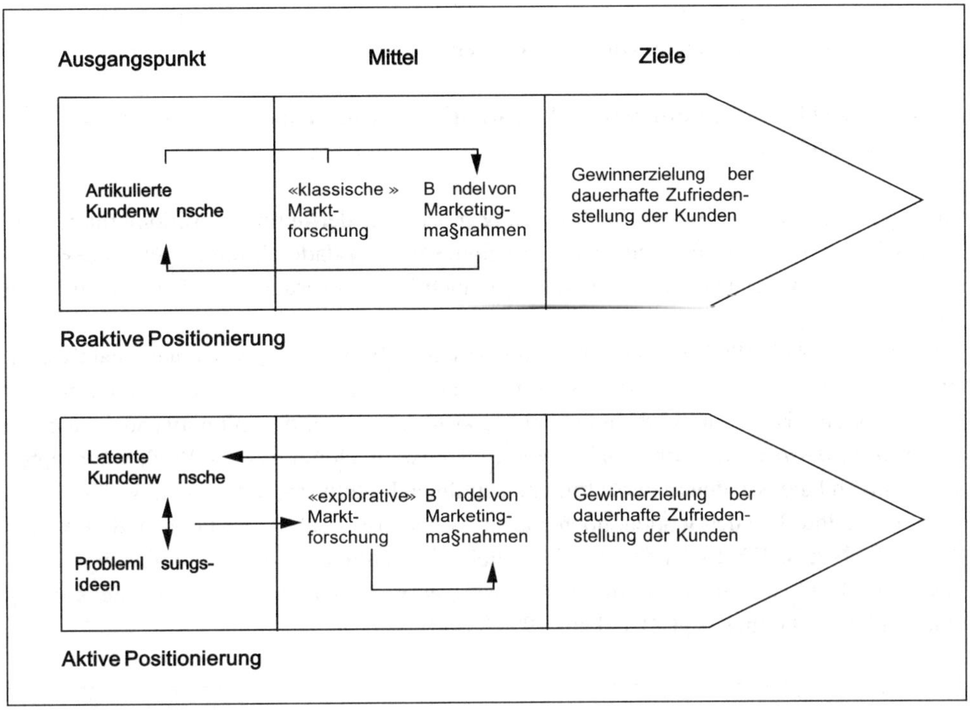

Abb. 4.21: Reaktive und aktive Positionierung (Tomczak 1994)

Die hier vorgestellten Überlegungen zur aktiven Positionierung greifen Überlegungen von Ries/Trout auf (vgl. Trout/Ries 1972, Ries/Trout 1986; 1993). Bei der aktiven Positionierung geht es darum, eine neue, dem Kunden bis zu diesem Zeitpunkt unbekannte, für seine Kaufentscheidung aber wichtige Eigenschaftsdimension (möglichst die wichtigste) in einzigartiger Weise zu besetzen. Nach Ries/Trout (1986) liegt nur in einem solchen Fall ein «echter» komparativer Konkurrenzvorteil vor. Mit anderen Worten: Eine Marktleistung verfügt nur dann über einen komparativen Konkurrenzvorteil, wenn sie quasi einen eigenen Markt bedient. So empfehlen Ries/Trout (1986, S. 79 ff.) Marktherausforderern, nicht das Ziel zu verfolgen, die vorhandenen Marktregeln besser als der Marktführer zu beherrschen («Größer-und-Besser»-Philosophie), sondern eine Strategie zu wählen, die nach neuen Regeln bzw. nach einem neuen Markt sucht («New-Game-Strategien»).

Für die Entwicklung einer aktiven Positionierung stehen zwei Ansatzpunkte zur Verfügung (siehe hiezu insbesondere auch die Ausführungen in Abschnitt 1.1):

- *Outside-in-Orientierung:* In einem ersten Schritt wird versucht, latent vorhandene Bedürfnisse von bestimmten Kundengruppen zu identifizieren, um dann in einem zweiten Schritt nach innovativen Problemlösungen zu suchen (Beispiel: Zahnpasta im so genannten Spender von Theramed; Nachrichtenmagazin «Focus» von Burda).

- *Inside-out-Orientierung:* In einem ersten Schritt werden ausgehend von einer spezifischen Ressourcenausstattung (u.a. Kernkompetenzen) innovative Problemlösungen kreiert, für die in einem zweiten Schritt Kunden mit (latent vorhandenen) Bedürfnissen gesucht werden (Beispiel: Walkman von Sony; Gameboy von Nintendo).

4.4.3.2 Outside-in-Orientierung: Identifikation latent vorhandener Kundenbedürfnisse

Im Gegensatz zur klassischen Positionierung gilt es bei der aktiven Positionierung, neue Eigenschafts- bzw. Imagedimensionen zu entwickeln, um dadurch die Regeln des Markts und des Wettbewerbs neu zu bestimmen (vgl. auch Esch/Levermann 1995; Esch/Andresen 1996).

Hamel/Prahalad (1992, S. 46 f.) unterstreichen diese Entwicklung von einem reaktiven zu einem aktiven Marketing: «Selbstverständlich ist es wichtig, auf die Kunden zu hören, aber wer nicht mehr als das tut, wird kaum zum Marktführer.» Es wird somit notwendig, *sich von der Diktatur der bislang bedienten Märkte zu befreien,* nach innovativen Produktkonzepten zu suchen und die Kunden aktiv zu führen, statt ihnen hinterherzulaufen: «Marktführer [...] wissen, was ihre Kunden wollen, noch ehe sie sich selbst darüber im klaren sind» (Hamel/Prahalad 1992, S. 47). Es ist daher erforderlich, Vermutungen über Problemlösungserwartungen der Kunden anzustellen, um den *zukünftigen Problembedarf* besser als die Konkurrenz erfüllen zu können (vgl. Backhaus 1999, S. 32).

Identifikation latent vorhandener Kundenbedürfnisse am Beispiel Swatch und Ice-Tea

Die Uhrenmarke *Swatch* des Schweizer Uhrenkonzerns SMH wurde nicht etwa deshalb ein Erfolg, weil es gelang, die Marke in einem Modell mit bekannten Imagedimensionen so zu positionieren, dass sie besser den Idealvorstellungen einer bestimmten Kundengruppe entsprach. Vielmehr gelang es, neue Dimensionen wie «modische Aktualität» für den Uhrenmarkt zu entdecken und möglichst einzigartig zu besetzen.

Auch die Entwicklung auf dem Getränkemarkt war in den letzten Jahren von Innovationen geprägt, die nicht mit Hilfe des klassischen Positionierungsmodells zu erklären sind. Beispielsweise wurde mit der Innovation *«Ice-Tea»* die bis dahin übliche Segmentierung im Getränkemarkt aufgehoben; dieses neue Getränk ist zwischen den bisher klar voneinander abgegrenzten Märkten für Fruchtsaft und Erfrischungsgetränke positioniert.

Latente oder zukünftig relevante Bedürfnisse lassen sich jedoch mit den klassischen Methoden der Marktforschung nicht erheben. Vielmehr ist es notwendig, neben einer umfassenden Analyse der vorhandenen internen und externen Informationen in einem Unternehmen auch neue Informationen im Rahmen einer *Innovationsbedarfserfassung* zu generieren. Ziel dieses explorativen Vorgehens ist es, die Probleme der Kunden besser zu verstehen und schneller als die Konkurrenz im Rahmen der eigenen Marktleistungsgestaltung zu berücksichtigen. Zur Informationsgewinnung kann auf verschiedene Ansätze zurückgegriffen werden (siehe auch Geschka/Eggert-Kipfelstuhl 1994):

- *Informationsgewinnung durch Kundenpartizipation:* Durch eine intensive Zusammenarbeit mit Kunden wird versucht, Informationen zu erhalten, die für die eigene Leistungsgestaltung in Zukunft von Relevanz sein werden. Von besonderer Relevanz ist in diesem Zusammenhang das sogenannte Lead-User-Konzept, bei dem innovative und möglichst wegweisende Kunden in die Marktleistungsgestaltung einbezogen werden (vgl. Hippel 1988, Herstatt 1991, Herstadt/Hippel 1992).
- *Informationsgewinnung durch Situationsanalyse:* Hierbei versucht man, Kundenbedürfnisse durch eine intensive Anwenderbeobachtung zu erheben. Ziel ist es, Probleme der Kunden in möglichst realen Anwendungsituationen festzustellen und Lösungsmöglichkeiten zu entwickeln. Im Konsumgüterbereich werden inzwischen von verschiedenen Unternehmen so genannte Szenemanager eingesetzt (vgl. Kreilkamp/Nöthel 1996). Zweckmäßig sind beispielsweise der Einsatz der «Critical Incident Technique» (vgl. Stauss 1996) oder die Analyse von Kundenwünschen mit Hilfe von Means-End-Chains (vgl. Kuß 1996).
- *Informationsgewinnung durch Kreativitäts- oder Prognosetechniken:* Durch eine Verfremdung der Situation und ständigen Perspektivenwechsel sollen mit Hilfe von Kreativitäts- und Szenariotechniken Informationen gewonnen werden, die Hinweise auf latente Bedürfnisse und gegebenenfalls bereits erste Lösungsansätze offenbaren.
- *Informationsgewinnung durch explorative Expertengespräche:* Durch eine sorgfältige Auswahl von Spezialisten bzw. Experten sollen möglichst alle denkbaren und in der Diskussion befindlichen Aspekte eines bestimmten Themenkreises eingefangen werden, um mögliche Trends zu erkennen und abzuschätzen, die Hinweise auf potenzielle latente Bedürfnisse in den Märkten geben. Bei der Auswahl der Experten kommt es darauf an, verschiedene Fachrichtungen sowie unterschiedliche und kontradiktorische Auffassungen zu berücksichtigen (vgl. Weinhold-Stünzi 1994b).

4.4.3.3 Inside-out-Orientierung: Ausnutzen spezifischer Ressourcenausstattungen

Dem ressourcenorientierten Ansatz liegt primär eine Inside-out-orientierte Denkhaltung zugrunde, die der effizienten Ausnutzung unternehmensspezifischer Ressourcen oberste Priorität einräumt (vgl. Rasche/Wolfrum 1994, S. 502).

Ansatzpunkt für innovative Positionierungen können beim ressourcenorientierten Ansatz beispielsweise neuartige technologische Möglichkeiten sein (vgl. insbesondere Kliche 1991; Töpfer/Sommerlatte 1991). Bei solchen *technologiegetriebenen Innovationen* liegt zuerst das technische Konzept vor, aufgrund dessen dann der potenzielle Anwender die Gelegenheit erhält, eine Vorstellung vom Produktgebrauch und vom Produktnutzen zu entwickeln (vgl. Geschka/Eggert-Kipfelstuhl 1994, S. 127). Einen dauerhaften komparativen Konkurrenzvorteil begründen solche Innovationen, wenn sie einen Kundennutzen erbringen und zudem auf ein *spezifisches Ressourcenpotenzial* im Unternehmen treffen.

Beispiele für materielle Ressourcen sind die Kapitalausstattung, Produktionsanlagen, EDV-Systeme oder ein weitreichendes Distributionssystem. Zu den immateriellen Ressourcen zählen technologisches Wissen, die Reputation des Unternehmens, ein Markenwert etc. (vgl. Wolfrum/Rasche 1993; von Krogh/Rogulic 1996).

Trotz dieser primären Inside-out-Orientierung ist es notwendig, dass eine strategisch relevante Ressourcenbasis zu einem komparativen Konkurrenzvorteil führt. Rasche und Wolfrum (1994, S. 503 ff.; vgl. insbesondere auch die dort zitierte Literatur) nennen vier Voraussetzungen:

- *Nicht-Imitierbarkeit:* Die Ressourcenausstattung eines Unternehmens basiert auf einer unternehmensindividuellen Vergangenheit. Das Unternehmen hat dadurch Know-how akkumuliert, das in dieser Form Wettbewerbern nicht zur Verfügung steht. Insbesondere die Interdependenz mit anderen Ressourcen des Unternehmens erschwert die Kopierbarkeit. Beispiele hierfür sind weiche Faktoren der Unternehmensführung, aber auch vorteilhafte Stakeholder-Beziehungen. Ferner sind Versuche der Konkurrenz, gewisse Know-how-Rückstände aufzuholen, aufgrund von Lernprozessen mit Ineffizienzen verbunden. Häufig gelingt es der Konkurrenz auch deshalb nicht, die Kernkompetenzen zu kopieren, weil sie dies nur halbherzig versuchen und dadurch nicht die notwendige kritische Masse erreichen.
- *Unternehmensspezifität:* Hiermit ist die Einbettung («Embeddedness») einer Ressource in ein bestimmtes Unternehmen gemeint, insbesondere in die Unternehmenskultur. Hierunter «werden allgemein das kognitiv entwickelte Wissen und die Fähigkeiten einer Unternehmung sowie die affektiv geprägten Einstellungen ihrer Mitarbeiter zur Aufgabe, zum Produkt, zu den Kollegen, zur Führung und zur Unternehmung in ihrer Formung von Perzeptionen (Wahrnehmungen) und Präferenzen (Vorlieben) gegenüber Ereignissen und Entwicklungen verstanden» (Bleicher 1999, S. 228). Trotz dieser Spezifität dürfen die Ressourcen die strategischen Handlungsoptionen des Unternehmens nicht zu stark einschränken, d. h. sie müssen auf verschiedene Arten genutzt werden können und die Anpassung an die Unternehmensumwelt ermöglichen (vgl. Day 1994, S. 39).
- *Nicht-Substituierbarkeit:* Der Konkurrenz darf es nicht möglich sein, die aufgrund der spezifischen Ressourcenausstattung erzielten Vorteile mit Hilfe völlig anderer Ressourcenkombinationen zu ersetzen.
- *Fähigkeit zur Nutzenstiftung am Markt:* Ressourcen können nur dann einen komparativen Konkurrenzvorteil bewirken, wenn sie tatsächlich wertstiftend sind. «The most defensible test of the distinctiveness of a capability is whether it makes a disproportionate contribution to provison of superior customer value – as defined from the customer's perspective – or permits the business to deliver value to customers in an appreciably more cost-effective way. In this respect a distinctive capability functions like a key success faktor» (Day 1994, S. 39).

Ein Beispiel für die Nutzung unternehmensspezifischer Ressourcen stellt das Unternehmen Gore dar, wie das folgende Fallbeispiel veranschaulicht.

Ausnutzen spezifischer Ressourcenaustattungen am Beispiel Gore-Tex

(Gore 2002a; 2002b)

Die Gore-Tex-Membrane wurde ursprünglich für die Raumfahrtindustrie entwickelt. 1957 schlägt Bill Gore, späterer Mitbegründer von *W. L. Gore & Associates,* erstmals den Stoff Polytetrafluoroethylen (PTFE) vor, um eine bessere Isolierung gegen Kälte zu erhalten. 1969 nutzen die Astronauten Edwin Aldrin und Neil Armstrong Ausrüstungsteile, die aus diesem Stoff fabriziert sind. 1972 wird die erste Gore-Tex-Faser fabriziert und später kontinuierlich weiterentwickelt. Aufgrund ihrer besonderen Eigenschaften, wie Wind-, Wasser und Kälteundurchlässigkeit sowie extreme Belastbarkeit, ließ sie sich für verschiedene andere Bereiche nutzen. Gore-Tex-Membranen werden heute für Handschuhe, Hüte und Mützen, Schuhe, Socken, Gamaschen und alle erdenklichen Arten von Kleidungsstücken verwendet.

Das Militär verwendet die Membranen in Bekleidung und Schuhen, ebenso wie die Polizei, die Feuerwehr und andere Berufsgruppen, die bei Wind und Wetter draußen arbeiten. Neben dem Einsatz im Arbeitsbereich findet die Faser auch im Mode- und Freizeit- bzw. Sportbereich ihren Einsatz, wie z. B. für Wander- und Skiausrüstungen, im Motor- und Radsport oder im Fussball. Gore hat seine spezifische Ressourcenausstattung (Polytetrafluoroethylen bzw. die dahinter stehende Technologie) genutzt, um durch die Produkte auf dem Markt einen besonderen Kundennutzen zu schaffen.

4.4.3.4 Synthese von Outside-in- und Inside-out-Orientierung

Ein isoliertes Verfolgen eines der beiden Ansätze führt, wie bereits angesprochen, in der Regel nicht zu dauerhaften komparativen Konkurrenzvorteilen.

Gelingt es beispielsweise einem Unternehmen, latente Kundenbedürfnisse zu erkennen und mit einem für viele Kunden interessanten Angebot zu bedienen, wird die Konkurrenz, wenn keine durch eine spezifische Ressourcenausstattung begründeten Eintrittsbarrieren existieren, nachziehen, um ebenfalls von den Gewinnmöglichkeiten eines derart attraktiven Markts zu profitieren.

Erkennen und Nutzen von Bedürfnissen im Wettbewerb am Beispiel IBM und Anlagenbau

So überließ es beispielsweise *IBM* in vielen Marktsegmenten der Konkurrenz, neue Leistungen zu entwickeln und auszuprobieren. Erwies sich eine Innovation als Erfolg, stieg *IBM* massiv in das Geschäft ein.

Eindrucksvoll wurde dies am Beispiel des Personal Computers deutlich. Apple lancierte zwar als Innovator den PC auf dem Markt, *IBM* etablierte als Imitator aber den Industriestandard. Inzwischen verfügen Anbieter wie *Compaq, Dell* etc. offensichtlich über derart spezifische Ressourcenausstattungen, dass IBM in vielen Märkten die Imitationsstrategie nicht mehr erfolgreich durchsetzen kann. Andererseits sind einzigartige Ressourcenausstattungen nur dann von strategischem Nutzen, wenn sie in Leistungen umgesetzt werden können, die dem Kunden tatsächlich einen Nutzen bieten.

Überperfektionierte Anlagen, wie sie insbesondere von zahlreichen deutschen Maschinenbauern angeboten werden, schrecken potenzielle Kunden nicht nur wegen ihrer hohen Preise ab, sondern auch, weil die Lebenszeit dieser Anlagen angesichts von Produktlebenszyklen, die immer kürzer werden, die Lebenszeit der Produkte, die auf ihnen produziert werden sollen, teilweise übersteigen würde. Oder pointierter formuliert: Welchen Wert hat ein Streichholzmonopol, wenn die Kunden Feuerzeuge bevorzugen?

Der «Königsweg» zu dauerhaften komparativen Konkurrenzvorteilen führt über eine Synthese von externer Bedürfnis- und interner Ressourcenorientierung: «... it is the ability of the business to use these inside-out capabilities to exploit external possibilities that matters. Thus, there has to be a matching ‹outside-in› capability to sense these possibilities and decide how best to serve them.» (Day 1994, S. 40 f.) Day spricht davon, dass so genannte *«spanning capabilities»* («Überbrückungspotenziale») notwendig sind, um die internen und externen Fähigkeiten zu verbinden (vgl. Day 1994, S. 41).

Eine Schlüsselrolle kommt hier *Produkt- oder Key-Account-Managern* zu (vgl. Belz/Senn 1996), deren zentrale Aufgabe darin bestehen muss, nach Möglichkeiten für wachstums- und gewinnbringende Positionierungen zu suchen. Der externe Fokus auf Kundenbedürfnisse ist mit jenen Fähigkeiten zu verbinden, die auf internen Kernkompetenzen basieren.

Überlegungen, die sich von der Analyse eines *«klassischen» Positionierungsmodells* leiten lassen (reaktive Positionierung), sind mit Ansätzen zu einer *aktiven Positionierung* zu kombinieren. Je nach Situation müssen die Schwerpunkte allerdings entweder eher bei einer reaktiven oder eher bei einer aktiven Positionierung liegen. Insbesondere in jungen Märkten, in denen die Wettbewerbsintensität noch nicht so hoch ist, lassen sich auch heute noch mit Hilfe einer reaktiven Positionierung komparative Konkurrenzvorteile erlangen. In nahezu allen gesättigten Märkten müssen dagegen innovative Wege mittels einer aktiven Positionierung beschritten werden, um auf diese Weise quasi einen neuen Markt zu definieren.

4.4.4 Positionierungen im Endkunden- und im Absatzmittlermarkt

Unternehmen, die ihre Leistungen über indirekte Distributionskanäle vertreiben, müssen ihre Marketingbemühungen neben den *Endkunden* auch auf *Absatzmittler* und *-helfer* (in der Lebensmittelbranche z. B. auf Groß- und Einzelhandel; in der Pharmabranche z. B. auf Ärzte, Apotheken, Krankenhäuser; beim Absatz von Heizungssystemen z. B. auf Installateure, Architekten) ausrichten. Sie agieren somit simultan in zwei oder – je nach Differenziertheit des Distributionssystems – sogar in mehreren Märkten, die sich, wie im Folgenden dargestellt wird, unterscheiden:

Endkunden
Hierbei kann es sich sowohl um Individuen und/oder Organisationen (Unternehmen, öffentliche Organisationen etc.) handeln. Diese verwerten im Regelfall die über Absatzmittler bezogenen industriellen Leistungen endgültig oder wandeln sie in grundsätzlich neue Leistungen um (Industrie und Handwerk).

Absatzmittler
Dies sind Unternehmen, die Güter von anderen Unternehmen beschaffen, um sie weitgehend unverändert an Endkunden weiterzuveräußern.

Endkunden und Absatzmittler besitzen sehr unterschiedliche Bedürfnisse bzw. Probleme. Beispielsweise wollen Konsumenten beim Kauf eines Premium-Biers ihren Durst löschen und u. a. gewisse Prestige-Bedürfnisse befriedigen. Ein Unternehmen des Lebensmitteleinzelhandels möchte hingegen durch die Aufnahme dieses Premium-Bieres in sein Sortiment z. B. einen bestimmten Umsatz erzielen und einen gewissen Deckungsbeitrag erwirtschaften. Im Endkunden- und im Absatzmittlermarkt sind somit differenzierte *Positionierungen* anzustreben, die auch zu unterschiedlichen komparativen Konkurrenzvorteilen führen. Allerdings bedingt sich der Erfolg in beiden Märkten wechselseitig. Ein Anbieterunternehmen wird in der Regel nur dann komparative Konkurrenzvorteile im Absatzmittlermarkt erlangen, wenn es Leistungen anbietet, die von den Endkunden bei den Absatzmittlern nachgefragt werden (so genannter Pull-Effekt). Umgekehrt wird ein Anbieterunternehmen nur dann erfolgreich im Endkundenmarkt sein, wenn seine Leistungen auch in einer bestimmten Quantität (Stichwort: Distributionsgrad) und Qualität (Stichwort: z. B. Beratungsleistungen) distribuiert sind. Im Rahmen der Marketingplanung müssen daher zum einen *spezifische Marketingstrategien (Kernaufgaben und Positionierungsziele und -strategien) und Marketingmaßnahmen* in Richtung Endkunden- und Absatzmittlermarkt entwickelt werden, zum anderen muss eine enge *Verzahnung* dieser Marketingstrategien und -maßnahmen erfolgen (siehe auch die Abbildung 4.22).

Im nächsten Abschnitt werden – dem idealtypischen Ablauf des Marketingplanungsprozesses folgend – Fragen der Planung von Positionierungsstrategien behandelt. Im Rahmen eines Exkurses werden anschließend die hier angesprochenen besonderen Charakteristika des absatzmittlerorientierten Marketing in Abschnitt 4.5 herausgearbeitet.

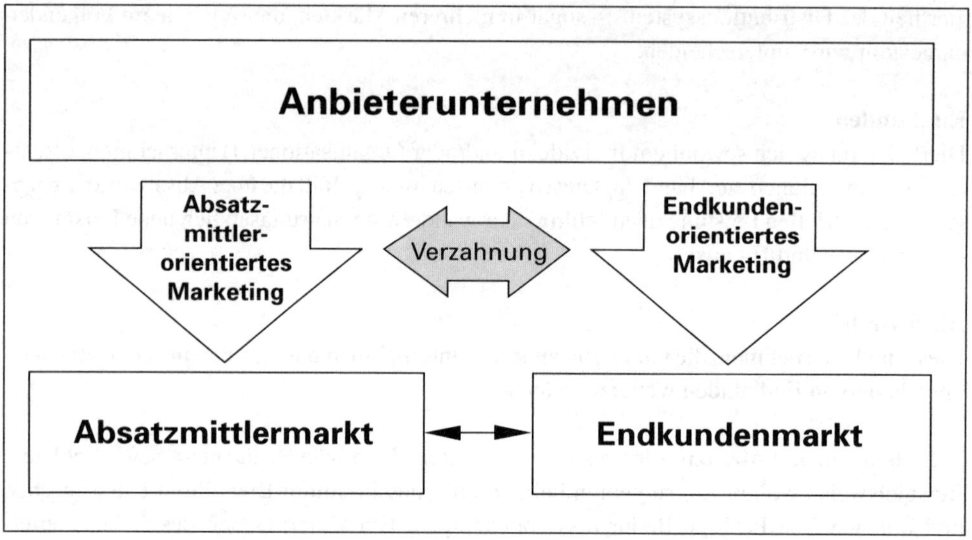

Abb. 4.22: Verzahnung des absatzmittler- und endkundenorientierten Marketing

4.4.5 Positionierungsstrategie auf Geschäftsfeldebene

4.4.5.1 Überblick

Nachdem im vorangegangenen Abschnitt die theoretischen Grundlagen des Positionierungs-Konzepts erläutert wurden, sollen im Rahmen dieses Kapitels die zentralen Entscheidungsdimensionen, die bei der Formulierung einer Positionierungsstrategie, abgeleitet aus dem Kernaufgabenprofil und den Positionierungszielen, zu beachten sind, behandelt werden.

Ausgehend von einer Analyse der Ausgangssituation, deren zentrales Ergebnis die Ist-Positionierung des jeweiligen Angebots darstellt, geht es im nächsten Schritt darum, die Positionierungsstrategie zu bestimmen. Ziel ist es, eine Soll-Positionierung im Markt durchzusetzen, die es erlaubt, die angestrebten ökonomischen Marketingziele (Deckungsbeitrag, Umsatz, Marktanteil etc.) und das jeweilige Kernaufgabenprofil zu realisieren. Eine Positionierungsstrategie konkretisiert die Verhaltensweisen gegenüber Kunden sowie Wettbewerbern. Oder anders ausgedrückt: eine Positionierungsstrategie gibt Richtlinien für den Einsatz des Marketing-Mix vor (vgl. Haedrich/Tomczak 1996a, S. 99 f.).

In der Literatur existieren inzwischen zahlreiche Ansätze, Positionierungsstrategien nach verschiedenen Dimensionen zu strukturieren (vgl. insbesondere Becker 2001); darauf soll an dieser Stelle nicht näher eingegangen werden (vgl. die zusammenfassenden Überblicke bei Tomczak 1989, S. 111 ff.; Meffert 1994a, S. 109 ff.). Aus diesen Ansätzen, die sich konzeptionell teilweise unterscheiden, zum Teil aber auch ergänzen, kristallisieren sich für die Marketingplanung auf der Geschäftsfeldebene die folgenden vier strategischen Dimensionen mit ihren jeweiligen Optionen heraus:

- *Strategie-Variation* (In welchem Ausmaß ist die bisher verfolgte Positionierungsstrategie zu verändern?)
- *Strategie-Stil* (Welches Wettbewerbsverhalten soll gewählt werden?)
- *Strategie-Substanz* (Welcher Nutzen soll den Kunden angeboten werden?)
- *Strategie-Feld* (Welche Zielgruppen sollen prioritär bearbeitet werden?)

Die einzelnen strategischen Dimensionen und ihre Bedeutung für die Durchsetzung einer Positionierung werden im Folgenden erläutert. An dieser Stelle ist eine Vorbemerkung wichtig: In der Praxis lassen sich die einzelnen Entscheidungsfelder einer Positionierungsstrategie selbstverständlich nicht isolieren, sondern sie sind eng miteinander verknüpft (siehe die Abbildung 4.23). Entscheidungen in einer Dimension bedingen Entscheidungen in einer anderen Dimension.

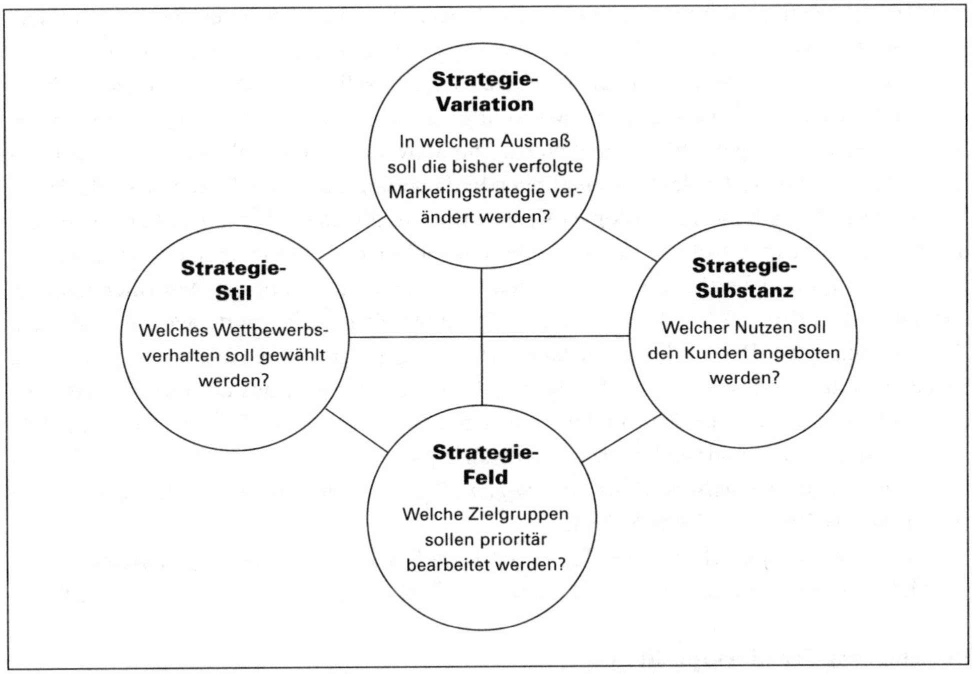

Abb. 4.23: Elemente einer Positionierungsstrategie auf Geschäftsfeldebene

In den folgenden Abschnitten wird die Planung einer Positionierungsstrategie zwar mit Blick auf den Endkundenmarkt erläutert, die Ausführungen lassen sich aber analog auch auf die Absatzmittlerebene beziehen (siehe hiezu auch den Abschnitt 4.5).

4.4.5.2 Strategie-Variation: Änderungsgrad der Positionierungsstrategie

Bei dem grundsatzstrategischen Entscheidungsfeld Strategie-Variation geht es vorrangig darum zu prüfen, ob die bisherige Position des jeweiligen Geschäftsfeldes im Markt weiterhin tragfähig ist oder ob Änderungen vorgenommen werden müssen und wenn ja, in welchem Ausmaß diese zu erfolgen haben. Dafür ist jeweils die markt- und unternehmensspezifische Ausgangssituation maßgebend. Im Wesentlichen verleihen der *technische Fortschritt* auf der Produzentenseite und *Bedarfsverschiebungen* auf der Nachfragerseite den Märkten eine mehr oder weniger starke *Dynamik* (vgl. Wöhe 2000, S. 521).

Fraglos stellen ständig wechselnde Positionierungen eines der zentralsten Probleme des Marketing dar. Zahlreiche Unternehmen agieren erfolglos in den Märkten, weil Positionierungen willkürlich (z. B. weil ein neuer Marketingleiter für die Marke verantwortlich ist), zufällig (z. B. aufgrund mangelnder Koordination zwischen Verkauf und Produkt-Management) oder orientiert an momentanen Entwicklungen im Umfeld geändert werden. Mit dem Resultat, dass die (potenziellen) Kunden keine bzw. nur eine diffuse Vorstellung vom «einzigartigen» Nutzen haben, der ihnen angeboten werden soll. Ein weit verbreiteter, im Kern sicherlich auch richtiger Grundsatz im Marketing fordert daher, dass eine einmal erfolgreiche Marktposition konsequent beizubehalten ist. Die Schwächen einer solchen statischen Positionierung sind angesichts der teilweise hohen Veränderungsgeschwindigkeit in Markt, Wettbewerb, Gesellschaft und Technologie offensichtlich. Schon in der Vergangenheit – in einem damals weniger dynamischen Umfeld – mussten zahlreiche Unternehmen erfahren, welche Probleme ein starres Festhalten an etablierten Positionen mit sich bringt. Mit Blick auf eine ehemals sehr erfolgreiche, dann aber eingegangene Frauenillustrierte wurde in diesem Zusammenhang der Begriff des «Constanze-Effekts» geprägt (die «Constanze» bediente die Bedürfnisse und Wünsche eines Frauentyps, der mehr und mehr aus der Gesellschaft verschwand). Konsequenz im Positionierungs-Management ist zweifellos kein Wert an sich, vielmehr muss der Grundsatz lauten: Soviel Konsequenz wie möglich und soviel Flexibilität wie nötig. Fazit: *Dynamische Positionierungen* müssen an die Stelle von statischen treten (vgl. Tomczak/Roosdorp 1996, S. 33 f.).

Im Einzelnen lassen sich grob drei Typen von *Vorgehensweisen* unterscheiden: Beibehaltung der Marktposition, Um- und Neupositionierung (vgl. Haedrich/Tomczak 1996a, S.102 ff.).

Beibehaltung der Marktposition

Eine Beibehaltung der Marktposition äußert sich im Wesentlichen darin, dass das bisher anvisierte Marktsegment auch weiterhin mit derselben Positionierungsstrategie bearbeitet wird. Ein solches Vorgehen sollte immer dann gewählt werden,

- wenn aktuell bei dieser Zielgruppe ein *komparativer Konkurrenzvorteil* vorliegt und sichergestellt ist, dass dies auch in Zukunft so sein wird (u. a. sind keine gravierenden Präferenzänderungen der Kunden oder relevante Konkurrenzmaßnahmen zu erwarten),
- und wenn diese *Zielgruppe* aktuell und zukünftig als *wirtschaftlich tragfähig* eingeschätzt wird (das bedeutet z. B. auch, dass die Wachstumserwartungen des Unternehmens nicht das jeweilige Marktwachstum übertreffen dürfen, ansonsten müssen unter Umständen neue

Kundengruppen, bei denen momentan offensichtlich kein KKV vorliegt, erschlossen werden).

Wenn die Position im Markt beibehalten werden soll, geht es im Wesentlichen darum, diese weiter zu festigen. Die Positionierungsstrategie wird im Prinzip nicht verändert. Dies heißt allerdings nicht, dass der Marketing-Mix unverändert beibehalten werden kann. Notwendig sind in der Regel bestimmte *Veränderungen auf instrumentellem Niveau.* Im produktpolitischen Bereich ist es gegebenenfalls erforderlich, die Verpackung neuen modischen Strömungen anzupassen. In der Kommunikationspolitik muss unter Umständen die Werbekampagne dem Wertewandel gerecht werden.

Veränderungen in der Kommunikation bei Gillette

Die emotionale Komponente «Erfolg im Leben des Mannes» spielt bei der sehr erfolgreichen Positionierung der Marke *Gillette* seit Jahrzehnten eine zentrale Rolle. Allerdings war es im Laufe der Zeit notwendig, Anpassungen an der Darstellung vorzunehmen, was Erfolg im Leben eines Mannes ausmacht. 1984 war offenbar «Erfolg im Leben des Mannes» noch gleichzusetzen mit Erfolg bei Frauen (im Gillette-Werbespot fielen einem Mann 5 Frauen um den Hals). In der von 1990 bis ca. 1996 laufenden Kampagne wurde «Erfolg im Leben des Mannes» sehr viel differenzierter als «Erfolg haben in allen Lebensbereichen» dargestellt (im Gillette-Werbespot wurden hochemotional verschiedene Erfolgssituationen im Leben des Mannes wie im Beruf, mit der Familie, im Sport etc. gezeigt).

Umpositionierung

Eine Umpositionierung zeichnet sich dadurch aus, dass zum einen das bisher bearbeitete Marktsegment – die so genannte *Kernzielgruppe* – weitgehend erhalten bleibt, dass zum anderen aber gleichzeitig eine Erweiterung des bearbeiteten Markts erfolgen soll, indem *Randzielgruppen* hinzugenommen werden. Diese können aber nur angesprochen werden, wenn die bis dahin angestrebte Positionierung zumindest marginal verändert wird. *Gründe,* die die Umpositionierung eines Produkts bzw. einer Marke notwendig machen, sind im Wesentlichen:

- *Schrumpfung des Marktsegments* (z. B. weil aufgrund der Alterspyramide jugendliche Zielgruppen immer kleiner werden oder weil sich die Nutzenerwartungen von Teilen der Zielgruppe gewandelt haben),
- *Wachstumsziele* und/oder *Ertragsziele* des Unternehmens, die sich im angestammten Marktsegment nicht mehr realisieren lassen,
- *Konkurrenzaktivitäten,* die den erarbeiteten komparativen Konkurrenzvorteil allmählich beeinträchtigen (z. B. Me-too-Strategien des Wettbewerbs, Nachahmung durch Großverteiler, Substitutionswettbewerb),
- Forderungen anderer *Anspruchsgruppen* (z. B. ökologischer, sozialer Art).

Um eine Umpositionierung zu realisieren, muss die bisherige Positionierungsstrategie modifiziert werden. Hierbei ist es notwendig, auf grundsatzstrategischem Niveau anzusetzen, indem z. B. die verfolgte Präferenzstrategie inhaltlich variiert wird, um auch die Nutzenerwartungen (Bedürfnisse) von Randzielgruppen zu erfüllen. Änderungen auf instrumentellem Niveau, die sowohl die qualitative (Gestaltung) als auch die quantitative Seite (Intensität) des Marketing-Mix betreffen, leiten sich zwangsläufig aus derartigen strategischen Modifikationen ab.

Die *erfolgreiche Umsetzung* einer Umpositionierung stellt eine sehr schwierige und hochkomplexe Aufgabe dar, die in der Praxis aus den oben angeführten Gründen aber immer wieder in Angriff genommen werden muss. Das zentrale Problem einer Umpositionierung besteht darin, dass zum einen die Kernzielgruppe weitgehend erhalten bleiben soll. Diese wird durch die ursprüngliche Positionierung ja auch nahezu hundertprozentig angesprochen. Es liegt in der Wahrnehmung der Kernzielgruppe ein komparativer Konkurrenzvorteil vor. Zum anderen müssen aber aus den genannten Gründen auch weitere Zielgruppen hinzugewonnen werden. Dies ist nur durch einen modifizierten komparativen Konkurrenzvorteil möglich, der sowohl die Kernzielgruppe als auch die neuen Zielgruppen, die ja durch die alte Positionierung nicht bzw. nur in Ansätzen angesprochen werden, relevant ist.

Die *Risiken einer Umpositionierung* sind offensichtlich: Die Marketingmaßnahmen, die die Umpositionierung bewirken sollen, können von der Kernzielgruppe als irrelevant – oder noch schlimmer – als negativ bewertet werden, mit der Folge, dass der komparative Konkurrenzvorteil im Zeitablauf verringert wird oder sogar verloren geht. Gleichzeitig werden unter Umständen die anvisierten neuen Zielgruppen nicht erreicht, weil beispielsweise Mängel bei der Implementierung der Strategie auftreten. Beide Effekte lassen sich in der Praxis immer wieder beobachten.

Umpositionierung bei McDonald's

Ein erfolgreiches Beispiel für eine Umpositionierung stellt das Vorgehen von *McDonald's* Mitte der 80er-Jahre dar. *McDonald's* wollte neben der Kernzielgruppe der Jugendlichen (ca. 12 bis 20 Jahre) auch ältere bzw. jüngere Zielgruppenkreise, vorrangig Familien, ansprechen, indem neben dem «American way of life» und dem Fast-Food-Aspekt zusätzliche Nutzenerwartungen wie ein gewisses Ambiente der Lokale und eine größere sowie gesündere Speisenauswahl bedient werden sollten. Im Zuge dieser Umpositionierung wurden in erster Linie die McDonald's-Filialen umgebaut (gediegeneres Ambiente, Spielecke für Kinder), das Sortiment erweitert («Happy Meal» für die Kinder, Salate für die Eltern) und die Kommunikation der Positionierung entsprechend umgestellt (u. a. Einsatz von Thomas Gottschalk in der Werbung).

Neupositionierung

In Fällen, in denen auf der Basis der bisherigen Positionierung keine Marktchancen mehr vorhanden sind, existiert entweder die Möglichkeit, das Produkt aus dem Unternehmensportfolio zu eliminieren (z. B. Desinvestition, Verkauf) oder eine Neupositionierung vorzunehmen.

Eine Neupositionierung ist mit einer *Produktneueinführung* bzw. der Besetzung einer grundlegend neuen Image-Dimension gleichzusetzen. Eine Neupositionierung wird beispielsweise erforderlich,

- wenn sich die *Einstellungen* der Zielgruppe zu dem Angebot in den *negativen Bereich* hinein verschoben haben,
- wenn *kein komparativer Konkurrenzvorteil* vorliegt, und auch keine Chance besteht, den Vorsprung der Konkurrenz aufzuholen,
- wenn die bearbeitete Zielgruppe *wirtschaftlich nicht mehr interessant* ist (z. B. weil sie inzwischen volumenmäßig zu klein geworden ist).

Eine Neupositionierung verlangt eine *grundlegend neue grundsatzstrategische Orientierung* des Anbieters, die von einer stark veränderten bzw. neuen Zielgruppe ausgeht. Um einen komparativen Konkurrenzvorteil zu erlangen, muss ein neuer, von der Konkurrenz bis dahin unbesetzter Produktnutzen gefunden werden, der auf kaufentscheidungsrelevante Bedürfnisse bei der Zielgruppe trifft (Stichwort: aktive Positionierung). Ähnlich wie eine Produktneueinführung ist auch eine Neupositionierung mit erheblichen Risiken verbunden; die Flop-Rate von Neupositionierungen dürfte vergleichbar mit der von Produktneueinführungen sein.

Neupositionierung bei Triumph Adler
(Tomczak/Reinecke/Finsterwalder 2000, S. 403)
Eine Extremform einer strategischen Neuausrichtung ist die *Änderung des Geschäftszwecks.* So stellte beispielsweise die als Schreibmaschinenhersteller bekannte Firma *Triumph Adler* früher einmal Fahrräder und Motorräder her, aber keine Schreibmaschinen. Heute hat dieses Unternehmen nach mehrmaligem Eigentümerwechsel einen vollkommen anderen, dienstleistungsorientierten Geschäftszweck – es fungiert als Management Holding Gesellschaft für mittelständische Unternehmen.

Kontinuum von Variationsstrategien
Die hier vorgestellten drei Typen geben selbstverständlich nur grobe Orientierungspunkte auf einem Kontinuum möglicher Variationsstrategien an, das von dem einen Extrem «Beibehaltung der Marktposition» bis hin zu dem anderen Extrem «Neupositionierung» reicht. In der Praxis werden die meisten Strategien mehr oder weniger Umpositionierungen sein, wobei einige eher den Charakter einer Neupositionierung und andere eher den Charakter einer Beibehaltung der Marktposition aufweisen.

Zur Verdeutlichung dieser *Strategietypologie* lässt sich die in der Abbildung 4.24 dargestellte Matrix heranziehen, die sich aus den beiden Dimensionen «Änderungsgrad der Positionierungsstrategie » und «Veränderung des Zielsegments» zusammensetzt. Unter der Prämisse zielgerichteter und rationaler Planung stellen allerdings nur Punkte auf der Diagonalen sinnvolle Kombinationen dar, da die beiden Dimensionen, wie im Rahmen der obigen

Ausführungen herausgearbeitet wurde, voneinander abhängig sind. Die zugrundeliegende These lautet: Jede Veränderung der Positionierung schlägt sich in einer modifizierten Positionierungsstrategie nieder, die wiederum andere Zielgruppen anspricht.

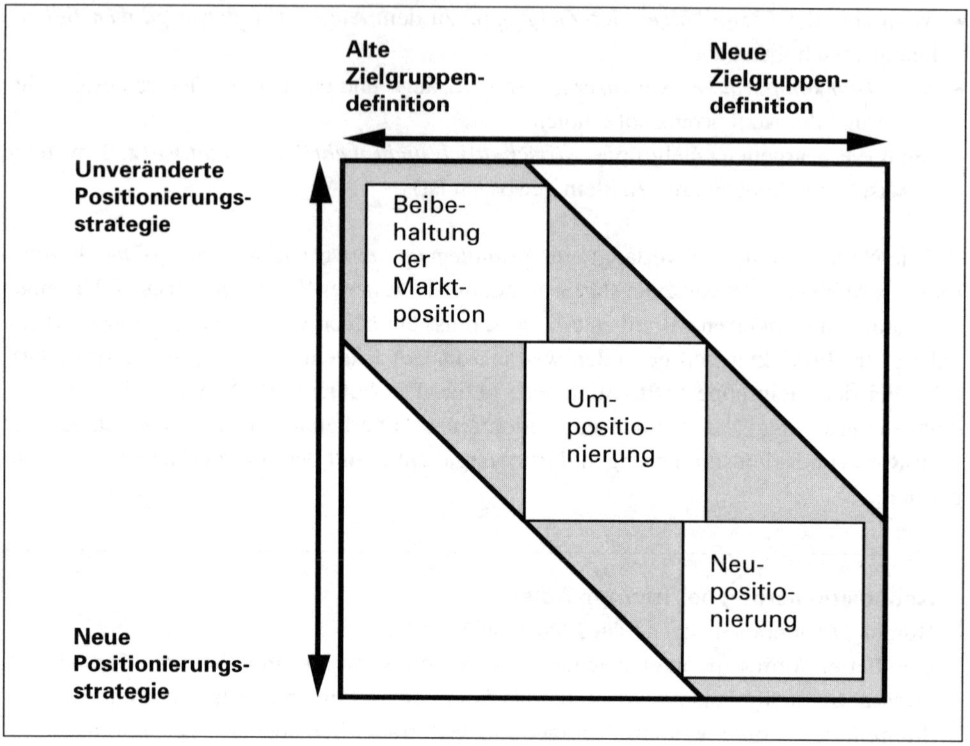

Abb. 4.24: Typen von Positionierungsstrategien (in Anlehnung an Haedrich/Tomczak 1996a, S. 107)

Allerdings lässt sich nicht bestreiten, dass in der Realität auch die nicht auf der Diagonalen befindlichen Möglichkeiten anzutreffen sind. So ist es sicherlich einerseits denkbar, dass eine Umpositionierung nicht die beabsichtigte Wirkung hat, oder andererseits, dass aktiv bzw. willentlich nichts an der Positionierung geändert wurde und trotzdem neue Zielgruppenkreise erschlossen wurden (siehe z. B. die Verbreitung des mexikanischen «In-Biers» Corona bei jugendlichen Zielgruppen). Derartige Konstellationen sind dann allerdings nicht das Ergebnis eines rationalen und zielorientierten Planungsprozesses, sondern die Folge von bei der Planung unberücksichtigten oder unvorhersehbaren Umständen (z. B. weil gewisse Ernährungstrends falsch eingeschätzt oder überhaupt nicht beachtet wurden).

Für die Umsetzung von Um- und Neupositionierungsstrategien reicht es nicht, an einzelnen Marketinginstrumenten, wie z. B. der Werbung, anzusetzen. Vielmehr sind *sämtliche Instrumentalbereiche des Marketing-Mix* vor dem Hintergrund der veränderten bzw. neuen Positionierung zu überprüfen und gegebenenfalls zu modifizieren (siehe das oben angeführte Beispiel der Umpositionierungsstrategie von McDonald's).

Änderung des Marketing-Mix für die Umpositionierung bei UHU
(Trommsdorff 1992)
Die erfolgreiche Umpositionierung der Marke UHU vom «Alleskleber» hin zur «Kompetenzmarke für differenzierte Spezialanwendungen im Klebesektor» veranschaulicht diesen Sachverhalt eindrücklich. So war es u. a. erforderlich, das bis dahin verfolgte Mono-Marken- durch ein Programm-Marken-Konzept zu ersetzen, die Programmbreite und -tiefe zu erweitern (verschiedene Anwendungen wie Holz-, Stein-, Plastikkleber), die Verpackung und -ausstattung (u. a. Klebestift), den kommunikativen Auftritt (Botschaft, Mittel) anzupassen, die Preispolitik zu differenzieren etc.

Dynamische Positionierung
Wie weiter oben angesprochen, stellt das Nachdenken über – aus welchen Gründen auch immer notwendige – Variationen der Positionierungsstrategie eine kontinuierliche Aufgabe für das Marketing-Management dar. In diesem Zusammenhang stellt sich in erster Linie die Frage, wie ein bestimmtes Leistungsangebot über den Produktlebenszyklus hinweg im Markt geführt werden soll (dynamische Positionierung). Das Festhalten an einer starren Positionierung von der Produkteinführung bis zur Eliminierung wird in der Regel ebensowenig erfolgreich sein wie dauernde, konzeptionslose Um- bzw. Neupositionierungen. Ein Mittelweg zwischen diesen beiden Extrema ist zu suchen.

Dynamische Positionierung am Beispiel Mazola Keimöl (Struck 1995)
Die Marke «Mazola Keimöl» (Unilever Bestfoods) ist ein anschauliches Beispiel, wie über einen langen Zeitraum eine starke und aussagekräftige Position im Markt aufrechterhalten werden kann. Die Position der Marke «Mazola Keimöl» wurde während ihrer gesamten historischen Entwicklung durch einige wenige Positionierungsaussagen geprägt. Als Kernaussage steht seit der Produkteinführung im Jahre 1958 immer wieder das «Keimöl» im Vordergrund. Weitere Positionierungsdimensionen mit direktem Bezug zum «Keimöl» wie Gesundheit, Geschmacksneutralität, Genuss, Natürlichkeit oder Qualität wurden immer wieder aufgenommen und stellten die Kernaussage sogar teilweise in den Hintergrund. Die periodische Gewichtung unterschiedlicher Positionierungsdimensionen (Umpositionierungen) war auf wechselnde externe Bedingungen (Wettbewerbs-, Konsumentenverhalten) zurückzuführen. Das «Keimöl»als zentrale Positionierungsaussage wird aber immer wieder hervorgehoben.

Die Positionierungspflege von Unilever Bestfoods im Fall von «Mazola Keimöl» veranschaulicht die wesentlichen *Richtlinien,* denen eine *dynamische Positionierung* folgen sollte (vgl. Tomczak/Roosdorp 1996, S. 33 f.):

- Die *periodische Reduktion* der Positionierung auf eine (bzw. einige wenige) *Kerndimension(en)* fördert die einmal erreichte (starke) Marktposition. Sie unterstützt die eindeutige Wahrnehmung durch die Kunden und verhindert eine Verwässerung und Abschwächung der Positionierungsaussage.
- Die *periodische Betonung* einiger (weniger) *zusätzlicher Positionierungsdimensionen* aktualisiert das Angebot im Zeitablauf.

4.4.5.3 Strategie-Stil: Festlegung des Wettbewerbsverhaltens

Das zweite strategische Entscheidungsfeld befasst sich mit der Festlegung des Strategie-Stils. Ausgehend von der spezifischen Unternehmens- und Marktsituation (u. a. Marktanteil, spezielle Ressourcen und Kompetenzen, Marktpotenzial und -wachstum) sind Entscheidungen darüber zu treffen, welche *Verhaltensweisen gegenüber aktuellen und potenziellen Konkurrenten* zu wählen sind, um die angestrebte Positionierung zu realisieren. Kotler/Bliemel (2001, S. 657 ff., insbesondere S. 685 ff.) unterscheiden die vier Rollen des Marktführers, Marktherausforderers, Marktmitläufers und Marktnischenbearbeiters.

Hauptziel von *Marktführern* ist es, die dominierende Stellung im jeweiligen Markt beizubehalten (z. B. einen Marktanteil von 40 Prozent). Hierzu bieten sich insbesondere drei Unterzielsetzungen an: die Ausweitung des Gesamtmarkts mit überproportionalen eigenen Anteilen, die Erhaltung oder die Steigerung des Marktanteils. Marktführer beherrschen die in einem Markt geltenden Regeln besser als die Konkurrenz und nutzen Erfahrungskurveneffekte potenziell am besten aus. Ihr Interesse besteht daher im Regelfall darin, den Status quo möglichst beizubehalten. *Marktherausforderer* sind bestrebt, ihren Marktanteil (von z. B. 20 Prozent) durch Angriffe auf den Marktführer, auf Anbieter ihrer eigenen Größenordnung oder auf kleinere Wettbewerber auszubauen. Hierbei intensivieren sie entweder den Wettbewerb im Rahmen der bestehenden Regeln oder sie versuchen neue Wettbewerbsregeln in den Markt einzuführen. Im Gegensatz dazu sind *Marktmitläufer* bemüht, ihre Marktstellung (z. B. einen Marktanteil von 10 Prozent) zu halten. Sie versuchen, dem direkten Wettbewerb aus dem Weg zu gehen, indem sie ihr Wettbewerbsverhalten an den vom Marktführer vorgegebenen Regeln orientieren.

Marktnischenbearbeiter sind in einem kleineren und spezielleren Teilbereich des Markts aktiv und streben an, eine Konfrontation mit größeren Wettbewerbern zu vermeiden. Für die von ihnen bearbeitete Marktnische haben sie spezielle Fähigkeiten entwickelt, die es ihnen ermöglichen, diese langfristig rentabel zu bearbeiten.

Aus dieser überblicksartigen Erörterung der verschiedenen Rollen, die den Anbietern eines Marktes im Wettbewerb zur Verfügung stehen, kristallisieren sich drei Dimensionen heraus, die bei der Wahl des Strategie-Stils zu beachten sind (vgl. auch Timmermann 1982; Gussek 1992, S. 127 ff.; Becker 2001, S. 374 ff.):

Grad der Wettbewerbsintensität:
Soll ein eher *offensiver* oder soll ein eher *defensiver* Wettbewerbsstil gewählt werden?

Umgang mit den Wettbewerbsregeln:
Soll den *etablierten Regeln* des Wettbewerbs gefolgt werden, oder soll versucht werden, die Wettbewerbsregeln *innovativ* zu gestalten?

Wettbewerbsarena:
Soll der *Gesamtmarkt* bearbeitet werden, oder sollen die Ressourcenpotenziale auf eine *Marktnische* konzentriert werden?

Überlegungen, die sich mit der Einflussnahme auf die Wettbewerbsregeln und mit der Wahl der Wettbewerbsarena beschäftigen, beziehen auch immer implizit Aspekte des wettbewerbsstrategischen *«Timing»* mit ein. Es stellt sich jeweils die Frage, ob bestimmte Strategien und/oder Maßnahmen bzw. Aktivitäten in einem bestimmten Marktausschnitt eher früh («Führer», «Innovator», «Marktinitiator», «Pionier») oder eher spät («früher Folger» oder «später Folger») ergriffen werden sollen. Beide Vorgehensweisen weisen je nach Situation Vor- oder Nachteile auf (siehe hierzu die grundlegenden Ausführungen in Abschnitt 3.5; und insbesondere zu Timing-Strategien auf der Geschäftsfeldebene Wolfrum 1994).

Das Nachdenken über den Strategie-Stil, insbesondere über den Grad der Wettbewerbsintensität, heißt auch immer abzuwägen, ob neue Marktanteile «erobert» oder «besetzte» Märkte verteidigt werden sollen (müssen). Walker/Boyd/Larréché (1999) unterscheiden in diesem Sinne zwei typische Situationen: Verteidigung und Angriff.

Kotler/Singh (1981; siehe auch Walker/Boyd/Larréché 1999) identifizieren folgende *Verteidigungsstrategien*[6]:

- *Festungsstrategie*
  Zentrale Idee der Festungsstrategie ist die Sicherung und der Ausbau bereits gewonnener Marktanteile. Bei einem eher homogenen Markt geschieht dies vor allem durch die Steigerung von Kundenzufriedenheit und -loyalität, die Festigung von Kundenbindungen sowie die Anregung und Erleichterung von Wiederholungskäufen.
- *Flankenabsicherung*
  Die Grundidee der Flankenabsicherung besteht darin, in einem relativ stark segmentierten Markt zu verhindern, dass Wettbewerber (als Einstieg) einzelne Segmente besetzen. Das «klassische» Mittel dagegen ist der aktive oder der auf Konkurrenten reagierende Aufbau weiterer Marken, die auf die unterschiedlichen Segmente ausgerichtet sind.
- *Konfrontation*
  Hier geht es im Kern darum, z. B. gegenüber einem Herausforderer im Kernbereich Qualitäts- und/oder Kostenvorteile zurückzugewinnen oder auszubauen.
- *Marktausweitung und Mobilität*
  Diese Strategie ist eine Variante der «Flankenabsicherung». Im Mittelpunkt steht die Verteidigung von Marktanteilen durch die Besetzung zusätzlicher Marktsegmente und die Ausweitung des Markts in neue Bereiche.

6 Die Autoren verwenden (leider) eine recht kriegerische Terminologie («Flankenangriff», «Guerilla-Attacke» etc.), die zwar prägnant ist, aber doch erhebliche Bedenken aufkommen lässt, weil sich auch ein harter Wettbewerb von den im militärischen Bereich gebräuchlichen Zielen der (physischen) Vernichtung eines Gegners unterscheiden sollte. Trotz dieser Vorbehalte wird diese Terminologie hier wiedergegeben, weil sonst die Beziehung zur Originalquelle nicht gegeben wäre.

- *Konzentration oder strategischer Rückzug*
  Damit soll z. B. ein Marktführer seine Position absichern, indem er sich aus Teilmärkten zurückzieht, in denen er eine relativ schwache Position hat, und sich auf Sicherung und Ausbau seiner Führungsposition in Märkten konzentriert, wo er die größten Vorteile gegenüber Wettbewerbern hat.

  Die folgenden *Angriffsstrategien* stehen potenziell zur Verfügung:

- *Frontalangriff*
  Hier geht es z. B. um die Bedrohung des Marktführers durch bessere und/oder billigere Leistungen im Kernbereich.
- *Umgehungsstrategie*
  Bei der Umgehungsstrategie greift der Marktherausforderer z. B. den Marktführer nicht mit den gegenwärtigen Mitteln an, sondern versucht beispielsweise, die nächste Technologiestufe schneller als der Marktführer zu erreichen und diesem somit zuvorzukommen.
- *Flankenangriff*
  Damit ist eine Vorgehensweise gekennzeichnet, bei der sich z. B. ein Herausforderer auf einzelne Segmente konzentriert, in denen er dem Marktführer überlegen ist oder die vom Marktführer nicht vehement verteidigt werden.
- *Umzinglung*
  Die Umzinglungsstrategie ist eine Fortführung des Flankenangriffs insofern, als dass z. B. ein Herausforderer eine größere Zahl spezieller Segmente erobert.
- *Guerilla-Attacke*
  Der Begriff Guerilla-Attacke steht für zeitlich und regional begrenzte aggressive Einzelmaßnahmen, z. B. Verkaufsförderungs- und Preis-Aktionen oder wettbewerbsrechtliches Vorgehen gegen Maßnahmen des Marktführers. Das Ziel von Guerilla-Attacken besteht typischerweise nicht darin, dass ein kleinerer Anbieter seine eigene Position stärkt, sondern darin, den Marktführer an der Festigung und dem Ausbau seiner Position zu hindern.
  Der in der Abbildung 4.25 wiedergegebene Bezugsrahmen erfasst die zur Verfügung stehenden Entscheidungsoptionen bei der Planung des Strategie-Stils (vgl. auch Henzler 1980; Assael 1987, S. 70).

Im Einzelnen lassen sich somit die folgenden wettbewerbsstrategischen Optionen unterscheiden:

1. Option: offensives und konventionelles Wettbewerbsverhalten
Die bestehenden Regeln des Wettbewerbs werden im Kern nicht verändert. Das aggressive Verhalten äußert sich in einer Intensivierung der Aktivitäten (z. B. massivere Werbung, aggressiverer Verkauf, Programmerweiterungen, Verbesserung der Serviceleistungen, Intensivierung des Preiswettbewerbs), auf die der bisherige Markterfolg vorrangig zurückzuführen ist (KKV). Diese Option ist in erster Linie für *Marktführer,* bedingt aber auch für starke *Marktherausforderer* geeignet. Zahlreiche Geschäftsfelder von Procter & Gamble, Coca-Cola, McDonald’s, VW, der deutschen und Schweizer Großbanken sowie Versicherungs-

gesellschaften (Deutsche Bank, Commerzbank, UBS, Credit Suisse und Allianz, Zürich Versicherungen, Winterthur Versicherungen) sind erfolgreiche Beispiele für ein solches Wettbewerbsverhalten.

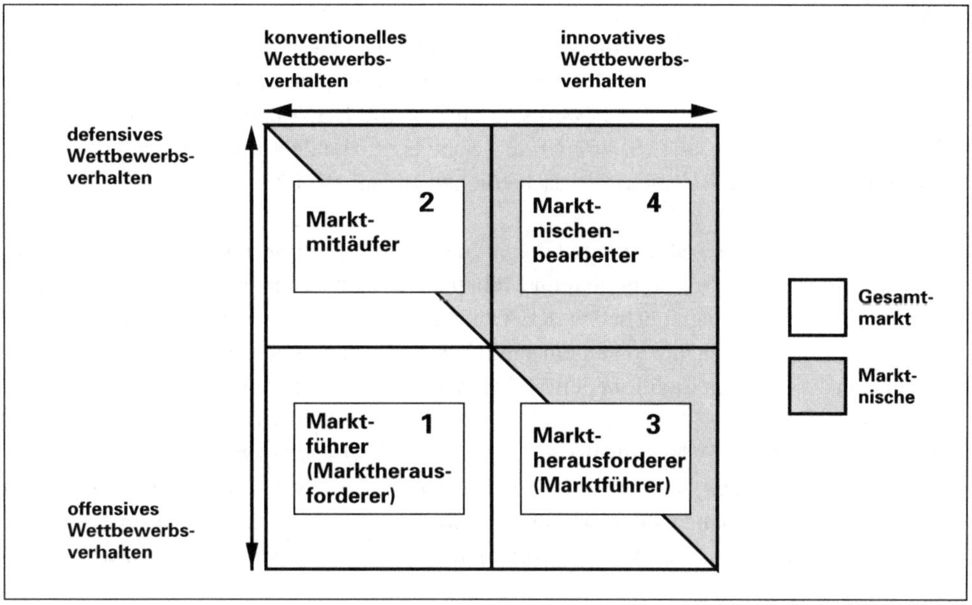

Abb. 4.25: Wettbewerbsstrategische Optionen (In Anlehnung an Haedrich/Tomczak 1996a, S. 115)

2. Option: defensives und konventionelles Wettbewerbsverhalten

Diese Option erfasst die Rolle eines *Marktmitläufers.* Um erfolgreich im Markt bestehen zu können, versuchen Marktmitläufer, ihre Fähigkeiten so einzusetzen, dass sie am Marktwachstum beteiligt sind. Hierbei treten sie defensiv auf und befolgen die üblichen Wettbewerbsregeln. Marktmitläufer verfügen über einen geringen KKV und agieren von der strategischen Ausrichtung her im Gesamtmarkt, besetzen vielfach aber, ob bewusst oder unbewusst, gewisse, z. B. regionale Teilmärkte, die für die größeren Wettbewerber uninteressant sind oder sich nur schwer bearbeiten lassen. Typisches Beispiel für ein solches Verhalten sind regionale Möbelhändler mit mittleren bis kleinen Ausstellungsflächen, die aufgrund ihres Standortes einen kleinen KKV besitzen. Eine Marktmitläuferstrategie ist zweifellos Ausdruck eines reaktiven Marketing, stellt aber unter gewissen Bedingungen, u. a. beim Verfolgen einer Desinvestitionsstrategie (z. B. hat VW das «Käfer-Cabrio» in Europa über Jahre «mitlaufen» lassen, bevor es dann vom Markt genommen wurde) oder beim Verfolgen einer Dritt-Marken-Strategie, ein durchaus effizientes Wettbewerbsverhalten dar.

3. Option: offensives und innovatives Wettbewerbsverhalten

Diese Option verlangt den aktiven Auf- und Ausbau eigenständiger und dauerhafter Wettbewerbsvorteile («aktive Positionierung»). Ein solches Verhalten ist charakteristisch für

Marktherausforderer, unter Umständen aber auch für Marktführer, die im Rahmen der bestehenden Wettbewerbsregeln keine Wachstumschancen mehr erkennen. Ziel ist es, für den jeweiligen Markt grundsätzlich neue strategische Optionen zu finden, die bei erfolgreicher Implementierung eine Umkehrung der bisher in diesem Markt gültigen Regeln bewirken (*«New-Game-Strategien»* bzw. *«Anti-Strategien»*). Im Kern geht es darum, einen Marketing-Mix einzusetzen, der von der tradierten Marktnorm abweicht. Bekannte Beispiele für eine konsequente, nahezu das gesamte Marketinginstrumentarium umfassende Umsetzung eines aggressiven und innovativen Wettbewerbsverhaltens sind IKEA (siehe auch die Abbildung 4.26; vgl. auch Becker 2001, S. 852 f.), das Schweizer Handelsunternehmen Migros und Swatch. Die genannten Beispiele veranschaulichen zudem zwei Aspekte:

- Derartige «New-Game-Strategien» können mit der Zeit auch *Bestandteil der Marktnorm* werden. So stellt das Selbstabholen im Möbelhandel inzwischen eine Selbstverständlichkeit dar. Zum einen existieren neben IKEA andere Möbelhändler wie Interio in der Schweiz oder Kika in Österreich, die mit einem ähnlichen Konzept arbeiten, zum anderen ist inzwischen nahezu in jedem traditionellen Möbelhandelsgeschäft eine Abteilung für Abholmöbel anzutreffen.
- Damit einhergehend findet teilweise auch ein *Wechsel der Wettbewerbsarena* statt: Von der Marktnische in den Gesamtmarkt. Beispielsweise sind IKEA und Swatch in den meisten Ländern in der Zwischenzeit Marktführer geworden. Die Migros hat sich im Zeitablauf zum mit Abstand umsatzstärksten Einzelhandelsunternehmen der Schweiz entwickelt.

Norm-Marketing-Mix im Möbelhandel	**Marketing-Mix von IKEA**
Anlieferung durch Möbelhändler Montage durch Möbelhändler	Selbstabholung Selbstmontage
Abdeckung des gesamten Preisspektrums (Billig- bis Luxusmöbel)	generell relative Preisgünstigkeit
regionale Präsenz	internationale Markenstrategie
Aktionswerbung	Imagewerbung
persönliche Kundenberatung	SB; Kataloge; Info-Desk

Abb. 4.26: Gegenüberstellung des Norm-Marketing-Mix eines traditionellen Möbelhändlers und des Marketing-Mix von IKEA

Vielfach reicht es aber auch, lediglich in ausgewählten Instrumentalbereichen für den Markt innovative Wege zu gehen, um eine KKV-Position zu erlangen. So gelang es der Lugato Chemie insbesondere durch eine spezielle, von der Branchennorm abweichende Gestaltung der Verpackung, eine neuartige bildhafte Gebrauchsanweisung und durch unterstützende POS-Maßnahmen bisher stark erklärungsbedürftige Spezialprodukte der Bauchemie selbstbedienungsfähig zu machen.

4. Option: defensives und innovatives Wettbewerbsverhalten

Ein derartiges Verhalten ist gleichzusetzen mit der aktiven Suche nach *Marktnischen,* um dem Wettbewerb im jeweiligen Markt weitgehend aus dem Weg gehen zu können. Folgende Voraussetzungen müssen vorliegen, damit eine solche Marktnische langfristig rentabel bearbeitet werden kann:

- ausreichende Größe oder gewisses Wachstumspotenzial,
- uninteressant für größere Konkurrenten,
- vorhandener bzw. erreichbarer KKV.

In der Praxis lassen sich zahlreiche Unternehmen finden, die seit Jahren mit einigen oder auch allen Geschäftsfeldern sehr erfolgreich in solchen Marktnischen agieren. Allgemein bekannte Beispiele sind Einzelhändler wie H&M und Body Shop, Markenartikel wie Ajona-Zahncreme und Seba-med-Seifenprodukte. Typischerweise sind in der Investitionsgüterindustrie viele erfolgreiche Marktnischenbearbeiter wie z. B. Schott im Bereich Fensterglas oder Balzers im Bereich Beschichtungstechnik anzutreffen. Dies ist im Wesentlichen darauf zurückzuführen, dass in diesen Märkten zahlreiche (kleine) Kundengruppen existieren, die sehr spezielle Probleme haben, die nur durch Sonderanwendungen und technische Spezialisierungen auf Seiten des Anbieters gelöst werden können.

Anzumerken bleibt, dass in einem Unternehmen, welches über zahlreiche Geschäftsfelder verfügt, häufig alle Rollen vom Marktführer über den Marktherausforderer bis hin zum Marktnischenbearbeiter besetzt sind.

4.4.5.4 Strategie-Substanz: Festlegung des Kundennutzens

Das dritte Entscheidungsfeld bei der Planung einer Positionierungsstrategie, die Strategie-Substanz, befasst sich mit der *Art des angestrebten komparativen Konkurrenzvorteils.*

Die beiden Einflussgrößen Preis und Leistung lassen sich im so genannten *Preis-/Leistungsverhältnis* erfassen. Der *Nutzen* eines Angebots setzt sich für einen Kunden aus der subjektiv wahrgenommenen Leistung und dem entsprechenden, auch subjektiv eingeschätzten Preis zusammen. Demzufolge ist ein Kontinuum von im Prinzip gleichwertigen Nutzenkombinationen vorstellbar (siehe die Abbildung 4.27), an dessen einem Ende Angebote liegen, die gegenüber anderen Angeboten der Wettbewerber eine *Leistungsverbesserung* gewähren, und an dessen anderem Ende Produkte liegen, deren vorrangiger Nutzen in einer *Kostenersparnis* für den Kunden zu erblicken ist (vgl. Kreilkamp 1987, S. 114 ff.).

Somit existieren im Wettbewerb, wie bereits grundlegend in Abschnitt 3.4 dargelegt, zwei Arten, einen komparativen Konkurrenzvorteil zu erlangen: Entweder wird ein umfassender Kostenvorsprung, der den Kunden als Preisvorteil weitergegeben wird, angestrebt, oder das Angebot wird derart differenziert, dass qualitativ bzw. leistungsmäßig etwas aus Sicht der Kunden Einzigartiges geschaffen wird. Für die Planung einer Positionierungsstrategie auf der Geschäftsfeldebene bedeutet dies, dass fokussiert auf eine bestimmte Kundengruppe (Gesamtmarkt oder Segment) jeweils zwei Aspekte zu beachten sind:

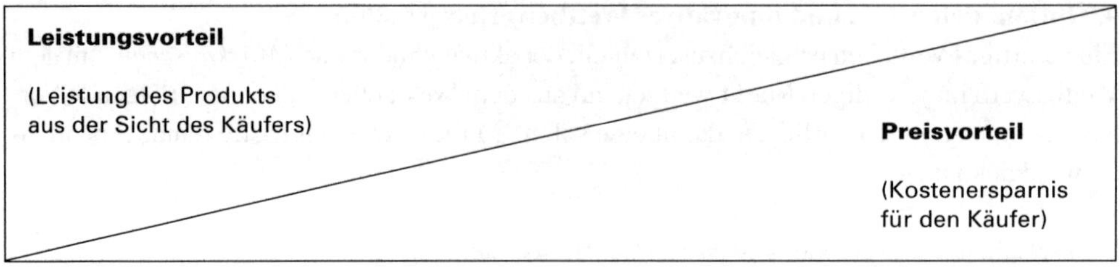

Abb. 4.27: Denkbare Nutzenkombinationen für den Kunden (in Anlehnung an Kreilkamp 1987, S. 118)

Typ des Kundennutzens
Soll dem Kunden ein *Leistungs-* oder ein *Preisvorteil* angeboten werden?

Einsatz des Marketinginstrumentariums
Soll der Einsatz des Marketing-Mix eher *leistungsfokussiert* oder eher *preisfokussiert* erfolgen? Eine eher leistungsfokussierte Marktbearbeitung verlangt den Einsatz aller nicht-preislichen Marketinginstrumente. Bei der preisfokussierten Marktbearbeitung werden hingegen alle nicht-preislichen Marketinginstrumente an der im relevanten Markt herrschenden Norm ausgerichtet, lediglich mit Hilfe eines niedrigen Preises wird eine Differenzierung vom Wettbewerb angestrebt.

Becker (2001, S. 179 ff.) bezeichnet die beiden skizzierten strategischen Ausrichtungen als *Präferenz-* bzw. *Preis-/Mengen-Strategien* (siehe zur Illustration auch die Abbildung 4.28).

An dieser Stelle sei noch einmal betont: Die zentrale Marketingzielsetzung besteht nicht in einer Maximierung des Kundennutzens schlechthin, sondern darin, ein relevantes Bedürfnis des Kunden nach dessen Einschätzung besser als andere Wettbewerber befriedigen zu können. Mit anderen Worten, im Mittelpunkt steht die *relative Steigerung des Kundennutzens* (vgl. Große-Oetringhaus 1996).

Nahezu in jedem Markt lassen sich sowohl leistungsorientierte als auch preissensible Käuferkreise identifizieren, sodass sich in der Regel sowohl mit Präferenz- als auch mit Preis-/Mengen-Strategien bei konsequenter Umsetzung KKV-Positionen aufbauen lassen. Anzumerken ist allerdings, dass in einem bestimmten (relevanten) Markt idealtypisch jeweils nur *ein Anbieter* einen KKV via *Preis-/Mengen-Strategie* erzielen kann, da schon aufgrund von Plausibilitätsüberlegungen ja nur ein Anbieter von den Kunden als «billiger» als die anderen wahrgenommen werden kann (z. B. im deutschen Zahnpasta-Markt Mitte der 80er-Jahre die Marke Pepsodent). Hingegen existieren in nahezu jedem Markt *mehrere Möglichkeiten,* mittels einer *Präferenzstrategie* einen KKV zu erlangen (z. B. im Zahnpasta-Markt die Marken Blendamed – «medizinische» Positionierung – und Theramed – Verpackungsinnovation «Spender») (vgl. Becker 1993, S. 172 f.; siehe auch die Abbildung 4.29).

Präferenz- und Preis-/Mengen-Strategien können, wie auch die in der Abbildung 4.30 aufgeführten Beispiele aus der Praxis verdeutlichen, sowohl im Gesamtmarkt als auch in einzelnen Teilmärkten erfolgreich verfolgt werden.

	Präferenzstrategie	**Preis-Mengen-Strategie**
Art des Kundennutzen	Leistungsvorteil(e) führt/en zu einer relativ besseren (multidimensionalen) Bedürfnisbefriedigung	Preisvorteil führt zu einer relativen Kostenersparnis
KKV-Prinzip	«Besser»-Prinzip: Höhere Leistung in Relation zur Konkurrenz bei gleichem bzw. marktüblichem Preis (u. U. Ausnutzung von akquisitorischem Potenzial)	«Billiger»-Prinzip: Geringerer Preis in Relation zur Konkurrenz bei gleicher bzw. marktüblicher Leistung
Einsatz des Marketing-instrumentariums	Kombinierter und konsequenter Einsatz aller nichtpreislichen Marketinginstrumente zur Beeinflussung der Kunden	Preis als zentrales Marketinginstrument zur Beeinflussung der Kunden (Norm-Marketing-Mix)
Beispiele		
Handel	Body Shop, Douglas	KD, Schlecker
Automobil	BMW, Mercedes	Lexus
Computer	Apple	Vobis
Versicherungen (CH)	Zürich, Winterthur	Secura
Zahncreme	Theramed	Pepsodent
Mineralwasser	Apollinaris	Extaler

Abb. 4.28: Charakteristika von Präferenz- und Preis-/Mengen-Strategie

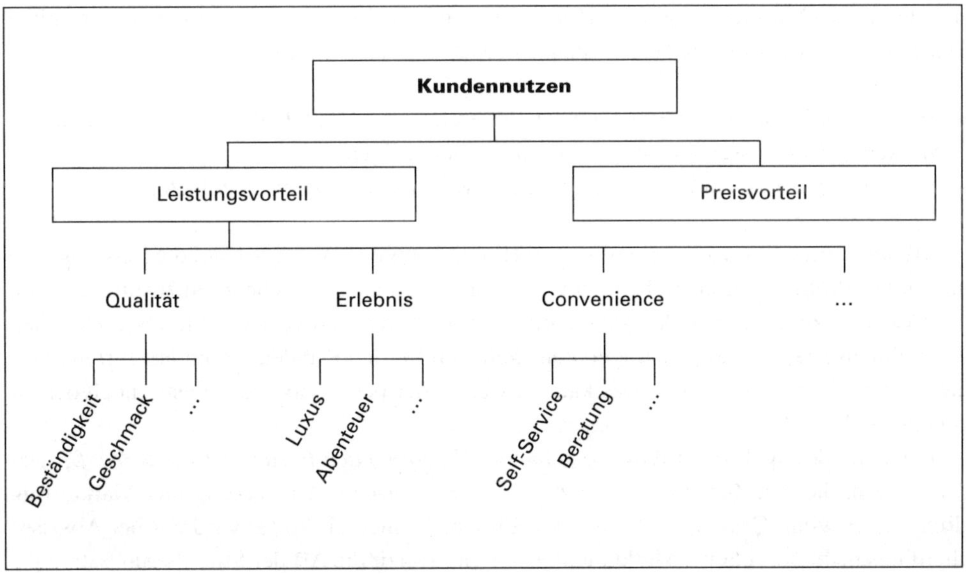

Abb. 4.29: Leistungs- und Preisvorteile

	Präferenz-Strategie	**Preis-/Mengen-Strategie**
eher Gesamtmarkt	• VW-Golf (DE, CH, AT) • Nivea-Creme • Appollinaris (DE) • Zürich-Versicherungen (CH) • Gillette-Rasierer	• Südkoreanische Automobilanbieter • Extaler (DE) • ALDI • KD, Schlecker
eher Marktsegment	• BMW, Mercedes • Apple • Body Shop • Cartier-Uhren	• Lexus • Rudis Reste Rampe • Secura-Versicherungen (CH) • Lada, Skoda

Abb. 4.30: Beispiele für Präferenz- und Preis-/Mengen-Strategien im Gesamt- bzw. Teilmarkt

Insbesondere Porter (1999a, S. 70 ff.) hat darauf hingewiesen, dass eine wichtige Voraussetzung für den Markterfolg eine *eindeutige strategische Ausrichtung* ist, d. h. es ist eine klare *«Entweder/Oder-Strategie»* (vgl. Backhaus 1992, S. 177) zu verfolgen:

- *Entweder* gilt es, «multidimensionale Präferenzbündel mit Hilfe eines differenzierten Marketing-Mix besser als die Konkurrenz zu befriedigen»
- *oder* «dem Kunden via Preisvorteil eine relative Kostenersparnis anzubieten».

«Weder/Noch»-Strategien, die weder im Hinblick auf den Preis noch auf die Leistung eine eindeutige Profilierung anstreben, sind als wenig erfolgsversprechend einzustufen, da sie nach Einschätzung der Kunden keinen eindeutigen Vorteil aufweisen («Strategie zwischen den Stühlen»). Bei derartigen Angeboten stellt sich für den Kunden – pointiert formuliert – die Frage: «Warum soll man etwas kaufen, was weder besonders preisgünstig noch besonders gut ist?»

In der Abbildung 4.31 wird die so genannte *U-Kurve nach Porter (1999a, S. 70 ff.)* wiedergegeben, die den Zusammenhang zwischen strategischer Ausrichtung und Markterfolg (Rendite, Gewinn, Cash-flow) beschreibt. Im Unterschied zu Porter wird auf der Abszisse allerdings nicht der relative Marktanteil, sondern explizit die Art der Stimulierungsstrategie abgetragen (vgl. auch Becker 2001, S. 358). Dies hat die folgenden Gründe:

- Der relative Marktanteil stellt eine *Zielgröße* dar, die durch Präferenz- oder Preis-/Mengen-Strategien beeinflussbar ist.
- In der Praxis lassen sich auf der einen Seite Geschäftsfelder beobachten, die erfolgreich Preis- bzw. Kostenführerschaftsstrategien verfolgen, obwohl sie nicht Marktführer sind (z. B. in der Vergangenheit verschiedene Geschäftsfelder der zur Migros gehörenden Versicherungsgesellschaft Secura im Privatversicherungsmarkt der Schweiz), und auf der anderen Seite Geschäftsfelder, die mit Differenzierungs- bzw. Präferenzstrategien die Marktführerschaft erlangt haben (z. B. verschiedene Geschäftsfelder der Versicherungsgesellschaften Zürich, Winterthur in der Schweiz oder der Allianz in Deutschland).

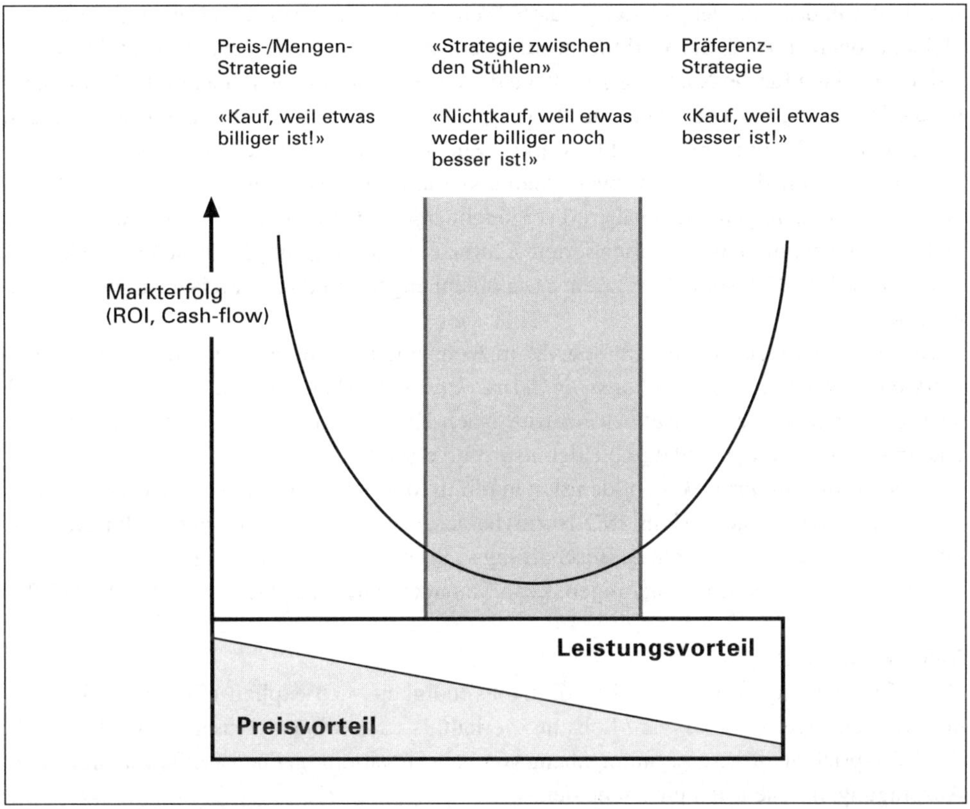

Abb. 4.31: U-Kurve nach Porter (in Anlehnung an Porter 1999a, S. 70 ff.; Müller-Stewens/ Lechner 2001, S. 204)

Selbst bei so genannten *Outpacing-Strategien* (siehe hierzu auch Abschnitt 3.4.5), die durch das Anbieten eines hohen Leistungsniveaus bei gleichzeitig niedrigen Kosten charakterisiert sind, werden die Kunden in der Regel eine eindeutige (entweder «besser» oder «billiger») und nicht eine doppelte Profilierung (sowohl «besser» als auch «billiger») *wahrnehmen.* Angebote, die objektiv sowohl besser als auch billiger als Konkurrenzangebote sein mögen, werden, wie Erfahrungen in der Praxis zeigen, von den Kunden trotzdem entweder deswegen gekauft, weil sie eine Kostenersparnis gegenüber vergleichbaren Konkurrenzangeboten versprechen oder weil sie von der Leistung her als überlegen eingestuft werden.

Betrachtet man beispielsweise japanische Automobile der Luxus-Klasse wie den Lexus oder den Xedos, so werden diese von bestimmten Kundenkreisen gekauft, weil sie bei vergleichbarer Leistung als billiger als die Angebote von Mercedes und BMW eingeschätzt werden. Im Leistungsbereich bieten sie nach Ansicht der Kunden lediglich die Marktnorm, die sich im Luxussegment allerdings auf einem relativ hohen Niveau befindet; einen KKV weisen japanische Automobile in Europa und in Nordamerika typischerweise im Preiswettbewerb auf.

In vielen *reifen Märkten* besteht die Problematik für Anbieter, die *Präferenzstrategien* verfolgen, darin, dass mit der Zeit der gesamte Wettbewerb in nahezu allen Leistungsbereichen gleichgezogen und sich die Marktnorm auf einem sehr hohen Niveau etabliert hat. Da in derartigen Märkten für die Nachfrager vielfach die Differenzierung nicht mehr oder kaum mehr wahrnehmbar ist, wird der Preis für immer größere Käuferkreise zum kaufentscheidenden Argument (z. B. momentan im PC-Markt). Zudem besteht in solchen Märkten auch die Gefahr, dass von den Kunden zwar Qualitätsvorteile wahrgenommen, aber durch Preisvorteile von Leistungen mit annähernd vergleichbaren Nutzen *überkompensiert* werden. Mit anderen Worten, die leistungsorientierten Käuferschichten schrumpfen in solchen Märkten. Becker (2001, S. 370) spricht in diesem Zusammenhang treffend von «Preisanpassungen nach unten».

Diese Phänomene lassen sich sowohl in Konsumgüter- als auch in Investitionsgütermärkten beobachten, wobei in *Konsumgütermärkten* in der Regel neben den *Preiswettbewerb* auch ein verstärkter *Imagewettbewerb* tritt. Nach Kroeber-Riel/Esch (2000) werden Sachleistungsprofile zunehmend durch Erlebnisprofile ersetzt.

In *Investitionsgütermärkten* bilden sich in reifen Märkten so genannte *Industriestandards* (Stichworte: dominante Designs, ISO-Norm) heraus, was dazu führt, dass sich die Innovationstätigkeit weg vom Produkt hin zu Beschaffungs-, Produktions- sowie Logistikprozessen verlagert (Stichworte: Rationalisierungen, Lean Management) (vgl. Backhaus 1999, S. 277 ff.).

Value Positioning

Diese Entwicklungen unterstreichen die Notwendigkeit, sich explizit mit der Struktur des den Kunden angebotenen Preis-/ Leistungsverhältnisses auseinanderzusetzen. Kotler (1999, S. 59 ff.) spricht in diesem Zusammenhang von Value Positioning. Fünf wettbewerbsrelevante Ausprägungen lassen sich unterscheiden:

More for More

In sehr vielen Märkten (u. a. Automobile, Uhren, Textilien, Kücheneinrichtungen) sind Unternehmen anzutreffen, die so genannte Luxusprodukte (wie z. B. Ferrari, Lange&Söhne, Gucci, Bulthaupt) zu extrem hohen Preisen erfolgreich anbieten. Kunden in diesen Märkten sind bereit, für ein hohes Maß an wahrgenommener Leistung einen entsprechend hohen Preis zu bezahlen. Zudem stellt der Preis gerade in solchen Märkten einen wichtigen Qualitätsindikator dar. Die Wertrelation «Leistungsvorteile für einen überdurchschnittlichen Preis» spielt allerdings nicht nur in extremen Luxusmärkten eine Rolle, sondern lässt sich in nahezu jedem

Markt als eine wettbewerbsrelevante Alternative beobachten. Der «More-for-More»-Ansatz stellt die reinste Form einer Leistungsvorteils- bzw. Präferenzstrategie dar. Die Wertrelationen «Überlegene Leistung bei vergleichbaren Preis (More for the Same)» und «Vergleichbare Leistung bei einem geringeren Preis (The Same for More)» stellen Ansätze dar, mit denen Positionierungen von Angeboten des «More-for-More»-Typs in immer mehr Märkten angegriffen werden.

Beispiele für «More-for-More»-Positionierung

Anbieter wie *Mercedes, BMW, Audi* und *Jaguar* im Automobilmarkt, Versicherungsunternehmen wie die *Winterthur*, die *Zürich* und die *Allianz* oder Konsumgüteranbieter wie der Schweizer Backwarenproduzent *Kambly*, der Bierbrauer *Warsteiner* oder das Unternehmen *Henkel* mit seiner Marke Persil setzen seit Jahrzehnten diesen Ansatz erfolgreich in ihren Märkten durch.

More for the Same

Einer «More-for-the-Same»-Positionierung liegt im Kern eine Leistungsvorteils- bzw. Präferenzstrategie zugrunde. Allerdings mit dem wesentlichen Unterschied, dass der Kunde mehr Leistung in Relation zu einem in einem bestimmten relevanten Markt gegebenen Referenzpreis erhält.

«More-for-the-Same»-Positionierung bei Coop

Im schweizerischen Einzelhandel bedrängt der Marktherausforderer Coop zunehmend den Marktführer Migros mit diesem Ansatz. Ende der 90er-Jahre war es Coop gelungen, in der Wahrnehmung der Kunden preislich mit der Migros nahezu gleichzuziehen. Parallel gelang es Coop u. a. immer besser, die Leistungskraft der Markenartikelindustrie hinter sich zu bündeln, um den Kunden eine breiteres und tieferes sowie innovativeres Sortiment als die sich im Wesentlichen auf Eigenmarken konzentrierende Migros zu bieten.

The Same for Less

Eine «The-Same-for-Less»-Positionierung ist die typischste Form einer Preisvorteils- bzw. Preis-/Mengen-Strategie. Die Unternehmen, die diesem Ansatz folgen, behaupten, vergleichbare Leistungen anzubieten, allerdings zu einem geringeren Preis.

«The-Same-for-Less»-Positionierung des Lexus (Stappen/Seufert 2001, S. 82 ff.)
Ein prominentes und insbesondere in den USA erfolgreiches Beispiel im Automobilmarkt ist – wie bereits oben angesprochen – das Unternehmen *Toyota. Toyota* greift mit seiner Marke *Lexus* die Marke *Mercedes* mit der Argumentation an, vergleichbare Qualität zu einem erheblich günstigeren Preis zu offerieren. Die Zeitschrift «auto motor und sport» beispielsweise hat den *Mercedes S430* und den *Lexus LS430* getestet und herausgefunden, wer im direkten Vergleich «den Kühler vorn» hat:

> In den Bereichen Antrieb, Karosserie, Umwelt und Kosten lässt der Lexus die Konkurrenz aus Stuttgart hinter sich. Das L macht scheinbar den Unterschied. L wie Leistung beispielsweise. Oder wie leise. Der 4,3-l-V8-Motor des LS430 zeichnet sich vor allem durch seine Laufruhe bis in den äußersten Drehzahlbereich aus. Eine Kraft, die dank des Automatik-Getriebes ideal in der Hand des Fahrers liegt. Ein Testverbrauch von gerade mal 9,1 Liter auf 100 km im Vergleich zu 10,2 beim Mercedes Benz zeigen auch hier den Vorsprung des Lexus. Im *Lexus* gehört alles zum Standard, worauf sein Äußeres bereits schließen lässt. Von A wie Alarmanlage über CD-Wechsler, Keyless-go, Lederpolster, Parkassistent, Sitzklimatisierung und Xenonlicht bis Z wie Zuziehhilfe für die Türen liest sich die Ausstattungsliste wie das who is who der Ausstattung. Auch wenn sich der Lexus in den Bereichen Fahreigenschaften, Fahrkomfort und Sicherheit geschlagen geben muss, bei den Kosten ist er dem Mercedes überlegen: Unter dem Strich spart man im Vergleich zu einem *Mercedes Benz S430* mit dieser Ausstattung einen Betrag in Höhe eines «ausgewachsenen» Kleinwagens.

Less for much Less
Eine Spielform der Preisvorteilsstrategie, die in den letzten Jahren in verschiedenen Märkten an Bedeutung gewonnen hat, ist der Ansatz «Less for much Less». Hier bieten Unternehmen zu einem extrem tiefen Preis Leistungen an, die unter der im jeweiligen Markt üblichen und von vielen Kunden erwarteten Qualität liegen. Der Grund, warum ein solcher Ansatz in immer mehr Märkten funktioniert, ist im Wesentlichen darin zu sehen, dass zunehmend Leistungen angeboten werden, die Bestandteile enthalten, die bestimmten Kunden bzw. Kundengruppen keinen Nutzen bieten, für den diese bereit wären, einen höheren Preis zu bezahlen. Typische Beispiele im Einzelhandel sind so genannte Hard-Discounter, wie z. B. Aldi, die die Einzelhandelsleistung auf das Wesentliche – ein bestimmtes Sortiment – reduziert haben.

«Less-for-much-Less»-Positionierung bei Southwest Airlines
Southwest Airlines, eine der profitabelsten amerikanischen Fluggesellschaften, verlangt Tiefstpreise und verzichtet dafür bei anderen Fluggesellschaften auf übliche Leistungen, wie z. B. das Servieren von Mahlzeiten, nummerierte Sitzplätze, Buchungsmöglichkeiten bei Reisebüros oder den Transport des Gepäcks bei Anschlussflügen zu anderen Airlines. Abbildung 4.32 zeigt einen Auszug aus den Services, die an Bord der Southwest-Airlines-Flüge angeboten werden.

> **Southwest Airlines Inflight and Beverage Service**
>
> If your total flight itinerary includes a series of flights that each are less than two hours in duration, you will be served peanuts/pretzels on each flight segment. If your flight itinerary includes any nonstop flight longer than two hours, you will be served a packaged snack on that flight segment. Southwest Airlines does not serve sandwiches or meals, however, you may bring something to eat on board.
>
> Southwest Airlines serves complimentary coffee, juices, and cold drinks on all flights.
>
> Please note the nominal charge for beer, wine, and cocktails that will be collected by the flight attendants. Southwest Airlines' frequent flyers are encouraged to use their drink coupons. Prices are subject to change.

Abbildung 4.32: Inflight-Services bei Southwest Airlines (vgl. Southwest Airlines 2002)

More for Less
Am überlegensten wäre zweifellos ein Angebot positioniert, welches sowohl Leistungs- als auch Preisvorteile verspricht. Wie oben bereits diskutiert, ist es allerdings äußerst fraglich, ob ein Anbieter in der Lage sein wird, eine solche Positionierung im Markt, d.h. in der Wahrnehmung der Kunden, durchzusetzen. Auch hoch erfolgreiche «Category Killer Stores», wie z.B. Toys'R'Us, ist bei genauer Analyse in der Wahrnehmung der Kunden eindeutig als Preisvorteilsanbieter positioniert. Allerdings sorgt der Anbieter dadurch, dass er die Standardqualität in seinem Markt ständig nach oben entwickelt, dafür, dass sich der Druck auf die Wettbewerber permanent verstärkt. Jack Welch, der Chairman von General Electric, stellt hierzu fest: «The value decade is upon us. If you can't sell a top-quality product at the world's lowest price, you're going to be out of the game ... the best way to hold your customers ist to constantly figure out how to give them more for less» (zitiert nach Kotler 1999, S. 54). Mit anderen Worten: unabhängig davon, welches Value Positioning ein Anbieter gewählt hat, muss es angesichts eines intensiven und dynamischen Wettbewerbs für jeden Anbieter darum gehen, sich sowohl auf der Leistungs- als auch auf der Preisseite ständig zu verbessern.

4.4.5.5 Strategie-Feld: Festlegung des zu bearbeitenden Markts

Die vierte grundsatzstrategische Dimension setzt sich mit der Wahl des Strategie-Felds auseinander. Die *Definition der Geschäftstätigkeit* – und damit einhergehend die *Marktsegmentierung* – stellt eines der zentralen Entscheidungsfelder der strategischen Marketingplanung auf der Gesamtunternehmensebene dar (Stichwort: Marktwahl). Die Themen «Geschäftsfelddefinition» und «Marktsegmentierung» wurden daher schon in Abschnitt 3.2 ausführlich behandelt. Im Rahmen dieses Abschnittes sollen lediglich Aspekte herausgearbeitet werden, die für die Marketingplanung auf der Geschäftsfeldebene von Bedeutung sind.

Ein strategisches Geschäftsfeld ist ex definitione als die Verknüpfung eines Leistungsangebots mit einem bestimmten Markt bzw. Marktsegment zu betrachten (Stichwort: Produkt/Markt-Kombination). Die Marketingplanung auf der Geschäftsfeldebene beschäftigt sich daher nicht mit der Grundsatzentscheidung, welcher Markt bzw. welches Marktsegment bearbeitet werden soll. Vielmehr geht es darum,

- vor dem Hintergrund sich *wandelnder Markt-, Konkurrenz- und Umfeldbedingungen* (u.a. Kundenbedürfnisse, Kaufverhalten, Werte, Substitutionswettbewerb, Entwicklung der Medien) festzulegen,
- welche *Modifikationen* an der bestehenden Markt- bzw. Marktsegment-Definition vorgenommen werden müssen (z.B. Erschließen von Randzielgruppen, Konzentration auf Großkunden oder Lead User, verstärkte Bearbeitung von Stammkunden, Fokussierung der Marktbearbeitung auf Machtpromotoren im Buying Center),
- um die *angestrebten Marketingziele* (u.a. Ertrags-, Wachstumsziele) zu erreichen.

So wurde bei der Diskussion der grundsatzstrategischen Entscheidungsfelder Strategie-Variation, -Stil und -Substanz deutlich, dass Entscheidungen in diesen Bereichen jeweils auch Aspekte der Marktsegmentierung berühren. Im Einzelnen:

Strategie-Variation
Jede Veränderung der Positionierung schlägt sich in einer modifizierten Positionierungsstrategie nieder, was wiederum Marktsegmenterweiterungen oder -verschiebungen zur Folge hat.

Strategie-Stil
Mit der Wahl eines aggressiven oder defensiven und innovativen oder konventionellen Wettbewerbsverhaltens wird simultan auch die jeweilige Wettbewerbsarena (Gesamtmarkt oder Marktnische) festgelegt.

Strategie-Substanz
Bei der Formulierung der Marktstimulierungs-Strategie (Präferenz- oder Preis-/Mengen-Strategie) ist festzulegen, in welchem Marktausschnitt ein komparativer Konkurrenzvorteil erlangt werden soll.

Die Trennlinien zwischen Segmentierungsentscheidungen auf der Gesamtunternehmensebene und auf der Geschäftsfeldebene verlaufen vielfach nicht eindeutig. Im Kern handelt es sich hierbei um eng miteinander verzahnte Entscheidungsfelder, bei denen iterativ die *Top-Down-* mit der *Bottom-Up-Perspektive* der Marketingplanung im Sinn des im Abschnitt 3.2.3.2 dargestellten Ansatzes von Day verknüpft sind.

So ist es in der Marketingpraxis auch üblich, terminologisch zwischen *Marktsegmenten* und *Zielgruppen* zu unterscheiden. In der Versicherungsbranche werden beispielsweise unter Marktsegmenten übergeordnete Kundengruppen, wie z.B. «Unternehmen» und «Private», verstanden. Ein Marktsegment setzt sich jeweils aus mehreren Zielgruppen zusammen. Das Marktsegment «Unternehmen» umfasst z.B. die Zielgruppen «Gewerbe/freie Berufe», «Unternehmen» und «Öffentliche Hand» (vgl. Abbildung 4.33).

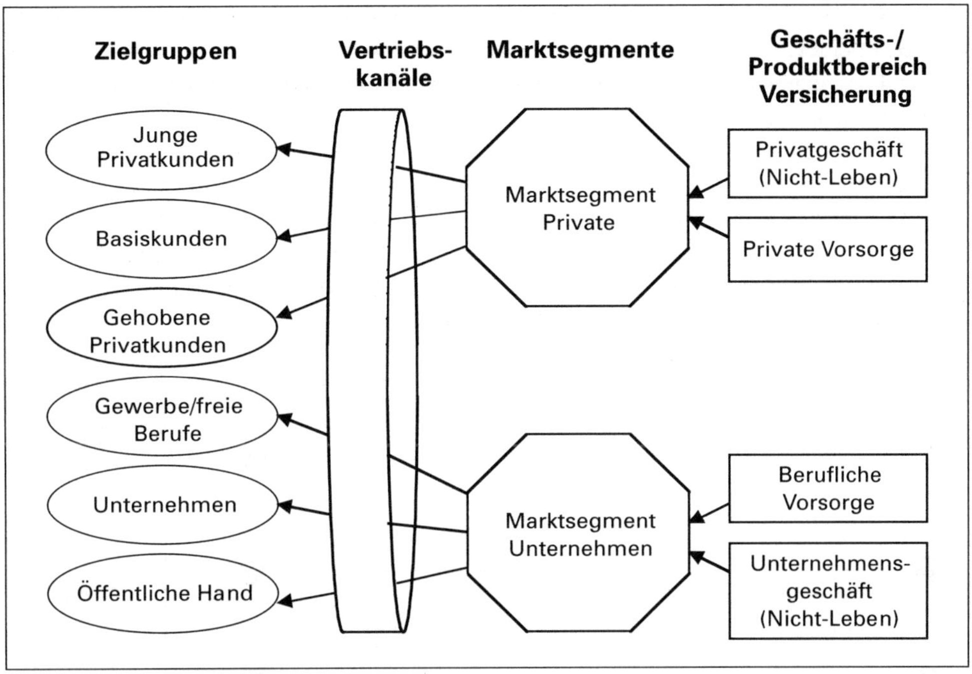

Abbildung 4.33: Marktsegmente und Zielgruppen in der Versicherungsbranche (in Anlehnung an Schögel/Finsterwalder 1999, S. 29)

Um die einem Unternehmen zur Verfügung stehenden Ressourcen möglichst effektiv und effizient einzusetzen, werden Entscheidungen, die die grundsätzliche Marktwahl und -segmentierung betreffen, zweckmäßigerweise vorrangig «Top-Down», d. h. aus dem Gesamtunternehmenskontext heraus, getroffen. Entscheidungen, die die spezifische Bearbeitung eines Marktsegments und seiner Zielgruppen berühren, werden hingegen sinnvollerweise eher aus der Geschäftsfeldperspektive «Bottom-Up» behandelt.

4.4.5.6 Formulierung der Positionierungsstrategie auf Geschäftsfeldebene

In den vorangegangenen Abschnitten wurden mit der Strategie-Variation, dem Strategie-Stil, der Strategie-Substanz und dem Strategie-Feld die einzelnen Entscheidungsfelder vorgestellt, die bei der Formulierung einer vollständigen *Positionierungsstrategie* auf der Geschäftsfeldebene zu beachten sind. Wie angesprochen, hängen diese Entscheidungsfelder eng zusammen und müssen simultan bei der Marketingplanung berücksichtigt werden. Die vorgestellten vier Bausteine sind so zusammenzufügen, dass sich eine konsistente Positionierungsstrategie ergibt. Becker (2001, S. 351 ff.) bezeichnet eine solche Kombination marketing-strategischer Bausteine als «Strategie-Chip».

Im Einzelnen ist die *Strategie-Variation* zu fixieren. Zu entscheiden ist, ob die Position im Wettbewerbsumfeld beibehalten, ob umpositioniert werden soll bzw. ob eine neue Positionierung anzustreben ist. Im Zusammenhang damit ist der *Strategie-Stil* festzulegen, d.h. es werden Entscheidungen über eine aggressive oder defensive und innovative oder konventionelle Bearbeitung des Gesamtmarkts bzw. einer Marktnische gefällt *(Strategie-Feld)*. Wie es dann gelingt, einen Wettbewerbsvorteil aufzubauen, ist eine Entscheidung im Hinblick auf die *Strategie-Substanz*.

In der Abbildung 4.34 werden die vier Entscheidungsfelder, aus denen sich eine Positionierungsstrategie auf der Geschäftsfeldebene zusammensetzt, dargestellt. Jedes Entscheidungsfeld lässt sich auch als *Entscheidungskontinuum* auffassen (vgl. auch Tomczak 1989, S.141 ff.), das beispielsweise im Falle der Strategie-Variation von dem Extrempunkt «Beibehaltung der Marktposition» bis zu dem Extrempunkt «Neupositionierung» reicht. Eine «Umpositionierung» stellt die Mitte des Kontinuums dar.

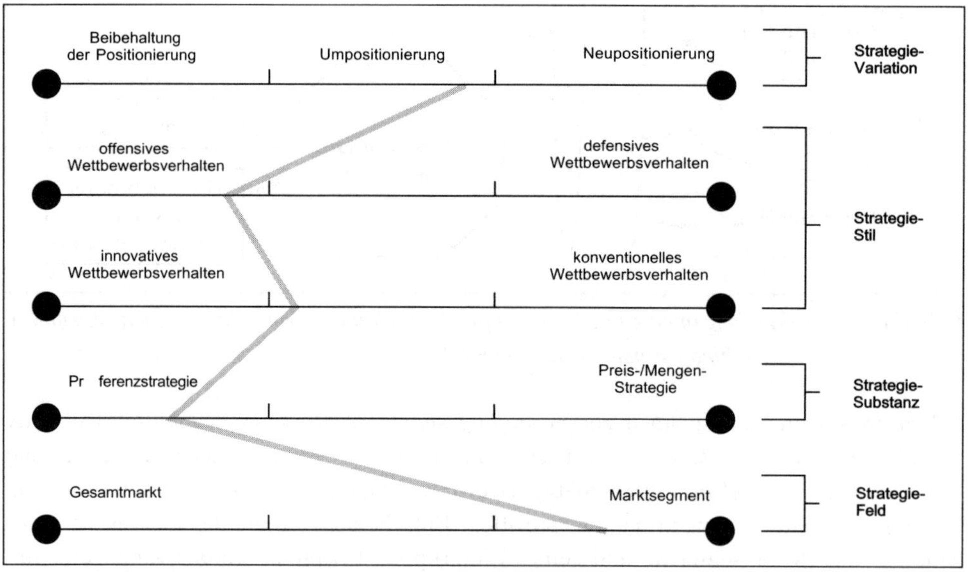

Abb. 4.34: Entscheidungskontinua einer Positionierungsstrategie auf der Geschäftsfeldebene

Eine bestimmte Positionierungsstrategie lässt sich somit als eine Verknüpfung spezifischer Ausprägungen der vier Entscheidungskontinua begreifen (wie in der Abbildung 4.34 durch die eingezeichneten Linien beispielhaft angedeutet). Grundsätzlich steht eine Vielzahl von Kombinationsmöglichkeiten zur Verfügung, um mit Hilfe der zur Verfügung stehenden Entscheidungsoptionen eine Positionierungsstrategie zu formulieren. Allerdings werden in bestimmten Branchen- und Unternehmenssituationen nicht alle Kombinationen Erfolgsvarianten sein.

So legen z. B. die Ergebnisse einer umfangreichen *empirischen Studie,* die Gussek (1992) für 203 Geschäftsfelder durchführte, die Annahme nahe, dass in *Konsumgütermärkten* drei Typen von Positionierungsstrategien überdurchschnittlich erfolgreich sind (vgl. Gussek 1992, S.276):

- *«Präferenzorientierte Marktsegmentierungsstrategie»:* innovativer und aggressiver Strategie-Stil, Teilmarktabdeckung, Präferenzstrategie (z. B. Red Bull)
- *«Präferenzorientierte Massenmarktstrategie»:* innovativer und aggressiver Strategie-Stil, Gesamtmarktabdeckung, Präferenzstrategie (z. B. Nivea, Knorr)
- *«Aggressive Preis-/Mengen-Strategie»:* innovativer und aggressiver Strategie-Stil, Gesamtmarktabdeckung, Preis-/Mengen-Strategie (z. B. Vobis).

Diese Ergebnisse erscheinen plausibel und decken sich zudem auch weitgehend mit den in den vorangegangenen Abschnitten vorgestellten Überlegungen zur marketingstrategischen Ausrichtung von Geschäftsfeldern. Zum einen besitzen offenbar grundsätzlich aggressive und innovative Positionierungsstrategien das größte Erfolgspotenzial. Zum anderen wird deutlich, dass, um mit einer Preis-/Mengen-Strategie überdurchschnittlichen Erfolg zu haben, die Aktivitäten zumindest auf einen nationalen Gesamtmarkt bzw. globalen Teilmarkt auszurichten sind, denn nur dann besteht die Basis, um Erfahrungskurven- und Größendegressionseffekte in bemerkenswertem Umfang ausnützen zu können. Hingegen lassen sich mit Präferenzstrategien sowohl in Teilmärkten als auch im Gesamtmarkt überdurchschnittliche Erfolge erzielen.

Unternehmen, die bei der Distribution ihrer Leistungen auf Absatzmittler angewiesen sind, müssen, wie in Abschnitt 4.4.4 angesprochen, zwei (oder gegebenenfalls mehr) eng miteinander verzahnte Positionierungsstrategien entwickeln: Zum einen bedarf es einer Endkunden- zum anderen einer expliziten Absatzmittlerorientierung. Im Rahmen des folgenden Abschnittes 4.5 soll daher auf die besonderen Aspekte und Probleme hingewiesen werden, die bei der Planung einer absatzmittlerorientierten Positionierungsstrategie zu beachten sind. Auch hier geht es darum, komparative Konkurrenzvorteile zu erlangen. Bei der Entwicklung einer absatzmittlerorientierten Positionierungsstrategie müssen ebenso wie bei der Konzeption einer endkundenorientierten Positionierungsstrategie Entscheidungen im Hinblick auf die Strategie-Variation, den Strategie-Stil, die Strategie-Substanz und das Strategie-Feld getroffen werden.

4.5 Exkurs: Absatzmittlerorientierte Marketingplanung

4.5.1 Management von Mehrkanalsystemen

Das primäre Ziel eines Industrieunternehmens bei der Distribution besteht darin, die physische und kommunikative Präsenz der angebotenen Leistungen im Endkundenmarkt in einer bestimmten Quantität (z. B. Distributionsgrad) und Qualität (z. B. Beratungsleistungen) sicherzustellen (vgl. u. a. Ahlert 1996, S. 139 f.), wobei die Zielsetzungen in der Distribution orientiert an der angestrebten *Positionierung* im Endkundenmarkt festgelegt werden (sollten).

Um die eigenen Leistungen den Endkunden in der gewünschten physischen und akquisitorischen Qualität und Quantität verfügbar zu machen, werden von den Unternehmen verschiedene Distributionswege und -kanäle eingesetzt und miteinander kombiniert. Mit Fischer (1993) lassen sich vier Basisformen unterscheiden:

- *Indirekte Distribution über selbstständige Absatzmittler*
  Der Handel übernimmt die Hauptaufgaben in der Distribution. Die Aktivitäten von Hersteller und Handel werden über Verhandlungen koordiniert. Langfristige Verträge werden nicht geschlossen (beispielsweise die Distribution über den Lebensmitteleinzelhandel oder den selbständigen Fachhandel).
- *Direkte Distribution über eigene Absatzkanäle*
  Die distributiven Hauptaufgaben werden vom Hersteller selbst wahrgenommen. Mittels des eigenen Außendienstes oder über eigene Filialen besteht ein direkter Kontakt zu den Endkunden.
- *Marktnahe Absatzkanäle*
  Die Aufgaben in der Distribution werden von Hersteller und Absatzmittler im Rahmen einer Kooperation gemeinsam erfüllt. Hierzu gehören Distributionsformen wie Partnerschaftssysteme oder Shop-in-the-Shop-Konzepte.
- *Hierarchienahe Absatzkanäle*
  Der Absatzmittler tritt unter dem Namen oder Markenzeichen des Herstellers auf. Er ist zwar rechtlich selbstständig, wirtschaftlich aber vom Hersteller abhängig. Die wichtigsten Formen hierarchienaher vertraglicher Vertriebssysteme sind Franchising- oder Vertragshändlersysteme.

Industrieunternehmen, die ihre Leistungen durch Kombinationen mehrerer Absatzkanäle distribuieren, verfügen über ein *Mehrkanalsystem* (siehe auch Schögel/Tomczak 1995a; 1995b; Schögel 1997):

Beispiele für Mehrkanalsysteme

So nutzen beispielsweise Zigarettenhersteller bis zu sechs Typen von Absatzkanälen: Automaten, Lebensmitteleinzelhandel, Tabakgeschäfte, Kioske, Gaststätten und Tankstellen. Fluggesellschaften distribuieren ihre Angebote über eigene Verkaufsbüros, selbständige Reisebüros, Touroperator, Broker und das Internet. Der Vertrieb von Swatch-Uhren erfolgt z. B. über Kauf- und Warenhäuser, Uhrengeschäfte, Juweliere und Duty-Free-Shops.

IBM verfügt über ein stark differenziertes Mehrkanalsystem (siehe auch Abbildung 4.35).

In den meisten Branchen und für die meisten Unternehmen stellt die Distribution über Mehrkanalsysteme den Regelfall dar (vgl. Moriarty/Moran 1991). Nur in Ausnahmefällen verfügen Unternehmen über lediglich einen Distributionskanal.

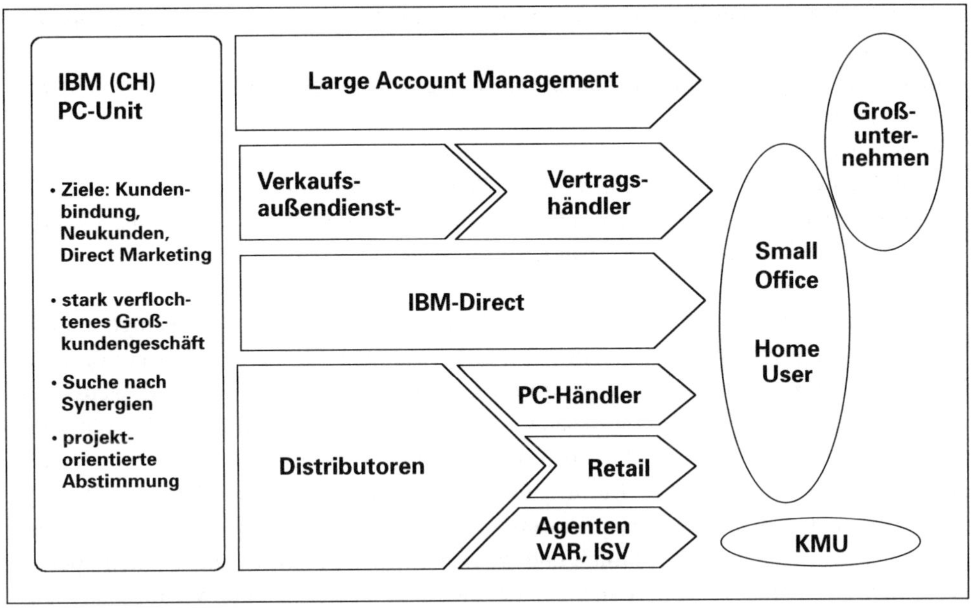

Abb. 4.35: Mehrkanalsystem von IBM (Schögel 1997, S. 281)

Im Mittelpunkt der absatzmittlerorientierten Marketingplanung stehen die beiden folgenden Aufgabenbereiche:

Makro-Ebene: Gestaltung des Absatzkanal-Mix
Hier geht es im Wesentlichen darum, die *Segmente* zu bestimmen, die im Absatzmittlermarkt bearbeitet werden sollen. Im Einzelnen bedeutet dies, dass Entscheidungen über

- die Anzahl, Art und Kombination von Absatzkanälen und
- die Verteilung der Aufgaben in den einzelnen Absatzkanälen

zu treffen sind.

Mikro-Ebene: Gestaltung der Zusammenarbeit mit einzelnen Absatzmittlern
Ziel ist es, den selektierten Absatzmittlern Leistungen anzubieten, die diese motivieren und/oder in die Lage versetzen, den Endkunden die industriellen Angebote in einer bestimmten Quantität und Qualität zu präsentieren. Diese Thematik wird in den folgenden Abschnitten vertieft.

4.5.2 Problemfelder der indirekten Distribution

In zahlreichen Märkten nimmt der *institutionelle Handel* erheblichen Einfluss darauf, in welchem Umfang und in welcher Form die industriellen Marketingaktivitäten zum Endkunden gelangen. Im Einzelnen legt er fest,

- ob eine Leistung überhaupt im Einzelhandel erhältlich ist (Stichworte: Listung, Distributionsgrad),
- ob die Leistung aus Sicht der Industrie in strategieadäquaten Betriebstypen geführt wird (Stichwort: Image),
- in welcher Form die Leistung dem Endkunden physisch und kommunikativ präsentiert wird (Stichworte: Platzierung, Umfeld der Platzierung, Beratung, Preis),
- und gegebenenfalls in welchem Umfang und in welcher Qualität Kundendienstleistungen vor und nach dem Kauf erbracht werden.

Nach Meffert (1988, S. 102) strebt jedes Industrieunternehmen «die uneingeschränkte Kontrolle aller Marketing-Instrumente über den gesamten Absatzweg» bei geringstmöglichem eigenen Ressourceneinsatz an. Im Prinzip ist es das Ziel, rechtlich und weitgehend auch wirtschaftlich selbstständige Absatzmittler so in die eigenen Marketingaktivitäten einzubinden, dass sich die angestrebte Positionierung im Endkundenmarkt realisieren lässt. Je nach situativem Kontext sind die Einflussmöglichkeiten der industriellen Anbieter allerdings unterschiedlich groß. So sind beispielsweise die Handlungsspielräume der Möbelindustrie gegenüber dem Handel, der rechtlich und wirtschaftlich weitgehend ungebunden operiert, geringer als die der automobilproduzierenden Industrie gegenüber ihren Vertragshändlern.

Besonders schwierig ist bekanntlich die Situation in der Zusammenarbeit mit dem Lebensmitteleinzelhandel. Hier sind anhaltende *Konzentrationstendenzen auf der Absatzmittlerebene* zu beobachten. Im Einzelnen bedeutet dies:

- Immer weniger Handelsunternehmen vereinigen immer größere Umsatzvolumina auf sich.
- Dadurch existieren immer weniger Entscheidungsstellen im Handel.
- Mit diesen Konzentrationstendenzen geht eine verstärkte Marketingorientierung der Großformen des Lebensmitteleinzelhandels einher.

Generell ist jede Austauschsituation dadurch gekennzeichnet, dass die jeweiligen Marktpartner sowohl Käufer als auch Verkäufer sind. So treten die Industrieunternehmen zum einen als Anbieter ihrer Leistungen und zum anderen als Nachfrager nach Regalplatz auf. Die Absatzmittlerunternehmen sind spiegelbildlich Anbieter des Regalplatzes und Nachfrager nach den industriellen Leistungen. In diesem Sinne ist die Nachfragemacht von Absatzmittlerunternehmen im Prinzip eine Folge ihrer Angebotsmacht, indem sie als *Gatekeeper* den für die Industrieunternehmen knappen und unentbehrlichen Regalplatz kontrollieren (vgl. Kirschner 1988, S. 51 ff.).

Die hier nur kurz und exemplarisch skizzierte Problemlage verdeutlicht die Notwendigkeit eines eigenständigen, auf die Kundengruppe «Absatzmittler bzw. Handel» ausgerichteten Marketing. Industrieunternehmen, die auf den indirekten Distributionsweg angewiesen sind, müssen sich somit nicht nur mit Blick auf den Endkundenmarkt, sondern auch mit Blick auf den Handel *komparative Konkurrenzvorteile* erarbeiten (vgl. Tomczak/Feige/Schögel 1994). Es geht darum, das eigene Leistungsangebot so zu gestalten, dass der - Handel es besser beurteilt als das der Konkurrenz.

Komparative Konkurrenzvorteile verschaffen einem Industrieunternehmen *Handlungsspielraum,* der sich nutzen lässt, um die Ansprüche der Handelsunternehmen zu reduzieren oder um gewisse Forderungen durchzusetzen (z. B. Listungen, Promotions, Platzierungen, Service- und Beratungsleistungen, Preise). Je nach Ausgangssituation und Ausmaß des gewonnenen Handlungsspielraums kann entweder lediglich der Umfang von nicht entgoltenen Nebenleistungen stabilisiert oder sogar die Handelsspanne der Absatzmittlerunternehmen reduziert und so die eigene Deckungsbeitragssituation verbessert werden (vgl. grundlegend Tomczak/Gussek 1992).

4.5.3 Beschaffungssituationen von Absatzmittlern

Eine von Kraljic (1984) entwickelte Klassifikation von Beschaffungssituationen lässt sich auf die Beschaffungsbedingungen von Handelsunternehmen übertragen (siehe Abbildung 4.36).

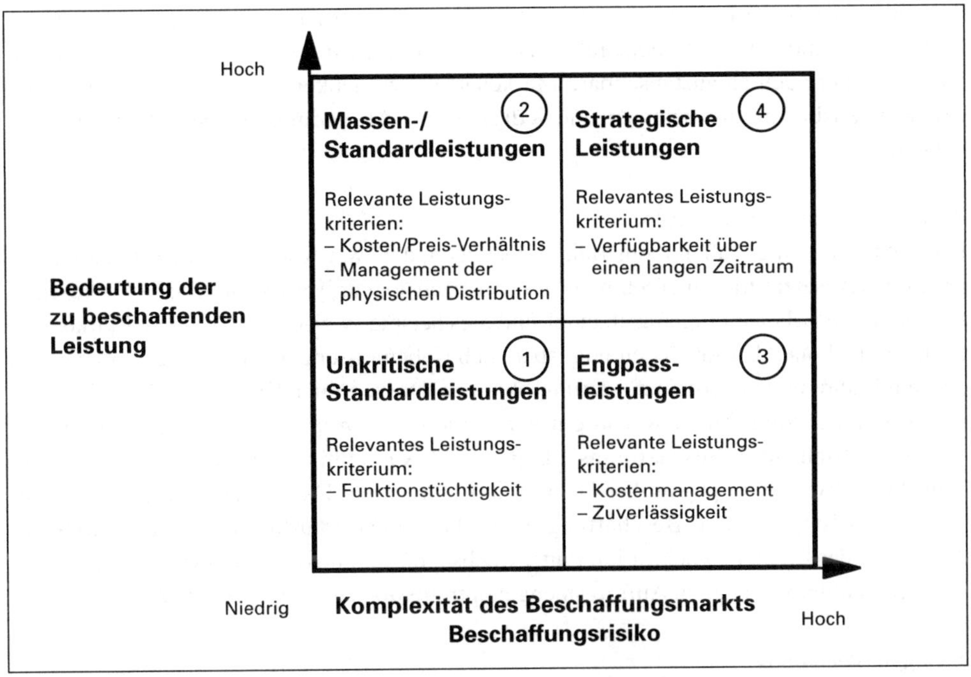

Abb. 4.36: Klassifikation industrieller Leistungen aus Absatzmittlerperspektive (in Anlehnung an Kraljic 1984 und Haedrich/Gussek 1990)

Betrachtet werden zwei Kriteriengruppen:

- Kriterien, die die relative Bedeutung einzelner industrieller Leistungen für die Absatzmittlerunternehmen betreffen, z. B. Sortimentsanteil, Ergebniseinfluss, Bedeutung von Qualität und/oder Image der zu beschaffenden Leistungen für die Leistung und/oder für das Image der Absatzmittlerunternehmen (*«Bedeutung der zu beschaffenden Leistungen»*).

- Kriterien, die die Komplexität der Beschaffungsmärkte und damit das Beschaffungsrisiko kennzeichnen, z. B. monopolistische bzw. oligopolistische Strukturen auf der Industrieseite, technologischer Fortschritt, Eintrittsbarrieren, Logistikkosten, Verfügbarkeitsrisiko, Transparenz *(«Komplexität des Beschaffungsmarkts/Beschaffungsrisiko»).*

Die *akquisitorische Wirkung* bestimmter industrieller Leistungen auf die jeweiligen Absatzmittlerunternehmen lässt sich mit Hilfe der Dimensionen «Bedeutung der zu beschaffenden Leistungen» und «Komplexität des Beschaffungsmarkts/Beschaffungsrisiko» einordnen. Werden die beiden Dimensionen dichotomisiert, so ergibt sich die in der Abbildung 4.36 wiedergegebene Klassifikation. Zu unterscheiden sind vier Quadranten:

1. Unkritische Standardleistungen
Dies sind industrielle Leistungen, deren Beschaffung für das jeweilige Absatzmittlerunternehmen problemlos ist, da diese von zahlreichen Lieferanten angeboten werden und zudem die Bedeutung dieser Leistungen für das Absatzmittlerunternehmen gering ist. Im Lebensmitteleinzelhandel ist hier beispielsweise an Grundnahrungsmittel wie Mehl, Zucker, Salz etc., aber auch an austauschbare Markenartikel zu denken, die eine geringe Umsatz- und Ergebnisbedeutung besitzen und lediglich zur Abrundung des Sortiments geführt werden.

2. Massen-/Standardleistungen
In diesen Quadranten fallen industrielle Leistungen, die zwar Relevanz für die Leistung des jeweiligen Absatzmittlerunternehmens besitzen, sich aber unbegrenzt und risikolos beschaffen lassen. Im Lebensmitteleinzelhandel sind dies beispielsweise austauschbare Markenartikel mit einer hohen Umsatzbedeutung, aber auch Nebenleistungen wie die Regalpflege oder die Durchführung von Verkaufsförderungsaktionen. Die zentralen Kriterien, anhand derer die industrielle Leistungsfähigkeit beurteilt wird, sind die dem jeweiligen Absatzmittlerunternehmen entstehenden Beschaffungs-, Lager- und Kapitalbindungskosten sowie die reibungslose Abwicklung physischer Distributionsaktivitäten. Das Verhalten des Absatzmittlerunternehmens bei der Beschaffung von Massen-/Standardleistungen ist durch das Ausnutzen der Einkaufsmacht, Lieferantenwechsel und Produktsubstitution, gezielte Preis- und Verhandlungsstrategien, Auftragsmengenoptimierung etc. gekennzeichnet.

3. Engpassleistungen
Engpassleistungen zeichnen sich dadurch aus, dass ihre Beschaffung – da sie nur von einer begrenzten Anzahl von Industrieunternehmen angeboten werden – für das jeweilige Absatzmittlerunternehmen mit einem gewissen Risiko verbunden ist. Allerdings ist der Nutzen (Umsatz-, Gewinnanteil, Imageprofilierung, Steigerung der Kundenfrequenz etc.) dieser Leistungen für das jeweilige Absatzmittlerunternehmen relativ gering. Eine solche untergeordnete Rolle spielen für gewisse Lebensmitteleinzelhändler eine Reihe von Produkten aus dem Non-Food-Bereich (z. B. Markenprodukte der Spielzeug- und der Gartenwerkzeugbranche) oder Nebenleistungen, wie z. B. die Durchführung von verbrauchergerichteten Preisausschreiben.

4. Strategische Leistungen
Leistungen, die von großer Wichtigkeit für das jeweilige Absatzmittlerunternehmen sind und deren Beschaffung mit einem großen Risiko verbunden ist (z. B. weil es nur einen Anbieter für die Leistungen gibt), lassen sich als strategisch bedeutende Leistungen charakterisieren. Industrieunternehmen, die für ein Absatzmittlerunternehmen strategisch wichtige Leistungen anbieten, verfügen über einen komparativen Konkurrenzvorteil. In der Lebensmittelbranche können beispielsweise industrielle Leistungen, wie z. B. ein Markenartikel, der im Endverbrauchermarkt profiliert ist, oder eine effiziente Lösung der Verpackungsproblematik, strategische Leistungen darstellen. Zentrales Ziel der Absatzmittlerunternehmen ist es, die Verfügbarkeit dieser Leistungen langfristig sicherzustellen. Im Extremfall heißt dies, dass die Eigenerstellung dieser Leistungen oder zumindest eine langfristige vertragliche Bindung mit dem jeweiligen Industrieunternehmen angestrebt wird.

Wird die vorgestellte Klassifikation von Beschaffungssituationen aus dem Blickwinkel der Industrie analysiert, so ist zusammenfassend festzustellen, dass vorrangig solche Leistungskomponenten, die für den jeweiligen Handelskunden von strategischer Bedeutung sind, komparative Konkurrenzvorteile besitzen. Massen-/Standardleistungen und Engpassleistungen weisen in der Regel ein erheblich geringeres akquisitorisches Potenzial auf. Die akquisitorische Wirkung von unkritischen Standardleistungen tendiert gegen Null.

Im folgenden Abschnitt wird untersucht, welches für ein Industrieunternehmen die Ansatzpunkte sind, um komparative Konkurrenzvorteile im Absatzmittlermarkt zu erlangen.

4.5.4 Quellen für komparative Konkurrenzvorteile in der Distribution

Industrieunternehmen setzen ein breites Spektrum sehr unterschiedlicher Leistungen bzw. Anreize ein, um Absatzmittler zur Erbringung ihrer Gegenleistungen (Entgelt, «Regalplatz» in bestimmten Quantitäten und Qualitäten) zu motivieren. All diese Anreize wirken sich in bestimmter Weise auf die Leistung der Absatzmittler aus. Diese Anreize lassen sich in drei Gruppen unterteilen: Pull- und Push-Anreize sowie Anreize, die auf der Kompetenz zur Kooperation gründen.

Pull-Anreize
Hiermit sind Anreize angesprochen, die indirekt auf dem Weg über den Endverbraucher in Richtung Handel wirken. Solche Anreize besitzen potenziell eine *«Sogwirkung»* auf den Handel, da sie ihm ein bestimmtes Nachfragepotenzial, eine gewisse Kundenfrequenz in seinen Verkaufsstellen oder eine Imageprofilierung gegenüber seiner Konkurrenz versprechen. Die zentralen Pull-Marketinginstrumente sind Produktqualität, Marke und Endverbraucherwerbung.

Push-Anreize
Hierunter sind Anreize zusammenzufassen, die direkt beim Handel ansetzen und ohne Mitwirkung des Handels, d.h. autonom, erstellt werden. Im Einzelnen sind solche zu unterscheiden, die dem «Hinein-Verkauf» und solche die dem «Ab-Verkauf» dienen. Den

«Hinein-Verkauf» der Herstellerprodukte in den Handel unterstützen u.a. Anreize wie das Verfolgen einer Selektionsstrategie (vgl. Belz 1990) und in erster Linie Rabatt- und Nebenleistungszugeständnisse. *Abverkaufsmaßnahmen* mit Push-Wirkung sind beispielsweise Merchandisingmaßnahmen wie Regalpflege, Warenbevorratung und Verbraucher-Promotions.

Kooperations-Kompetenz
Das Anbieten von *kooperativen Aktivitäten* kann potenziell leistungsmotivierende Wirkungen besitzen. Ziel ist es, durch die Integration von Hersteller- und Handelsaktivitäten synergetische Effekte zu nutzen (vgl. insbesondere Zentes 1989) und eine einzigartige Problemlösung zu schaffen. Kooperationsanreize lassen sich grundsätzlich an allen Schnittstellen von Aktivitäten zwischen Hersteller- und Handelsunternehmen generieren (z. B. Logistik, Promotions, Entwicklung von Handelsmarken, Space-Management; Stichwort: Efficient Consumer Response (ECR)).

Feige (1996) ermittelte im Rahmen einer empirischen Studie bei Entscheidern im deutschen Lebensmitteleinzelhandel, dass die Erfolgswirkung der drei Faktoren zumindest in diesem Markt sehr unterschiedlich ist. Die durchschnittlich größte Bedeutung besitzen Pull-Anreize. Sie erklären den Erfolg von Markenartikeln zu 66 Prozent. Weitere 19 Prozent trägt die Kooperations-Kompetenz bei. Push-Anreize sind von untergeordneter Bedeutung.

Ein zentrales Ziel jedes Industrieunternehmens besteht nun darin, die Pull-, Push- und Kooperationsanreize derart zu bündeln, dass den jeweiligen Handelsunternehmen *Leistungssysteme bzw. -bündel* angeboten werden, die in ihrer Gesamtheit komparative Konkurrenzvorteile aufweisen.

4.5.5 Formen der Zusammenarbeit von Hersteller und Absatzmittler

In der Praxis haben sich traditionelle Aufgabenteilungen in den einzelnen Distributionskanälen zwischen Industrie und Handel herausgebildet (vgl. auch Steffenhagen/Keller 1989), die eine Art *Branchennorm* festlegen. Diese gewachsene Aufgabenteilung unterliegt einem ständigen dynamischen *Wandel* (vgl. Müller-Hagedorn 1990).

Betrachtet man beispielsweise den Lebensmitteleinzelhandel, so ist zum einen festzustellen, dass die Industrieunternehmen in der Vergangenheit auf breiter Front «typische» Handelsaufgaben wie Regalpflege, Warenbevorratung, Verkaufsförderung etc. übernommen haben. Zum anderen sind aber Tendenzen zur Re-Integration zahlreicher Teilaufgaben durch die Absatzmittlerunternehmen zu erkennen. Nach Ansicht zahlreicher Lebensmitteleinzelhändler erbringen von den Herstellern konzipierte Verkaufsförderungsaktionen einen zu geringen Nutzen, da sie in erster Linie nicht die Betriebstypen des Handels, sondern die Marken der Industrie profilieren. Inzwischen übernehmen die Händler selbst die Initiative für die Entwicklung von POS-Kampagnen. Von ihnen werden ausgewählte Hersteller angesprochen, die den Auftritt ihrer Marken lediglich dem jeweiligen Betriebstypen-Verkaufsförderungs-Konzept anpassen können.

Grundsätzlich lässt sich festhalten, dass jede Distributionsfunktion potenziell sowohl von der Industrie als auch vom Handel übernommen werden kann (siehe zur Veranschaulichung die Fallbeispiele für Funktionsübernahmen durch die Industrie in der Abbildung 4.37).

Telefunken-Partnersystem

Die wesentlichen Merkmale des Vertriebssystems von *Telefunken* bestehen darin, dass die Produkte in den Verkaufsstellen der Absatzmittlerunternehmen Eigentum von *Telefunken* bleiben, dass die Händler als weisungsgebundene Agenten agieren und dass *Telefunken* die Produkte den Endverbrauchern zu festen Preisen anbieten kann. Durch Einführung dieses Vertriebssystems gelang es *Telefunken,* den Preis im Endverwendermarkt zu kontrollieren und die vormals schlechte Gewinnsituation zu verbessern. Dadurch dass *Telefunken* das Risiko des Verkaufs der Produkte trägt, gab der Handel mit der Funktion der Risikoübernahme eine der wesentlichen Handelsfunktionen ab.

Selbstbedienungsprogramm der _Lugato Chemie_

Durch eine spezielle und von der Branchennorm abweichende Gestaltung (Marke, Verpackung) und Präsentation (PoS-Aktivitäten) sowie durch begleitende Informationsmaßnahmen gelang es *Lugato,* stark erklärungsbedürftige Spezialprodukte der Bauchemie SB-fähig zu machen. Dadurch wurde es möglich, die distributive Teilaufgabe «Beratung der Endkunden» von den Absatzmittlerunternehmen zu übernehmen. Durch diese Funktionsübernahme errang *Lugato* nicht nur einen entscheidenden Wettbewerbsvorteil im Endverwendermarkt, sondern damit einhergehend wurden auch in erheblichem Umfang Transaktionskosten (insbesondere Kontroll- und Überwachungskosten) eingespart.

Marketingassistenten-System von _Apple_

Ausgehend von der Feststellung, dass die *Apple*-Händler über eine mangelnde Leistungsfähigkeit bei der Planung und Realisierung von regionalen Marketingkonzepten verfügten, entwickelte *Apple* die Institution des Marktingassistenten, der von den Händlern bezahlt und von *Apple* ausgebildet wird. Die Marketingassistenten übernehmen zwei Funktionen, zum einen entlasten sie die Geschäftsführer im Handel, zum anderen erhöhen sie die Marketingkompetenz der Händler. Durch diese Maßnahme der Installation des Marketingassistenten hat *Apple* organisatorisch in das Management der einzelnen Händler eingegriffen und teilweise strategische Planungsfunktionen von den Händlern übernommen.

Rabattsystem von _BMW_

Durch die Einführung eines Rabattsystems, welches auch qualitative Quoten enthält, sollen Anreize geschaffen werden, um die Kundenorientierung der *BMW*-Händler auf ein höheres Niveau zu führen. Aus Sicht von *BMW* sind die Händler nicht in der Lage, die ihnen übertragene Distributionsaufgabe im vollen Umfang zu erfüllen. Daher will *BMW* den Händlern Teile der Distributionsaufgabe entziehen, indem in einem gewissen Umfang die strategische, operative und taktische Vertriebsplanung übernommen wird. So gibt *BMW* den Händlern erstens vor, welches Ziel (Kundenzufriedenheit) mit hoher Priorität anzustreben ist, und legt zweitens fest, auf welchen Wegen dieses Ziel zu erreichen ist (u.a. Planung und Einsatz des Marketingetats, Ausgestaltung des Neuwagen- sowie Gebrauchtwagengeschäfts).

Abb. 4.37: Funktionsübernahmen durch Industrieunternehmen (Tomczak 1992, S. 50)

Zusammenarbeitsformen zwischen Industrie und Handel unterscheiden sich im Prinzip durch die Art und Weise, in der die *Wertketten* (siehe auch Abschnitt 2.3.2) von Hersteller- und Handelsunternehmen verknüpft sind bzw. in welchem Umfang und mit welcher Intensität bestimmte Funktionen von beiden Partnern zusammen ausgeführt werden. Im Einzelnen lassen sich die folgenden Strategien erkennen:

«Klassische» Push-Pull-Strategien

Hier geht es zum einen darum, die Produkte «hineinzuverkaufen», zum anderen werden Maßnahmen ergriffen, um ihren Abverkauf sicherzustellen (siehe die Abbildung 4.38). Diese Strategie ist nur bei ausreichender Verankerung im Endkundenmarkt («Consumer Pull») erfolgreich. Angesichts der heutigen Situation besitzen beispielsweise in der Lebensmittelbranche lediglich Unternehmen, die so genannte Muss-Artikel, wie z. B. Lego, Pampers, Coca-Cola, Kinderschokolade etc. anbieten, das Potenzial, in dieser Form vorzugehen.

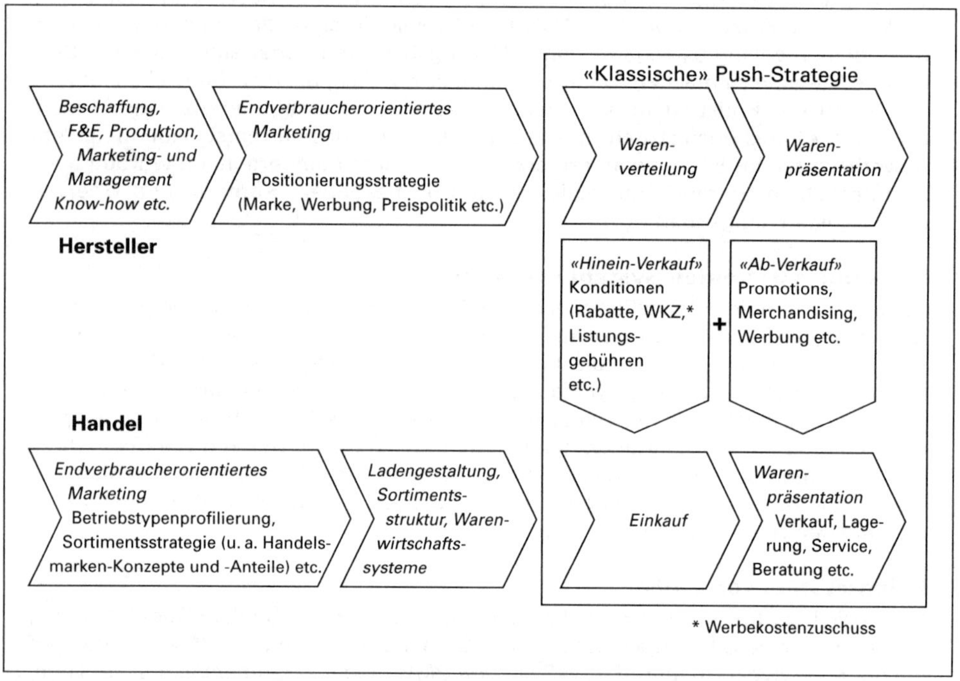

Abb. 4.38: Verknüpfte Wertketten: «Klassische» Push-Pull-Strategie (Tomczak 1993, S. 47)

Trade-Marketing-Strategien

Bei dieser Vorgehensweise ist es das Ziel von Hersteller und Handel, durch ein integriertes Hersteller- und Handelsmarketing synergetische Effekte zu nutzen. Zentes (1989, S.225) spricht in diesem Zusammenhang von Trade Marketing-Strategien der industriellen Anbieter. Zwei Strategie-Typen lassen sich differenzieren (siehe die Abbildung 4.39):

- Der erste Subtyp ist dadurch gekennzeichnet, dass der Hersteller den Handel durch gewisse *Managementleistungen* wie Platzierungs- und Regaloptimierungsprogramme unterstützt. Die Zusammenarbeit erstreckt sich zwar auf relevante Felder des Handelsmarketing, berührt aber noch nicht strategische Kernkompetenzbereiche des Handelsmarketing. Diese Formen der Kooperation lassen sich in der Praxis in erster Linie zwischen der Großindustrie und den Großformen des Lebensmitteleinzelhandels beobachten (z. B. Coca-Cola, Mars, P&G auf der einen und Rewe, Tengelmann auf der anderen Seite).
- Den zweiten Subtyp von Trade Marketing-Strategie stellen so genannte *Partnerschaftssysteme* dar (vgl. Belz 1991, S. 44 ff.), bei denen die Industrie dem Handel umfassende Unterstützungspakete anbietet, die von Strategieberatungen über Schulungen bis hin zu […]s reichen. Typisch sind solche Partnerschafts- […]ßindustrie und mittelständischem Handel (z. B. […]handel, Optimierungspaket von Continental für

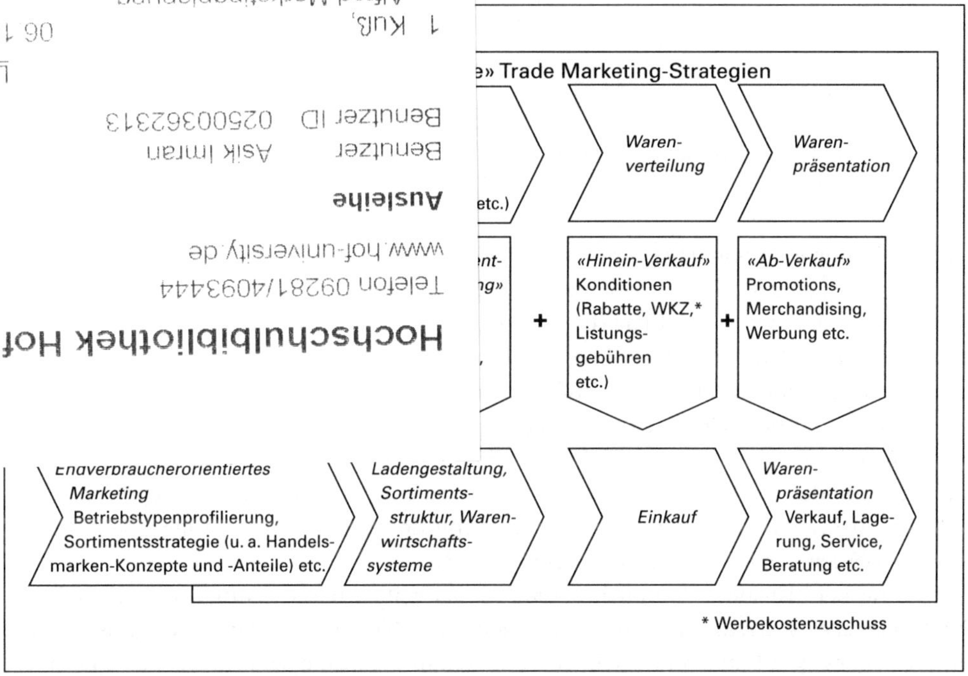

Abb. 4.39: Verknüpfte Wertketten: Trade Marketing-Strategie (Tomczak 1993, S. 47)

Eine weitere Option, die der Industrie für die Zusammenarbeit mit dem Handel offensteht, geht einen erheblichen Schritt weiter. Die Industrie betrachtet den Handel explizit nicht mehr als «ausführenden» Absatzmittler, der die Produkte der Industrie an die Endverbraucher heranträgt, sondern begreift sich selbst als *Zulieferer des Handels.* Pointiert ausgedrückt:

Der Handel wird als Endkunde gesehen (siehe auch die Abbildung 4.40).

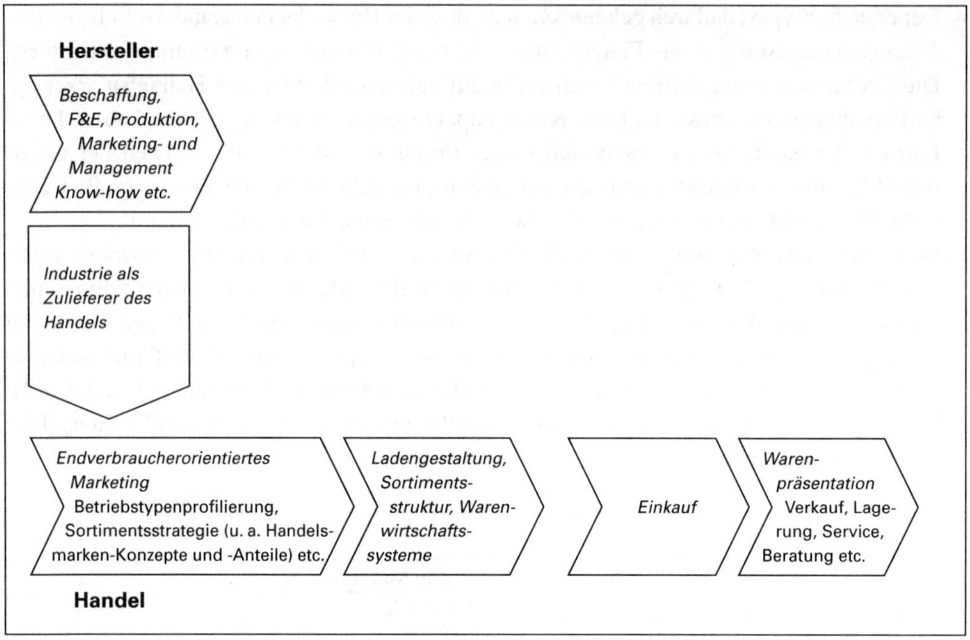

Abb. 4.40: Verknüpfte Wertketten: Der Hersteller als Zulieferer des Handels (Tomczak 1993, S. 48)

Die Positionierungsstrategie eines als Zulieferer agierenden Industrieunternehmens sollte somit proaktiv angelegt sein und «antizipativ bestimmte Entwicklungen vorwegnehmen oder kreativ neue Situationen schaffen» (Engelhardt 1988, S. 15). Der Hersteller als Zulieferer von Großkunden steht vor einem gewissen Dilemma: Zum einen muss er sehr intensiv auf die individuellen Probleme einzelner Großkunden eingehen, was tendenziell die Abhängigkeit zu einem bestimmten Großkunden erhöht, zum anderen muss er kompensatorische Maßnahmen ergreifen, um die eigene Selbstständigkeit sicherzustellen. Die Lösung kann nur in der Herausbildung von Kernkompetenzen liegen, die in verschiedenen Anwendungsfällen, d.h. bei mehreren Kunden zur Entwicklung von dominierenden Leistungskomponenten genutzt werden können (vgl. auch Abschnitt 2.3.3).

Um mit dem Handel erfolgreich zusammenzuarbeiten, muss das Industrieunternehmen beim Handel als *einzigartiger Problemlöser* auftreten. Mehrere Ansätze stehen grundsätzlich zur Verfügung. Die Bandbreite reicht von Problemlösungen, die dem Handel via Consumer-Pull Endverbrauchernachfrage anbieten, bis hin zu Lösungen, bei denen der Hersteller als Zulieferer mit seinem Produktions-, Marketing-, FuE-Know-how den Handel bei dessen eigenen Bemühungen in Richtung Endverbraucher bzw. -verwender unterstützt.

In diesem Abschnitt wurden im Rahmen eines Exkurses die besonderen Charakteristika des Marketing in Richtung Absatzmittlermarkt diskutiert. Im folgenden Abschnitt, wenn die Formulierung der Positionierungsstrategie behandelt wird, orientiert sich die Darstellung wieder am Ablauf des Marketingplanungsprozesses, wie er diesem Buch zugrunde liegt und in Abschnitt 1.2 erläutert wurde.

Literaturempfehlungen zum 4. Kapitel

ASSAEL, H. (1993): Marketing – Principles & Strategy, 2. Aufl., Boston.

BACKHAUS, K. (1999): Industriegütermarketing, 6. Aufl., München.

BECKER, J. (2001): Marketing-Konzeption – Grundlagen des strategischen Marketing-Managements, 7. Aufl., München.

GUSSEK, F. (1992): Erfolg in der strategischen Markenführung, Wiesbaden.

HAEDRICH, G./TOMCZAK, T. (1996a): Strategische Markenführung, 2. Aufl., Bern/Stuttgart.

HAEDRICH, G./TOMCZAK, T./KAETZKE, P. (2002): Strategische Markenführung, 3. Aufl., Bern/Stuttgart.

HOMBURG, C. (2002): Marketingmanagement. Strategie, Instrumente, Umsetzung, Unternehmensführung. Wiesbaden.

KLEINALTENKAMP, M./PLINKE, W. (Hrsg.) (2000): Strategisches Business-to-Business Marketing, Berlin u.a.O.

KOTLER, P./BLIEMEL, F. (2001): Marketing-Management. Analyse, Planung und Verwirklichung, 10. Aufl., Stuttgart.

MEFFERT, H. (1994a): Marketing-Management. Analyse – Strategie – Implementierung, Wiesbaden.

RIES, A./TROUT, J. (1986): Positionierung: Die neue Werbestrategie, Hamburg.

TOMCZAK, T./RUDOLPH TH./ROOSDORP, A. (1996) (Hrsg.): Positionierung – Kernentscheidung des Marketing, St.Gallen.

WOLFRUM, B. (1994): Strategisches Technologiemanagement, 2. Aufl., Wiesbaden.

5. Marketing-Mix-Planung

5.1 Elemente und Wirkung des Marketing-Mix

5.1.1 Überblick

Jedem Unternehmen stehen in einer bestimmten Situation eine mehr oder weniger große Anzahl von Variablen zur Verfügung, um die jeweilige Marketingstrategie (Kernaufgabenprofil und Positionierungsziele und -strategien) umzusetzen und die angestrebten Marketingziele zu erreichen. Diese Variablen lassen sich verschiedenen so genannten *Marketing-Instrumentalbereichen* zuordnen und werden unter der Bezeichnung *Marketing-Mix* zusammengefasst. Im Mittelpunkt der operativen Marketingplanung steht somit die Planung des Marketing-Mix.

In der Regel werden die Marketinginstrumente in die folgenden vier Instrumentalbereiche eingeteilt (vgl. u. a. Assael 1993; Weinhold-Stünzi 1994a, S. 149; Meffert 2000b; Kaas 2001, S. 1002 ff.):

- die Produkt- und Sortimentspolitik bzw. Marktleistungsgestaltung,
- die Preis- und Kontrahierungspolitik bzw. Preisgestaltung,
- die Kommunikationspolitik bzw. Marktbearbeitung,
- die Distributionspolitik.

Andere Autoren untergliedern die Marketinginstrumente in nur drei Gruppen, indem sie die Produkt- und Preispolitik zu einem Instrument «Angebotspolitik» zusammenfassen (vgl. u. a. Haedrich/Berger 1982; Becker 2001, S. 486 ff.). Die einzelnen Instrumentalbereiche setzen sich, wie in der Abbildung 5.1 dargestellt, aus einer Vielzahl von Subinstrumenten zusammen.

Während die strategische Marketingplanung auf längere Zeiträume (je nach Branche zirka 5 bis 10 Jahre) bezogen ist, wird die operative Marketingplanung bzw. die Planung des Marketing-Mix typischerweise auf *kürzere Perioden* (oft ein Jahr) ausgerichtet. Dabei ist zu beachten, dass in der Regel häufige kurzfristige Änderungen bei der Zusammensetzung des Marketing-Mix vermieden werden, da einige Instrumente (z. B. Werbung) erst bei längerfristigem Einsatz ihre Wirkung voll entfalten und manche Instrumente (z. B. Distributionssystem) kaum kurzfristig änderbar sind.

Um die angestrebten Marketingziele zu erreichen, kommt es wesentlich auf ein Zusammenwirken der einzelnen Marketinginstrumente an. Dieser Gedanke äußert sich im Begriff Marketing-Mix, der schon andeutet, dass es um eine Kombination von Instrumenten geht. Der Marketing-Mix ist die für einen bestimmten Planungszeitraum ausgewählte Kombination von Marketinginstrumenten. Bei seiner Planung steht das Auffinden einer günstigen *Mittelkombination,* nicht die Optimierung einzelner Instrumente, im Vordergrund. Die Bedeutung dieses Aspekts soll durch ein Beispiel illustriert werden.

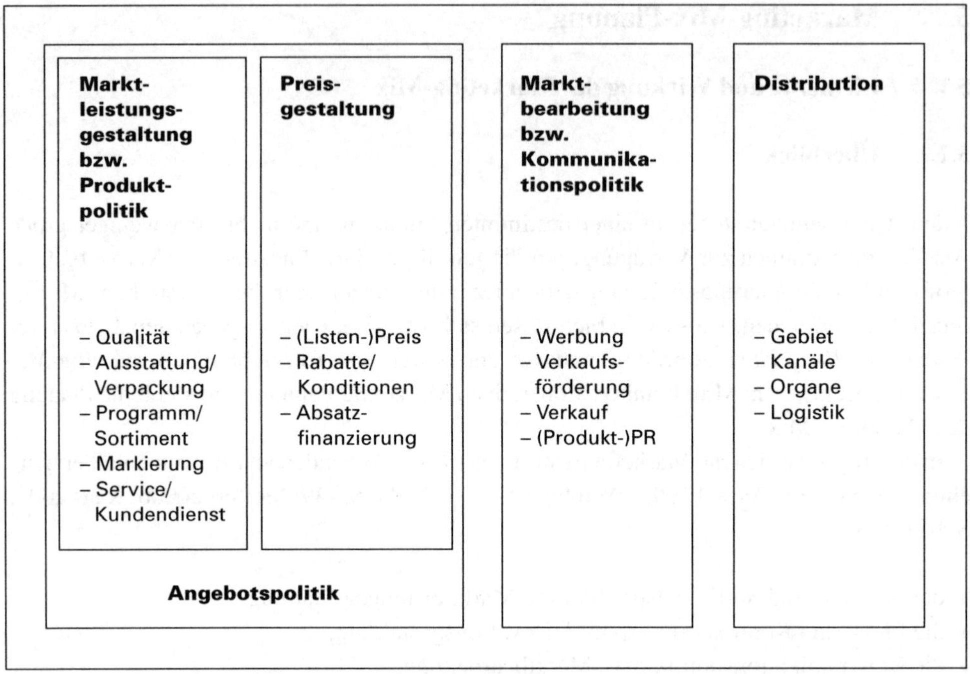

Abb. 5.1: Überblick über das Marketinginstrumentarium

Mittelkombination am Beispiel eines Parfums

Man denke an das Marketing für ein hochwertiges Parfum. Hier müssen für einen dauerhaften Markterfolg offenbar bestimmte Ausprägungen der Marketing-Instrumente zusammenkommen: gute Produktqualität, hoher Preis (Qualitätsindiktor), anspruchsvolle Werbung, luxuriöse Verpackung, Distribution über exklusive Fachgeschäfte. Eine einzige «nicht passende» Komponente im Marketing-Mix, z. B. eine billig wirkende Verpackung oder die Distribution über Discount-Geschäfte, würden dazu führen, dass die Akzeptanz des Produkts bei den Konsumenten und/oder beim Handel deutlich geringer wäre.

Dieses Beispiel verdeutlicht einen zentralen Punkt, der bei der Planung des Marketing-Mix zu beachten ist. Kunden nehmen die Wirkung der einzelnen Instrumente des Marketing-Mix gesamt wahr.

Wahrnehmung der Elemente des Marketing-Mix durch den Kunden am Beispiel BMW

Bei einem BMW hängt beispielsweise der vom Kunden wahrgenommene Wert nicht nur von der Motorleistung, Zuverlässigkeit und Verarbeitung des Fahrzeugs ab. Der Wert wird z. B. auch vom Image der Marke, vom Umfeld beim Kauf (z. B. Gestaltung des Verkaufsraums) und von den Erlebnissen bei der Verkaufsverhandlung (z. B. Freundlichkeit und Kompetenz des Verkaufspersonals) beeinflusst.

Der vom Kunden wahrgenommene *Wertgewinn* stellt den zentralen Auslöser für Kaufentscheidungen dar (vgl. Große-Oetringhaus 1996; Kotler/Bliemel 2001, S. 57 ff.). Ein Kunde entscheidet sich für den Kauf eines bestimmten Angebots bzw. Leistungssystems, wenn es ihm aufgrund seiner subjektiven Beurteilung einen Wertgewinn erbringt. Unter alternativen Wertangeboten wird er das Angebot bzw. Leistungssystem wählen, das ihm den höchsten Wertgewinn verspricht. Der Wertgewinn ergibt sich, wie in Abbildung 5.2 veranschaulicht, für den Kunden aus der Differenz von *Wertsumme* und *Kostensumme* des Angebots. Sowohl die Wertsumme als auch die Kostensumme werden mehr oder weniger von sämtlichen Marketinginstrumenten beeinflusst. Beispielsweise hängt die vom Kunden wahrgenommene Kostensumme u. a. davon ab:

- wie der Kunde die ihm entstehenden monetären Kosten einschätzt (Leasing-Angebote, Rabattsysteme, Finanzierungsmodelle oder auch «Lockvogel-Angebote» können zu unterschiedlichen subjektiven Preiswahrnehmungen bei den Kunden führen);
- wie er die von ihm aufzuwendende Zeit und Mühe bei der Beschaffung bewertet (Mögliche Optionen, die nach Ansicht des Kunden seine Beschaffungskosten in unterschiedlicher Weise beeinflussen, sind beispielsweise Selbstabholung versus Versandhandel oder Selbstbedienung versus Verkaufsberatung);
- wie er den ihm entstehenden psychischen Aufwand beurteilt (Das Image des Anbieters, Garantieleistungen oder das Verhandlungsprozedere schaffen ein mehr oder weniger positives Geschäftsklima und erhöhen oder senken das Gefühl der Sicherheit mit der jeweiligen Kaufentscheidung).

In Abschnitt 4.3.3.1 wurde auf die Bedeutung hingewiesen, die der *Pflege von langfristigen Kundenbeziehungen* angesichts heutiger Markt- und Wettbewerbsbedingungen zukommt. Es wurde deutlich, dass ein Schwergewicht der Marketingbemühungen auf der Schaffung von zufriedenen Kunden liegen muss. Bei der Planung des Marketing-Mix ist daher zu beachten, dass Kunden nicht nur zum Kauf zu motivieren sind, indem ihnen ein hoher Wertgewinn versprochen wird (Stichwort: Kundenakquisition). Vielmehr ist bei der Planung des Marketing-Mix sicherzustellen, dass der von den Kunden nach dem Kauf wahrgenommene Wertgewinn («Ist») möglichst den erwarteten Wertgewinn vor dem Kauf («Soll») übersteigt bzw. ihn zumindest erreicht (vgl. Kotler/Bliemel 2001, S. 61 ff.), denn nur dann wird der Kunde zufrieden bzw. wenigstens nicht unzufrieden sein (Stichwort: Kundenbindung).

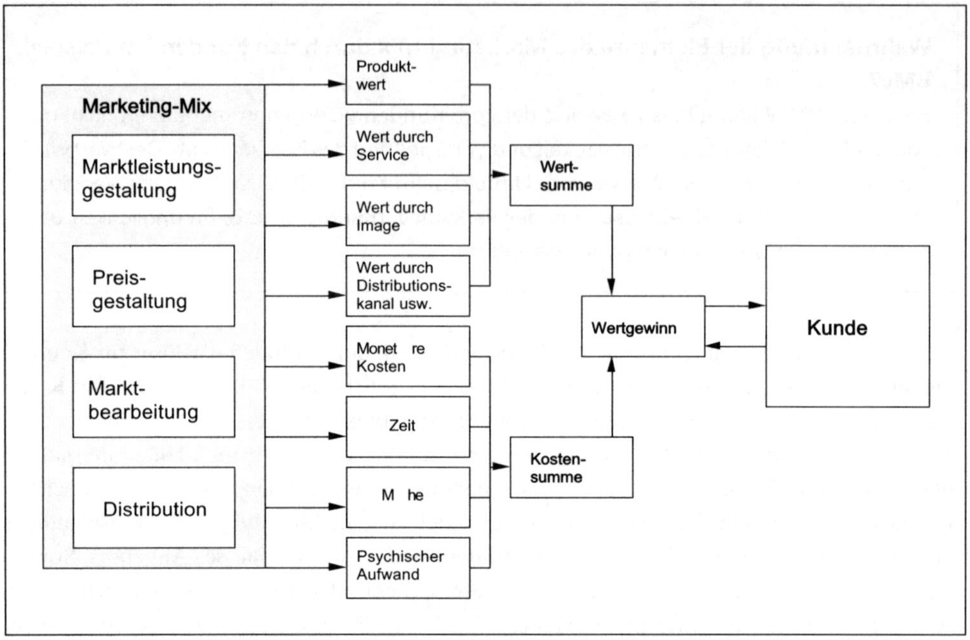

Abb. 5.2: Wertgewinn des Kunden (in Anlehnung an Kotler/Bliemel 2001, S. 58)

«Virtualisierung» und Marketing-Mix

Eine der zentralen Herausforderungen, der sich heutzutage Unternehmen gegenübersehen, stellt die zunehmende «Virtualisierung» der Märkte dar. Die wachsende Verbreitung moderner Informations- und Kommunikationstechnologien (insbesondere Electronic- und Mobile-Business) in allen Branchen und auf allen Wertschöpfungsstufen führt dazu, dass neue Unternehmen mit neuen Geschäftsmodellen *(«New Economy»)* auf den Märkten auftreten und die Existenz etablierter Unternehmen mit alten (überholten) Geschäftsmodellen *(«Old Economy»)* immer mehr bedrohen (z. B. Amazon.com den traditionellen Buchhandel oder flight.com die klassischen Reisebüros). Die «Virtualisierung» der Wirtschaft, d. h. die voranschreitene Entwicklung von einer Industrie- zu einer Informationsgesellschaft, wirkt sich auf sämtliche Bereiche des Marketing aus. Jeder Instrumentalbereich des Marketing-Mix ist betroffen. *E-Commerce* «... is a dynamic set of technologies, integrated applications and multienterprise business processes that link enterprises together. This includes the use of messaging, networking and applications to enable communication of business information – including procurement, order entry, transaction processing, payment, production, inventory, fulfillment and customer support – within and between entities.» (Gartner Group 1997, S. 2) Die folgenden Aspekte sind hervorzuheben (vgl. Kuß/Tomczak 2000, S. 157; Schögel/Birkhofer/Tomczak 2000):

- Erhöhte Markttransparenz bei reduzierten Informations- und Transaktionskosten,
- Interaktivität und Autonomie, da der Nutzer sowohl als Sender als auch als Empfänger von Informationen auftritt und damit aktiver Bestandteil des Kommunikationsprozesses ist,

- personalisierte Produkt- und Dienstleistungsangebote (Stichwort: One-to-one-Marketing),
- zeit- und ortsunabhängige Verfügbarkeit von Informationen und Produkten (24-Stunden, 7 Tage, weltweit),
- Unmittelbarkeit des Zugriffs auf Informationen in Echtzeit und
- Multimedialität der Angebote (Audio, Video, Text, Bild und Grafik).

In den folgenden Abschnitten werden jeweils kurze Überblicke über die Instrumentalbereiche des Marketing-Mix gegeben. Ziel ist es, die Rolle der einzelnen Marketinginstrumente und -subinstrumente im Marketing-Mix zu verdeutlichen sowie die für die einzelnen Marketinginstrumentalbereiche relevanten Entscheidungsfelder und -optionen aufzuzeigen (vgl. zu den folgenden Kapiteln Tomczak/Dittrich 1997).

5.1.2 Produktpolitik bzw. Marktleistungsgestaltung

5.1.2.1 Aufgaben und Rolle der Produktpolitik

Die Produktpolitik umfasst alle Entscheidungstatbestände, die sich auf die Gestaltung der Marktleistung beziehen. Das «Produkt» bzw. Leistungsprogramm des Unternehmens ist nicht nur unverzichtbarer, sondern auch vielfach dominierender Bestandteil des Marketing-Instrumentariums («Herz des Marketing»). Es stellt den eigentlichen Austauschgegenstand dar, welcher dem Nachfrager einen bestimmten Nutzen verschaffen soll. Bei der näheren Beschreibung von «Produkten» wird deren Komplexität deutlich. Ein Produkt besteht in der Regel aus verschiedenen Komponenten, die bei der Gestaltung berücksichtigt werden müssen. Kotler/Bliemel (2001, S. 716 ff.) unterteilen die Planung von Produkten in die fünf Konzeptionsebenen: Kernnutzen, generisches, erwartetes, erweitertes und potenzielles Produkt (zur Erläuterung siehe Abbildung 5.3).

Um gezieltere Aussagen zur Ausgestaltung des Marketing ableiten zu können, ist es notwendig, die Austauschobjekte und deren Eigenschaften genauer zu definieren und mittels konstitutiver Merkmale zu klassifizieren.

Sachgüter, Dienstleistungen und Rechte

Produkte können Sachgüter, Rechte und Dienstleistungen sowie Kombinationen davon sein. *Sachgüter* sind materielle, gewissermaßen «greifbare» Ergebnisse des betrieblichen Leistungserstellungsprozesses. Unter *Rechten* wird der Anspruch auf Nutzung bestimmter Sachgüter oder Dienstleistungen sowie der Anspruch auf ausgewählte finanzielle Leistungen verstanden. Problematischer dagegen gestaltet sich die Definition von *Dienstleistungen.* Der größte Teil der Versuche zu ihrer Abgrenzung setzt an den Dimensionen an, die grundsätzlich bei jeder Leistung zu finden sind (vgl. z. B. Engelhardt 1989, S. 278 ff.; Hilke 1989, S. 10 ff.; Rosada 1990, S. 20 ff.; Meyer 1991, S. 197):

- *Leistungspotenziale/-ressourcen:* Zu den Ressourcen gehören die einem Anbieter in seiner autonomen Disposition langfristig zur Verfügung stehenden Produktionsfaktoren (z. B. Maschinen, Mitarbeiter, Know-how). Konstitutives Merkmal von Dienstleistungen ist die

«Vermarktung einer Fähigkeit und Bereitschaft», da Dienstleistungsunternehmen nicht «fertige Produkte», sondern lediglich die Bereitschaft und Fähigkeit zur Erbringung einer Leistung anbieten (Potenzial).

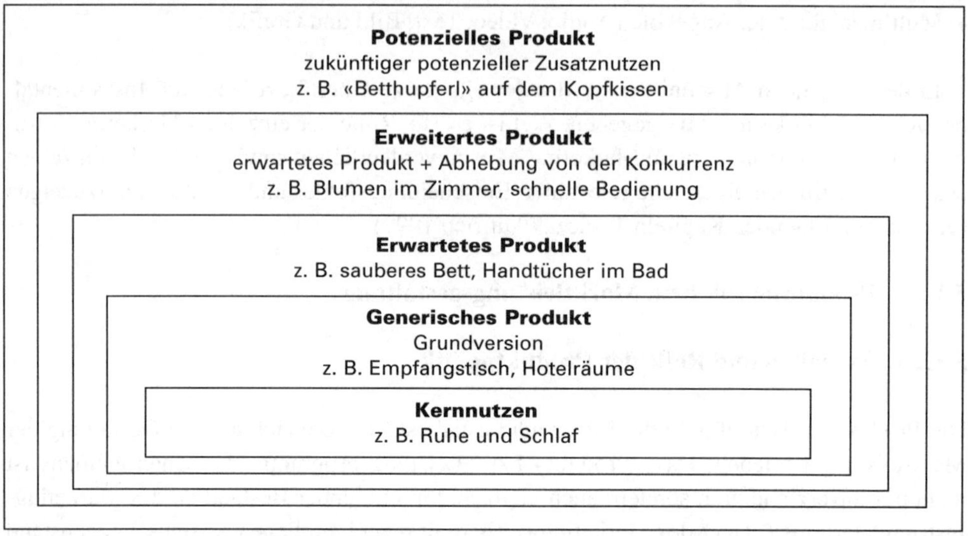

Abb. 5.3: Konzeptionsebenen für die Produktgestaltung am Beispiel eines Hotels (in Anlehnung an Kotler/Bliemel 2001, S. 717)

- *Leistungserstellungsprozess:* Die *«Integration externer Faktoren»,* wie z. B. der Kunden oder der Objekte von Kunden in den Dienstleistungsprozess wird zur Abgrenzung von Dienst- und Sachleistungen herangezogen. Des Weiteren werden Dienstleistungen meist zur gleichen Zeit erbracht und konsumiert *(«Uno-Actu-Prinzip»).*
- *Leistungsergebnis:* Zentrales Kriterium ist hier die *«Immaterialität»,* d. h. die Nichtangreifbarkeit von Dienstleistungen.

Die konstitutiven Merkmale sind nicht in der Lage, klar zwischen Sach- und Dienstleistungen zu trennen (vgl. Engelhardt et al. 1993). Absatzobjekte von Unternehmen sind in der Regel Leistungsbündel, die sowohl aus Sach- als auch aus Dienstleistungen bestehen. Bei der in Abbildung 5.4 wiedergegebenen Leistungstypologie von Engelhardt und Kollegen wird davon ausgegangen, dass Leistungsergebnisse in unterschiedlicher Ausprägung sowohl materielle als auch immaterielle Komponenten beinhalten. Der Prozess der Leistungserstellung kann eher autonom durch den Anbieter oder mit Hilfe externer Faktoren (integrativ) erfolgen (vgl. Engelhardt et al. 1993; siehe auch Meffert 1994b).

Während der Ansatz der Leistungsbündel von Engelhardt et al. (1993) primär auf die theoretische Fundierung der Kombinationen von Sach- und Dienstleistungen abstellt, steht im Mittelpunkt des auf Belz zurückgehenden Leistungssystem-Ansatzes die Ableitung praktischer Handlungsanweisungen für die Gestaltung komplexer, integrierter Problemlösungspakete in unterschiedlichen situativen Kontexten (vgl. Belz 1989; Belz et al. 1991).

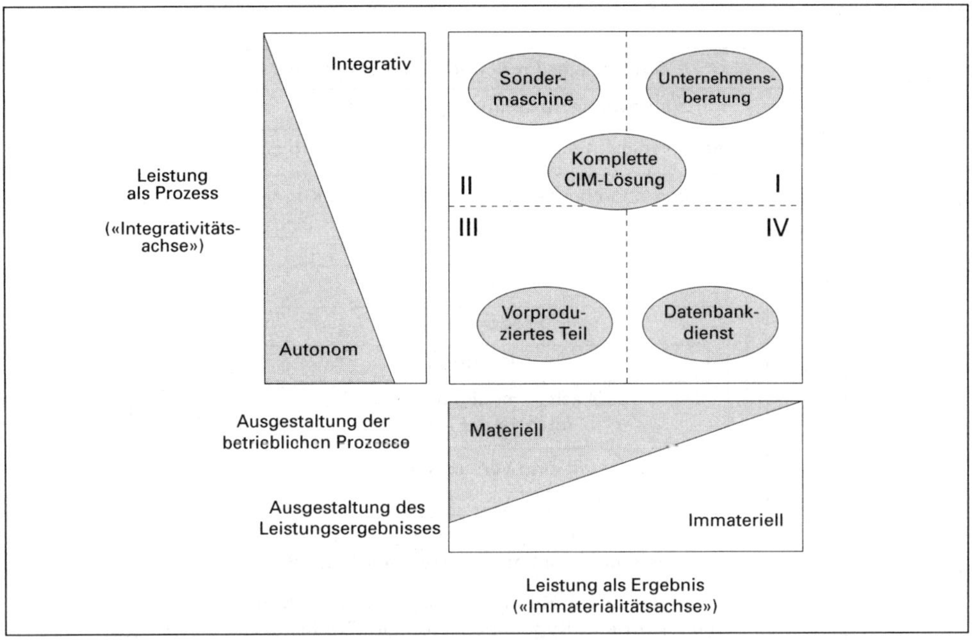

Abb. 5.4: Leistungstypologie (Engelhardt et al. 1993, S. 417)

Die Grundidee besteht darin, mögliche Querbeziehungen zwischen Leistungen des Unternehmens zu fördern oder herzustellen und bisher getrennte Teilleistungen zusammenzufassen.

Die Abbildung 5.5 zeigt beispielhaft die systematische Erweiterung von einem «Kern»-Produkt zu einem Leistungssystem.

Investitions- und Konsumgüter

Investitionsgüter sind «Leistungen, die von Organisationen (...) beschafft werden, um mit ihrem Einsatz (Ge- oder Verbrauch) weitere Güter für die Fremdbedarfsdeckung zu erstellen oder um sie unverändert an andere Organisationen weiterzuveräußern, die diese Leistungserstellung vornehmen» (Engelhardt/Günter 1981, S. 24). Die derivative Nachfrage stellt das gemeinsame Merkmal aller Investitionsgüter dar. Bei Konsumgütern erfolgt ein mittelbarer (über Absatzmittler) oder unmittelbarer Absatz an private Haushalte bzw. Konsumenten. Investitions- und Konsumgütermärkte unterscheiden sich weitgehend hinsichtlich ihrer Marktverhältnisse. Abbildung 5.6 zeigt typische Unterschiede.

5.1.2.2 Produktpolitische Entscheidungsfelder

Für die marktgerechte Gestaltung des Leistungsprogramms eines Unternehmens existieren zwei Aufgabenschwerpunkte (vgl. Kleinaltenkamp/Jacob 1995, S. 706 ff.):

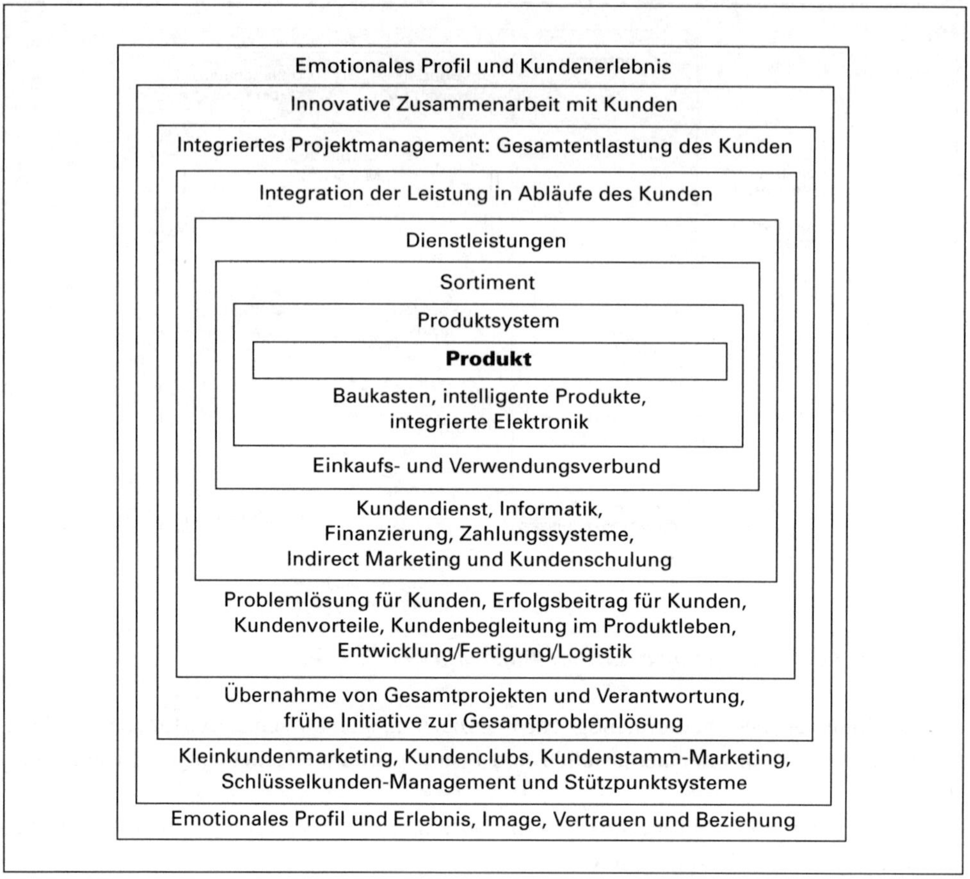

Abb. 5.5: Beispiel für ein Leistungssystem (Belz et al. 1991, S. 12)

- Entscheidungen über Struktur und Umfang des Leistungsprogramms und
- Entscheidungen, die sich auf einzelne isolierbare Leistungen

beziehen.

Entscheidungen über Struktur und Umfang des Leistungsprogramms
Programmpolitische Entscheidungsalternativen i.e.S. sind sämtliche Maßnahmen, die nicht auf eine Beibehaltung, sondern auf eine *Änderung des angebotenen Programms* hinauslaufen. Hier ist zwischen Strukturveränderung, Ausweitung und Einengung des Programms zu unterscheiden (siehe Abbildung 5.7).

Eine Strukturveränderung im Sinne einer *Gewichtsverlagerung* liegt vor, wenn eine Verschiebung der Umsatzanteile unterschiedlicher Programmbestandteile angestrebt wird, ohne dass die Zahl der Leistungen verändert wird. Eine *Produktvariation* liegt dagegen vor, wenn einzelne Elemente des Programms z. B. im Rahmen eines Modellwechsels verändert werden.

Merkmal	Investitionsgüter-Märkte	Konsumgüter-Märkte
Nachfrage		
– Art der Nachfrage	derivative Nachfrage	originäre Nachfrage
– Zahl der Nachfrage	eher klein	eher groß
– Periodizität der Nachfrage	eher seltene Nachfrage	eher regelmäßige Nachfrage
Leistung des Anbieters	Problemlösung häufig auf einzelnen Nachfrager zugeschnitten	eher standardisierte Produkte auf gesamtes Marktsegment zugeschnitten
Beziehung Anbieter-Kunde	eher dauerhaft	eher auf einzelne Käufe beschränkt
Kaufentscheidung		
– Art der Kaufentscheidungen	eher fundierte Entscheidung durch Fachleute	eher spontane Entscheidung mit wenig Information
– Anzahl der Personen, die an einer Kaufentscheidung beteiligt sind	eher mehrere (Gremien)	eher einzelne oder wenige
– Dauer der Kaufentscheidungsprozesse	eher lang	eher kurz

Abb. 5.6: Typische Unterschiede zwischen Investitionsgüter- und Konsumgütermärkten

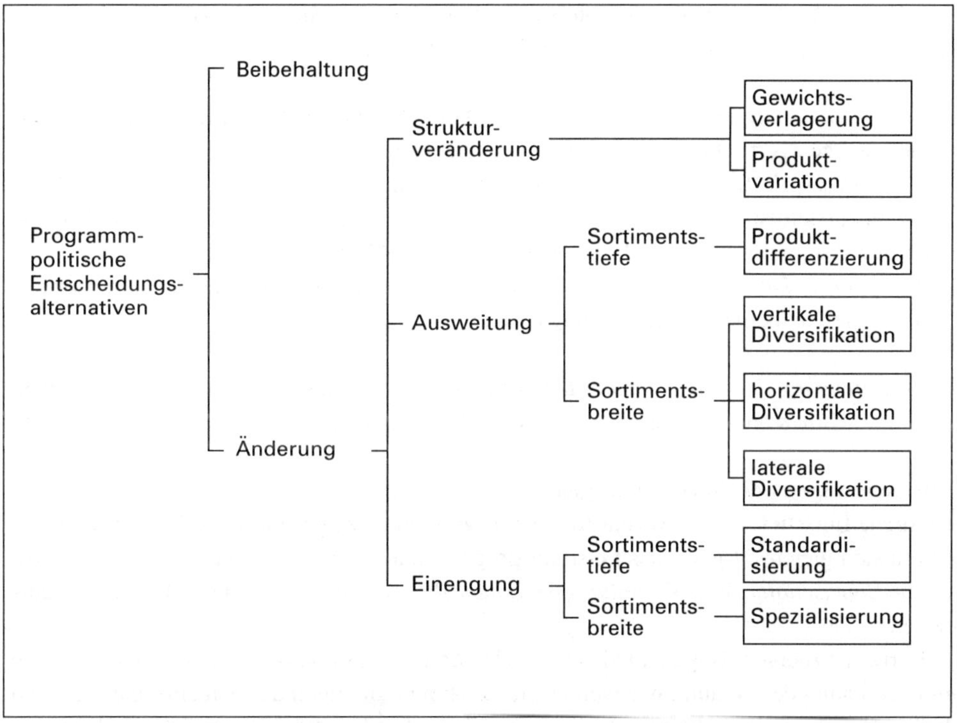

Abb. 5.7: Programmpolitische Entscheidungsalternativen (in Anlehnung an Engelhardt/ Plinke 1979, S. 160)

Programmänderungen durch *Ausweitung* oder durch Einengung beziehen sich entweder auf die Programmtiefe oder Programmbreite:

- Die *Programmtiefe* kennzeichnet dabei die Auswahl an Leistungen, die grundsätzlich zur Lösung eines identischen Problems des Nachfragers geeignet sind (z. B. Shampoos für normales oder fettiges Haar).
- Die *Programmbreite* beinhaltet die Auswahl an Leistungen, die zur Lösung unterschiedlicher Probleme des Nachfragers geeignet sind (z. B. Haarshampoo, -festiger, -conditioner).

Die Ausweitung bzw. Einengung der *Programmtiefe* kann durch Leistungsdifferenzierung bzw. Leistungsstandardisierung erfolgen.

- Beim gleichzeitigen Angebot verschiedener Varianten einer Leistungsart wird von *Leistungsdifferenzierung* gesprochen.
- Bei der *Leistungsstandardisierung* werden die für ein spezifisches Problem angebotenen Leistungen vereinheitlicht, so dass die Zahl der Leistungen, die ein Programm umfasst, reduziert wird.

Bezüglich der *Programmbreite* unterscheidet man bei einer *Ausweitung* die Möglichkeiten der vertikalen, horizontalen und der lateralen Diversifikation.

- Eine *vertikale Diversifikation* besteht in der Hinzunahme von Leistungen bisheriger vor- oder nachgelagerter Produktions- bzw. Leistungsstufen.
- Eine *horizontale Diversifikation* ist dadurch gekennzeichnet, dass die zusätzlichen Leistungen zur selben Verarbeitungsstufe gehören und zudem in Verwandtschaft mit dem bisherigen Programm stehen (z. B. bezüglich Material, Absatzwege etc.).
- Eine *laterale Diversifikation* liegt vor, wenn keine Verbindung zwischen den bisherigen Leistungen und einer neuen Leistung besteht.

Die *Einengung der Programmbreite* wird demgegenüber als *Spezialisierung* bezeichnet. Ein Unternehmen bietet in diesem Fall nicht mehr so viele verschiedenartige Leistungen an.

Entscheidungen bei Einzelleistungen

Sämtliche Entscheidungen, die ein Anbieter bezüglich einzelner Produkte/Leistungen trifft, wirken sich gleichzeitig auf das Leistungsprogramm aus. Grundsätzliche Fragestellung ist, welche *Eigenschaften* bzw. *Gestaltungsmerkmale* die angebotenen Produkte/Leistungen aufweisen sollen.

Hierbei ist zuerst zu fragen, inwieweit das Unternehmen *standardisierte Problemlösungen* anbieten kann oder ob und inwieweit es die Leistung individuell auf den einzelnen Kunden abstimmen muss (Produktindividualisierung) (vgl. Jacob 1995). Die meisten Lehrbücher konzentrieren sich auf überwiegend standardisierte Produkte, die anhand verschiedener Gestaltungskomponenten im Voraus konzipiert und produziert werden können (vgl. u. a. Koppelmann 1997). Relevante Komponenten sind:

- *das Produkt i. e. S.*
  Der «Kern» des Produkts beinhaltet die funktionalen Eigenschaften und die Produktqualität. Qualität bezieht sich zum einen auf den objektiven Bezugsgegenstand (Produkt und dessen Material, Funktionalität, Haltbarkeit etc.) und zum anderen fließen zur Beurteilung verschiedenartige subjektive Kriterien ein.
- *Markierung*
  Die Kennzeichnung von Produkten durch Namen und Symbole, charakteristisches Design und Verpackung hat im Marketing eine große und weiter wachsende Bedeutung. Marken sind in vielen Bereichen Voraussetzung für den Aufbau fester Kundenbeziehungen, für die Heraushebung der eigenen Leistung und zum Aufbau eines bestimmten Images.
- *Verpackung*
  Verpackungen dienen dazu, das Produkt bei Transport und Lagerung zu schützen und seine Stapelbarkeit und Präsentation im Verkaufsregal zu ermöglichen. Besonders hervorzuheben ist ihre Kommunikations- und Informationsfunktion.
- *kauf- und nutzungsbezogene Dienstleistungen*
  Zahlreiche – vor allem technisch komplexe – Produkte lassen sich ohne einen angemessenen Service kaum absetzen. Diese Leistungen, wie z. B. Lieferung, Montage, Wartung werden vornehmlich für die Nachkaufphase angeboten. Garantieleistungen versichern dem Käufer, dass das gekaufte Produkt bestimmten Anforderungen, z. B. bezüglich Funktionserfüllung oder Lebensdauer genügt.

Besonders im Business-to-Business-Bereich werden oft *individuelle Problemlösungen* angeboten. Das bedeutet, dass diese auf die Belange einzelner Nachfrager zugeschnitten sind und deshalb erst in der Zusammenarbeit mit dem Kunden tatsächlich erstellt werden können («Customer Integration»). Der Anbieter kann bei der Gestaltung der Leistung somit nicht am Ergebnis ansetzen (vgl. die in der Abbildung 5.4 dargestellte Leistungstypologie), sondern muss eine entsprechende Gestaltung seines Leistungspotenzials bzw. -erstellungsprozesses vornehmen (vgl. Kleinaltenkamp/Jacob 1995, S. 710 ff.).

Insbesondere im Zuge der Bearbeitung des Massenmarktes im Business-to-Consumer-Bereich wird in letzter Zeit die Individualisierungsmöglichkeit standardisierter Produkte diskutiert. In diesem Zusammenhang spricht man von *Massenindividualisierung* oder «Mass Customization» (vgl. z. B. Pine 1993; Gilmore/Pine 1997; Piller 1998). Mass Customization ist eine Mischstrategie, bei der Produkte oder Dienstleistungen derart flexibel gestaltet werden, dass sie sich sowohl in Massen herstellen als auch auf die spezifischen Anforderungen einzelner Kunden zuschneiden lassen. Eine rasch verfügbare Informationstechnologie sowie variierbare Arbeitsverfahren erlauben die relativ kostengünstige Produktion großer Mengen an Leistungen auf individuellem Niveau. Vier Methoden stehen bei der Produktion von individuellen Massengütern zur Verfügung, und zwar die *kooperative, adaptive, kosmetische oder ersichtliche* Vorgehensweise. Diese Methoden lassen sich auch kombinieren (vgl. Gilmore/Pine 1997, S. 105 ff.):

- Bei der *kooperativen Methode* führt der Anbieter mit einzelnen Kunden einen Dialog, um ihnen zu helfen, ihre Bedürfnisse zu artikulieren und festzustellen, welches präzise Angebot diesen Bedürfnissen gerecht wird, und um dann kundenindividuelle Produkte bereitzustellen.
- Der *adaptive Weg* sieht vor, dass der Maßanfertiger derart gestaltete Standardprodukte anbietet, sodass der Kunde diese anschließend selbst abändern kann.
- Die *kosmetische Vorgehensweise* zielt darauf ab, dass der Anbieter das Produkt auf unterschiedliche Weise dem Kunden darstellt bzw. präsentiert. Jeder Kunde erhält dann sein Produkt in *maßgeschneiderter Verpackung.*
- Bei der *ersichtlichen Methode* bedient der Anbieter unauffälliger kundenspezifischer Lösungen die einzelnen Kunden mit einzigartigen Waren oder Dienstleistungen, ohne die Kunden explizit wissen zu lassen, dass diese Angebote für sie eigens maßgeschneidert wurden.

Kooperative Massenindividualisierung bei Paris Miki

(Gilmore/Pine 1997, S. 106)

Der japanische Brillenhändler *Paris Miki* ist der Inbegriff eines kooperativen Maßanfertigers. Das Unternehmen verwandte fünf Jahre auf die Entwicklung seines Mikissimes Design Systems, das den Kunden von der Not befreit, sich angesichts zahlloser Wahlmöglichkeiten für eine bestimmte Brille entscheiden zu müssen. Das System erstellt als erstes ein digitales Abbild vom Gesicht des Kunden, analysiert die Gesichtsmerkmale sowie die Angaben des Kunden, wie er mit Brille aussehen möchte, empfiehlt eine bestimmte Größe und Form der Gläser und fügt sie dem digitalen Abbild des Kundengesichts hinzu. Kunde und Optiker beraten miteinander, wie die Gläser anzupassen sind, damit sie nach Größe und Form gefallen. Genauso wird beim Brillengestell vorgegangen. Der Kunde erhält dann ein weiteres digitales Porträt, diesmal mit der kompletten Brille. Zum Schluss schleift ein anwesender Techniker die Gläser und baut die neue Brille in weniger als einer Stunde zusammen.

5.1.3 Preispolitik

5.1.3.1 Aufgaben und Rolle der Preispolitik

Der *Preis* eines Produkts oder einer Dienstleistung ist die Zahl der Geldeinheiten, die ein Käufer für eine Mengeneinheit des Produktes bzw. der Dienstleistung in bestimmter Qualität entrichten muss (vgl. Simon 1992, S. 3; Diller 2000, S. 23 ff.). Somit besteht der Preis immer aus zwei Komponenten: dem Geldbetrag (Preiszähler) und der definierten Leistung (Preisbezugsbasis bzw. Preisnenner), z. B. Euro/m^2, Euro/Stück etc. Der Kunde bezieht in seine subjektive Bewertung sowohl die zu erwartenden Leistungen des Anbieters (seinen Nutzen) als auch den dafür zu zahlenden Preis ein. Er wird das Produkt nur kaufen, wenn der Nettonutzen – als Differenz von Nutzen und Preis – positiv ist. Unter Einbezug der Konkurrenzprodukte zieht er das Produkt vor, das für ihn den größten Nettonutzen erbringt. Aus diesem Grund ist der Preis nicht allein, sondern immer in Relation zur Leistung zu betrachten (Stichwort: Preis-/Leistungsverhältnis), wobei sich Preis- und Leistungswahrnehmung auch immer gegenseitig beeinflussen.

Aufgabe der *Preispolitik* ist es, den Zielen des Unternehmens entsprechend Preise zu bestimmen und am Markt durchzusetzen. Dabei wird zum einen die akquisitorische Wirkung von Preisen angesprochen, zum anderen deren Funktion der Kosten- und Gewinndeckung. Beide Aufgaben können partiell oder total im Konflikt stehen. Die *Konditionenpolitik* als Teilbereich der Preispolitik ermöglicht die systematische Steuerung des Verhaltens von Marktpartnern durch die Differenzierung von so genannten Normal- oder Listenpreisen. Typische Konditionen sind z. B. Rabatte, Skonti sowie die Festlegung von Lieferungs- und Zahlungsbedingungen.

Der Preis sollte niemals isoliert, sondern immer in *Zusammenhang mit anderen Instrumenten des Marketing-Mix* betrachtet werden. Preisprobleme stellen Reflektoren anderer Schwächen im Mix dar, z. B. in der Produktqualität, in der Distribution etc. Änderungen des Preises haben meistens eine stärkere und schneller einsetzende Wirkung auf Absatz und Marktanteil als andere Marketinginstrumente und lassen sich ohne großen Zeitverzug umsetzen. Da Konkurrenten somit auch zügig auf Preisänderungen reagieren können, ist ein dauerhafter Wettbewerbsvorteil allein mit dem Preis schwer zu etablieren (vgl. Simon 1992, S. 6).

Preisentscheidungen sind äußerst komplex, mit hoher Unsicherheit verbunden und können – sind sie erst einmal umgesetzt – zu gravierenden Konsequenzen führen. Bei der Überprüfung des Preises eines etablierten Produkts bzw. bei der Preisentscheidung für ein neues Produkt sind die folgenden grundsätzlichen Fragen zu stellen (vgl. Simon 1992, S. 30):

- Welche Rolle spielt der Preis im Verhältnis zu anderen Leistungsparametern des Unternehmens?
- Wie und wo wird der Preis in Verbindung mit anderen Instrumenten von der Konkurrenz eingesetzt, um Wettbewerbsvorteile zu erringen?
- Welche Wettbewerbsstrategien verfolgen die Konkurrenten?
- Wie sehen die langfristigen Preisentwicklungen im eigenen Markt aus?
- Wie lassen sich die Antriebskräfte, z. B. Kosten- und Wettbewerbsdynamik, Änderungen im Verbraucherverhalten und Rolle des Handels, Globalisierung etc. charakterisieren?

Ergebnisse dieser Untersuchungen liefern den Unternehmen wichtige Informationen für die preisliche Positionierung im Wettbewerbsumfeld. Dabei sind zwei idealtypische Optionen zu nennen (vgl. Simon 1992, S. 60 ff.):

- Aufgrund einer besseren Leistung/eines höheren Nutzens und mit Unterstützung entsprechender nichtpreislicher Instrumente kann das Unternehmen einen *höheren Preis* am Markt durchsetzen.

- Durch das Angebot gleicher Leistungen wie die Konkurrenz kann das Unternehmen durch einen *niedrigeren Preis* einen Wettbewerbsvorteil erzielen, bei dem langfristig geringere Kosten Voraussetzung sind.

Die *zentralen Determinanten der Preisentscheidung* sind die Kosten des Anbieters sowie Struktur und Verhalten der Nachfrager und der Konkurrenz (vgl. Tucker 1966, S. 19; Plinke/Söllner 1995, S. 839 ff.; Nieschlag/Dichtl/Hörschgen 1997, S. 361 ff; Diller 2000, S. 52 ff.). In Abhängigkeit von der jeweiligen Blickrichtung lassen sich kosten-, abnehmer- und wettbewerbsorientierte Preisfindungsprozesse unterscheiden, denen wiederum zahlreiche Methoden der Preisbildung zugeordnet werden können. Preisfestlegungen aus statischer Sicht beziehen sich auf die Bestimmung des optimalen Preises zu einem festen Zeitpunkt. Werden bei der Preisentscheidung mehrere Perioden berücksichtigt, spricht man von einer dynamischen Preispolitik.

5.1.3.2 Preisfestlegung aus statischer Sicht

Kostenorientierte Verfahren

Bei Preisentscheidungen in der Praxis stehen oft die Kosten im Vordergrund. Aus langfristiger Sicht kann ein Produkt nur angeboten werden, wenn es seine variablen und fixen Kosten deckt (Vollkostenrechnung). Bei einer kurzfristigen Betrachtung sind fixe Kosten nicht abbaubar und sollen möglichst weitgehend ge- bzw. überdeckt werden. Wenn der Preis über den variablen Stückkosten eines Produkts liegt, wird ein Stückdeckungsbeitrag erwirtschaftet. Die kurzfristige Preisuntergrenze liegt demnach bei den variablen Stückkosten (Teilkostenrechnung).

Zwei Formen lassen sich hinsichtlich Ansatz und Ziel unterscheiden: Die *retrograde Kalkulation* geht vom Verkaufspreis aus und überprüft, ob die Preise, die von den Abnehmern erwartet werden, auch betriebswirtschaftlich tragfähig sind. In der Praxis wird insbesondere die Methode der *Kosten-plus-Preisbildung* (progressive Kalkulation) angewandt. Ausgangsbasis bilden die Kosten des Produktes. Nach ihrer Ermittlung wird ein absoluter Gewinnaufschlag hinzuaddiert.

Preisentscheidungen auf der Grundlage von Kostendaten erscheinen zunächst recht einfach, da in der Regel die erforderlichen Daten in den Kostenrechnungssystemen der Unternehmen vorhanden sind. Probleme stellen sowohl die Erfassung und Zuordnung von Kosten als auch die Vernachlässigung der Preisabhängigkeit der Nachfrage dar.

Nachfrageorientierte Verfahren

Um beurteilen zu können, ob ein Preis bzw. eine Preisänderung optimal ist, sollte die aus einer Preisänderung resultierende Nachfrageänderung bekannt sein. Richtung und Ausmaß der Nachfrageänderung sind von der so genannten Preiselastizität abhängig:

$$\text{Preiselastizität} = \frac{\text{relative Absatzänderung in \%}}{\text{relative Preisänderung in \%}}$$

Die Beziehung zwischen Absatz und Preis wird als *Preis-Absatz-Funktion* bezeichnet. Ihr Verlauf kann sehr verschiedenartig sein (vgl. z. B. Diller 2000, S. 80 ff.). In der Abbildung 5.8 wird beispielhaft eine lineare Preis-Absatz-Funktion dargestellt.

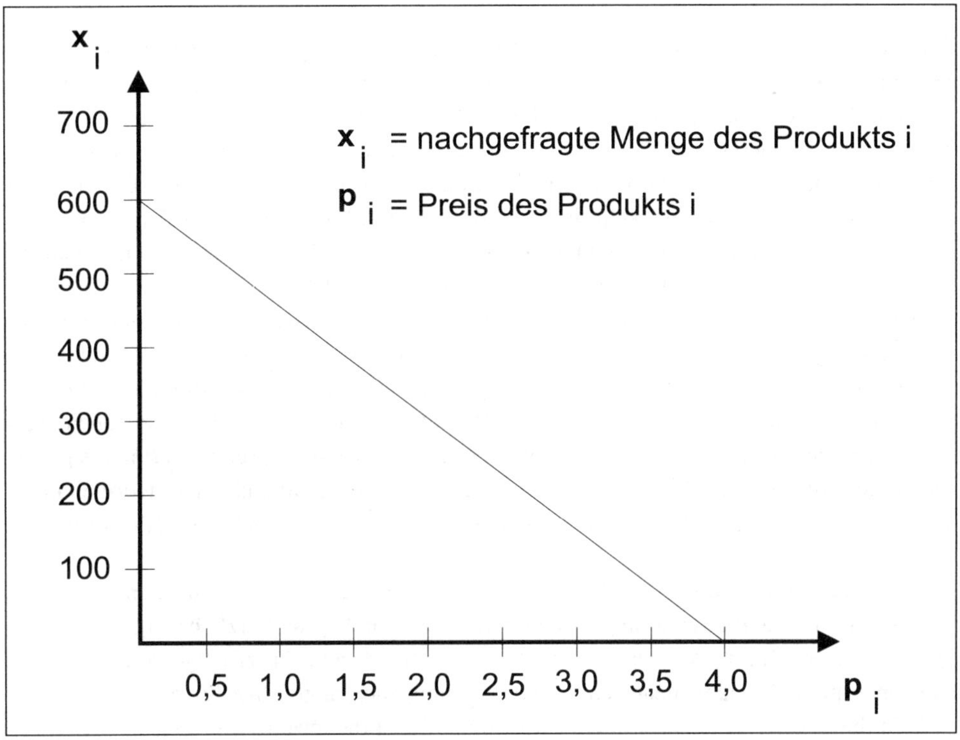

Abb. 5.8: Lineare Preis-Absatz-Funktion

Wettbewerbsorientierte Verfahren

Struktur und Verhalten der Wettbewerber spielen für die Preispolitik ebenfalls eine wichtige Rolle. Insbesondere in oligopolistischen Märkten, in denen sich wenige Anbieter gegenüberstehen, müssen Konkurrenzreaktionen auf preispolitische Maßnahmen generell in die Preisentscheidung einbezogen werden. Eine Preiserhöhung kann z. B. unvorteilhaft werden, wenn die Konkurrenz nicht mitzieht und das betreffende Unternehmen Marktanteile verliert. Anders kann bei einer Preissenkung das allgemeine Preisniveau abrutschen, wenn die Konkurrenten folgen und ebenfalls ihre Preise senken.

Der preispolitische Spielraum eines Unternehmens ist tendenziell desto größer, je heterogener die angebotenen Marktleistungen im Vergleich zur Konkurrenz sind.

Bereits in Punkt 5.1.3.1 wurden preispolitische Vorgehensweisen unter Berücksichtigung der Wettbewerber dargestellt. Weitverbreitet ist auch die *Anpassungsstrategie,* bei der sich alle Konkurrenten am Preis eines «Preisführers» orientieren. Demgegenüber strebt ein Unternehmen mit einer *Nischenstrategie* eine bewusste Abgrenzung von den Konkurrenzpreisen an.

Bei den im Folgenden vorgestellten Preisentscheidungen unter dynamischer Sicht sind ebenfalls Kosten-, Markt- und Wettbewerbsveränderungen zu berücksichtigen.

5.1.3.3 Preisfestlegung aus dynamischer Sicht

Eine dynamische Preispolitik bezieht bei der Preisentscheidung mehrere Perioden ein. Dies ist dann notwendig, wenn der Preis in einer bestimmten Periode die Gewinnsituation in späteren Perioden beeinflusst. Hervorzuheben sind auf der Absatzseite so genannte *Carry-over-Effekte* (Wiederholungskäufe der Nachfrager in einer späteren Phase) und *Preisänderungswirkungen* (Nachfrager orientieren ihr Verhalten an früheren Preisen). Die Entwicklung der Preiselastizität im Lebenszyklus ist ebenfalls an dieser Stelle zu nennen. Auf der Kostenseite bilden die *Erfahrungskurve* und die *Economies of Scale* die wichtigsten Determinanten der dynamischen Preispolitik (siehe die Abschnitte 2.1.2 und 2.1.3).

Insbesondere bei der Einführung neuer Produkte ist eine Preisentscheidung unter Berücksichtigung dynamischer Aspekte hervorzuheben. Idealtypische Optionen sind entweder Skimming- oder Penetrations-Strategien (vgl. Dean 1951; 1976; Simon 1992, S. 293 ff.):

Bei der *Skimming-Strategie* wird das neue Produkt zu einem vergleichsweise hohen Preis eingeführt. Dieser Preis wird dann im Laufe der Zeit sukzessive gesenkt. Besonders geeignet ist diese Strategie für Produkte mit sehr hohem Neuheitsgrad und einer niedrigen kurzfristigen Preiselastizität. Sie betont stärker den kurzfristigen Aspekt, d.h. die Erzielung kurzfristiger Gewinne.

Die *Penetrations-Strategie* beinhaltet die Einführung eines Produktes zu einem besonders niedrigen Preis. Die Preisänderung im Laufe der Zeit ist nicht grundsätzlich festgelegt. Wichtigstes Argument für das Verfolgen dieser Strategie ist eine hohe kurzfristige Preiselastizität. Die Penetrations-Strategie beabsichtigt die Erzielung eher langfristiger Erträge.

Abbildung 5.9 zeigt in einer Übersicht Argumente für die jeweilige Strategie.

5.1.3.4 Preisdifferenzierung

Vielfältige Unterschiede bei der Beurteilung von Produkten/Leistungen, der Kaufkraft sowie der Preiselastizität der Nachfrager bieten Möglichkeiten für das Unternehmen, eine *Preisdifferenzierung* vorzunehmen, d. h. gleiche Produkte zu unterschiedlichen Preisen anzubieten. Arten, Formen und Umsetzungsprobleme der Preisdifferenzierung sind in der Abbildung 5.10 dargestellt, wobei die internationale Preispolitik als ein Sonderfall der regionalen Preisdifferenzierung separat aufgeführt wird.

Die Preisdifferenzierung nach Nachfragern basiert auf bekannten Modellen zur Marktsegmentierung. Die *nicht lineare Preisbildung* (vgl. Tacke 1989) ist für Güter relevant, bei denen in Abhängigkeit vom Preis unterschiedliche Mengen gekauft werden. Der Preis sinkt pro Einheit mit zunehmender Bezugsmenge. Die *Preisbündelung* ist vor allem in einem Mehrproduktunternehmen relevant, welches mehrere Produkte zu einem Gesamtpreis verkauft. In diesem Fall wird somit die nicht ausgenutzte Preisbereitschaft eines Käufers bei einem Produkt auf das andere Produkt des Pakets/Bündels übertragen.

Skimming-Strategie	Penetrations-Strategie
Realisierung hoher kurzfristiger Gewinne, die von Diskontierung wenig getroffen werden. bei echten Innovationen Gewinnrealisierung im Zeitraum mit monopolistischer Marktposition, Reduktion des langfristigen Konkurrenzrisikos, schnelle Amortisation des FuE-Aufwands Gewinnrealisierung in frühen Lebenszyklusphasen, Reduktion des Obsoleszenzrisikos Schaffung eines Preisspielraums nach unten, Ausnutzung positiver Preisänderungswirkung wird möglich graduelles Abschöpfen der Preisbereitschaft (Konsumentenrente) wird möglich (zeitliche Preisdifferenzierung) Vermeidung der Notwendigkeit von Preiserhöhungen (Kalkulation nach der sicheren Seite) positive Prestige- und Qualitätsindikationen des hohen Preises Vermeidung des Aufbaus hoher Kapazitäten, damit geringere Ansprüche an finanzielle Ressourcen	durch schnelles Absatzwachstum trotz niedriger Stückdeckungsbeiträge hohe Gesamtdeckungsbeiträge aufgrund von positiven intrapersonellen (Verbrauchsgüter) Carry-over-Effekten Aufbau einer langfristigen starken und überlegenen Marktposition (höhere Preise und/oder höhere Absatzmengen in der Zukunft) Ausnutzung von statischen Economies of Scale, kurzfristige Kostensenkung schnelle Erhöhung der kumulativen Menge, als Konsequenz schnelles «Herunterfahren» auf der Erfahrungskurve; Erreichen eines von der Konkurrenz nur schwer einholbaren Kostenvorsprungs Reduzierung des Fehlschlagrisikos, da niedriger Einführungspreis mit geringerer Flopwahrscheinlichkeit verbunden Abschrecken potenzieller Konkurrenten vom Markteintritt

Abb. 5.9: Argumente für Skimming- und Penetration-Strategie (in Anlehnung an Simon 1992, S. 295)

Art der Preisdifferenzierung	**nach Nachfragern/Marktsegmenten**	**nach Menge (nichtlineare Preisbildung)**	**nach Ländern**
Basis	Unterschiede in den individuellen Nutzen/ Maximalpreisen/ Preiselastizitäten	Unterschiede in den Grenznutzen der 1., 2., ..., n-ten Einheit	Unterschiede in Nutzen/Maximalpreisen/ Preiselastizitäten nach Ländern
Formen	• persönlich • regional • zeitlich • unterstützt durch Differenzierung anderer Instrumente	• zweiteiliger Tarif • Blocktarif • Mengenrabatt • Preispunkte • kontinuierliche Preisstruktur	internationale Preisdifferenzierung, Sonderprobleme: • Wechselkurse • Inflation • Zölle, Quoten
Umsetzungsprobleme	• Segmentdefinition • Trennung der Segmente	• Verhinderung von Nachfragebündelung • Messung, Optimierung • Kommunikation	• graue Importe/ Arbitrage • Preisanpassung • Organisation • politische Restriktionen

Abb. 5.10: Arten, Formen und Probleme der Preisdifferenzierung (Simon 1992, S. 43)

Gegenüber der Preisdifferenzierung, die gleichzeitig gültige Angebotspreise beinhaltet, entspricht die *Preisvariation* einer preislichen Anpassung im Zeitablauf. Beispiele sind Saison-, Einführungsrabatte oder Sonderangebotsaktionen. Preispolitische Maßnahmen dieser Art sind sorgfältig zu planen, da auch negative Nebeneffekte (Imageverlust, «Hamsterkäufe», Senkung der Preisbereitschaft) auftreten können.

Preisdifferenzierung bei der Deutschen Bahn (Finsterwalder 2002)
Die Deutsche Bahn AG belohnt frühe Initiative durch günstige Preise. Kunden, die ihre Tickets im Voraus buchen (so genannte Frühbucher), erhalten – ähnlich wie im Flugverkehr – Rabatte bis zu 40 Prozent. Die Fahrpreise werden somit nicht mehr auf Basis der gefahrenen Kilometer berechnet. Bahnfahrer, die ihre Zugtickets unmittelbar vor Fahrtantritt erwerben, müssen höhere Preise in Kauf nehmen.

5.1.4 Kommunikationspolitik bzw. Marktbearbeitung

5.1.4.1 Aufgaben und Rolle der Kommunikationspolitik

Eine wichtige Voraussetzung für den Erfolg eines Anbieters besteht darin, dass die von ihm angebotenen Problemlösungen vom Kunden auch wahrgenommen und akzeptiert werden. *Gegenstand der Kommunikationspolitik* sind sämtliche Entscheidungen und Handlungen zur Gestaltung und Übermittlung von Informationen an marktrelevante Bezugsgruppen, um diese zieladäquat zu beeinflussen. «Zieladäquat» bedeutet, dass letztlich bestimmte Verhaltensweisen bei der jeweiligen Zielgruppe erreicht bzw. verändert werden sollen.

Im Vergleich zu anderen Instrumentalbereichen wird die Relevanz der Kommunikationspolitik sehr widersprüchlich diskutiert. Auf der einen Seite scheint sie eine eher untergeordnete Rolle im Marketing-Mix zu spielen, da ein Verzicht auf die Kommunikationspolitik – im Gegensatz zu Produkt, Preis und einem Mindestmaß an Vertriebsanstrengungen – denkbar wäre.

Auf der anderen Seite ist insgesamt ein wachsender Stellenwert der Kommunikationspolitik zu beobachten. Gründe hierfür sind z. B. eine steigende Zahl austauschbarer Produkte, bei denen der Anbieter durch kommunikationspolitische Maßnahmen versucht, sich von der Konkurrenz positiv abzugrenzen. Besonders in der Investitionsgüterbranche entstehen aufgrund einer u. a. zunehmenden Technisierung einzelner Leistungskomponenten hochkomplexe Problemlösungen, deren Qualität seitens der Nachfrager immer schwieriger einzuschätzen ist. Die Kommunikationspolitik des Anbieters kann die damit verbundenen Unsicherheiten verringern.

Die *Ziele der Kommunikationspolitik* richten sich stets auf die Beeinflussung des Verhaltens auf dem Markt. Da im allgemeinen keine direkten Beziehungen zwischen kommunikationspolitischen Maßnahmen und Verhaltensänderungen nachweisbar sind, werden übergeordnete ökonomische Ziele in operationale Zielvorgaben für die Verhaltensbeeinflussung transformiert. Diese lassen sich vereinfacht in einer hierarchischen Ordnung darstellen (Kroeber-Riel/Weinberg 1999 sowie ähnlich Becker 2001, S. 75 ff.):

Bekanntheit
▼
Akzeptanz
▼
Profilierung

Das erste Ziel ist die *Bekanntheit* oder *Aktualität* eines Angebots. Ein Angebot, das dem Nachfrager nicht bekannt ist, wird normalerweise nicht in den Entscheidungsprozess einbezogen. Um ein Produkt zumindest in die engere Auswahl («evoked set») einzubeziehen, muss der Nachfrager zu diesem eine positive Einstellung einnehmen, d. h. es *akzeptieren.* Erst durch eine klare Profilierung kann erreicht werden, dass sich das eigene Angebot in der Wahrnehmung der Nachfrager gegenüber Angeboten der Konkurrenz positiv abhebt.

Kroeber-Riel/Esch (2000, S. 61 ff.) identifizieren vier Grundtypen von Kommunikationsstrategien, die der Positionierung eines Angebots dienen können (vgl. auch Esch/Levermann 1995). Sie gehen dabei von zwei Determinanten aus, die für die Kommunikationswirkung entscheidend sind: (1) die *Art der Werbung* (emotional, informativ oder gemischt) und (2) das *Involvement* der Kunden (hoch, gering).

- Bei der *informativen Positionierung* werden dem Empfänger im Wesentlichen sachliche Informationen über z. B. Preis, Design und Firmengröße vermittelt. Die Information über Produkteigenschaften erfolgt im Hinblick auf die jeweiligen Bedürfnisse der Nachfrager.
- Die *emotionale Positionierung* verzichtet weitgehend auf kognitiven Informationsgehalt der Kommunikation, weil die Produktinformationen trivial wären und/oder vom Nachfrager als unwichtig empfunden werden.
- Die *emotionale und informative Positionierung* arbeitet nach dem klassischen Schema: «Appelliere an ein Bedürfnis und zeige, dass dein Angebot geeignet ist, dieses zu befriedigen» (vgl. auch Kroeber-Riel/Esch 2000, S. 39).
- Die *Positionierung durch Aktualität* erscheint dann erfolgsträchtig, wenn die Zielgruppe für das Kommunikationsobjekt emotional und kognitiv wenig bis gar nicht involviert ist. Die Werbung ist lediglich darauf ausgerichtet, das Produkt im Bewusstsein der Konsumenten zu aktualisieren.

5.1.4.2 Instrumente der Kommunikationspolitik

Neben den klassischen Instrumenten Werbung, Verkaufsförderung und Öffentlichkeitsarbeit werden neuere Erscheinungsformen wie z. B. Sponsoring und Product Placement ebenfalls dem Instrumentarium der Kommunikationspolitik zugeordnet (vgl. Tomczak/Müller/Müller 1995). Messen haben vor allem im Business-to-Business-Bereich eine zentrale Bedeutung (vgl. Fließ 1994). Im Folgenden wird auf die klassischen Instrumente kurz eingegangen sowie auf den persönlichen Verkauf, der sich an der Schnittstelle zwischen Distributions- und Kommunikationspolitik befindet.

Werbung

Die «Werbung lässt sich als versuchte Verhaltensbeeinflussung mittels besonderer Kommunikationsmittel auffassen» (Kroeber-Riel/Esch 2000, S. 31). Dabei umfasst Werbung sowohl die indirekte (Massen-)Kommunikation durch Medien als auch die direkte Kommunikation durch Werbebriefe etc. Sie bezieht sich entweder auf die angebotenen Leistungen des Unternehmens oder auf das Unternehmen selbst.

Ein Vorteil der Werbung besteht darin, dass gleichzeitig viele Informationsempfänger angesprochen werden und somit die Kosten pro Kommunikationskontakt verhältnismäßig gering sind. Aufgrund der hohen Informationsüberlastung der Konsumenten und der damit einhergehenden Informationsselektion sowie bestehender Vorurteile gegenüber werblicher Beeinflussung ist die Werbewirkung (vielfach) jedoch eingeschränkt.

Im Business-to-Business-Bereich bieten sich werbliche Maßnahmen des Anbieters insbesondere im Vorfeld von Beschaffungsprozessen investiver Problemlösungen an. Eine positive Einstellung zum Anbieter und dessen Angebot kann die Nachfragerunsicherheit vor der Kaufentscheidung nachhaltig verringern (vgl. Plötner 1995, S. 794).

Verkaufsförderung

Die Verkaufsförderung umfasst sämtliche Marketing-Aktionen, die den Absatz eher kurzfristig und unmittelbar stimulieren sollen. Je nach Zielgruppe unterscheidet man:

- Verbraucher-Promotions
- Außendienst-Promotions
- Händler-Promotions

Verbraucher-Promotions dienen in frühen Phasen des Produktlebenszyklus in erster Linie dazu, Versuchskäufe zu stimulieren, und in späteren Phasen vor allem zur Steigerung der Wiederholungskäufe (vgl. Rossiter/Percy 1987, S. 323f.).

Außendienst-Promotions haben das Ziel, die Motivation der betreffenden Mitarbeiter bzw. deren Fähigkeit zum Verkaufen zu verbessern. Typische Maßnahmen sind Schulungen, Verkaufswettbewerbe oder die Bereitstellung von Verkaufshilfen (z. B. Informationsmaterial).

Händler-Promotions sind Aktivitäten des Herstellers, die an den Handel gerichtet sind und dienen der Einführung neuer oder veränderter Produkte, Verbesserung des Regalplatzes, Verringerung der eigenen Lagerbestände etc. (vgl. Shimp 1990, S. 540 f.). Beispielhafte Maßnahmen sind Schulungen, Bereitstellung von Display-Material und der Einsatz von Propagandisten im Handel.

Öffentlichkeitsarbeit

Während Werbung und Verkaufsförderung sich vornehmlich auf die Erhöhung der Absatzchancen konzentrieren, zielt die Öffentlichkeitsarbeit (Public Relations) weitgehend auf die Schaffung einer für das Gesamtunternehmen wohlwollenden Atmosphäre ab. Wenn es dem Anbieter gelingt, bei der interessierten Öffentlichkeit und insbesondere bei den für sie relevanten internen und externen Interessengruppen ein positives Firmenimage aufzubauen, kann dies die Erreichung der Organisationsziele beträchtlich erleichtern. Während sich die

Firmenwerbung vor allem auf Massenmedien stützt, bedient sich Public Relations z. B. folgender Instrumente:

- Herstellung eines guten Kontakts zu den Medien
- Abhalten von Pressekonferenzen
- Einsatz attraktiv gestalteter Geschäftsberichte, Zeitschriften
- Organisation von Vorträgen, Betriebsbesichtigungen

Public Relations hat einige spezifische Vorteile, z. B. ist sie im Vergleich zur Werbung relativ kostengünstig, da in der Regel keine Einschaltkosten der Medien anfallen. Durch die Nutzung spezieller Kanäle können sich die Informationen besser als Werbebotschaften durchsetzen und besitzen eine höhere Glaubwürdigkeit (vgl. Rothschild 1987, S. 509 f.).

Persönlicher Verkauf

Der persönliche Verkauf (Personal Selling) wird in der Literatur nicht eindeutig einem Instrument des Marketing-Mix zugeordnet, da er sowohl distributionspolitische (direkter Absatz) als auch kommunikationspolitische Funktionen (persönliche Kommunikation) übernimmt. Insbesondere bei komplexen Problemlösungen mit hoher Individualität müssen dem Nachfrager im Rahmen persönlicher Gespräche die Kosten- und Nutzenelemente im Einzelnen dargelegt werden. Damit nimmt das Personal Selling bei erklärungsbedürftigen Konsumgütern und im Business-to-Business-Bereich eine herausragende Stellung ein.

Aufgrund der sehr hohen Kosten pro Kontakt, die mit diesen Maßnahmen verbunden sind, existieren eine Vielzahl von Ansätzen, die sich mit der Frage der Erfolgsfaktoren für den persönlichen Verkauf auseinandersetzen (vgl. Nieschlag/Dichtl/Hörschgen 1997, S. 484 ff.; Belz 1999; Plötner 1995, S. 815 ff. bzw. die dort zitierte Literatur):

- Verkäuferorientierte Erklärungsansätze führen den Erfolg auf Persönlichkeitsmerkmale wie Alter, Familienstand, äußere Erscheinung, Selbstvertrauen, Aggressivität zurück.
- Verhaltensorientierte Ansätze versuchen dagegen allgemeingültige Verhaltensregeln zu entwickeln.
- Interaktionsansätze verstehen das Verkaufsgespräch als gegenseitigen sozialen Einflussprozess zwischen Käufer und Verkäufer. Der Verkaufserfolg ist somit von beiden Parteien und insbesondere von den zwischen ihnen bestehenden Beziehungen abhängig.

5.1.5 Distributionspolitik

5.1.5.1 Aufgaben und Rolle der Distributionspolitik

Gegenstand der Distributionspolitik sind alle Entscheidungen eines Unternehmens, die dazu dienen, die verschiedenen Leistungselemente des Angebots dem Nachfrager zur Verfügung zu stellen. Dabei umfassen diese Entscheidungen im Wesentlichen zwei große Komplexe (vgl. u. a. Specht 1998, S. 14 ff.):

- *Akquisitorische Distribution:* Hier geht es um die Gestaltung der rechtlichen, ökonomischen, informatorischen und sozialen Beziehungen zwischen den beteiligten Akteuren. Dies beinhaltet die Frage, welche Institutionen bei der zu erbringenden Vertriebsleistung eingeschaltet werden und wie sich die notwendigen und möglichen Tätigkeiten auf die Betroffenen aufteilen.
- *Physische Distribution:* Im Mittelpunkt stehen Entscheidungen darüber, wie die speziellen Vertriebsleistungen der Logistik (Transport, Lagerung, Auslieferung) sowie Auftragseinholung und -abwicklung zu gestalten sind.

Entscheidungen im Rahmen der Distributionspolitik sind meistens langfristig orientiert, weil sie nur schwer revidierbar sind. Der Aufbau sachlicher und personeller Kapazitäten kann zu weitreichenden Kosten- und Kapitalbelastungen führen. Bei der Wahl eines indirekten Absatzes ergibt sich für den Anbieter zwangsläufig eine gewisse Abhängigkeit von den jeweiligen Absatzmittlern bzw. -helfern.

Unternehmen, die beim Absatz ihrer Leistungen an Endkunden mit Absatzmittlern zusammenarbeiten, agieren simultan zumindest in zwei Märkten: Im *Endkunden-* und im *Absatzmittlermarkt.* In Abschnitt 4.4 wurde herausgearbeitet, dass in solchen Fällen für beide Märkte spezifische, allerdings eng miteinander verzahnte Strategien und Maßnahmenpakete benötigt werden. In der Regel stellen distributionspolitische Entscheidungen, die mit Blick auf den Endkundenmarkt gefällt werden, den Input für die strategische Marketingplanung im Absatzmittlermarkt dar, indem abgeleitet aus der endkundenmarktorientierten Positionierungsstrategie Anforderungen an die auszuwählenden Distributionswege, -kanäle und -organe (Stichworte: z. B. Distributionsgrad, Beratungsqualität) formuliert werden.

Auf der anderen Seite müssen auch mit Blick auf den Absatzmittlermarkt distributionspolitische Entscheidungen getroffen werden. Auch hier ist festzulegen, auf welchen Wegen und mit welchen Organen die angebotenen Leistungen bzw. Leistungssysteme an die Kunden auf der Absatzmittlerebene herangetragen werden sollen. So werden beispielsweise von der Konsumgüterindustrie Key-Account-Manager eingesetzt, um den Handelskunden die eigenen Leistungen zu verkaufen.

5.1.5.2 Organe der Distribution

Absatzwirtschaftliche Aufgaben können grundsätzlich folgende Institutionen bzw. Organe übernehmen:

- absatzwirtschaftliche Organe des Anbieters,
- Absatzmittler oder -helfer,
- Kooperationspartner des Herstellers und
- beschaffungswirtschaftliche Organe der Nachfrager, z. B. beim Fabrikverkauf.

Im Hinblick auf eine aktive Gestaltung der Distribution durch den Anbieter sind insbesondere die ersten drei von Bedeutung.

Distributionsorgane des Anbieters

Der Verkaufsabteilung obliegt die Gewinnung und organisatorische Abwicklung von Aufträgen. Hier werden die Verkaufsaktivitäten geplant, Anordnungen zur Durchsetzung getroffen und Kontrollen durchgeführt. Verkaufsstellen können werkseigen, werksgebunden (nur rechtliche Selbstständigkeit) bzw. rechtlich und wirtschaftlich ausgegliedert betrieben werden. Werkseigene Verkaufsniederlassungen bieten sich z. B. bei großen Unternehmen an, um in die Nähe ihrer Abnehmer zu gelangen. Elementares Organ des Verkaufs ist der einzelne Verkäufer, Reisende, Vertriebsingenieur oder auch ein Mitglied der Geschäftsleitung, das an besonders wichtigen Verhandlungen mit bedeutenden Kunden teilnimmt.

Absatzmittler und Absatzhelfer

Sowohl Absatzmittler als auch Absatzhelfer sind nicht nur rechtlich selbstständig, sondern hinsichtlich der Anzahl und Austauschbarkeit ihrer Auftraggeber in der Regel auch wirtschaftlich weitgehend unabhängig. Der Unterschied zwischen beiden ist die Art, wie die Verkaufsfunktion ausgefüllt wird. Absatzhelfer erwerben kein Eigentum an der Ware und werden lediglich vermittelnd tätig. Dagegen treten Absatzmittler als Eigenhändler auf, d.h. sie kaufen Waren im eigenen Namen und auf eigene Rechnung. Sie tragen somit das gesamte Absatzrisiko. *Absatzhelfer* lassen sich unterteilen in (vgl. auch Specht 1998, S. 65 ff.):

- Absatzhelfer in der Logistik (Transportunternehmen, Lagerhäuser),
- Absatzhelfer in der Akquisition (Handelsvertreter, -makler, Kommissionäre sowie Medien und Marktveranstaltungen) und
- ergänzende Absatzhelfer (Berater, Werbeagenturen, Marktforschungs-Institute).

Bei *Absatzmittlern* wird grundsätzlich zwischen Groß- und Einzelhandel unterschieden. Der *Großhandel* veräußert seine Ware «unverändert oder nach handelsüblichen Manipulationen an andere Handelsunternehmen, Weiterverarbeiter, gewerbliche Verbraucher oder behördliche Großverbraucher» (Specht 1998, S. 32 f.). Auch in einigen Branchen des Investitionsgüterbereichs existieren selbstständige Handelsbetriebe wie der Produktionsverbindungshandel (vgl. Kleinaltenkamp 1988; 1995, S. 758). Im Gegensatz zum Großhandel verkauft der *Einzelhandel* seine Ware hauptsächlich an Konsumenten bzw. private Haushalte.

Sowohl der Großhandel als auch der Einzelhandel sind durch sehr vielfältige Erscheinungsformen gekennzeichnet. Ursache dafür ist die Annahme, dass marktliche bzw. wettbewerbliche Veränderungen jeden Betrieb zwingen, eine strukturelle Leistungsauswahl zu treffen. Dies führt zu einer Leistungsspezialisierung und damit zur Bildung einer speziellen *Betriebsform* (vgl. Nieschlag 1954; McNair 1958). Nach Specht (1998, S. 42 f.) können Betriebsformen durch folgenden Merkmale beschrieben werden:

- Struktur des Sortiments
  - Warengruppenstruktur (Spezial-, Fach- oder Vollsortiment)
  - Qualitätslage

- Struktur der Dienstleistungen
  - Ort der Warenübergabe (z. B. Ladengeschäft, Wochenmarkt, Versand)
  - Form der Warenübergabe (z. B. Bedienung, Selbstbedienung)
- Anteil der Dienstleistungen an der Gesamtleistung (Discounter vs. Bedienungsfachgeschäft)

Kooperationspartner des Anbieters

Insbesondere im Investitionsgüterbereich sind so genannte horizontale Vertriebskooperationen verbreitet. Es lassen sich drei wesentliche Arten horizontaler Vertriebskooperation unterscheiden:

- *Anschlussabsatz*
  Der Hersteller verkauft seine Produkte an einen anderen Hersteller bzw. überlässt ihm den Vertrieb. Dieser veräußert die Produkte an seine Kunden und übernimmt bei diesen Waren eine Händler- oder Kommissionärfunktion (vgl. Korte 1992, S. 11).
- *Gemeinschaftsabsatz*
  Mehrere Anbieter bilden eine Vertriebsgemeinschaft, die für die Vermarktung der Produkte der beteiligten Hersteller verantwortlich ist. Weit verbreitet sind Exportgemeinschaften zur Erschließung und Bearbeitung von Auslandsmärkten.
- *gemeinschaftlicher Absatz durch Anbieterkoalitionen*
  Im Anlagen- und Systemgeschäft sind oft mehrere Anbieter notwendig, um den von den Kunden geforderten Leistungsumfang anbieten zu können und den Auftrag abzuwickeln. Je nach Art der Vertragsverhältnisse zwischen den einzelnen Anbietern sowie zwischen Unternehmen und Kunde unterscheidet man Generalunternehmerschaft, offenes und stilles Konsortium (vgl. Günter 1979, S. 149 ff.; Backhaus 1999, S. 481 ff.).

Mittlerweile schließen sich jedoch auch im Business-to-Consumer-Bereich immer häufiger Unternehmen zusammen, um Kunden in Kooperation zu betreuen. Bei solchen Kooperationen lassen sich drei verschiedene Gruppen von Kooperationspartnern identifizieren (Schögel/Birkhofer/Tomczak 1999, S. 11):

- Geschäftseinheiten eines Unternehmensverbunds,
- Ergänzungsanbieter und
- direkte Konkurrenten.

Kooperationspartner in der Distribution (Finsterwalder 2002)
Eine kooperative Betreuung von Kunden erfolgt bei der Dresdner Bank durch die Zusammenarbeit mit der rechtlich selbstständigen *Dresdner Direct Services (DDS)* in Duisburg. Hierbei handelt es sich um ein Call Center, mit dem Service Level Agreements bzgl. der Kundenbearbeitung getroffen wurden. Durch das Service Level Agreement wird eine bestimmte Mindestbearbeitungsqualität gewährleistet. Im Gefüge der Bank ist das Call Center gleichzeitig ein weiterer Distributionskanal. Die Kunden erhalten über das Call Center eine Grundberatung. Jede weiterführende Betreuung und Beratung hat dann im persönlichen Kontakt über andere Kanäle der Dresdner Bank zu erfolgen.

5.1.5.3 Distributionswegeentscheidungen

Distributionswegeentscheidungen beziehen sich auf die Struktur, d. h. auf die Art und Länge des Absatzwegs (Anzahl und Betriebsform der Institutionen, Absatzstufen). Weitere Fragen, wie z. B. Umfang und Form der Beteiligung der einzelnen Akteure und ob die Erbringung der Distributionsleistung allein oder in einer Form der Kooperation durchgeführt wird, sollen an dieser Stelle nicht weiter behandelt werden.

Nach der Zahl eingeschalteter Handelsstufen sind die beiden Grundtypen des direkten und des indirekten Absatzwegs zu unterscheiden. Vom *direkten Absatzweg* wird gesprochen, wenn ein Hersteller auf die Einschaltung selbstständiger Handelsbetriebe verzichtet und der Distributionsprozess sich im Wesentlichen allein zwischen Hersteller und Verwender der betreffenden Leistung vollzieht und/oder dabei Absatzhelfer eingesetzt werden. Voraussetzung dafür ist die Existenz und entsprechende Ausgestaltung der anbietereigenen Verkaufsorgane. Die Wahl zwischen unternehmenseigenen Organen bzw. die Nutzung der Leistungsfähigkeit von Absatzhelfern stellt im Kern eine «Make-or-Buy-Entscheidung» dar und wird in der Literatur häufig am Beispiel «Reisender vs. Handelsvertreter» diskutiert (vgl. Dichtl/Raffée/Niedetzky 1981).

Beim *indirekten Absatzweg* werden selbstständige Handelsunternehmen als Absatzmittler eingesetzt. Sie vertreten eigene Interessen und versuchen diese auch gegenüber ihren beiderseitigen Marktpartnern durchzusetzen. Deshalb besteht grundsätzlich die Notwendigkeit der Abstimmung von herstellerspezifischen Marketing-Vorstellungen mit den zumindest beeinflussbaren Marketing-Aktivitäten der nachgelagerten Absatzstufe(n) (Stichwort: Vertikales Marketing) (vgl. Tomczak 1991). Ein wesentliches Merkmal des indirekten Absatzes ist die Mehrstufigkeit des Absatzwegs, da mindestens zwei Stufen (z. B. Hersteller und Händler) oder auch weitere Akteure daran beteiligt sind. Abbildung 5.11 gibt einen Überblick über typische Absatzwege eines Industrieunternehmens.

Die Verschiedenartigkeit der einzelnen Absatzwege bietet dem Hersteller die Möglichkeit, sich mehrerer davon gleichzeitig zu bedienen. Unternehmen, die dies tun, verfügen über ein *Mehrkanalsystem* (siehe auch Abschnitt 4.5.1; vgl. Schögel/Tomczak 1995a). Um Konflikte in den parallelen Absatzwegen zu vermeiden und geeignete Absatzkanäle optimal abzustimmen, ist in der Regel eine klare Produktdifferenzierung und/oder Marktsegmentierung Voraussetzung.

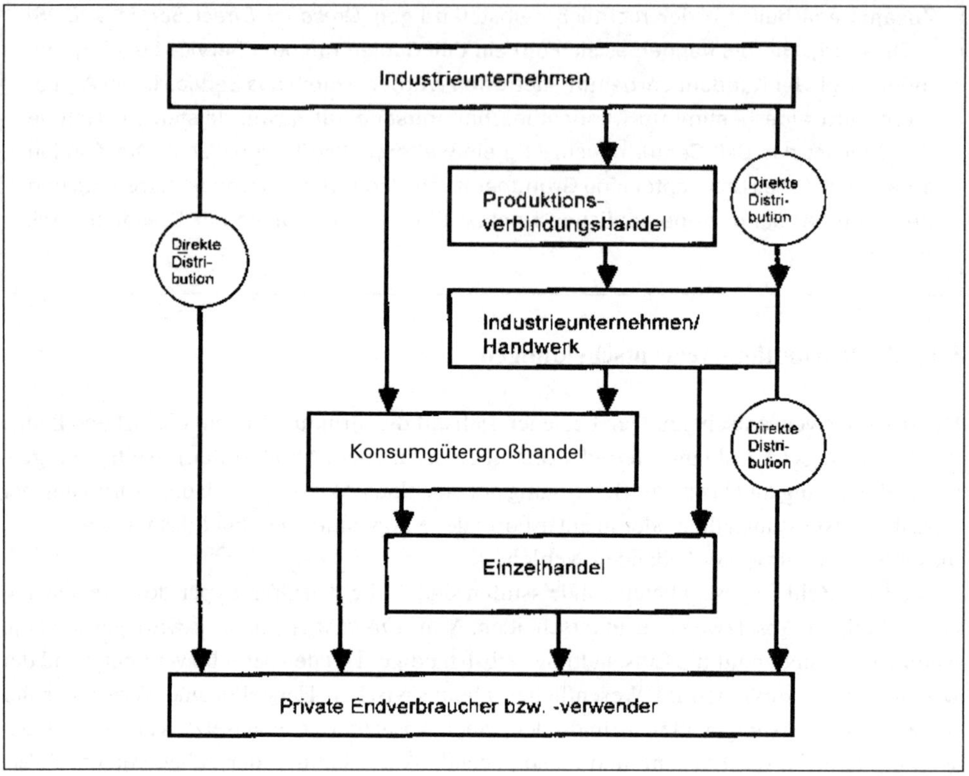

Abb. 5.11: Absatzkanäle eines Industrieunternehmens (in Anlehnung an Meyer 1984, S. 257)

Bei *intensiver Distribution* streben die Unternehmen hohe Präsenz ihrer Produkte in sehr vielen einschlägigen Verkaufsstellen an. Im Gegensatz dazu wird bei der *exklusiven Distribution* die Anzahl der eingeschalteten Händler bewusst niedrig gehalten. Eine mittlere Position nimmt die *selektive Distribution* ein. Ihr Kennzeichen ist die Beschränkung auf eine begrenzte Zahl von Absatzmittlern in einem Verkaufsgebiet.

Bei der *Evaluation alternativer Absatzwege* sind sämtliche Einflussfaktoren relevanter Bereiche, also Unternehmen, Markt und Umfeld heranzuziehen. Aufgrund der Interdependenzen zwischen den Faktoren und der häufig gleichzeitigen Gestaltung und Steuerung mehrerer Absatzwege zeichnet sich die Entscheidungssituation durch hohe Komplexität und Mehrdimensionalität aus. Am Beispiel ausgewählter Einflussfaktoren soll dies verdeutlicht werden.

Kapital-, Kosten- und Erlöswirkungen

Da der Aufbau einer eigenen Vertriebsorganisation erhebliche Mittel erfordert, wird ein Unternehmen nach Kapitalgesichtspunkten eher den indirekten Absatz präferieren. Ebenso wirken sich Kosteneffekte zugunsten dieser Absatzform aus, weil der Anbieter einen wesentlichen Teil der Distributionsleistung nicht erbringt und somit Kosten einspart. Allerdings kann der Hersteller beim direkten Absatz einen höheren Erlös am Markt durchsetzen, da die sonst zu entrichtende Handelsspanne für die Leistungen der Absatzmittler wegfällt. Für den direkten Absatz spricht auch, dass das Unternehmen die Kontrolle über den Absatzkanal behält und somit das Verfolgen eigener Marketingziele erleichtert wird.

Eigenschaften der Nachfrage

Ein Absatz an viele Kunden mit geringer räumlicher Konzentration sowie kleiner Einkaufsmenge pro Einkaufsvorgang begünstigt einen eher «langen», d. h. indirekten und mehrstufigen Absatzweg. Je individueller die Leistungsanforderungen und je komplexer die Kaufentscheidungsprozesse seitens der Nachfrager sind, desto eher wird der Anbieter sich auf den direkten Vertrieb ausrichten.

Produktspezifische Eigenschaften

Produkteigenschaften beeinflussen nicht nur die Entscheidung, ob ein «kurzer» (direkt oder wenige Stufen) oder «langer» (mehrere Handelsstufen) Absatzweg gewählt wird, sondern auch, welche Anforderungen an die Absatzmittler und -helfer bestehen. Für beratungsbedürftige, technisch komplizierte Produkte sowie verderbliche oder wertvolle Güter wird tendenziell ein kurzer Absatzweg bevorzugt. Produkte, die lagerfähig sind, einer schnellen Auslieferung bedürfen oder nur in kleinen Mengen gekauft werden, sind eher für den indirekten Vertrieb geeignet.

Eigenschaften der Absatzmittler bzw. -helfer

Sowohl bei Entscheidungen, ob Distributionsfunktionen auf unternehmenseigene Organe oder auf externe Organe zu übertragen sind, als auch bei der Wahl einzelner Absatzmittler bzw. -helfer, sind folgende Kriterien zu berücksichtigen (vgl. Olbrich/Schröder 1995, Sp. 18 f.):

- Grad der Funktionserfüllung: Umfang der ausgeübten Distributionsfunktionen, Umfang des übernommenen Risikos, Spezialisierungsgrad, Erfahrungspotenzial, Qualität der Funktionserfüllung
- Kosten bei der Einschaltung und beim Wechsel von Absatzmittlern bzw. -helfern
- Image der Absatzmittler, -helfer bei den Zielgruppen des Auftraggebers
- Flexibilität der Absatzmittler, -helfer: Dauer des Aufbaus einer funktionsfähigen Erfüllung der übernommenen Aufgaben, Anpassungsfähigkeit und -willigkeit bei Strategieänderungen des Anbieters, Grad der erforderlichen Bindung des Auftraggebers an den Absatzmittler bzw. -helfer
- Steuerbarkeit und Kontrollierbarkeit der Absatzmittler bzw. -helfer: relative Machtposition des Auftraggebers, Bereitschaft zur Verhaltensabstimmung mit dem Auftraggeber.

5.2 Planung des Marketing-Mix

5.2.1 Planung des Marketing-Mix als komplexes Entscheidungsproblem

Das zentrale Ziel bei der Planung des Marketing-Mix besteht darin, die *optimale Kombination der Marketing-Instrumente* zu finden. Im Einzelnen ist festzulegen, welche Instrumente zu welchen Zeitpunkten in welchen Intensitäten und Ausgestaltungen einzusetzen sind, um ein vorgegebenes Zielsystem bestmöglich zu erreichen.

Eine optimale Abstimmung der einzelnen Marketing-Instrumente bzw. -Aktivitäten zu finden und umzusetzen, stellt in Theorie und Praxis ein erhebliches Problem dar. Insbesondere die folgenden Gründe erschweren die Planung des Marketing-Mix (vgl. auch Nieschlag/Dichtl/Hörschgen 1997, S. 890 ff.; Kühn 1997, S. 11 ff.):

Große Zahl von Kombinationsmöglichkeiten der Marketing-Instrumente

Nahezu alle Instrumente bzw. Subinstrumente des Marketing-Mix weisen eine Vielzahl von Dimensionen auf, die in der Regel nochmals in weitere Einzeldimensionen zu unterteilen sind, die wiederum vielfältige Ausprägungen annehmen können. In der Abbildung 5.12 wird beispielhaft und zur Veranschaulichung ein Zweig einer solchen Instrumentalhierarchie wiedergegeben. Der Marketingplaner sieht sich somit mit einer unüberschaubaren Menge möglicher Kombinationen von Maßnahmen konfrontiert. Es ist undenkbar, alle Kombinationen zu prüfen, um eine besonders günstige auszuwählen.

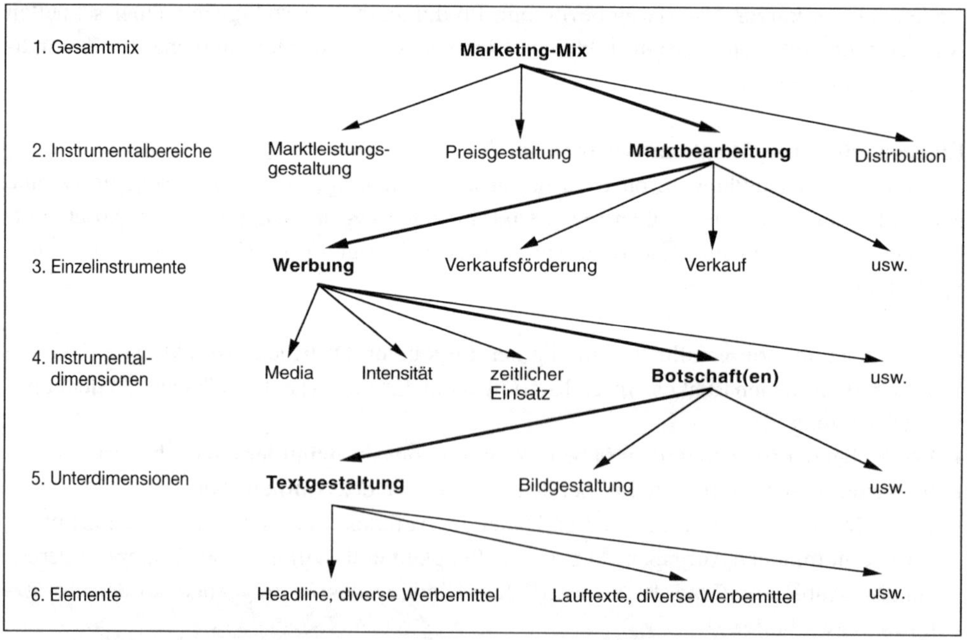

Abb. 5.12: Beispiel einer Instrumentalhierarchie (in Anlehnung an Kühn 1997, S. 13)

Dynamik bei der Entwicklung neuer Instrumente und Instrumentaldimensionen

Da in allen Instrumentalbereichen ständig neue Instrumente und Instrumentaldimensionen entwickelt werden, lässt sich die Menge der den Unternehmen zur Verfügung stehenden Entscheidungsoptionen bei der Planung des Marketing-Mix nicht endgültig erfassen. Betrachtet man beispielsweise den Instrumentalbereich Marktbearbeitung bzw. Kommunikationspolitik, so ist festzustellen, dass die Zeiten, in denen erfolgreiche Marktbearbeitung mit einer überzeugenden Werbekampagne, die durch entsprechende Verkaufs- und Verkaufsförderungs-Aktivitäten flankiert wurde, gleichzusetzen war, in vielen Branchen der Vergangenheit angehören. Der heutzutage herrschende dynamische und sich ständig verschärfende Kommunikationswettbewerb verlangt den Einsatz eines viel breiter gefächerten Kommunikationsinstrumentariums. In der Kommunikationspraxis äußert sich dies in einer Zunahme neuer Kommunikationsinstrumente. Instrumente wie Electronic Mail, Multimedia-Promotions, Event-Marketing, Wissenschafts- und Kultursponsoring, Szene-Marketing, Kundenschulungen, Hausmessen, Akustik Design, Product Placement etc. öffnen den Unternehmen vielfach neue Wege, um ihre Botschaften an die Zielgruppen heranzutragen (vgl. Tomczak/Müller/Müller 1995, S. 12 ff.). Auch in den anderen Instrumentalbereichen kommen ständig neue Subinstrumente dazu; in der Distribution werden momentan beispielsweise Instrumente wie «Teleshopping» oder «elektronische Märkte» intensiv diskutiert.

Interdependenzen von Marketing-Instrumenten

Zwischen einzelnen Marketing-Instrumenten bestehen funktionale, zeitliche und hierarchische Interdependenzen. *Funktionale Abhängigkeiten* machen sich beispielsweise in der Form bemerkbar, dass der Einsatz eines Instrumentes ein anderes Instrument substituieren (z. B. ein durch Werbung aufgebautes Image erlaubt einen reduzierten Einsatz des persönlichen Verkaufs) oder auch ergänzen kann (ein profiliertes Angebot ermöglicht die Durchsetzung eines relativ hohen Preises). Auch konkurrierende Beziehungen zwischen einzelnen Instrumenten sind denkbar (z. B. unterläuft eine Häufung von Verkaufsförderungsaktionen die eigentlich verfolgte Hochpreispolitik). *Zeitliche Beziehungen* zwischen dem Einsatz einzelner Marketing-Instrumente sind von besonderer Bedeutung: So sollte beispielsweise ein spezielles Angebot zunächst im Distributionskanal sein, bevor die Werbung für dieses Angebot anläuft. Grundsätzlich können Marketing-Instrumente gleichzeitig, zeitlich versetzt, zeitlich unterbrochen oder sich gegenseitig ablösend eingesetzt werden.

Zudem stehen Marketing-Instrumente in einer bestimmten *Rangordnung* zueinander, d. h. es existieren Instrumente, die eine höhere Priorität als andere besitzen. In der einschlägigen Literatur lassen sich instrumentell- und situativ-orientierte Ansätze der Hierarchisierung unterscheiden (vgl. Haedrich/Tomczak 1996a, S. 140 ff.). Instrumentell-orientierte Ansätze postulieren eine generelle Rangordnung zwischen den Instrumenten. So stellen beispielsweise Produkt, Preis und Absatzweg/Absatzorganisation/Verkauf konstitutive Leistungen dar, die unbedingt zu erbringen sind, damit überhaupt eine Marktleistung zustande kommt; kommunikationspolitische Instrumente weisen hingegen eher akzessorischen Charakter auf (vgl. u. a. Becker 2001, S. 656). Situativ-orientierte Ansätze nehmen eine Stufung der Marketing-Instrumente in Abhängigkeit von bestimmten Gegebenheiten vor, die z. B. durch die Branche, die Wirtschaftsstufe, einzelne Märkte, die Produktgattung oder – im Rahmen der warenanalytischen Methode – durch einzelne Produkte definiert werden (vgl. u. a. Meffert 2000b, S. 973 f.).

Ausstrahlungseffekte zwischen verschiedenen Geschäftsfeldern
Maßnahmen, die auf ein bestimmtes Geschäftsfeld bezogen sind, können sich auf andere Geschäftsfelder auswirken. Beispiele dafür sind die Effekte von Werbung für ein Produkt auf andere Produkte des gleichen Herstellers oder auf Produkte, die unter dem gleichen «Markendach» vertrieben werden, oder der «Kannibalisierungseffekt», der darin besteht, dass die Steigerung des Absatzes eines Produkts die Nachfrage nach anderen Produkten des gleichen Herstellers im gleichen oder einem «benachbarten» Markt vermindert.

Unsicherheit hinsichtlich der Wirkung von Maßnahmen
Typischerweise ist der Erfolg einzelner Maßnahmen im Marketing nur ungenau und unsicher festzustellen oder gar zu prognostizieren, was wiederum die Planung des Zusammenwirkens mehrerer Maßnahmen erschwert.

Ressourcenbeschränkungen
Häufig wird in der Praxis die Identifizierung und Implementierung eines besonders günstigen (evtl. optimalen) Marketing-Mix durch zeitliche und personelle Restriktionen bei der Planung («knappe Management-Kapazität») und/oder enge Begrenzungen der einsetzbaren finanziellen Ressourcen weiter erschwert.

Koordinationsprobleme zwischen unterschiedlichen Funktionsträgern
Im Marketingbereich existieren eine Vielzahl von spezialisierten Stellen und Abteilungen. In manchen Unternehmen tragen Produkt-Manager, Account-Manager, Länder- bzw. Regionen-Manager, Vertriebsleiter, Werbeleiter und Marketingleiter jeweils in einem bestimmten Umfang gemeinsam für bestimmte Marketing-Instrumente Verantwortung. Eine solche Arbeitsteilung schafft nicht nur einen hohen Koordinationsaufwand, sondern es besteht auch die Gefahr, dass unterschiedliche Beurteilungen zu widersprüchlichen Entscheidungen führen, die dann einen uneinheitlichen Marketing-Mix zur Folge haben.

5.2.2 Zur Problematik der Optimierung des Marketing-Mix

Die Optimierung des gesamten Marketing-Mix und nicht einzelner Instrumente bzw. Subinstrumente stellt – wie angesprochen – die zentrale Zielsetzung der operativen Marketingplanung dar. Aus entscheidungstheoretischer Sicht, aber auch aus dem Blickwinkel der Praxis wäre es daher erforderlich bzw. wünschenswert, wenn die Planung des Marketing-Mix simultan über alle Marketing-Instrumente, -Subinstrumente sowie Dimensionen und Elemente hinweg erfolgen könnte. Um einen *optimalen Marketing-Mix* zu erreichen, müssten bei der Planung u. a. (vgl. Kaas 2001, S. 1002 ff.; Wöhe 2000, S. 614 ff.):

- sämtliche Marketingziele bekannt sein,
- alle denkbaren Kombinationen und Interdependenzen möglicher Marketinginstrumente und -aktivitäten beachtet werden,
- ein derart langfristiger Planungshorizont zugrunde liegen, dass auch die in späteren Perioden eintretenden Wirkungen berücksichtigt werden,
- sichere Informationen über die Zukunft vorliegen,
- die Kosten jeder Marketingaktivität und
- die Marktreaktionsfunktionen bekannt sein.

Wären all diese Informationen, insbesondere die Kosten- und Ertragswirkungen jeder Marketingmaßnahme bzw -aktivität verfügbar, so würde der Marketing-Mix realisiert werden, dessen Grenzertrag größer/gleich den zugehörigen Grenzkosten ist.

Die Ausführungen im vorangegangenen Abschnitt zu den vielfältigen Problemen bei der Planung des Marketing-Mix und insbesondere zu den funktionalen, zeitlichen und hierarchischen Interdependenzen von Marketing-Instrumenten haben verdeutlicht, dass die erforderlichen Informationen nicht oder nur in wenig präziser Form vorliegen, sodass derartige *marginal-analytische Auswahlverfahren* bzw. Simultanplanungen im Rahmen eines Totalmodells in der Marketing-Praxis *unbrauchbar* sind und auch in Zukunft völlig illusorisch sein werden (vgl. auch Wöhe 2000, S. 615 f.).

Zu betonen ist allerdings, dass modellgestützte Optimierungsverfahren, wie z. B. das so genannte Dorfmann-Steiner-Theorem (vgl. z. B. Kaas 2001), einen hohen didaktischen Nutzen besitzen, da sie die theoretische bzw. logische Struktur der Optimierung des Marketing-Mix, wenn auch unter stark restriktiven Bedingungen, transparent machen. Zudem besitzen Optimierungs-Verfahren in gewissen Teilbereichen des Marketing inzwischen eine erhebliche und aufgrund des Fortschritts auf dem Gebiet der Informationstechnologie (u. a. zunehmende Verbreitung von Scanner-Systemen, verbesserte Rechenzeiten und Speicherkapazitäten) weiter ansteigende Bedeutung. Zu nennen sind hier beispielsweise Anwendungen im Rahmen der Mediaplanung, der Logistik und bei der Regalplatzoptimierung im Einzelhandel (vgl. zur Thematik der modellgestützten Optimierung u. a. Steffenhagen 2000).

Aufgrund der erheblichen Probleme bei der Anwendung modellgestützter Optimierungsverfahren ist die praktische Marketingplanung durch

- partielle, d. h. unvollständige Betrachtungen,
- sukzessive Festlegungen
- und (vielfach) nicht-quantitative Beurteilungen

der Marketing-Instrumente und -Aktivitäten gekennzeichnet, wobei in Kauf genommen wird, dass unter Umständen (wenn überhaupt) nur eine brauchbare, vielleicht aber nicht die beste Lösung gefunden wird.

Um zu einer solch (zumindest) brauchbaren Lösung zu kommen, empfiehlt sich der Einsatz so genannter *heuristischer Verfahren* (vgl. Gussek 1992, S. 31 ff.). Den folgenden Ausführungen zu heuristischen Vorgehensweisen bei der Planung des Marketing-Mix, sei ein Zitat von Wöhe zum Für und Wider des Einsatzes von Heuristiken vorangestellt: «Subjektivem Ermessen ist hierbei Tür und Tor geöffnet. Optimale Lösungen können (...) nicht erwartet werden. Andererseits gilt auch hier: Planvolles Wirtschaften ist nur begrenzt berechenbar. Wer vom Prinzip optimaler Entscheidungen keine Abstriche machen will, ist praktisch zum Nichtstun verdammt. Die Ergebnisse des Nichtstun sind aber meist schlechter als die Ergebnisse unzulänglichen unternehmerischen Handelns» (Wöhe 2000, S. 616).

Bei der Anwendung heuristischer Verfahren wird das Gesamtproblem der Bestimmung des Marketing-Mix in eine Folge sukzessiv zu bearbeitender Teilprobleme zerlegt, die schrittweise abgearbeitet werden, indem zuerst konzeptionelle Grundsatzentscheidungen und daran orientiert immer differenziertere operative Entscheidungen zu treffen sind (vgl. Kühn 1997, S.14 f.).

Folgendes heuristisches Vorgehen bei der *Planung des Marketing-Mix* hat sich in der Praxis als zweckmäßig erwiesen:

1. Schritt: Planung des Kernaufgabenprofils und der Positionierung (zusammen: Marketingstrategie) sowie Grobbudgetierung
2. Schritt: Instrumentelle Leitplanung des Marketing-Mix
3. Schritt: Detailplanung des Marketing-Mix und Detailbudgetierungen

Der in den Abschnitten 4.3 und 4.4 bereits abgearbeitete erste Schritt mit den Entscheidungsfeldern Kernaufgabenprofil, Positionierung und Grobbudgetierung grenzt den zur Planung des Marketing-Mix zur Verfügung stehenden Entscheidungsraum bereits in einem gewissen Umfang ein. Orientiert an der dem *Kernaufgabenprofil,* der *Positionierung* und der *Grobbudgetierung* sind die Entscheidungen über die Maßnahmen, Mittel und Aktivitäten zu treffen, mit denen das jeweilige Marketingzielsystem realisiert werden soll. Allgemein kann davon ausgegangen werden, dass eine formulierte Marketingstrategie noch eine Vielzahl von Optionen offen lässt, d. h. es existieren noch zahlreiche mögliche Marketing-Mix-Kombinationen, die die gewählte Marketingstrategie mehr oder weniger gut umsetzen würden. Um sicherzustellen, dass tatsächlich ein klarer und konsistenter Marketing-Mix zum Einsatz gelangt, ist es zweckmäßig, bevor die einzelnen Marketinginstrumentalbereiche detailliert geplant werden, einen weiteren Planungsschritt zwischenzuschalten, der die *Detailplanung* des Marketing-Mix über alle Instrumente hinweg *koordiniert,* die Planungskomplexität weiter reduziert und die Kernaufgabenorientierung und Positionierung einbezieht. Eine solche *instrumentelle Leitplanung des Marketing-Mix* übernimmt die Aufgabe, die Breite des durch das Kernaufgabenprofil und die Positionierung vorgezeichneten Strategiekanals weiter zu verringern und die Kreativität des Planers in festere Bahnen zu lenken. Sie ist ein wesentlicher Schritt im Hinblick auf die Reduktion der komplexen Realität und hinsichtlich der Abstützung der Entscheidungsfindung in der Marketingplanung (siehe auch die Abbildung 5.13). Auch an dieser Stelle ist anzumerken, dass ein solcher Planungsprozess nicht streng sequenziell ablaufen darf, sondern selbstverständlich durch Iterationen, Vernetzung und Dynamik gekennzeichnet sein muss. Im Folgenden werden zunächst mit

- dem Dominanz-Standard-Modell von Kühn (1997),
- dem Zonenmodell der Profilierung von Rudolph (1993) und
- dem Ansatz instrumenteller Strategiemodelle von Haedrich/Tomczak (1996a) und Gussek (1992)

beispielhaft drei Ansätze vorgestellt, die bei der instrumentellen Leitplanung isoliert oder auch kombiniert eingesetzt werden können. Anschließend wird in einem Exkurs die Verknüpfung der instrumentellen Leitplanung mit den Kernaufgaben erläutert.

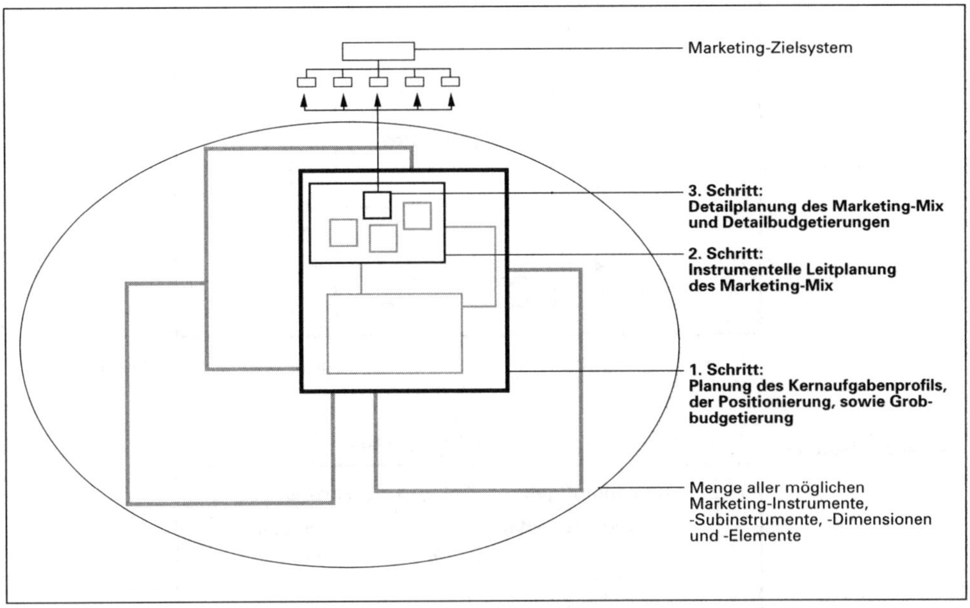

Abb. 5.13: Reduzierung der Planungskomplexität durch eine heuristische Vorgehensweise

5.2.3 Instrumentelle Leitplanung

5.2.3.1 Dominanz-Standard-Modell von Kühn

Um das Problem der Simultanbehandlung der Vielzahl möglicher Marketingmaßnahmen und -aktivitäten zu lösen, geht das Dominanz-Standard-Modell von Kühn (1979; 1985; 1986; 1997) von der Frage aus, «ob nicht Ansatzpunkte existieren, die es erlauben, bestimmte Marketing-Instrumente in den weiteren Überlegungen in den Vordergrund zu stellen bzw. eine Sequenz der Bestimmung der Instrumente des Marketing-Mix festzulegen» (Kühn 1997, S. 44). Hierzu wurde von Kühn eine Typologie entwickelt, die so genannte dominierende, komplementäre, marginale und Standardinstrumente unterscheidet. Die Kategorien können wie folgt charakterisiert werden (vgl. Kühn 1979, S. 40 f.; Kühn 1997, S. 44 ff.; siehe auch die Abbildung 5.14):

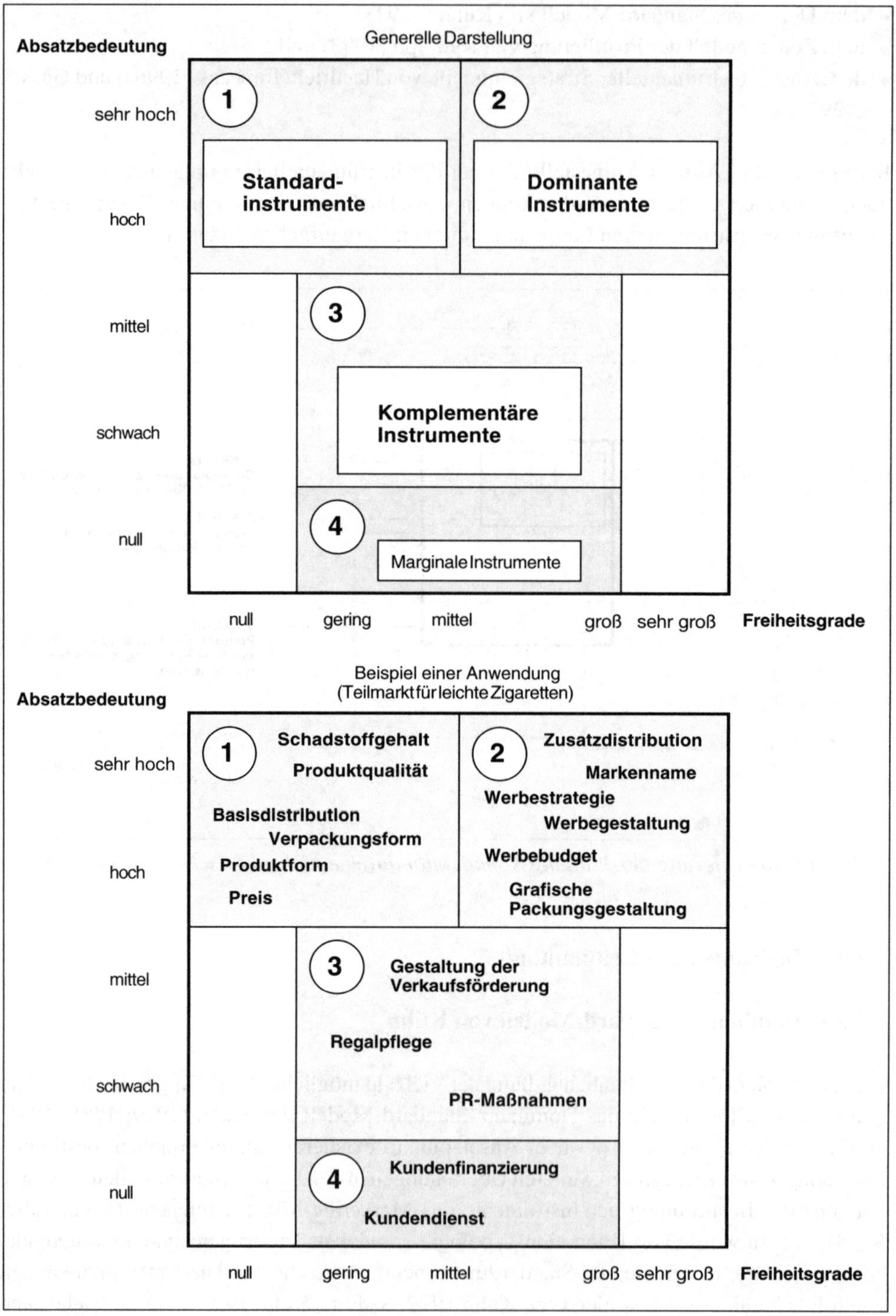

Abb. 5.14: Dominanz-Standard-Modell von Kühn (Kühn 1997, S. 45)

Dominierende Instrumente
Das sind Instrumente, deren Ausgestaltung bzw. Einsatz

- Freiheitsgrade enthält,
- für den Markterfolg gegenüber der Konkurrenz ausschlaggebend ist und
- hoher finanzieller, personeller oder intellektuell-kreativer «Investitionen» bedarf.

Komplementäre Instrumente
Das sind Instrumente, deren Ausgestaltung bzw. Einsatz

- Freiheitsgrade enthält,
- für den Markterfolg von Bedeutung ist und sich zur Stützung der Wirkung der dominierenden Instrumente als notwendig oder zweckmäßig erweist.

Standardinstrumente
Das sind Instrumente, deren Ausgestaltung bzw. Einsatz

- keine bzw. geringe Freiheitsgrade enthält und einem durch die Marktsituation bestimmten Standard anzupassen ist,
- wobei die Nichterreichung des Standards mit an Sicherheit grenzender Wahrscheinlichkeit zu Misserfolgen führt,
- während ein Übertreffen des Standards entweder nicht möglich ist oder von den Kunden nicht honoriert wird.

Marginale Instrumente
Das sind Instrumente, deren Ausgestaltung bzw. Einsatz für den Markterfolg in einer bestimmten Situation bedeutungslos ist und bleibt.

Diese Kategorien lassen sich nicht definitiv bestimmten Marketing-Instrumenten zuordnen. Vielmehr wechselt ihre Bedeutung in Abhängigkeit von der jeweiligen Situation (Markt, Segment, Zeitablauf, Unternehmen etc.). Aufgabe des Marketingplaners ist es mithin, in einem *ersten Schritt* aufbauend auf einer fundierten internen sowie externen Analyse und orientiert an der Marketingstrategie die potenziell zur Verfügung stehenden Marketing-Instrumente zu kategorisieren.

In einem *zweiten Schritt* geht es darum, mit Hilfe der erarbeiteten Kategorisierung die Ausgestaltung des Marketing-Mix weiter zu konkretisieren. Zunächst werden die dominierenden Instrumente und an zweiter Stelle die komplementären Instrumente behandelt, während die Standardinstrumente keiner eigentlichen Entscheidungen bedürfen, da die Markt- bzw. technischen Standards keine Freiheitsgrade aufweisen (vgl. Kühn 1997, S. 46).

Die Bestimmung und Ausgestaltung der dominierenden Instrumente stellt die zentrale konzeptionelle Entscheidung und damit das Ergebnis der instrumentellen Leitplanung dar.

5.2.3.2 Das Zonenmodell der Profilierung von Rudolph

Das Zonenmodell der Profilierung wurde von Rudolph mit Blick auf den Einzelhandel entwickelt. Es lässt sich allerdings, geringfügig modifiziert, auch in anderen Wirtschaftsbranchen einsetzen (vgl. Rudolph 1993). Bei der Entwicklung seines Modells ging Rudolph von der Grundthese aus, dass Unternehmen immer dann besonders erfolgreich sind, wenn sie zum richtigen Zeitpunkt als erste neue Maßnahmen realisieren (vgl. Rudolph/Weinhold-Stünzi 1993, S. 94).

Ähnlich wie im Dominanz-Standard-Modell von Kühn soll im Modell von Rudolph die Komplexität bei der Planung des Marketing-Mix dadurch reduziert werden, dass die zur Verfügung stehenden Marketing-Instrumente und -Subinstrumente bestimmten Kategorien zugeordnet werden. Rudolph unterscheidet drei Kategorien (siehe auch die Abbildung 5.15):

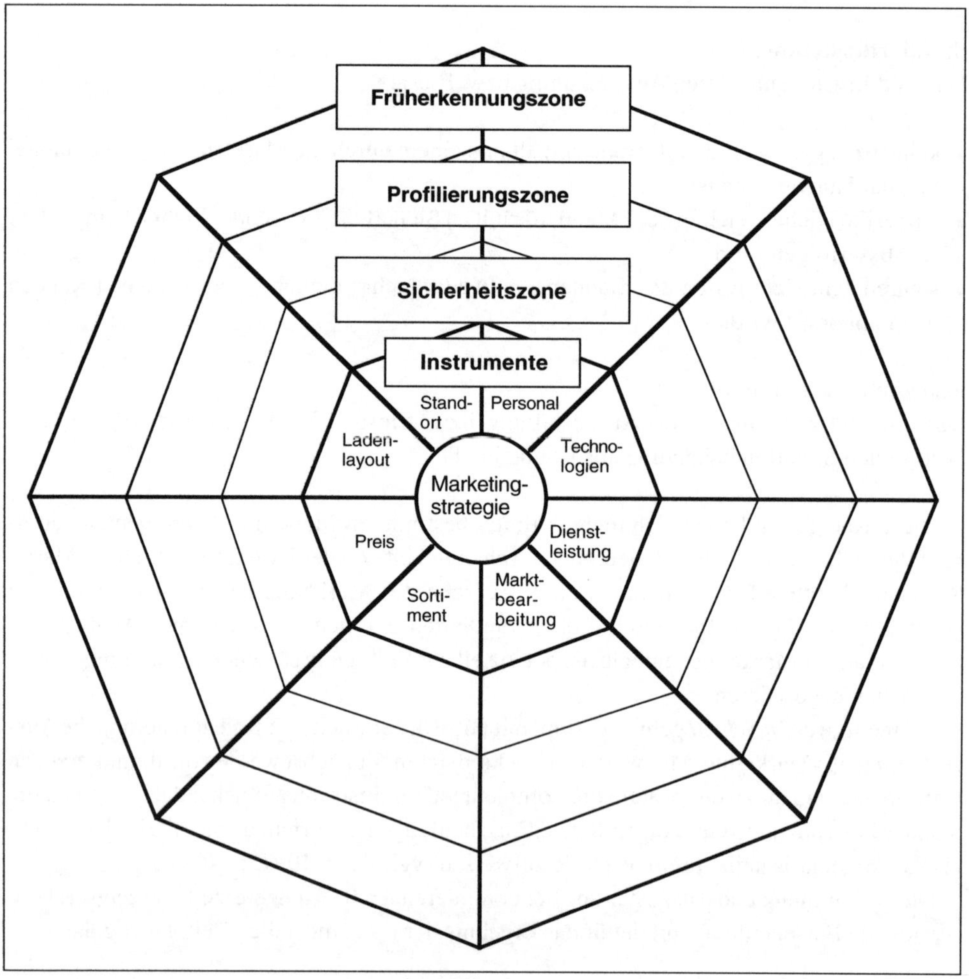

Abb. 5.15: Zonenmodell der Profilierung (Beispiel: Einzelhandel) (Rudolph 1993, S. 289)

Sicherheitszone
In diese Kategorie gehören Leistungen bzw. Marketing-Instrumente, die vom Kunden als Selbstverständlichkeit vorausgesetzt und somit auch von nahezu allen Konkurrenten erbracht werden.

Profilierungszone
Dieser Zone sind Leistungen bzw. Marketing-Instrumente zuzuordnen, die vom Kunden nachgefragt, aber von der Konkurrenz noch nicht oder nur unzulänglich erbracht werden.

Früherkennungszone
In diese Zone gehören Leistungen bzw. Marketing-Instrumente, die momentan noch von keinem Anbieter erbracht werden, die vom Kunden in der Zukunft aber (wahrscheinlich) nachgefragt werden.

Indem eine Profilierungs- und Früherkennungszone unterschieden wird, greift das Modell von Rudolph die in den Abschnitten 4.4.2 und 4.4.3 vorgestellten Überlegungen zu reaktiven und aktiven Positionierungen auf. Für Marketing-Instrumente, die der Profilierungszone zugeordnet werden, stellen artikulierte Kundenwünsche den Ausgangspunkt der weiteren Planungen dar. Bei Marketing-Instrumenten, die in die Früherkennungszone eingruppiert werden, ist zu prüfen, ob bestimmte innovative Problemlösungsideen auf latente und/oder zukünftige Kundenwünsche treffen.

Bei der Anwendung des Zonenmodells der Profilierung von Rudolph empfiehlt sich ein stufenweises Vorgehen. So ist es zweckmäßig, zunächst das *Ist-Profil* zu analysieren, um eigene Stärken und Schwächen sowie Chancen und Gefahren im Markt und Wettbewerb zu identifizieren. Anschließend ist – orientiert an dem Kernaufgabenprofil und der Positionierung – das *Soll-Profil* aufzustellen, wobei es im Sinne einer instrumentellen Leitplanung darum geht, die Schwerpunkte und Richtlinien für den Einsatz des Marketing-Mix festzulegen.

5.2.3.3 Ansatz instrumenteller Strategiemodelle von Haedrich/Tomczak

Nach Haedrich/Tomczak (1996a, S. 145 ff.) und Gussek (1992, S. 157 f.) ist es bei der Planung des Marketing-Mix zweckmäßig, von so genannten instrumentellen Strategiemodellen als gedanklichem Rahmen auszugehen. Ziel ist es, *Schwerpunktinstrumente,* die eine Profilierung im Wettbewerb ermöglichen, zu bestimmen. Auf diese Weise soll eine Basis für die anschließende instrumentelle Detailplanung des Marketing-Mix geschaffen werden.

Instrumentelle Strategiemodelle haben im Wesentlichen fünf Funktionen zu erfüllen (vgl. auch Haedrich/Tomczak 1996a, S. 146):

- Sie setzen die jeweils aus dem Kernaufgabenprofil und der Positionierung formulierte *Strategie* um, indem sie deren Vorgaben auf instrumentellem Niveau konkretisieren.
- Sie verdeutlichen, auf welche Weise und mit welchen Instrumenten *komparative Konkurrenzvorteile* erreicht werden sollen.

- Instrumentelle Strategiemodelle stecken die *Schwerpunkte des Instrumentaleinsatzes* ab.
- Gleichzeitig werden Richtlinien für den qualitativen und quantitativen Einsatz komplementärer Folgeinstrumente gegeben.
- Durch die explizite Formulierung instrumenteller Strategiemodelle wird der *«strategische Kern»* des Marketing-Mix festgeschrieben, der im Regelfall auch in folgenden Perioden als Orientierung für die Detailplanung des Marketing-Mix dient.

Die Aufgabe des Marketingplaners besteht in dieser Phase des Marketingplanungsprozesses somit darin, *ein* instrumentelles Strategiemodell oder einen konsistenten *Mix* von zwei oder (maximal) drei instrumentellen Strategiemodellen zu formulieren, der die Vorgaben der jeweiligen Strategie für das Marketing weiter differenziert und die Richtlinien für die Detailplanung des Marketing-Mix vorgibt. Für die Konzeption von instrumentellen Strategiemodellen existieren zahlreiche Ansatzpunkte.

Unterschiedliche instrumentelle Strategiemodelle in der Industrie

Dem Marketing-Mix von *Benetton* liegt beispielsweise ein Mix von «Markenartikel-» und «Franchise-Modell» zugrunde. Den strategischen Kern des vom Tiefkühlkost-Anbieter Eismann eingesetzten Marketing-Mix stellt ein «Direktvertriebs-Modell» dar. Anbieter wie *Cartier* und *Davidoff* agieren mit «Premiummarken-Modellen». AEG arbeitet beim Lavamat mit einer Kombination von «Markenartikel-», «Qualitäts-» und «Ökologie-Modell».

Wie die in der Abbildung 5.16 aufgeführten instrumentellen Strategiemodelle veranschaulichen, kann potenziell aus jedem Marketing-Instrument bzw. -Subinstrument ein instrumentelles Strategiemodell entwickelt werden.

Die in den vorangegangenen Abschnitten vorgestellten heuristischen Ansätze der instrumentellen Leitplanung können allein oder kombiniert eingesetzt werden.

Orientiert an dem jeweiligen Kernaufgabenprofil und der Positionierung sind im Rahmen der *instrumentellen Leitplanung* die folgenden Aufgaben zu erfüllen:

- Die *Schwerpunktinstrumente,* mit denen sich potenziell komparative Konkurrenzvorteile aufbauen lassen, sind festzulegen. Im Modell von Kühn sind dies die «dominierenden Instrumente», im Modell von Rudolph Instrumente, die entweder der Profilierungs- oder Früherkennungszone zuzuordnen sind.
- Die ausgewählten Schwerpunktinstrumente sind so auszugestalten, dass *Leitlinien* für die weitere Detailplanung des Marketing-Mix vorliegen. Diese Idee liegt insbesondere dem Ansatz von Haedrich/Tomczak zugrunde. Mit der Konzeption eines instrumentellen Strategiemodells bzw. eines Mix von instrumentellen Strategiemodellen wird die jeweilige Strategie für das Marketing konkretisiert und eine Leitidee für die detaillierten Planungen in den einzelnen Marketing-Instrumentalbereichen vorgegeben.

Instrumentelles Strategiemodell	**Beispiele**
Image-Modell	Nike, Chiemsee
Service-Modell	Caterpillar, Rank Xerox
Premiummarken-Modell	Davidoff, Cartier
Markenartikel-Modell	Nivea, Duplo
Programm-Modell	Milka, El Vital
Qualitäts-Modell	Miele, Mercedes, BMW
Ökologie-Modell	AEG-Lavamat, Frosch
Billigmarken-Modell	Skoda, Lada, Seat
Design-Modell	Braun, Swatch
Innovations-Modell	Sony, Polaroid, Apple
Discount-Modell	Aldi, Pick'n'pay
Strukturvertriebs-Modell	Amway
Telefon-Marketing-Modell	Züritel
Verpackungs-Modell	Thera-med
Erlebnismarketing-Modell	Marlboro, Levis, C&A
Direktvertriebs-Modell	Avon, Eismann, Bofrost
Franchise-Modell	Benetton, Body Shop
usw.	

Abb. 5.16: Beispiel für instrumentelle Strategiemodelle

Noch einmal sei betont, dass solche heuristischen Vorgehensweisen keinen Erfolg garantieren, sondern dass sie erfahrungsgemäß in der Regel «brauchbare» bzw. «gute» Lösungen liefern. Auch bei noch so seriöser und kompetenter Anwendung derartiger heuristischer Verfahren hängt der Markterfolg letztendlich davon ab, inwieweit die einzelnen Instrumente kreativ ausgefüllt werden.

5.2.3.4 Exkurs: Instrumentelle Leitplanung in Abstimmung mit den Kernaufgaben

Sind die Schwerpunktinstrumente identifiziert, mit denen sich Konkurrenzvorteile erzielen lassen, und die Leitlinien für die weitere Detailplanung ausgearbeitet, so muss der Marketingplaner die Schwerpunktinstrumente in Beziehung zu den im Rahmen der in den einzelnen Geschäftsfelder anvisierten Kernaufgabenprofile setzen. Dabei ist es Ziel, die Schwerpunktinstrumente bestmöglich für die jeweilige(n) Kernaufgabe(n) einzusetzen.

Grundsätzlich stehen ihm für jede Kernaufgabe bzw. für das zukünftig zu verfolgende Kernaufgabenprofil alle Marketinginstrumente zur Verfügung. Die Kernaufgaben prägen die Gestaltung der jeweils einzusetzenden Marketinginstrumente jedoch unterschiedlich. Während sich einige Marketinginstrumente schwerpunktmäßig, aber nicht ausschließlich, einer Kernaufgabe zuordnen lassen – hierzu zählen beispielsweise Kundenclubs oder -zeitschriften für die Kundenbindung – ist dies bei anderen Marketinginstrumenten, wie z. B. der Distribution, nicht zwangsläufig der Fall (vgl. auch Tomczak/Reinecke 1996, S. 15).

Bei der Planung des Marketing-Mix sind daher zum einen die Wechselwirkungen der Instrumente innerhalb der jeweiligen Kernaufgabe und zum anderen auch über die Kernaufgabe hinweg zu berücksichtigen.

Wechselwirkungen der Instrumente innerhalb einer Kernaufgabe

Es ist bedeutend, dass die Marketinginstrumente und -subinstrumente bei der Planung einer Kernaufgabe nicht einzeln und additiv betrachtet werden, sondern dass man ihre Beziehungen zueinander betrachtet (vgl. Belz 1999). Der Einsatz eines Marketinginstruments innerhalb einer Kernaufgabe ist nie losgelöst von dem Einsatz anderer Instrumente zu sehen.

Wechselwirkungen der Marketinginstrumente innerhalb einer Kernaufgabe
(Tomczak/Reinecke 1996, S. 14)
So ist es beispielsweise im Rahmen der Kundenbindung möglich, Kunden über technische Wechselbarrieren (Systemgeschäft), über vertragliche Vereinbarungen (z. B. Kündigungsfristen) und/oder über den Preis (beispielsweise Treuerabatte) zu binden. Ferner bindet ein Unternehmen Kunden dadurch, dass es die Kundenerwartungen übertrifft oder zumindest für den Kunden sichtbar wird, dass die Leistung das Niveau der Konkurrenzleistungen übersteigt (Kundenbindung durch Kundenzufriedenheit). Diese Instrumente können auch in Kombination eingesetzt werden.

Wechselwirkungen der Instrumente zwischen den Kernaufgaben

Die Interdependenzen der Kernaufgaben zueinander sind bei der Planung des Marketing-Mix ebenso zu berücksichtigen. Es muss daher bei mehreren im Rahmen des Kernaufgabenprofils verfolgten Aufgaben neben einer kernaufgabenspezifischen eine kernaufgabenübergreifende Planung des Instrumentariums vorgenommen werden. In diesem Fall sind die Wechselwirkungen einzelner Instrumente oder Instrumentalkombinationen hinweg über die einzelne Kernaufgabe zu berücksichtigen (vgl. auch Tomczak/Reinecke 1996, S. 16).

Wechselwirkungen der Marketinginstrumente zwischen den Kernaufgaben
(Tomczak/Reinecke 1996, S. 16)
So erreicht man mit dem *Kommunikationsinstrument* «Printwerbung» sowohl potenzielle als auch bestehende Kunden. In der Regel wird die Werbebotschaft in einem solchen Fall durch jene Kernaufgabe geprägt, auf die man den Schwerpunkt gelegt hat. Einen Kompromiss zeigen die Anzeigen vieler Automobilhersteller: Es wird mit Bildern versucht, bei Neukunden Aktualität zu erzeugen und die eigenen Leistungen zu positionieren. Ergänzt werden diese Anzeigen jedoch in der Regel durch einen mehr oder weniger umfangreichen Anzeigentext, der von den Kunden gelesen werden soll und der ihnen Argumente liefert, warum ihre Kaufentscheidung richtig war. Dieser Text trägt dazu bei, eventuell vorhandene kognitive Dissonanzen aufzulösen und verstärkt somit die Kundenbindung.

Auch das Marketinginstrument *Preisgestaltung* kann zum einen eingesetzt werden, um neue Kunden zu akquirieren (beispielsweise über Lock- und Sonderangebote) und zum anderen aber auch, um bestehende Kunden zu binden (Treuerabatte, Preisdifferenzierungen).

Bei der Planung muss darauf geachtet werden, dass die instrumentellen Entscheidungen innerhalb jeder Kernaufgabe nicht den Zielen einer anderen Kernaufgabe entgegenwirken. Daher dürfen beispielsweise Lockangebote für Neukunden nicht so attraktiv sein, dass sie die Kundenbindungsmaßnahmen neutralisieren (Tomczak/Reinecke 1996, S. 16).

Zielkollision beim Einsatz der Marketinginstrumente zwischen den Kernaufgaben
(Tomczak/Reinecke 1996, S. 16)
Bei Kreditkartenorganisationen ist das Marketing in Europa häufig noch stark darauf ausgerichtet, neue Kunden zu akquirieren. Banken und Kreditkartenaussteller verschenken oftmals den ersten Jahresbeitrag. Dies führt jedoch letztendlich zu einem «destruktiven Marketing» (Belz 1989), da die Akquisitionsangebote auch den bestehenden Kunden einen Anreiz bieten, die eigene Kreditkarte jeweils nach Ablauf eines Jahres zu kündigen und bei einer anderen Organisation eine neue – kostenlose – Karte zu beantragen.

Abbildung 5.17 zeigt die vom Marketingplaner zu berücksichtigenden Wechselwirkungen im Überblick, wobei die vertikalen Pfeile die Interdependenzen innerhalb einer Kernaufgabe, die horizontalen Pfeile die Wechselbeziehungen zwischen den Kernaufgaben anzeigen.

Die Beziehungen kann der verantwortliche Marketer für die einzelnen Instrumente pro Kernaufgabe und kernaufgabenübergreifend auflisten, um so einen Überblick über die vorhandenen Interdependenzen zu erhalten. In Abbildung 5.18 ist eine solche Aufstellung beispielhaft wiedergegeben.

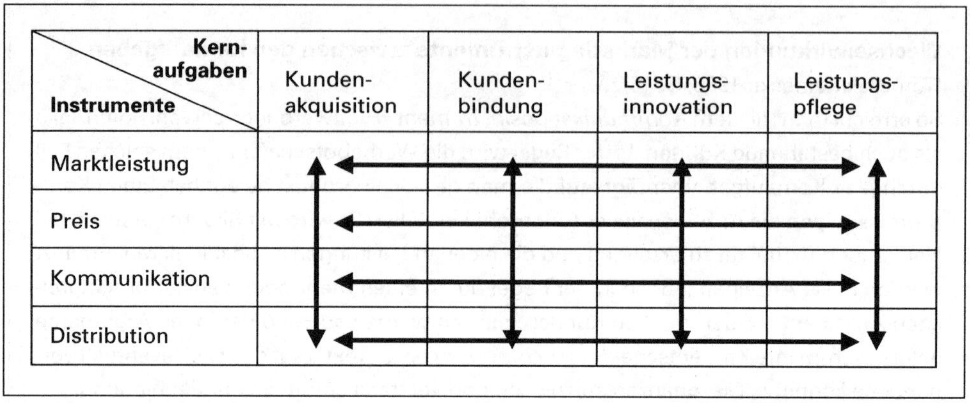

Abb. 5.17: Wechselwirkungen der Marketinginstrumente innerhalb und zwischen den Kernaufgaben

Kernaufgaben / Instrumente	Kunden-akquisition	Kunden-bindung	Leistungs-innovation	Leistungs-pflege
Beschwerdemgmt.	0	++	+	++
Lockvogelrabatte	+++	–	0	– –
Werbung	++	+	0	++
Member-get-Member	+	+	0	0
Kundenzeitschriften	0	++	0	+
Kundenclubs	0	++	+	+
Key Account Mgmt.	0	++	++	+
...				

Abb. 5.18: Einflüsse der Marketinginstrumente auf die Kernaufgaben (Beispiele) (Tomczak/Reinecke 1996, S. 17)

Nach Abschluss der instrumentellen Leitplanung (Festlegung der Schwerpunktinstrumente anhand eines Leitmodells und Planung des Einsatzes des Instrumentariums in Abstimmung mit den Kernaufgaben) liegen somit erste, allerdings richtungsweisende Antworten auf die folgenden Fragen vor (vgl. auch Becker 2001, S. 486):

- Welche Marketing-Instrumente stehen in einer konkreten, unternehmensindividuellen Situation überhaupt zur Verfügung?
- Welche Instrumente des verfügbaren Marketing-Instrumentariums sollen im Rahmen des zu verfolgenden Kernaufgabenprofils und der Positionierung eingesetzt werden?
- Wie sollen die einzusetzenden Instrumente gehandhabt werden (qualitativer Aspekt)?
- In welchem Umfang sollen die einzusetzenden Instrumente angewandt werden (quantitativer Aspekt)?
- In welcher zeitlichen Reihenfolge sollen die einzelnen Instrumente eingesetzt werden?
- In welcher Kombination zueinander sollen die Marketinginstrumente wirksam werden?

5.2.4 Detailplanung des Marketing-Mix

Im Rahmen der Detailplanung des Marketing-Mix werden die einzelnen Instrumente und Subinstrumente geplant. Im Einzelnen geht es um

- eine weitere Spezifizierung der globalen Vorgaben aus den vorangegangenen Planungsphasen,
- um die Ableitung konkreter Maßnahmen und
- um die Detailbudgetierungen.

Bei den Planungen in den einzelnen Instrumental- bzw. Subinstrumentalbereichen sind – ebenso wie z. B. bei der Planung des Gesamt-Marketing-Konzepts – die folgenden «klassischen» *Prozessphasen* zu unterscheiden (vgl. Belz 1991, S. 26; Meffert 1994a, S. 29):

- Vorgaben aus dem übergeordneten Marketing-Konzept (Kernaufgabenprofil, Positionierung, instrumentelle Leitplanung, Grobbudgetierung)
- Interne und externe Analyse
- Festlegung der Instrumental-Ziele
- Festlegung der Instrumental-Strategien
- Festlegung der Maßnahmen und Aktivitäten
- Realisierung/Implementierung
- Kontrolle

Im Mittelpunkt der Detailplanung des Marketing-Mix steht die Entwicklung von instrumentellen *Teil-Konzepten.* So lassen sich beispielsweise Werbe-, Verkaufs-, Kundendienst-, Preis-, Produktentwicklungs-, Direkt-Marketing- und Distributions-Konzepte unterscheiden (vgl. die Beispiele bei Belz 1991, S. 72 ff.). Diese Teilkonzepte decken die für die Umsetzung der einzelnen Kernaufgaben erforderlichen Aktivitäten im Marketing-Mix ab und berücksichtigen dabei die keraufgabenübergreifende Detailplanung pro Instrument. Im Sinne der in den vorangegangenen Abschnitten diskutierten Planungsheuristiken erfolgt die Koordination dieser Teil-Konzepte durch die instrumentelle Leitplanung, die die Schwerpunktsetzungen im Instrumentaleinsatz bzw. für die jeweilige(n) Kernaufgabe(n) und die

Richtlinien für die zeitliche, quantitative und qualitative Ausgestaltung des Marketing-Mix vorgibt.

Die in der Abbildung 5.19 aufgeführten Beispiele für Instrumental-Ziele illustrieren die Vielfalt möglicher Zielsetzungen in den einzelnen Instrumentalbereichen.

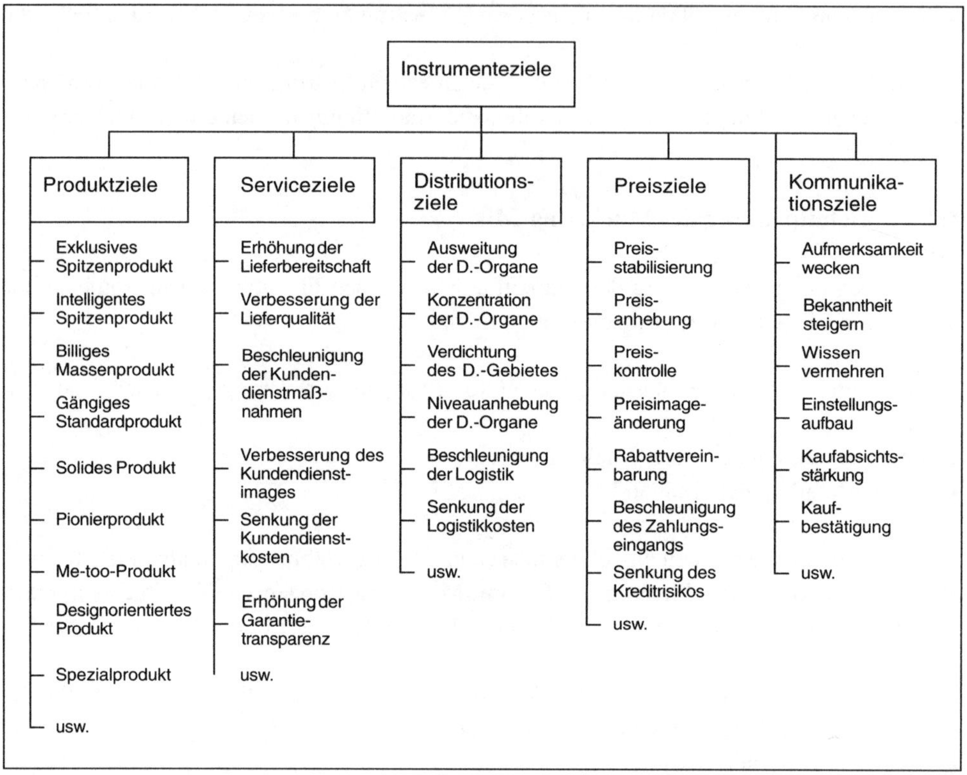

Abb. 5.19: Beispiele für Instrumental-Ziele im Marketing (Koppelmann 1997, S. 249)

Ebenso stehen bei der Detailplanung in den einzelnen Instrumentalbereichen zahlreiche Strategien, Maßnahmen und Aktivitäten zur Verfügung. Deutlich wird, dass mit der Festlegung des Marketing-Zielsystems, dem Kernaufgabenprofil und der Positionierung, der instrumentellen Leitplanung und der Grobbugetierung zwar wesentliche Phasen der Marketingplanung auf der Geschäftsfeldebene durchlaufen wurden, dass aber noch erhebliche Anstrengungen bei der Planung in den einzelnen Instrumentalbereichen erforderlich sind, um die planerischen Voraussetzungen für einen «optimalen» Marktauftritt zu schaffen. So lässt sich bei der Detailplanung des Marketing-Mix für die Ausgestaltung der einzelnen Instrumente auf Kernaufgabenebene die in Abbildung 5.20 anhand von Beispielen visualisierte Systematik zugrunde legen, mit Hilfe derer der Marketingplaner die Feinplanung des Instrumentariums vornehmen und die einzelnen Instrumente im Detail festlegen kann. Im Anschluss an die diese Detailplanung können die einzelnen Instrumente dann ausgestaltet werden.

Kernaufgaben / Instrumente	Kunden-akquisition	Kunden-bindung	Leistungs-innovation	Leistungs-pflege
Marktleistung	• Leistungsstandardisierung/ -individualisierung	• Leistungssysteme • Zusatz-/Ergänzungsleistungen	• Marktneuheiten • Imitationen	• Leistungsvariation • Leistungsdifferenzierung
Preis	• Lockvogelangebote • Preistransparenz	• Treuerabatte • Kundenkarte	• Kennenlernpreis	• Preiserlässe bei Wiederkauf
Kommunikation	• Werbung • Direct Marketing	• Hotlines • Kundenclub • Kundenzeitschrift	• Werbung • One-to-one-Kommunikation	• Promotions • Direct Marketing
Distribution	• Wahl des Standorts	• Distributionswegeindividualisierung	• Spezifische Distributionswege	• Distributionswegeerweiterung

Abb. 5.20: Verknüpfung von Marketing-Mix-Detailplanung und Kernaufgabenprofil

5.3 Zusammenfassung und Fallbeispiel

Abschließend soll nach einer kurzen Zusammenfassung anhand eines Beispiels der Prozess von der Planung des Kernaufgabenprofils bis hin zur Detailplanung des Marketing-Mix dargestellt werden.

Zusammenfassung

Als Zusammenfassung der vorherigen Ausführungen dient die Abbildung 5.21. Sie verdeutlicht, dass – nachdem Wachstums- und Gewinnziele für das jeweilige Geschäftsfeld definiert wurden – das Kernaufgabenprofil, welches auf den vier Elementen Kundenakquisition, Kundenbindung, Leistungsinnovation und Leistungspflege basiert, auszuwählen ist. Im Anschluss wird die Positionierung (Ziele und Strategien) erarbeitet und eine erste Grobbudgetierung vorgenommen (Schritt 1). Darauf folgend sind Entscheidungen bzgl. der Planung des Marketing-Mix zu treffen (instrumentelle Leitplanung). Hierzu zählen die Festlegung des strategischen Ansatzes (z. B. Qualitätsmodell im instrumentellen Strategiemodell), der Schwerpunktinstrumente und die Abstimmung und Planung der Instrumente mit Bezug zu den Kernaufgaben und der Positionierung (Schritt 2). Schließlich gilt es, die Detailplanung des Marketing-Mix und die Detailbudgetierungen vorzunehmen. Hierunter fallen die Umsetzung der vorherigen Planungsschritte in Teilkonzepten (z. B. Distributionskonzept), die Konkretisierung des Mixes pro Kernaufgabe und kernaufgabenübergreifend, die Berücksichtigung der Interdependenzen zwischen den Kernaufgaben und den Instrumenten und die Vorgabe zur Gestaltung konkreter Maßnahmen. Zudem sind die Budgets für die einzelnen Marketinginstrumente und Teilkonzepte zu verteilen (Schritt 3).

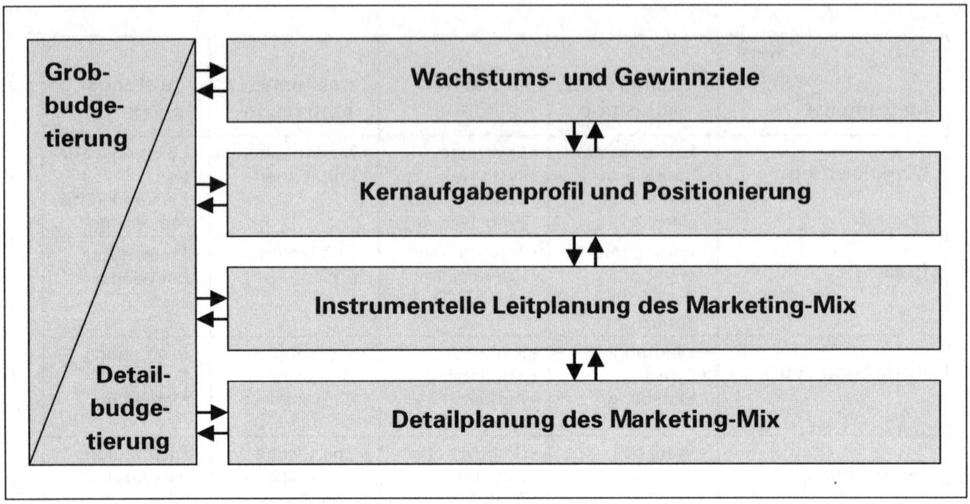

Abb. 5.21: Zusammenfassung des Planungsprozesses

Fallbeispiel: Margarete Steiff

Dem Unternehmen *Margarete Steiff GmbH* ist es in den vergangenen Jahren sehr erfolgreich gelungen, auf dem Markt zu agieren und Marktanteile hinzuzugewinnen (vgl. als Grundlage für das Nachfolgende[1] auch Thomas 1999, S. 47 ff.; o.V. 1999a; 1999b; Karg 2001, S. 73 f.; Steiff 2002). Das Unternehmen wurde im Jahre 1880 in Giengen an der Brenz, Deutschland, gegründet. Im Jahre 1903 gelang mit dem Teddybär der Durchbruch zur weltweiten Marke. Ein Jahr später wurde das bekannte Markenzeichen «Knopf im Ohr» eingeführt. Heute werden jährlich ca. 1,5 Millionen Tiere, davon ca. 350'000 Teddybären, hergestellt. Die Produkte des Familienunternehmens stehen neben einer hohen Qualität und Sicherheit für Tradition, Nostalgie, Phantasie, Nähe und Wärme sowie Kindheitsträume und Geborgenheit (Positionierung). Modernste Computertechnologie wird mit individueller Handarbeit verbunden. Das Sortiment beträgt rund 800 Produkte, mit denen ein Umsatz von über EUR 50 Millionen erwirtschaftet wird.

Das Unternehmen *Margarete Steiff* hatte sich bis in die 90er-Jahre hinein auf das Geschäftsfeld «Steiff-Tiere bzw. Teddybären für Kinder» konzentiert. Bis ca. Mitte der 90er-Jahre war der Spielwarenmarkt in Deutschland auch noch relativ homogen verteilt, die Steiff-Produkte hatten ihren festen Platz in den Kinderzimmern deutscher Haushalte. Seither nahm die Kaufbereitschaft für hochwertige Plüschpodukte jedoch ab. Parallel dazu verringerte sich die Zielgruppe aufgrund von demografischen Entwicklungen. Vor diesem Hintergrund stellte sich das Unternehmen folgende Frage: «Gibt es neben dem Segment der Kinder, die Steiff als hochwertiges Spielzeug erwerben, noch weitere, bislang vernachlässigte Kundenkreise?» (Thomas 1999, S. 47). Das von Steiff für das Geschäftsfeld «Steiff-Tiere für Kinder» ver-

1 Die Ausführungen basieren dabei zum einen auf Unternehmensinformationen, zum anderen stellen sie eine Interpretation der Vorgehensweise von Steiff anhand der in den vorherigen Kapiteln herausgearbeiteten Marketingplanungsinstrumente dar. Diese Interpretation basiert auf den Analysen der Verfasser und nicht auf Informationen von Steiff.

folgte Kernaufgabenprofil lässt sich als mit einem Fokus auf die Kundenakquisition und Leistungsinnovation beschreiben.

Der vernachlässigte Kundenkreis (Strategie-Feld) war der der Erwachsenen, die Steiff-Tiere als Sammler- oder Liebhaberobjekte erwerben. Das Kernaufgabenprofil dieses Geschäftsfelds (SGF) ist mit einem Schwerpunkt auf der Kundenakquisition und Kundenbindung zu charakterisieren. Das Unternehmen nahm somit eine Umpositionierung vor (Strategievariation). Das Marktsegment, bzw. die Kernzielgruppe (SGF) «Steiff für Kinder» blieb erhalten, es wurde aber die bisherige «Randzielgruppe» Erwachsene hinzugenommen. Grund für diese Umpositionierung war die oben geschilderte Schrumpfung des Marktsegments «Steiff für Kinder» durch abnehmende Kaufbereitschaft. Steiff musste jetzt nicht nur die Produkte des Unternehmens als «Spielwaren für die Kinder», sondern auch gleichzeitig als «Sammlerobjekt bzw. Geschenk für Erwachsene» positionieren. Das Wettbewerbsverhalten von «Steiff» kann als offensiv und innovativ bezeichnet werden (Strategie-Stil), da eine aktive Positionierung bezweckt wurde, mit der das Unternehmen mindestens als Marktherausforderer neue und bestehende Marktanteile sichern wollte. Der Kundennutzen (Strategie-Substanz) für die erwachsenen Sammler beruht vor allem auf einem Leistungs-, aber auch teilweise auf einem Preisvorteil. Die Positionierungsstrategie von *Steiff* lässt sich damit wie in Abbildung 5.22 geschildert interpretieren.

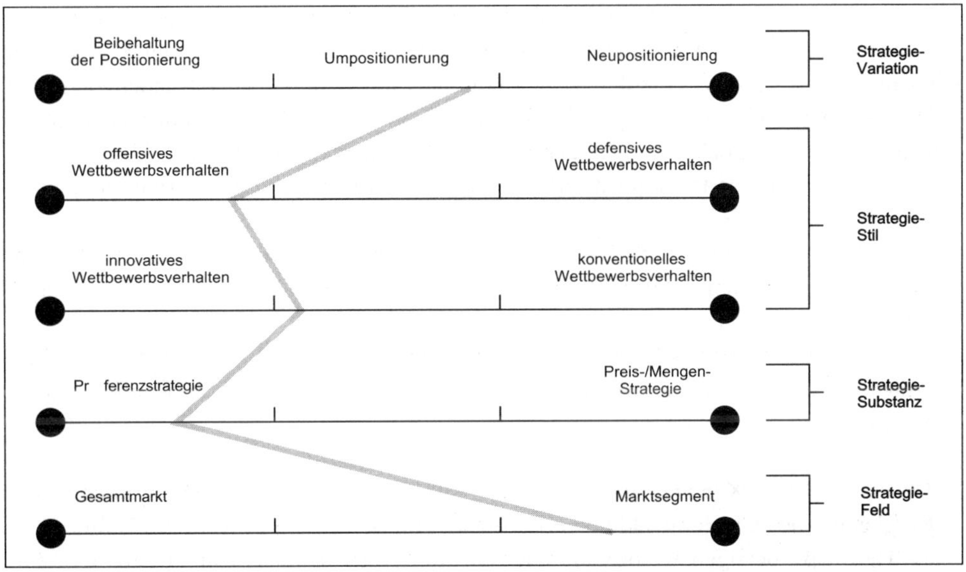

Abb. 5.22: Positionierungsstrategie von Margarete Steiff für das Geschäftsfeld «Steiff für Erwachsene»

Bei der Planung des Marketing-Mix kann im Rahmen der instrumentellen Leitplanung bei Anwendung des Dominanz-Standard-Modells als dominierendes Instrument der Markenname (Bekanntheit seit einem Jahrhundert) und die hohe Produktqualität identifiziert werden (hochwertige Verarbeitung), mit der das Unternehmen *Steiff* einen Wettbewerbsvorteil bei den Erwachsenen erzielen kann. Als Standardinstrument ist der Preis zu sehen (Steiff ist im Hochpreis-Segment anzusiedeln). Zu den komplementären Instrumenten zählt z. B. die Werbung und als marginales Instrument lässt sich der Service identifizieren (z. B. Anruf der zentralen Nummer bei Bestellproblemen). Als instrumentelles Strategiemodell ließe sich sowohl eine Zuordnung zum Premiummarken- als auch zum Qualitäts- und Innovationsmodell vornehmen.

Mit der Identifikation der Erwachsenen als neue Zielgruppe ist für die Ausgestaltung des Marketing-Mix mit Bezug zu den Kernaufgaben Kundenakquisition und -bindung eine Abstimmung der zwei Kernaufgaben relevant. Den Kunden müssen Produkte angeboten werden, die spezifisch auf das Sammlermotiv (Kontinuität in der Beziehung) abzielen. Diejenigen bestehenden Kunden, die bis dato vernachlässigt wurden, müssen über ein Bindungsprogramm in eine engere Beziehung zum Unternehmen gebracht werden. Potenzielle Kunden müssen zudem von Steiff neu angesprochen werden (Abstimmung der Kernaufgaben mit dem Marketing-Mix).

Für das Geschäftsfeld «Steiff für Erwachsene» wurde in Bezug auf die Kundenbindung der «Steiff-Club» im Jahre 1992 ins Leben gerufen. Steiff entsprach damit einem Wunsch, der sich zuerst vor allem in den USA und in Großbritannien zeigte und sich später auch in Deutschland festigte.

Neben den leidenschaftlichen Sammlern konnte das Unternehmen eine Gruppe von Erwachsenen identifizieren, die sich sehnsüchtig an ihre Kindheit erinnert oder einfach von der «Ausstrahlung» der Plüschtiere begeistert ist («Nostalgiker»). In diesem Segment sah das Unternehmen großen Handlungsspielraum zur Erschließung neuer Kundenpotenziale. Schließlich existieren nur wenige Produkte, die in ähnlicher Weise mit einer geborgenen, glücklichen Kindheit in Verbindung gebracht werden wie Steiff-Teddybären. Diese Kunden mussten durch veränderte Akquisitionstätigkeiten, vor allem über die Distribution, gewonnen werden.

Schließlich galt es, die ursprüngliche Palette der Kinderprodukte auch den Sammlern und Nostalgikern anzubieten und darüber hinaus den Clubmitgliedern gesonderte Produkte anzubieten.

In der Detailplanung des Marketing-Mix sind diese Vorgaben zu berücksichtigen. Steiff gestaltete für die *bestehenden Kunden* (Erwachsene) den angesprochenen Kundenclub folgendermaßen aus:

- *Club-Zeitschrift (Kommunikationsinstrument):* Das Club-Magazin kommuniziert den Mitgliedern des Clubs die aktuellen Editionen von Steiff. Dieses Magazin kann sowohl als Hardcopy bezogen werden als auch als webbasierte Version unter Eingabe eines Passwortes im Internet gelesen werden. Das Magazin erscheint viermal pro Jahr.
- *Club-Editionen (Leistungsgestaltung):* Für Mitglieder im Steiff Club werden spezielle Steiff-Editionen herausgegeben. Die jährlichen exklusiven Club-Editionen werden in begrenzter Auflage nur für Club-Mitglieder hergestellt.
- *Club-Veranstaltungen (gesamter Mix):* Regelmäßig werden regionale Club-Treffen veranstaltet. Hier können die Mitglieder diskutieren, Neuheiten sehen, in den Genuss von besonderen Aktionsangeboten kommen und Vorträge kompetenter Referenten hören.

- *Tauschbörse (Distribution zwischen Mitgliedern):* In der Tauschbörse haben Mitglieder die Gelegenheit, Artikel zu suchen oder anzubieten. Eine Anzeige können nur Club-Mitglieder aufgeben.
- *Club-Geschenk (Preis und Leistung):* Jedes Jahr erwartet die Mitglieder ein Geschenk. Dieser Artikel ist im Handel nicht erhältlich.
- *Katalog (Kommunikation):* Club-Mitglieder erhalten den Katalog jährlich kostenlos zugestellt.

Zur Überraschung von Steiff traten bereits im ersten Jahr des Clubs rund 13'000 Mitglieder bei. Sieben Jahre später belief sich die Zahl bereits auf 50'000 und Mitte 2002 ist die Anzahl der Mitglieder bereits auf ca. 60'000 weltweit angewachsen. Mitglieder sind in erster Linie die Erwachsenen, die großes Interesse an Steiff-Produkten haben und zu deren Hobby häufig das Sammeln von Teddys und Plüschbären zählt. Der höchste Preis, der jemals für ein Steiff-Produkt erzielt wurde, betrug Ende 1994 DEM 270'000 für ein Teddy-Girl aus dem Jahre 1905.

Bezüglich der *Akquisition neuer Kunden,* aber auch der Betreuung bestehender, erwies sich die starke Fachhandelsorientierung von Steiff – die wichtigsten Absatzmittler sind Spielwarenhändler und Spielwarenabteilungen von Warenhäusern – als Hindernis: Erstens gehen Erwachsene selten ins Spielwarengeschäft, um sich selbst etwas zu kaufen und zweitens ist die Warenpräsentation der Marke Steiff dort nicht auf diese Zielgruppe ausgelegt. Zudem bestand bei einer großen Anzahl potenzieller Kunden eine Barriere darin, einem anderen Erwachsenen etwas zu schenken, was als Kinderspielzeug angesehen wurde. Das Unternehmen eröffnete daher im Rahmen einer geänderten Distribution im Jahre 1998 die ersten Franchise-Geschäfte unter dem Namen Steiff-Galerie (Distributionswegeerweiterung), die ausschließlich Produkte aus dem Hause Steiff führen. Das neuartige Ladenbaukonzept schafft ein exklusives Ambiente. Die Ausstrahlung der Tiere, so Steiff, vermittelt Wärme und Geborgenheit. Mittlerweile bestehen Steiff-Galerien in Bremen, Düsseldorf, Hamburg, Köln und München. Steiff Galerien gibt es an exklusiv ausgewählten Standorten. Dazu geeignet sind Städte mit einem Einzugsgebiet über 500'000 Personen, beste Lagen in der Stadt und Geschäfte mit einer Größe von 60 m^2 bis 100 m^2. Durch den einheitlichen und in sich geschlossenen Auftritt gelang es, alle Zielgruppen konfliktlos zu erreichen. Eine Internetbestellung von Steiff-Artikeln ist ebenso möglich. Der Kunde wählt diejenige Galerie aus, bei der er gerne kaufen möchte und bestellt im Internet die gewünschten Produkte.

Mit Hilfe eines Shop-in-the-Shop-Konzepts wird zudem versucht, das Erscheinungsbild im Fachhandel an die Steiff-Galerie anzupassen.

Durch einen kontinuierlichen Entwicklungsprozess im Bereich *Produktinnovation* werden ständig neue und innovative Steiff-Produkte auf den Markt gebracht, die neben den Kindern auch die Zielgruppe der Sammler und Nostalgiker ansprechen sollen. Das Unternehmen führt pro Jahr rund 200 neue Produkte ein, einige davon sind – wie bereits erwähnt – nur den Clubmitgliedern zugänglich.

Durch ein Ausdehnen des Verwendungszwecks der Steiff-Produkte auf die Zielgruppe «Erwachsene» wird das Unternehmen allerdings mit neuen Konkurrenten konfrontiert. Im Bereich Sammel- und Geschenkartikel zählen darunter sicherlich auch Anbieter von teurem Porzellan, Glas oder Wohnaccessoires.

Ein neues Betätigungsfeld für Steiff ist die Lizenzvergabe des Namens. Im Herbst 1999 wurde erstmals Steiff-Kindermode präsentiert, und seit kurzem stellt ein amerikanisches Unternehmen Steiff-Tieren nachempfundene Porzellanartikel für den amerikanischen und englischen Markt her.

Vertiefende Literatur zur Planung des Marketing-Mix allgemein

ASSAEL, H. (1993): Marketing-Management, 2. Aufl. Boston.

BECKER, J. (2001): Marketing-Konzeption – Grundlagen des strategischen Marketing-Managements, 7. Aufl., München.

FRITZ, W. (2000): Internet-Marketing und Electronic Commerce, Wiesbaden.

GUSSEK, F. (1992): Erfolg in der strategischen Markenführung, Wiesbaden.

HAEDRICH, G./TOMCZAK, T. (1996a): Strategische Markenführung, 2. Aufl., Bern/Stuttgart.

HAEDRICH, G./TOMCZAK, T./KAETZKE, P. (2002): Strategische Markenführung, 3. Aufl., Bern/Stuttgart.

KÜHN, R. (1997): Marketing: Analyse und Strategie, 3. Aufl., Zürich.

MEFFERT, H. (1994a): Marketing-Management – Analyse – Strategie – Implementierung, Wiesbaden.

RUDOLPH, TH. (1993): Positionierungs- und Profilierungsstrategien im Europäischen Einzelhandel, St.Gallen.

STEFFENHAGEN, H. (2000): Marketing – Eine Einführung, 4. Aufl., Stuttgart u. a. O.

WEINHOLD-STÜNZI, H. (1994a): Marketing in 20 Lektionen, 27. Aufl., St.Gallen.

Vertiefende Literatur zu den einzelnen Instrumentalbereichen des Marketing-Mix

Produktpolitik bzw. Marktleistungsgestaltung:

ALBERS, S./HERRMANN, A. (Hrsg.) (2000): Handbuch Produktmanagement, Wiesbaden.

BELZ, CHR. et al. (1991): Erfolgreiche Leistungssysteme – Anleitungen und Beispiele, Stuttgart.

BROCKHOFF, K. (1999): Produktpolitik, 4. Aufl., Stuttgart.

HAEDRICH, G./TOMCZAK, T. (1996b): Produktpolitik, Stuttgart u. a. O.

HANSEN, U./HENNIG-THURAU, T./SCHRADER, U. (1999): Produktpolitik. Ein kunden- und gesellschaftsorientierter Ansatz, 3. Aufl., Stuttgart.

HERRMANN, A. (1998): Produktmanagement, München.

HÜTTEL, K. (1998): Produktpolitik, 3. Aufl., Kiehl.

KOPPELMANN, U. (1997): Produktmarketing. Entscheidungsgrundlagen für Produktmanager, 5. Aufl., Berlin u.a.O.

URBAN, G./HAUSER, J. R. (1993): Design and Marketing of New Products, 2. Ed., Englewood Cliffs (N.J.).

URBAN, G./HAUSER, J. R./DHOLAKIA, N. (1987): Essentials of New Product Management, Englewood Cliffs (N.J.).

WIND, Y. (1982): Product Policy – Concepts, Methods and Strategy, Menlo Park (Calif.) u. a. O.

Preispolitik:

DILLER, H. (2000): Preispolitik, 3. Aufl., Stuttgart u. a. O.

MONROE, K. (1979): Pricing – Making Profitable Decisions, New York u. a. O.

NAGLE, T. (1987): The strategy and tactics of pricing, Englewood Cliffs (N.J.).

SCHMALEN, H. (1995): Preispolitik., 2. Aufl., Stuttgart.

SIMON, H. (1992): Preismanagement. Analyse – Strategie – Umsetzung, 2. Aufl., Wiesbaden.

SIMON, H. (1995): Preismanagement kompakt. Probleme und Methoden des modernen Pricing, Wiesbaden.

Kommunikationspolitik bzw. Marktbearbeitung:

BEHRENS, G. (1996): Werbung. Entscheidung – Erklärung – Gestaltung, München.

BELZ, CHR. (1999): Verkaufskompetenz, 2. Aufl., St.Gallen.

BRUHN, M. (1997): Kommunikationspolitik. Bedeutung – Strategien – Instrumente, München.

ESCH, F.-J. (1998): Marktreaktionen auf integrierte Kommunikation, Wiesbaden.

ESCH, F.-J. (Hrsg.) (2000): Moderne Markenführung, 2. Aufl., Wiesbaden.

KROEBER-RIEL, W./WEINBERG, P. (1999): Konsumentenverhalten, 7. Aufl., München.

KROEBER-RIEL, W./ESCH, F.-R. (2000): Strategie und Technik der Werbung, 5. Aufl., Stuttgart u. a. O.

PEPELS, W. (1997): Einführung in die Kommunikationspolitik. Eine Werbelehre mit Beispielen und Kontrollfragen, Stuttgart.

RAY, M. (1982): Advertising and Communication Management, Englewood Cliffs (N.J.).

ROSSITER, J./PERCY, L. (1987): Advertising and Promotion Management, New York u. a. O.

SCHWEIGER, G./SCHRATTENECKER, G. (1995): Werbung, 4. Aufl., Stuttgart.

SHIMP, T. (1989): Promotion Management and Marketing Communications, 2. Aufl., Chicago u. a. O.

Distributionspolitik:

AHLERT, D. (1996): Distributionspolitik, 3. Aufl., Stuttgart/Jena.

BELZ, CHR./TOMCZAK, T. (1997) (Hrsg.): Marktbearbeitung und Distribution – Kompetenz für Marketing – Innovationen, Schrift 4, St.Gallen.

BLIEMEL, F./FASSOT, G./THEOBALD, A. (Hrsg.) (2000): Electronic Commerce, Wiesbaden.

CHURCHILL, G./FORD, N./WALKER, O. (1985): Sales Force Management, Homewood (Ill.).

SCHÖGEL, M. (1997): Mehrkanalsysteme in der Distribution, Diss. St.Gallen.

SPECHT, G. (1998): Distributionsmanagement, 3. Aufl., Stuttgart u. a. O.

TIETZ, B. (1993): Der Direktvertrieb an Konsumenten, Stuttgart.

TOMCZAK, T./BELZ, CH./SCHÖGEL, M./BIRKHOFER, B. (Hrsg.) (1999): Alternative Vertriebswege, St.Gallen.

TOMCZAK, T./SCHÖGEL, M. (2003): Distributionsmanagement, München.

ZENTES, J. (Hrsg.) (1991): Moderne Distributionskonzepte in der Konsumgüterwirtschaft, Stuttgart.

6. Implementierung und Kontrolle

6.1 Implementierung

6.1.1 Charakterisierung des Implementierungsproblems

In den letzten Jahren wird von mehreren Autoren besonders deutlich das Problem der Implementierung von Marketingstrategien artikuliert (vgl. z.B. Backhaus 1999, S. 755 ff.), also das Problem der Umsetzung von Strategien in Maßnahmen. Probleme der zögernden Ausbreitung der Marktorientierung von Unternehmen oder von Misserfolgen im Marketing werden nicht zuletzt darauf zurückgeführt, dass es oftmals nicht gelingt, Marketingpläne kontinuierlich und unter Einbeziehung aller relevanten Bereiche des Unternehmens zu realisieren. Eine prägnante Kennzeichnung des Problems stammt von Hilker (1993, S. 4), der das Implementierungsproblem umfassend untersucht hat: «Implementierung meint die Verwirklichung von Lösungen, die in konzeptioneller Form vorhanden sind und durch Umsetzen zu konkretem Handeln führen».

Hilker ergänzt seine Definition durch einige weitere charakteristische Aspekte:

- Die Implementierung betrifft weitreichende Veränderungen in Unternehmen insofern, als meist zahlreiche Bereiche und Einzelpersonen betroffen sind, deren Verhalten und Tätigkeiten stark beeinflusst werden sollen.
- Bei der Implementierung geht es (wie der Begriff schon andeutet) um bewusst angestrebte Veränderungen, nicht um Evolutionsprozesse.
- Wegen der diversen Rückkoppelungen im Planungsprozess und wegen dessen unterschiedlicher Konkretisierungsstufen ist es nicht leicht, Planung und Implementierung gedanklich voneinander zu trennen.
- Weil die Implementierung nicht als einmaliger Akt, sondern in Form einer Folge von Tätigkeiten und Entscheidungen erfolgt, hat sie Prozesscharakter.
- Da eine große Zahl von Personen in unterschiedlichen Funktionen an der Implementierung beteiligt ist, ist in der Regel deren Information und Motivation notwendig.

Studie zur Relevanz der Implementierung einer Strategie
(Kaplan/Norton 2001, S. 3)
«Eine Studie, an der 275 Vermögensverwalter beteiligt waren, kam zu dem Ergebnis, dass die Fähigkeit, eine Strategie umzusetzen, wichtiger ist, als die Qualität der Strategie an sich. Diese Vermögensverwalter sahen in der Strategieimplementierung den wesentlichen Erfolgsfaktor bei der Gestaltung der Führung und der Unternehmenswertsteigerung (...).

Doch auch andere Beobachter teilen die Auffassung der Vermögensverwalter. In den frühen 80er-Jahren zeigte eine Umfrage von Managementberatern, dass weniger als 10 Prozent der formulierten Strategien tatsächlich auch erfolgreich implementiert worden sind. Im Jahre 1999 berichtete die Zeitschrift Fortune in einer Titelgeschichte über die schwerwiegendsten Fehler von bekannten CEOs. Dabei stellte sich heraus, dass diese beim Thema Strategie und Vision dem Irrglauben unterliegen, allein die richtige Strategie mache den Erfolg aus. In dem Artikel heisst es: ‹In den meisten Fällen – wir schätzen bei 70 Prozent – ist das eigentliche Problem nicht eine schlechte Strategie, sondern eine schlechte Umsetzung›.»

Die durch die Diskrepanz zwischen der Entwicklung von Strategien und deren Implementierung entstehenden Probleme lassen sich leicht anhand einer auf Bonoma (1986, S. 29) und Meffert (1994, S. 362) zurückgehenden Darstellung erfassen (siehe Abb. 6.1).

Die einzelnen Felder der Tabelle in Abbildung 6.1 sind leicht interpretierbar. Bei «guter» Strategie und «guter» Implementierung sind die Voraussetzungen für einen Erfolg gegeben. Eine gute Strategie kann bei schlechter Implementierung nicht wirksam werden, ihre Erfolgschancen werden also «verspielt». Eine gute Implementierung eines schlechten Konzepts führt zur Realisierung von dessen negativen Konsequenzen oder – im Zuge der bei der Implementierung gesammelten Erfahrungen – zur Abmilderung der negativen Konsequenzen. Wenn schlechte Strategie und schlechte Implementierung zusammenkommen, ist der Misserfolg programmiert, wobei es in einer solchen Situation schwierig sein kann, dessen Ursachen eindeutig zu identifizieren.

Implementierung \ **Strategie**	Gut	Schlecht
Gut	**Erfolg**	**Realisierung oder Abmilderung negativer Konsequenzen**
Schlecht	**«Verspielte Chance»**	**Misserfolg**

Abb. 6.1: Erfolg und Misserfolg von Strategien in Abhängigkeit von der Implementierung

Offenbar spielt das Implementierungsproblem für den praktischen Marketingerfolg eine oftmals unterschätzte Rolle. So verweist Aaker (1992, S. 329 ff.) auf Beispiele amerikanischer Unternehmen, und Backhaus (1999, S. 758 ff.) berichtet über eine empirische Untersuchung zur Diskrepanz von (selbst) eingeschätzter und tatsächlicher Marktorientierung («Marketing-Lücke») deutscher Investitionsgüterhersteller. Deswegen sollen in den folgenden Abschnitten einige Ansatzpunkte skizziert werden, die dazu dienen, die adäquate

Umsetzung von Strategien zu erleichtern. In Anlehnung an Autoren, wie Aaker (1992, S. 330 ff.) und Czepiel (1992, S. 470 ff.) sollen hier drei Aspekte angesprochen werden:

- Struktur des Unternehmens, insbesondere Fragen der Organisation des Marketingbereichs, durch die u.a. Aufgaben und Verantwortlichkeiten für die Tätigkeiten im Marketing bestimmt werden (Abschnitt 6.1.2)
- Budgetierung, bei der einzelnen Aufgaben Ressourcen zugeordnet werden (Abschnitt 6.1.3)
- Unternehmenskultur und Fähigkeiten der beteiligten Mitarbeiter (Abschnitt 6.1.4)

Für einen umfassenderen, integrierten Ansatz zur Marktimplementierung sei auf Hilker (1993) verwiesen. Der mit der wirkungsvollen Umsetzung von Strategien eng verbundene Gesichtspunkt der Kontrolle wird in Abschnitt 6.2 behandelt. Im abschließenden Abschnitt 6.3 wird mit der «Balanced Scorecard» ein Ansatz vorgestellt, der sowohl der Implementierung aber auch der Kontrolle dient.

6.1.2 Marketing-Organisation

In Kapitel 1 dieses Buchs ist versucht worden, die *Grundidee des Marketing* zu verdeutlichen. Danach ist der Absatzmarkt (bzw. der Kunde) unmittelbar oder mittelbar Ausgangspunkt und gleichzeitig Ziel aller Tätigkeiten im Unternehmen. Es geht also nicht nur darum, Marketing-Leute oder Verkäufer in ihrem Handeln auf Kundenwünsche auszurichten, sondern auch die anderen betrieblichen Funktionsbereiche, nicht zuletzt Forschung und Entwicklung, Produktion und Logistik. Wenn man an die Marketing-Organisation denkt, also an die Organisation des Marketingbereichs innerhalb von Unternehmen, dann gilt es also auch, das Erfordernis der marktorientierten Koordinierung der Aktivitäten anderer Funktionsbereiche im Auge zu behalten. Im vorliegenden Abschnitt sollen zunächst einige besondere Anforderungen an die Marketing-Organisation kurz umrissen werden. Anschließend werden einige der im Marketing stark verbreiteten Organisationsformen (zumindest deren Grundtypen) vorgestellt.

Aus den besonderen Anforderungen an das Marketing im Spannungsfeld von Kundenwünschen, Aktivitäten der Wettbewerber, gesellschaftlichen und ökonomischen Rahmenbedingungen und Leistungsvermögen des eigenen Unternehmens ergeben sich *bestimmte* Anforderungen an die Marketing-Organisation, die Meffert (2000a, S. 1065) prägnant formuliert hat:

«1. Die Aufbauorganisation muss ein *integriertes Marketing* ermöglichen, das heißt es muss sowohl eine effiziente Koordination aller Marketingaktivitäten als auch eine ebensolche Abstimmung mit den anderen Funktionsbereichen der Unternehmung (Beschaffung, Produktion, Finanzierung etc.) erfolgen.

2. Die Marketing-Organisation muss hohen *Flexibilitätsanforderungen* genügen, das heißt sie muss trotz häufiger Änderungen in den Umweltbedingungen (Marktdynamik) ihre Leistungswirksamkeit bewahren (...).

3. Es ist solchen Organisationsformen der Vorzug zu geben, welche die *Kreativität und Innovationsbereitschaft aller Mitarbeiter* erhöhen. Das bedeutet, dass ein Mindestmaß an ‹produktiven› Konflikten zwischen den Systemelementen bestehen muss, um zu integrierten und von allen Beteiligten mitgetragenen Lösungen zu kommen.
4. Die Organisationsstruktur sollte so aufgebaut sein, dass eine sinnvolle *Spezialisierung* der Organisationsteilnehmer nach Funktionen, Produktgruppen, Abnehmergruppen oder Absatzgebieten gewährleistet ist.»

Die Begründungen für diese Anforderungen liegen fast auf der Hand:

- *Integration*
  Wegen der oben schon angesprochenen Grundidee des Marketing geht es um die Ausrichtung des gesamten Unternehmens, also aller Funktionsbereiche, an den Erfordernissen des Absatzmarkts.
- *Flexibilität*
  Anpassung an (sich teilweise schnell ändernde) Marktbedingungen und Kundenwünsche ist ebenfalls ein Wesensmerkmal der Marketingorientierung von Unternehmen (vgl. Kapitel 1 dieses Buchs).
- *Kreativität und Innovationsbereitschaft*
  Innovationsorientierung (zur Gewinnung von Wettbewerbsvorteilen) ist als eines der grundlegenden Merkmale des Marketing gekennzeichnet worden. In diesem Zusammenhang spielt die Kreativität einzelner Personen sowie ganzer Organisationseinheiten eine bedeutende Rolle. Musterbeispiele dafür bieten die Bereiche Produktinnovation und Werbung.
- *Spezialisierung*
  Die Darlegungen im Rahmen dieses Lehrbuchs haben vielleicht schon einen Eindruck von der Heterogenität der Tätigkeiten im Marketing vermittelt. Beispielsweise spielen verhaltenswissenschaftliche Konzepte (➔ Käuferverhalten), die Statistik (➔ Marktforschung), strategische Überlegungen und natürlich die unterschiedlichsten betriebswirtschaftlichen Konzepte (➔ Wirtschaftlichkeitsanalyse neuer Produkte) eine bedeutsame Rolle. Eine angemessene Spezialisierung soll es ermöglichen, den daraus resultierenden unterschiedlichen Anforderungen gerecht zu werden.

Hinsichtlich der Charakterisierung von Grundformen der Marketing-Organisation wird von der Unterteilung in funktionsorientierte und objektorientierte Organisationen ausgegangen. Bei Köhler (1993, S. 158 bzw. 162) finden sich entsprechende Definitionen:

«Bei einer *funktionsorientierten Organisation* sind die Stellen bzw. Abteilungen jeweils für eine bestimmte Tätigkeitsart zuständig, sodass eine Verrichtungsspezialisierung vorliegt. Im absatzwirtschaftlichen Zusammenhang handelt es sich dabei vor allem um Organisationseinheiten für Marktforschung, Marketing-Planung, Werbung, Verkaufsförderung, Verkauf (Innen- und Außendienst), Distributionslogistik, Kundendienst.»

«Objektorientierte Organisationsformen sind dadurch gekennzeichnet, dass sie Zuständigkeiten nicht vorrangig nach einer Tätigkeitsart definieren, sondern im Hinblick auf

bestimmte Planungs- und Steuerungsgegenstände. Das bedeutet, dass verschiedene Verrichtungen (wie Marktforschung, Werbung, Verkauf, physische Distribution) gewissermaßen quer über diese Funktionsbereiche nach den spezifischen Erfordernissen z. B. einer Produktgruppe oder Kundengruppe abzustimmen sind.»

Als objektorientierte Organisationsformen werden zwei für das Marketing typische und dort auch stark verbreitete Ansätze vorgestellt: das Produkt-Management und das Key-Account-Management. Zunächst aber zur funktionsorientierten Organisation.

Wenn man von *funktionaler Organisation* spricht, dann ist damit schon angedeutet, dass Mitarbeiter, die ähnliche Tätigkeiten verrichten (also ähnliche Funktionen erfüllen) zu organisatorischen Einheiten (z. B. Abteilungen) zusammengefasst werden. Ein Musterbeispiel dafür ist die in vielen Unternehmen gebräuchliche Zuordnung von Tätigkeiten zu Bereichen wie Beschaffung, Produktion, Finanzen und Rechnungwesen oder Marketing. Bei der Anwendung des Funktionsprinzips *innerhalb* des Marketing-Bereichs sind Aufteilungen nach Marktforschung, Werbung, Produktentwicklung, Verkauf, Kundendienst usw. gängig.

Die *Beurteilung* dieser Organisationsform hinsichtlich der vorstehend genannten Anforderungen zeigt, dass eine wichtige Schwachstelle bei der Integration der Marketingaktivitäten liegen kann. Die auf ein Produkt (oder eine Kundengruppe oder einen Teilmarkt) bezogenen Maßnahmen (z. B. Werbung oder Verkaufsförderung) liegen ja in verschiedenen Händen. Deswegen bedarf es zur Abstimmung der einzelnen Maßnahmen (➔ Marketing-Mix!) der Kooperation mehrerer Funktions-Manager mit allen damit verbundenen Problemen (z. B. Rivalität bezüglich Ressourcen) oder der Einschaltung übergeordneter Management-Ebenen. Der Zeitaufwand für diese Art von Koordinierung und mehr oder weniger umständliche Instanzenwege beeinträchtigen auch die Flexibilität einer solchen Organisationsform. Letztlich wird durch die teilweise enge Spezialisierung von Mitarbeitern deren Kreativität wohl eher eingeschränkt, und Innovationen (z. B. neuartige Produkte) können nur in einem mühsamen und langwierigen Prozess nach der Einschaltung diverser Abteilungen im Unternehmen durchgesetzt werden. Die entscheidenden Vorteile funktionsorientierter Marketing-Organisation liegen in ihrer Einfachheit und Überschaubarkeit sowie in der Spezialisierung und dem damit verbundenen Kompetenzzuwachs der Organisationsmitglieder.

Einführung des Produkt-Management bei Procter & Gamble im Jahre 1931

(Assael 1993, S. 391)

Bei *Procter & Gamble* hatte man damals Probleme mit der Umsatzentwicklung einer neu eingeführten Seife und beauftragte einen jungen Manager namens Neil McElroy damit, sich ausschließlich um dieses Produkt zu kümmern. Dieses Vorgehen war in zweierlei Hinsicht sehr erfolgreich: Die Seife wurde am Markt durchgesetzt und der Manager wurde später Präsident von *Procter & Gamble.* Seitdem hat sich das Produkt-Management-System nicht nur bei *Procter & Gamble,* sondern auch bei vielen anderen Unternehmen, insbesondere Großunternehmen des Markenartikel-Bereichs, durchgesetzt.

Eine gängige Form objektorientierter Marketing-Organisation ist also das Produkt-Management. Die *Tätigkeit des Produkt-Managers* lässt sich als vor allem planend und koordinierend kennzeichnen. Seine Aufgaben können in Anlehnung an Kotler/Bliemel (2001, S. 1243) und Kinnear/Bernhardt/Krentler (1995) durch folgende Stichpunkte umrissen werden:

- Sammlung der für das betreute Produkt relevanten Informationen
- Entwicklung von kurz- und mittelfristigen Strategien für das Produkt
- Erstellung von Plänen für den Marketing-Mix
- Entwicklung von Prognosen hinsichtlich der Umsätze, Marktanteile etc. des Produkts
- Zusammenarbeit mit beauftragten Werbeagenturen
- Koordination der Aktivitäten anderer Bereiche des Unternehmens (z. B. Produktion, Qualitätskontrolle, Vertrieb, Kundendienst), die für das Produkt relevant sind
- Überwachung der Einhaltung von Plänen
- Entwicklung von Vorschlägen zur Verbesserung des Marketing-Mix (einschl. Verbesserung des Produkts)
- Entwicklung von Vorschlägen für neue Produkte

Die eingangs skizzierten Anforderungen an die Marketing-Organisation erfüllt das Produkt-Management weitgehend. Die *Koordination,* d. h. die Abstimmung aller für das Produkt relevanten Aktivitäten der verschiedenen Abteilungen eines Unternehmens, gehört zu den zentralen Aufgaben des Produkt-Managers. *Flexibilität* soll durch die Zusammenführung von Informationen und Planungsaufgaben erreicht werden. Dadurch kann auf Veränderungen der Marktverhältnisse schnell reagiert werden, ohne dass lange Instanzenwege in Kauf genommen werden müssen. *Kreativität und Innovationsbereitschaft* des Produkt-Managers sollen durch vielfältige Kontakte zu anderen und Auseinandersetzungen mit anderen Funktionsbereichen sowie vielfältige Außenkontakte gefördert werden.

Kotler/Bliemel (2001, S. 1244) heben noch *zwei weitere Vorteile des Produkt-Managements* hervor. Im Vergleich zu einer rein funktionsorientierten Marketing-Organisation, bei der sich das Interesse des Managements häufig auf wenige «große» Produkte (z. B. mit großem Umsatz) konzentriert, sichert man durch das Produkt-Management eine angemessene Betreuung auch «kleinerer» Marken. Letztlich ist das Produkt-Management ein Bereich, der sich für die Ausbildung von Führungsnachwuchs für das Marketing sehr eignet.

Mit der Ausbreitung des Marketing-Ansatzes in den 60er- und 70er-Jahren ging die Einführung des Produkt-Manager-Systems in die Unternehmensorganisation einher. Später begann vereinzelt die Ausbreitung einer ebenfalls produktorientierten Form der Marketing-Organisation, des so genannten *Category-Management.* Dabei geht es darum, die Verantwortung für eine ganze Produktgruppe (z. B. Kosmetika, Erfrischungsgetränke, Salzgebäck) – meist bei einer Gruppe von Managern – zusammenzufassen. Inzwischen ist in einigen Unternehmen – zunächst im Business-to-Business-Bereich und dann auch im Konsumgüterbereich – neben das Produkt-Management das *Key-Account-Management* getreten. Ursache dafür ist die *Konzentration eines Großteils der Nachfrage* auf wenige Abnehmer in zahlreichen Märkten.

Unternehmen, die es vor allem mit industriellen Abnehmern zu tun haben (z. B. Zulieferbetriebe), sind mit dem daraus entstehenden Problem der Nachfragemacht seit langem konfrontiert. Im Konsumgüterbereich ist durch die außerordentlich starke Konzentrationsbewegung im Einzelhandel (insbesondere im Lebensmittelsektor) jetzt eine vergleichbare Situation entstanden. Die Einführung des Key-Account- (Großkunden-, Schlüsselkunden-) Managements ist eine der Reaktionen auf diese Entwicklung. Die Objektorientierung bezieht sich hier nicht auf ein Produkt, sondern auf eine Kundengruppe.

So wie der Produkt-Manager unter schwieriger werdenden Marktbedingungen den Erfolg eines Produkts durch Koordination aller relevanten Aktivitäten sicherstellen soll, so sollen beim Account-Manager bei wachsender Abhängigkeit vom Großkunden alle Beziehungen zu diesem organisatorisch zusammengefasst sein.

Das Tätigkeitsfeld des Key-Account-Managers (KAM) erstreckt sich in zwei Richtungen: Einerseits hat er Analyse-, Beratungs- und Abstimmungsaufgaben für den Kunden wahrzunehmen (Kundenaktivitäten). Andererseits ist der KAM für die Koordination aller den Kunden betreffenden Unternehmensaktivitäten zuständig (innerbetriebliche Aktivitäten). Bei den Kundenaktivitäten stehen im Vordergrund:

- *Informationsübermittlung und Analyse*
  Hier ist vor allem an die Begründung und Erläuterung eigener Maßnahmen gegenüber dem Kunden sowie die Weitergabe und Aufbereitung von Marktinformationen zu denken.
- *Beratung*
  Der KAM kann gegenüber dem Abnehmer Beratungsaufgaben übernehmen, indem er z. B. Vorschläge für die Entwicklung von Marketingkonzepten macht, Marktchancen identifiziert und Wirtschaftlichkeitsberechnungen durchführt.
- *Abstimmung*
  Bei der Abstimmung von geplanten Aktivitäten des eigenen Unternehmens mit den Interessen der Abnehmer wird ein Schwerpunkt der Tätigkeit des KAM gesehen. Hier ist u. a. an der Weiterentwicklung des angebotenen Sortiments oder die gemeinsame Planung von Verkaufsförderungsmaßnahmen zu denken. Insofern kann man das Account-Management auch als Hilfsmittel des vertikalen Marketing betrachten.

Hervorzuheben ist, dass bei allen Kundenaktivitäten des KAM nicht der kurzfristige und direkte Verkaufserfolg im Mittelpunkt des Interesses steht, sondern der eher langfristig angelegte Aufbau von Geschäftsbeziehungen mit dem Ziel einer partnerschaftlichen Zusammenarbeit mit dem Großkunden. Die Überlegungen, die im Zusammenhang mit dem Produkt-Management bezüglich der Realisierung der Anforderungen an die Marketing-Organisation angestellt worden sind, gelten hier analog.

Aktuelle empirische Untersuchungen (vgl. Homburg/Gruner/Hocke 1997) bestätigen die dominierende Stellung von Produkt- und Key-Account-Management innerhalb der Marketing-Organisation. Vereinzelt gibt es auch Empfehlungen bzw. Beispiele, die Marketing-Organisation auf strategische Geschäftsfelder (als Objekte) auszurichten. Hinsichtlich des in diesem Abschnitt angesprochenen Implementierungsproblems steht allgemein die Frage im Vordergrund, inwieweit die verschiedenen Formen der Marketing-Organisation in der Lage sind, eine umfassende, konsequente und flexible Umsetzung und Anpassung von Strategien zu gewährleisten.

6.1.3 Budgetierung

In gewisser Weise stellen Budgets ein Ergebnis des Planungsprozesses dar, das gleichzeitig Ausgangspunkt für die Realisierung von Plänen durch Maßnahmen ist. Im wesentlichen geht es dabei um die Zuordnung wertmäßiger Größen (insbesondere Kosten und Erlöse) zu dem, was getan und erreicht werden soll. So kann es ein Bestandteil der Budgetierung sein, für einzelne Geschäftsfelder die für eine Periode geplanten Umsatzerlöse, Marketingkosten etc. festzulegen. Day (1984, S. 183) fasst die zentrale Idee knapp zusammen: «Der Gebrauch eines gemeinsamen Nenners (Geldbeträge, Anm. d. Verf.) für Aktivitäten erlaubt die Integration aller Aspekte der Strategie hinsichtlich der verfügbaren Ressourcen. Weil Budgets die Aufteilung dieser Ressourcen widerspiegeln, sind sie wesentliche Leitlinien für Maßnahmen. Sie setzen auch die Standards für die Koordination von Tätigkeiten und werden schließlich einer der Maßstäbe für die Ermittlung von Leistungen.»

Steinmann/Schreyögg (2000, S. 357 f.) stellen die Funktionen der Budgetierung in ähnlicher Weise (aber konkreter und etwas weitergehend) zusammen:

- *Orientierungsfunktion:* Ausrichtung der Entscheidungsträger auf die Erreichung von Zielen (z. B. Umsatzzielen) durch entsprechende Vorgaben in Form von Budgets.
- *Koordinations- und Integrationsfunktion:* Die Aufteilung in Teilbudgets korrespondiert mit den verschiedenen parallelen bzw. über- und untergeordneten Aktivitäten und soll zu deren Abstimmung aufeinander beitragen.
- *Kontrollfunktion:* Budgets setzen quantitative Maßstäbe (Umsätze, Erlöse, Kosten etc.) für die Analyse von Abweichungen gegenüber den geplanten Größen.
- *Motivationsfunktion:* Innerhalb der durch Budgets gesetzten Vorgaben entstehen Handlungsspielräume hinsichtlich der Wege, auf denen die Ziele erreicht werden können, wodurch wiederum Eigenverantwortung, Kreativität und Engagement von Mitarbeitern gestärkt werden.

Die Bedeutung von Budgets (Becker 2001, S. 768)
«Jede Art von Planung schlägt sich letztlich in einem Budget nieder. Ein Budget kann als die schriftlich dokumentierte Zusammenfassung der in Geldeinheiten quantifizierten Vorgaben für bestimmte Organisationseinheiten (Funktionen, Sparten, Objekte bzw. strategische Geschäftsfelder) in einem bestimmten Zeitraum verstanden werden. Dafür kommen sowohl Leistungs- (Erlös-) als auch Kostengrößen in Betracht. Budgets erlauben damit die Steuerung und Kontrolle von Organisationseinheiten.»

Andererseits weisen Steinmann/Schreyögg (2000, S. 358 f.) auch auf einige mit der Budgetierung verbundene Probleme hin. So besteht die Gefahr des «Etatdenkens» dergestalt, dass bereitgestellte Mittel unabhängig von den aktuellen Notwendigkeiten ausgeschöpft werden, um bei einer häufig auf Fortschreibung basierenden künftigen Budgetierung keine Nachteile zu haben. Ein extremes Beispiel dafür bieten Teile der öffentlichen Verwaltung, wo oftmals gegen Jahresende noch rasch verbliebene Mittel mehr oder weniger sinnvoll ausgegeben werden («Dezemberfieber»).

Weiterhin können periodenbezogene Budgets eine zu kurzfristige Orientierung der Verantwortlichen fördern. Im Zusammenhang mit Veränderungen der Rahmenbedingungen (z. B. Intensivierung des Wettbewerbs) dürften – zumindest für eine gewisse Zeit – festgelegte Budgets die Flexibilität bei Reaktionsmöglichkeiten einschränken. Letztlich ist noch an die in Organisationen bestehende Tendenz zu denken, bei Verhandlungen und Entscheidungen über Budgets durch hoch angesetzte Kosten und zurückhaltend formulierte Ziele für den selbst verantworteten Bereich «stille Reserven» einzuplanen, wodurch Zielerreichung und Budgeteinhaltung leichter realisiert werden können.

Hinsichtlich der Arten von Budgets unterscheiden Hax/Majluf (1996, S. 151 ff.) zwischen einem strategischen und einem operationalen Teil. Bei Letzterem geht es um die Aufrechterhaltung der Position eines Geschäftsbereichs ohne wesentliche Veränderungen. Dagegen ist der strategische Teil der Budgetierung auf langfristig angelegte, wesentliche Veränderungen der bisherigen Unternehmenstätigkeit angelegt. Im Zusammenhang mit der Bereitstellung von Ressourcen unterscheiden Hax/Majluf (1996, S. 151 f.):

- Investitionen (z. B. Produktionsanlagen, Fahrzeuge, Büro- und Lagerhäuser)
- Erhöhung des Umlaufvermögens (z. B. Erhöhung der Lagerbestände bei geplanter Marktausweitung)
- Entwicklungskosten (z. B. Kosten für Neuentwicklung oder Markteinführung von Produkten, Aufbau von Marken)

Hinsichtlich der Vorgehensweise bei der Budgetierung wird oftmals empfohlen (z. B. Steinmann/Schreyögg 2000, S. 364 f.), nicht auf der Basis von Fortschreibungen früherer Budgets zu verfahren. Das vereinfacht zwar den Budgetierungsprozess, birgt aber die Gefahr, dass neue Projekte etc. vorgesehen werden, ohne dass weniger notwendige alte Posten gestrichen werden. Dagegen orientiert sich das *Zero-Base-Budgeting* (wie der Name schon andeutet) nicht mehr an der Vergangenheit, sondern stellt für jede Periode alle bisherigen und zukünftigen Aktivitäten auf den Prüfstand.

6.1.4 Unternehmenskultur und Mitarbeiter

Idealtypisch betrifft die Marktorientierung alle Bereiche des Unternehmens, nicht nur eine Marketing- oder Verkaufsabteilung. Insofern stellt sich im Zusammenhang mit der Marketingimplementierung das Problem, inwieweit im Unternehmen die Bereitschaft und die Fähigkeiten zu marktorientiertem Verhalten verbreitet und verankert sind. Das bezieht sich einerseits auf das Unternehmen insgesamt und andererseits auf die einzelnen Mitarbeiter.

Für das generelle «Verhalten von Unternehmen» spielt das Konzept der *Unternehmenskultur* eine wesentliche Rolle. «Organisationen, so die Idee, entwickeln eigene unverwechselbare Orientierungsmuster und Symbole, die das Verhalten der Mitglieder nach innen und außen auf nachhaltige Weise prägen» (Steinmann/Schreyögg 2000, S. 623). Kennzeichnend für Unternehmenskulturen sind nach Steinmann/Schreyögg (2000, S. 624 f.) u.a. folgende Gesichtspunkte:

- Unternehmenskulturen haben impliziten Charakter insofern, als sie auf geteilten Überzeugungen, nicht auf direkt beobachtbaren Phänomenen beruhen.
- Unternehmenskulturen prägen das laufende Handeln, sie werden gelebt.
- Unternehmenskulturen stehen für *gemeinsame* Werte, Verhaltensmuster etc. in einem Unternehmen.
- Unternehmenskulturen entstehen und verändern sich durch *Lernprozesse,* durch positive und negative Erfahrungen mit verschiedenen Verhaltensweisen.
- Neue Mitarbeiter übernehmen die durch eine Unternehmenskultur geprägten Verhaltensweisen durch einen *Sozialisationsprozess,* nicht durch einen bewussten Lernprozess.

Aaker (1992, S. 336 ff.) hebt drei Komponenten von Unternehmenskulturen hervor:

- *Gemeinsame Werte* (z.B. das Bestreben, fehlerfreie Produkte zu liefern oder – bei einer Fluggesellschaft – maximale Pünktlichkeit zu erreichen)
- *Verhaltensnormen* (z.B. Qualitätsbewusstsein in der Produktion, das nicht nur durch Vorgesetzte, Kontrollen etc., sondern auch durch sozialen Druck der Kollegen erreicht wird)
- *Symbole und symbolische Aktivitäten* (z.B. die Person und Mission des Unternehmensgründers oder die regelmäßigen direkten Kundenkontakte von Führungskräften)

Es ist offenkundig, dass eine Unternehmenskultur für die umfassende und konsequente Umsetzung einer Marketingstrategie eine bedeutsame Rolle spielt. So kann man einerseits sehen, dass Unternehmen wie 3M oder Apple, deren Kulturen durch Innovations- und Marktorientierung geprägt sind, immer wieder mit Innovationen im Markt erfolgreich sind, und dass es andererseits z. B. der Deutschen Telekom oder der Deutschen Post, die lange Zeit eher behördlichen Charakter hatten, große Mühe bereitet, bei allen Mitarbeitern kontinuierlich kundenorientiertes Verhalten sicherzustellen. Das letzte Beispiel illustriert auch, dass der Zusammenhang von Marketingimplementierung und Unternehmenskultur durch den eher stabilen (beharrenden) Charakter von Unternehmenskulturen zu einem besonderen Problem werden kann.

Auf die *einzelnen Personen* bezogen, die an der Implementierung einer Marketingstrategie beteiligt sind, lassen sich die Probleme der Marketingimplementierung nach Hilker (1993, S. 16 ff.) in drei Kategorien zusammenfassen:

- *Kennen/Verstehen:* Ist den Mitarbeitern das Wesen des Marketing wirklich vertraut? Haben sie es tiefgehend verstanden?
- *Können:* Haben die Mitarbeiter die Fähigkeiten zur Realisierung von Marketingstrategien bzw. zur Erfüllung der daraus resultierenden Aufgaben?
- *Wollen:* Besteht bei den Mitarbeitern die Motivation, sich in ihrem Aufgabenbereich marktorientiert zu verhalten?

Beispiele für diese drei Probleme finden sich in der Praxis leicht und häufig. So sind eher wissenschaftlich orientierte Mitarbeiter von FuE-Bereichen nicht immer leicht zu motivieren, bei ihren Arbeiten vor allem Kundenwünsche und nicht einen allgemeinen wissenschaftlichen Fortschritt im Auge zu haben (➜ Wollen). Manch einer vermutet vielleicht, dass Marketing und Werbung oder Marketing und Verkauf identisch seien (➜ Kennen/Verstehen).

Wenn die Marketingimplementierung durch Defizite der Mitarbeiter (Kennen/Verstehen, Können, Wollen) behindert wird, kann man auf drei Wegen versuchen, diese zu überwinden (vgl. Aaker 1992, S. 335): entsprechende Neu-Ausbildung von Nachwuchskräften, Schulung und Umorientierung vorhandener Mitarbeiter oder Einstellung von Mitarbeitern mit einschlägigen Erfahrungen.

6.2 Marketingkontrolle

6.2.1 Bedeutung der Marketingkontrolle

Die Kontrolle wird generell – nicht nur im Marketing – als unverzichtbarer Bestandteil der Planung angesehen. Böcker (1988, S. 22) fasst das in einem Satz zusammen: «Kontrolle ohne Planung ist unmöglich, Planung ohne Kontrolle ist sinnlos!» Im Kern geht es darum, die *Ausrichtung aller Aktivitäten an den festgelegten Zielen* sicherzustellen und aus Erfahrungen *systematisch zu lernen,* um Maßnahmen verbessern zu können. Böcker (1988, S. 35 ff.) konkretisiert diesen Grundgedanken durch die Angabe von drei Funktionen, die die Kontrolle erfüllen soll:

- *Sicherheitsfunktion*
  Auf höheren Ebenen der Unternehmenshierarchie will man sicherstellen, dass die an untergeordnete Stellen delegierten Aufgaben auch tatsächlich ausgeführt werden und zu dem jeweils angestrebten Ergebnis führen. Auf den niedrigeren Ebenen besteht ein Interesse, dass die vorgesetzten Stellen Tätigkeiten und Erfolge wahrnehmen.
- *Initiierungsfunktion*
  Durch Kontrollaktivitäten werden Informationen bereitgestellt, die dazu führen können/sollen, dass Entscheidungen getroffen und Maßnahmen ergriffen werden. Diese können sich auf eine Korrektur bisher unbefriedigend laufender Prozesse oder auf ganz neue Aktivitäten beziehen.
- *Lernfunktion*
  Durch systematische Analyse der Wirkung bisheriger Maßnahmen soll deren Planung für andere Situationen (z.B. andere Produkte, künftige Perioden) verbessert werden.

Ein hoher *Stellenwert der Marketingkontrolle* wird dadurch begründet, dass einerseits die Planungsunsicherheit relativ hoch und andererseits die Notwendigkeit der Koordinierung von Einzelaktivitäten groß ist. Hinsichtlich der Unsicherheit braucht nur auf die im Zusammenhang mit der Planung des Marketing-Mix erläuterten Probleme sowie die Wirkungen, die kurzfristige Änderungen des Verhaltens von Kunden oder Wettbewerbern haben können, verwiesen zu werden. Daneben ist schon mehrfach hervorgehoben worden, dass die Abstimmung der einzelnen Marketing-Maßnahmen aufeinander (➜ Marketing-Mix) typischerweise zentrale Bedeutung hat. Die Kontrolle soll in diesem Zusammenhang sicherstellen (➜ Sicherheitsfunktion), dass Maßnahmen auch tatsächlich in der vorgesehenen Weise durchgeführt werden.

Bedeutung der Kontrolle für den Erfolg des amerikanischen Einzelhandels-Unternehmens Wal-Mart (Walker/Boyd/Larreche 1999, S. 332 f.)
Bei Wal-Mart hat man hunderte Millionen Dollar in Computersysteme und Satelliten-Übertragungssysteme investiert, die es erlauben, weltweit anfallende unterschiedlichste Daten (z. B. Umsätze und Kundenzahlen in jedem einzelnen Geschäft, Lagerbestände, Lieferfähigkeit) praktisch ohne zeitliche Verzögerung zu erhalten und zu analysieren. Dadurch konnten erhebliche Kostenvorteile in der Logistik und ein besser auf die tatsächliche Nachfrage ausgerichtetes Warenangebot erreicht werden.

Die für die Kontrolle zentrale Idee der Gegenüberstellung von Zielen und Ergebnissen sowie die Entscheidung über daraus zu ziehende Konsequenzen wird in Abbildung 6.2 dargestellt.

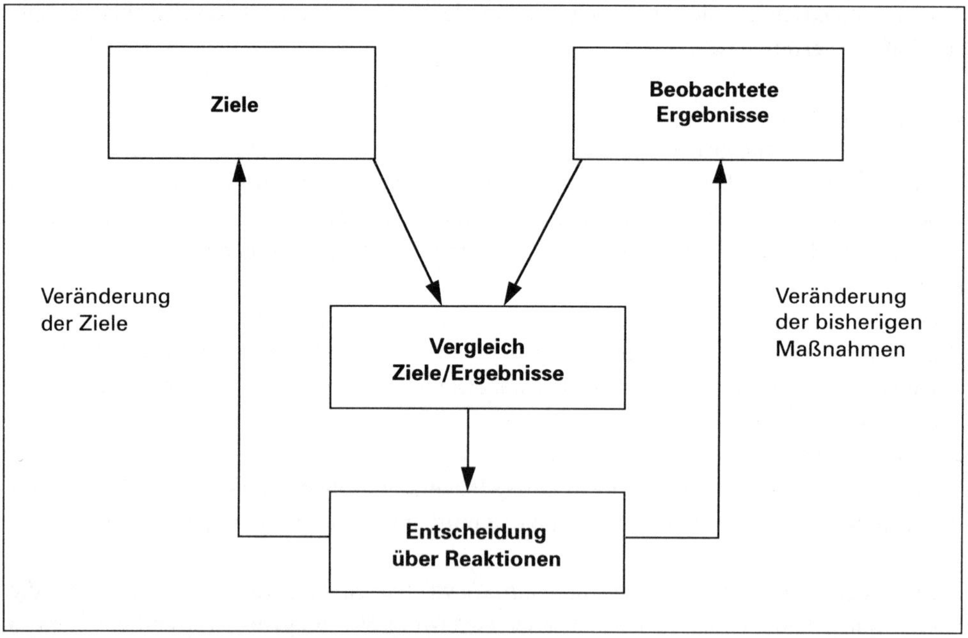

Abb. 6.2: Grundschema der Marketingkontrolle

6.2.2 Arten der Marketingkontrolle

Den verschiedenen Schritten der Marketingplanung von der marktorientierten Unternehmensplanung über die marktorientierte Geschäftsfeldplanung zur Marketing-Mix-Planung lassen sich jeweils entsprechende Bereiche der Marketingkontrolle zuordnen. Hinsichtlich des erstgenannten Schritts wird in der Literatur oftmals von strategischer Marketingkontrolle gesprochen (z. B. Assael 1993, S. 742). Die *strategische Marketingkontrolle* ist vor allem auf die Zusammensetzung der von einem Unternehmen bearbeiteten strategischen Geschäftsfelder und deren Entwicklung ausgerichtet. Daneben spielt die Überprüfung des Marketing-Systems (Personen und Prozesse im Marketing-Bereich) eine Rolle.

Als zentrales Element der strategischen Marketingkontrolle gilt das *Marketing-Audit.* Der Begriff «Audit» (engl. für Buchprüfung, Revision) weist schon darauf hin, dass es hier um eine breit angelegte kritische Überprüfung der für das Marketing eines Unternehmens wichtigen Sachverhalte geht. Kotler/Gregor/Rodgers (1977, S. 27) definieren:

«Ein Marketing-Audit ist eine umfassende, systematische, unabhängige und periodische Überprüfung der Marketing-Umwelt, -Ziele, -Strategien und -Maßnahmen eines Unternehmens oder einer Geschäftseinheit mit der Ausrichtung auf die Feststellung von Problembereichen und Chancen und die Empfehlung von Maßnahmen zur Verbesserung der Marketing-Leistung des Unternehmens.»

Das Stichwort *«umfassend»* bezieht sich darauf, dass alle wichtigen Aspekte des Marketing und nicht nur gerade aktuelle Problembereiche Gegenstand der Kontrolle sind. Diese Kontrolle erfolgt *systematisch* insofern, als eine Reihenfolge des Vorgehens von der Analyse der Rahmenbedingungen bis zu einzelnen Maßnahmen vorgesehen ist. *Unabhängigkeit* und damit Objektivität der Ergebnisse wird am besten erreicht, wenn eine zentrale Revisionsabteilung oder entsprechend qualifizierte externe Berater das Audit durchführen. Durch *periodische* (regelmäßige) Audits soll verhindert werden, dass man mit einer Überprüfung erst beginnt, wenn ein Geschäftsbereich in Schwierigkeiten ist, und eine (für das Marketing unerlässliche) Aktualisierung der Ausrichtung am Markt erreicht werden.

Kotler (2002, S. 698 f.) identifiziert u. a. die folgenden vier Teilbereiche eines *Marketing-Audits:*

- Marketing-Umwelt-Audit (Identifizierung von Chancen und Gefahren: demographische Entwicklung, politische Entwicklung, Märkte, Kunden, Wettbewerber, Lieferanten, Technik etc.)
- Marketing-Strategie-Audit (Unternehmensziele, Marketingziele, Strategien)
- Marketing-Organisations-Audit (Organisationsstruktur, Effizienz der Arbeit)
- Marketing-System-Audit (Informationssystem, Planungssystem, Kontrollsystem)

Im Mittelpunkte der marktorientierten Geschäftsfeldplanung steht die Erreichung von ökonomischen Zielen und Positionierungszielen. Entsprechend ausgerichtet ist die *Geschäftsfeld-Kontrolle.* Hinsichtlich der Positionierung ist vor allem an Methoden der Marktforschung zu denken, mit deren Hilfe Images gemessen und Marktpositionen graphisch dargestellt werden können (vgl. z. B. Tomczak/Rudolph/Roosdorp 1996). Für die Kontrolle der Erreichung ökonomischer Ziele der verschiedenen Geschäftsfelder eignen sich vor allem die gängigen Verfahren der Kosten- und Leistungsrechnung (vgl. z. B. Horvath 1996). Im Marketingbereich ist in diesem Zusammenhang die Deckungsbeitragsrechnung besonders gängig.

Die *Marketing-Mix-Kontrolle* dient – wie der Name bereits erkennen lässt – der Überprüfung des Marketing-Mix und seiner Komponenten im Hinblick auf den Markterfolg eines Produkts. Im Mittelpunkt stehen Fragen wie die Folgenden:

- Sind hinsichtlich der einzelnen Marketing-Instrumente die gesetzten Ziele erreicht worden (z. B. Steigerung des Bekanntheitsgrads eines Produkts, Imageveränderung, Ausweitung des Distributionsgrads)?
- Wie haben sich Umsatz und Marktanteil des Produkts im Vergleich zu den angestrebten Zielen entwickelt?

Derartige Fragen lassen sich mit Hilfe von Methoden der *Marktforschung* weitgehend beantworten. Ein großer Teil der für Kontrollzwecke notwendigen Angaben lässt sich durch die Sekundäranalyse unternehmensinterner Daten (z. B. eigene Verkaufszahlen in Relation zum Absatzvolumen der Branche ➜ Marktanteil) oder – vor allem im Konsumgüterbereich – aus regelmäßigen Standard-Untersuchungen, insbesondere Panels mit Angaben über Marktanteile, Distributionsgrade, Verkaufspreise etc. entnehmen.

Grob betrachtet könnte man die zentrale Frage der strategischen Kontrolle so formulieren: «Machen wir die richtigen Dinge?» Dagegen lautet die Kernfrage der Geschäftsfeld- und Marketing-Mix-Kontrolle: «Machen wir die Dinge richtig?»

Damit wird deutlich, dass von der Kontrolle nicht zuletzt Impulse für eine Revision der Planung ausgehen können/sollen. Die Kontrolle liefert demnach Informationen für neue/veränderte Planungen. Hinsichtlich der im vorliegenden Buch dargestellten Überlegungen schließt sich damit gewissermaßen der Kreis.

Neben der vorstehend skizzierten Bedeutung der Kontrolle hat auch die stärker verbreitete Ausrichtung der Unternehmensführung auf die Steigerung des Unternehmenswerts (Shareholder Value) zu einem in Wissenschaft und Praxis deutlich verstärkten Interesse an der Entwicklung von quantitativen Maßgrößen für den Wert- und Erfolgsbeitrag des Marketing geführt (vgl. Reinecke/Reibstein 2001, S. 144 ff.). Im Mittelpunkt steht dabei die Bestimmung und Anwendung von Marketing-Kennzahlen (z. B. für Kundenzufriedenheit, Wachstum). Im amerikanischen Schrifttum spricht man hierbei von «Marketing Metrics». Reinecke/Reibstein (2001, S. 144 ff.) haben in einer recht umfangreichen Untersuchung (Befragung von 418 Unternehmen aus der Schweiz und Deutschland) die gängigsten bzw. wichtigsten Kennzahlen für Marketing und Verkauf ermittelt. Gemessen durch den Anteil der Unternehmen, die die jeweilige Kennzahl zu den fünf für das Unternehmen wichtigsten Kennzahlen zählten, sind diese die Folgenden (Reinecke/Reibstein 2001, S. 155):

- Umsatz/Absatz (70 Prozent)
- Marktanteil (47 Prozent)
- Deckungsbeitrag (42 Prozent)

- Nettogewinn (38 Prozent)
- Kundenzufriedenheit (33 Prozent)
- Umsatzrentabilität (33 Prozent)
- Relatives Umsatzwachstum (23 Prozent)
- Relativer Marktanteil (19 Prozent)
- Umsatz pro Mitarbeiter (15 Prozent)

Bemerkenswert ist bei dieser Untersuchung u. a., dass den in der Literatur stark beachteten Größen wie Kunden- oder Markenwert in der Praxis eher selten entsprechende Bedeutung beigemessen wird. Auch die auf Innovationen und die Gewinnung neuer Kunden – und damit auf zukünftige Umsätze, Marktanteile etc. – ausgerichteten Kennzahlen «Umsatzanteil Neukunden» und «Umsatzanteil Neuprodukte» wurden nur von 12 Prozent der befragten Unternehmen den wichtigsten Maßgrößen zugerechnet.

6.3 Die Balanced Scorecard als Hilfsmittel für Implementierung und Kontrolle

Ende der 90er-Jahre hat – wie so oft – von den USA ausgehend das Konzept der Balanced Scorecard starke Beachtung und vielfältige Anwendung erfahren. Dabei geht es um eine Ausweitung und Weiterentwicklung traditioneller (hauptsächlich finanzwirtschaftlich ausgerichteter) Kennzahlensysteme. Zum einen wird durch die gleichzeitige Beachtung von finanzwirtschaftlicher Perspektive, Kundenperspektive, betriebsinterner Perspektive (interne Geschäftsprozesse) und Innovations- und Wissensperspektive (Personal) eine größere Ausgewogenheit *(Balance)* von relevanten Ergebniszahlen und Erfolgsfaktoren erreicht. Zum anderen werden die entsprechenden Maßgrößen in einem Berichtsbogen *(Scorecard)* zusammenfassend dargestellt. Wie noch zu erläutern sein wird, dient die Balanced Scorecard sowohl der Implementierung/Umsetzung von Strategien als auch der Kontrolle. Deshalb wird sie hier nach den jeweils entsprechenden Abschnitten 6.1 und 6.2 separat behandelt.

Bedeutung der Balanced Scorecard für die Umsetzung von Strategien
(Kaplan/Norton 2001, S. 11)
«Die Balanced Scorecard liefert einen Rahmen, welcher die Strategie auf verständliche Weise vermittelt und beschreibt. Wir können eine Strategie nicht implementieren, wenn wir sie nicht beschreiben können. Im Gegensatz zum finanziellen Sektor, wo schon lange Standardsysteme wie die Buchhaltung, Bilanz oder Gewinn- und Verlustrechnung existieren, gibt es für die Beschreibung einer Strategie keine allgemein anerkannten Grundsätze der Ordnungsmäßigkeit.»

Zunächst seien die schon erwähnten vier Perspektiven näher charakterisiert. Am längsten und am stärksten etabliert ist im Controlling die *finanzielle Perspektive.* Gängige Maßgrößen dafür sind z. B. Cash-flow oder Return on Investment eines Geschäftsfelds. Diese stehen in direkter Beziehung zu kurz- und langfristigen Unternehmenszielen. Bei der *Kundenperspektive* stehen die Identifizierungen von Kundengruppen und Marktsegmenten, auf die sich das Unternehmen ausrichtet, und die Festlegung entsprechender Maßgrößen (z. B. Marktanteil, Anteil zufriedener Kunden). Erfolg bei den Kunden – beispielsweise in Form hoher Umsätze oder aus Kundenbindung resultierender Unempfindlichkeit gegenüber Preiserhöhungen – führt zur Erreichung der finanziellen Ziele. Andererseits bedarf es für den Markterfolg adäquater (der Konkurrenz überlegener) Leistungen. Deren Erbringung ist Gegenstand der *betriebsinternen Perspektive.* Hier geht es also um Sicherung der Produktqualität, Lieferfähigkeit, Schnelligkeit bei der Produktinnovation etc., also um die Gestaltung der internen Geschäftsprozesse dergestalt, dass Kundenwünschen besser entsprochen wird als durch Angebote konkurrierender Unternehmen. Hinsichtlich der vierten Perspektive, der *Innovations- und Wissensperspektive* stehen Gesichtspunkte der Qualifizierung und Motivation der Mitarbeiterlnnen, der Informationsversorgung und der Organisationsstruktur im Vordergrund. Diese bilden die Basis für die Erbringung gegenwärtiger Leistungen und nicht zuletzt für Innovationen, die zu Sicherung und Ausbau von Wettbewerbsvorteilen führen (vgl. Kaplan/Norton 1996, S. 43 ff.). Für jede der vier Perspektiven sind die jeweils entsprechenden *Ziele, Maßgrößen,* konkrete *Ausprägungen* dieser *Maßgrößen* und *Aktivitäten* festzulegen. Abbildung 6.3 zeigt ein Beispiel für eine solche Balanced Scorecard, in dem die Beziehungen zwischen den verschiedenen Perspektiven und die Abhängigkeit der Ziele etc. bei diesen Perspektiven von Vision und Strategie des Untemehmens angedeutet sind.

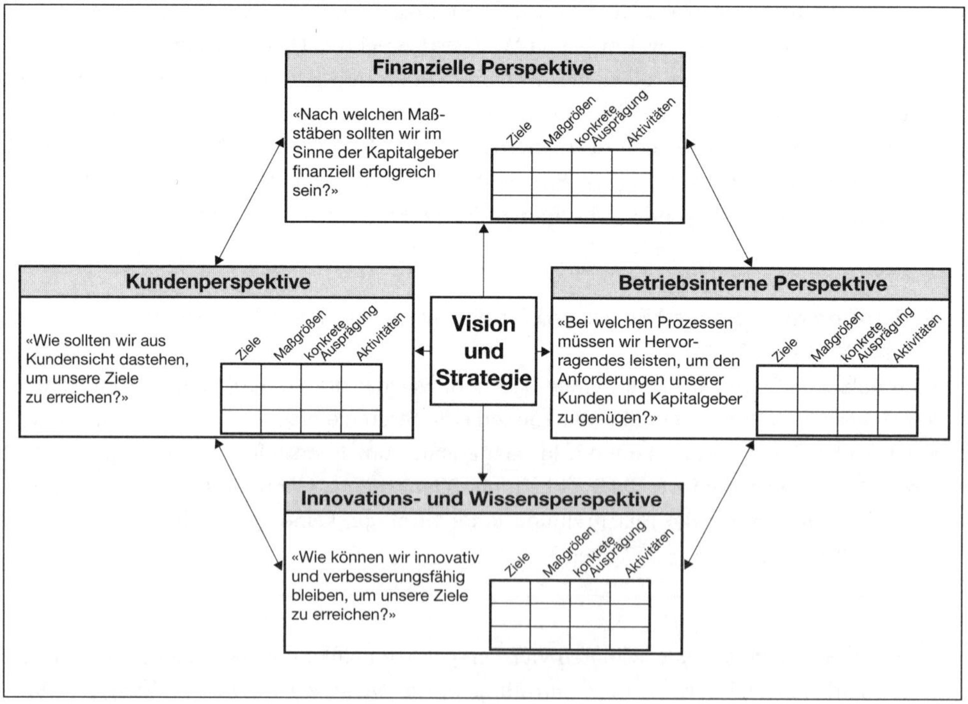

Abb. 6.3: Schema einer Balanced Scorecard (nach Kaplan/Norton 1996, S. 9)

Die in der Abbildung bei den vier Perspektiven jeweils angedeutete Verbindung zwischen Zielen und Aktivitäten sei durch ein Beispiel veranschaulicht. Wenn eines der Ziele bei der Kundenperspektive lautet, dass ein hervorragendes Image des eigenen Kundendienstes angestrebt wird, könnte die entsprechende *Maßgröße* die Einschätzung des eigenen Kundendienstes im Vergleich zu konkurrierenden Anbietern bei einer Kundenbefragung sein. Die dem Ziel entsprechende *konkrete Ausprägung* dieser Maßgröße wäre beispielsweise ein Anteil von mindestens 75 Prozent der Kunden, die den eigenen Kundendienst am besten bewerten. *Aktivitäten* zur Erreichung dieses konkreten Ziels wären möglicherweise Schulungen der Kundendienstmitarbeiter und Kommunikationsmaßnahmen, um den Kunden die eigene Leistungsfähigkeit besser verdeutlichen zu können.

Auch der von Kaplan/Norton (1996, S. 30 f) geforderte *kausale Zusammenhang* zwischen den einzelnen Perspektiven einer Balanced Scorecard und ihren Zielen, Aktivitäten etc. soll durch ein (hypothetisches) Beispiel illustriert werden. Bei einem Unternehmen soll ein bestimmtes Umsatzwachstum dadurch erreicht werden, dass von bisherigen Kunden mehr Wiederholungskäufe getätigt werden. Dazu ist es notwendig, die Kundenbindung zu stärken. Es zeigt sich, dass diese maßgeblich von der Einhaltung von Lieferzeiten beeinflusst wird. Also müssen die internen Geschäftsprozesse so gestaltet werden, dass Produktions- und Lieferzeiten kurz sind und präzise eingehalten werden können. Voraussetzung dafür sind wiederum entsprechende Qualifikation und Motivation der beteiligten MitarbeiterInnen. Abbildung 6.4 stellt den Zusammenhang im skizzierten Beispiel dar.

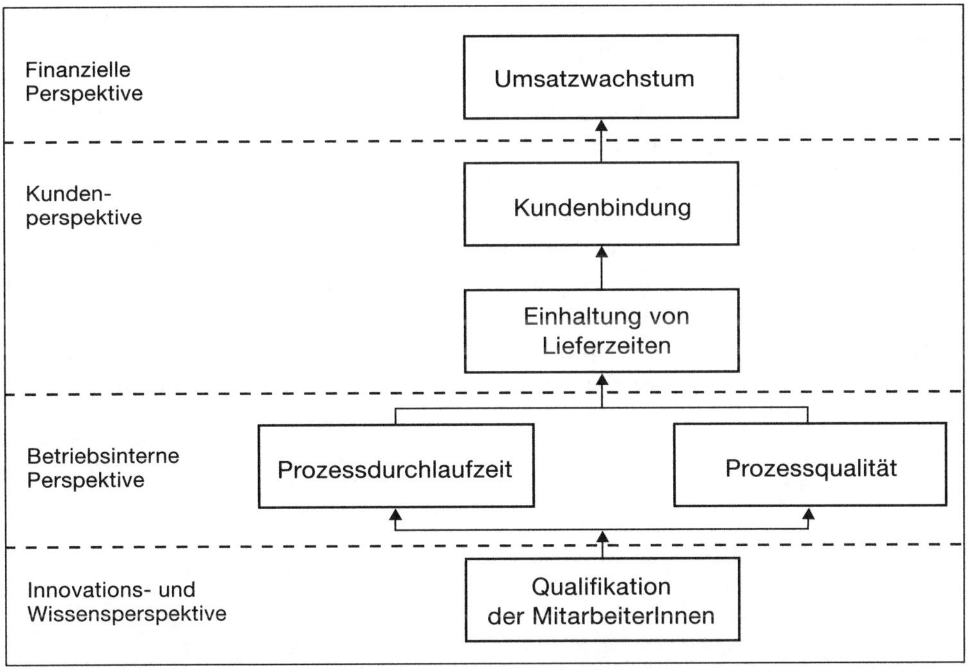

Abb. 6.4: Ursache-Wirkungsbeziehungen zwischen Elementen einer Balanced Scorecard (nach Kaplan/Norton 1996, S. 31)

Durch das Beispiel sollte auch deutlich werden, warum – wie eingangs dieses Abschnitts schon angesprochen – die Balanced Scorecard sowohl der Implementierung von Strategien als auch der Kontrolle dient. Einerseits wird erkennbar, wie bestimmte strategische Ziele (z. B. Wachstum eines Geschäftsfelds) immer weiter konkretisiert und auf die unterschiedlichsten Unternehmensbereiche (z. B. FuE, Werbung, Kundendienst, Verkauf) bezogen werden können. Daraus ergeben sich die für die Implementierung notwendigen Aktivitäten. Andererseits dienen die verwendeten Maßgrößen und deren den jeweiligen Zielen entsprechenden konkreten Ausprägungen als Kontrollgrößen.

Nun ist die Balanced Scorecard ein Konzept, das sich auf die unterschiedlichsten Funktionsbereiche von Unternehmen bezieht und somit den Rahmen der im vorliegenden Buch behandelten Marketingplanung sprengt. Deswegen soll abschließend ein Beispiel für eine Balanced Scorecard entworfen werden, die hauptsächlich Aspekte des Marketing betrifft (siehe Abbildung 6.5).

In der vorstehend dargestellten Balanced Scorecard sind also Gesichtspunkte aufgeführt, die schwerpunktmäßig den Marketingbereich betreffen. Es ist jeweils die gedankliche Kette von Zielen bis zu den diesen Zielen entsprechenden Aktivitäten eingetragen. Weiterhin wird erkennbar, dass die verschiedenen Perspektiven auch logisch miteinander verknüpft sind. So kann die Steigerung der Rentabilität (Finanzielle Perspektive) durch einen Preiserhöhungsspielraum erreicht werden, dieser setzt u. a. eine Steigerung der Kundenbindung (Kundenperspektive) voraus, die möglicherweise durch besonders schnellen Service (Betriebsinterne Perspektive) erzielt werden kann. In umgekehrter Richtung kann beispielsweise die Wirkung der Kundenorientierung von Mitarbeitern (Innovations- und Wissensperspektive) über «maßgeschneiderte» Produkte auf eine günstige Positionierung (Kundenperspektive) und dann auf einen Preiserhöhungsspielraum (Finanzielle Perspektive) verfolgt werden. Hier dürfte auch der Zusammenhang zu den in Abschnitt 4.2 angestellten Überlegungen zu Zielen und deren Funktion als Bindeglieder zwischen verschiedenen Planungsebenen erkennbar werden.

Letztlich sei noch hervorgehoben, dass das in Abbildung 6.5 dargestellte Beispiel die Funktion einer Balanced Scorecard für *Implementierung und Kontrolle* illustriert. Die verschiedenen Maßgrößen mit den jeweils zu erreichenden konkreten Ausprägungen sind als Kontrollgrößen bestens geeignet. Gleichzeitig dient die Zuordnung von Maßgrößen und Aktivitäten zu Zielen und die Verknüpfung unterschiedlicher Unternehmensbereiche und Planungsebenen auch der Implementierung, weil aus allgemeineren Zielen spezifische Ziele und konkrete Aufgaben für bestimmte Mitarbeiter oder Abteilungen abgeleitet werden können.

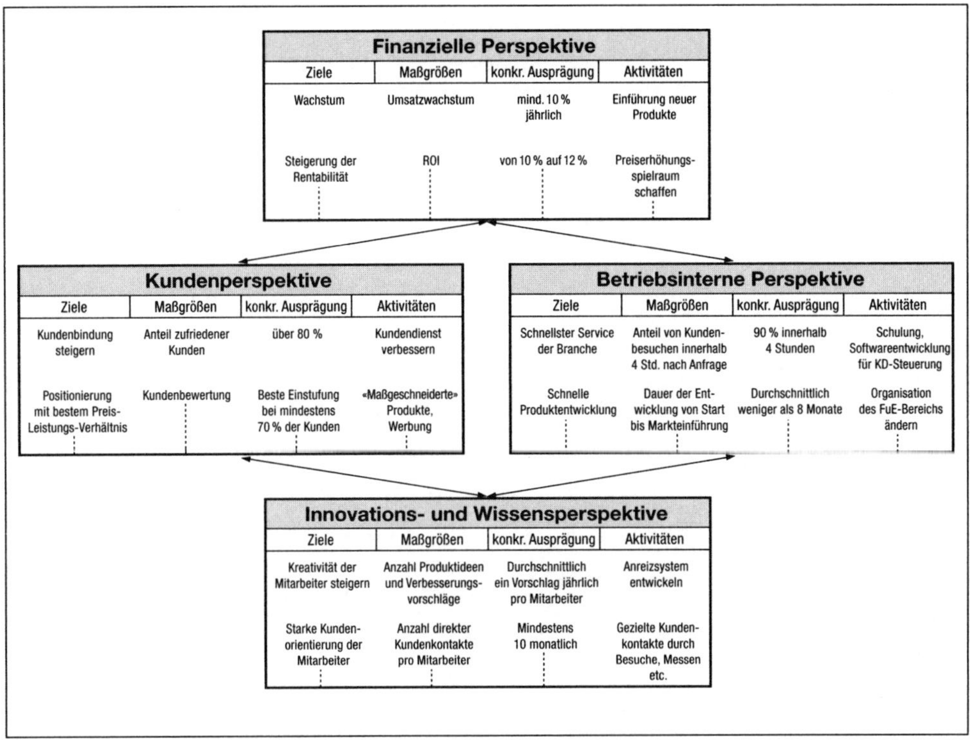

Abb. 6.5: Beispiel einer Balanced Scorecard mit Schwerpunkt Marketing

Literaturempfehlungen zum 6. Kapitel

BACKHAUS, K. (1999): Industriegütermarketing, 6. Aufl., München.

HILKER, J. (1993): Marketingimplementierung, Wiesbaden.

KAPLAN, R./NORTON, D. (1996): The Balanced Scorecard, Boston.

KAPLAN, R./NORTON, D. (2001): Die strategiefokussierte Organisation, Stuttgart

KÖHLER, R. (1993): Beiträge zum Marketing-Management, 3. Aufl., Stuttgart.

LINK, J./GERTH, N./VOSSBECK, E. (2000): Marketing-Controlling, München.

MEFFERT, H. (1994a): Marketing-Management. Analyse – Strategie – Implementierung, Wiesbaden.

REINECKE, S./TOMCZAK, T./GEIS, G. (Hrsg.): Handbuch Marketingcontrolling. Marketing als Motor von Wachstum und Erfolg, St.Gallen u. a. O.

WALKER, O./BOYD, H./LARRECHÉ, J.-C. (1999): Marketing Strategy – Planning and Implementation, 3. Aufl., Boston u. a. O.

Verzeichnis der verwendeten Literatur

AAKER, D. (1992): Strategic Market Management, 3. Aufl., New York u.a.O.

ABELL, D. (1978): Strategic Windows, in: Journal of Marketing, 42. Jg., S. 21-26.

ABELL, D. (1980): Defining the Business – The Starting Point of Strategic Planning, Englewood Cliffs (N.J.).

AHLERT, D. (1996): Distributionspolitik, 3. Aufl., Stuttgart u.a.O.

ALAJOUTSIJÄRVI, K./MÖLLER, K./TÄHTINEN, J. (2000): Beautiful exit: how to leave your business partner, in: European Journal of Marketing, 34. Jg., H. 11/12, S. 1270-1289.

ALBERS, S./PETERS, K. (1997): Die Wertschöpfungskette des Handels im Zeitalter des Electronic Commerce, in: Marketing ZFP, 19. Jg., S. 69-80.

ANSOFF, H. I. (1965): Corporate Strategy, New York.

ASSAEL, H. (1985): Marketing Management, Boston.

ASSAEL, H. (1987): Consumer Behavior and Marketing Action, 3. Aufl., Boston Mass.

ASSAEL, H. (1993): Marketing – Principles and Strategy, 2. Aufl., Fort Worth u.a.O.

BACKHAUS, K. (1992): Investitionsgütermarketing, 3. Aufl., München.

BACKHAUS, K. (1997): Relationship Marketing – Ein neues Paradigma im Marketing?, in: Bruhn, M./Steffenhagen, H. (Hrsg.): Marktorientierte Unternehmensführung, Wiesbaden, S. 19-36.

BACKHAUS, K. (1999): Industriegütermarketing, 6. Aufl., München.

BACKHAUS, K./BÜSCHKEN, J./VOETH, M. (2001): Internationales Marketing, 4. Aufl., Stuttgart.

BACKHAUS, K./MEYER, M. (1993): Strategische Allianzen und strategische Netzwerke, in: Wirtschaftswissenschaftliches Studium, 22. Jg., H. 7, S. 330-334.

BACKHAUS, K./WEIBER, R. (1989): Entwicklung einer Marketing-Konzeption mit SPSS/PC+, Berlin u.a.O.

BAKER, M./BUTTERY, E. A./RICHTER-BUTTERY, E. M. (1998): Relationship Marketing in Three Dimensions, in: Journal of Interactive Marketing, 12. Jg., H. 4, S. 47-62.

BALDERJAHN, I. (1995): Bedürfnisse, Bedarf, Nutzen, in: Tietz, B./Köhler, R./Zentes, J. (Hrsg.): Handwörterbuch des Marketing, 2. Aufl., Stuttgart, Sp. 179-180.

BARNEY, J. B. (1991): Firm Resources and Sustained Competitive Advantage, in: Journal of Management, 17. Jg., H. 1, S. 99-120.

BECKER, J. (1993): Marketing-Konzeption – Grundlagen des strategischen Marketing-Managements, 5. Aufl., München.

BECKER, J. (1996): Konzeptionelle Grundfragen der Positionierung, in: Tomczak, T./ Rudolph Th./Roosdorp A. (Hrsg.): Positionierung – Kernentscheidung des Marketing, St.Gallen, S. 12-23.

BECKER, J. (2001): Marketing-Konzeption – Grundlagen des zielstrategischen und operativen Marketing-Managements, 7. Aufl., München.

BEHRENS, G. (1996): Werbung. Entscheidung – Erklärung – Gestaltung, München.

BELZ, CHR. (1989a): Marketing- und Service-Qualität, in: Thexis, 6. Jg., H. 6, S. 26-31.

BELZ, CHR. (1989b): Konstruktives Marketing, Savosa/St.Gallen.

BELZ, CHR. (1990): Die Beschränkung der Absatzkanäle als Marketingstrategie, in: Jahrbuch der Absatz- und Verbrauchsforschung, 36. Jg., H. 1, S. 27-40.

BELZ, CHR. (1991): Suchfelder im Marketing, Zürich/St.Gallen.

BELZ, CHR. (1993): Management von Geschäftsbeziehungen, in: Thexis, 10. Jg., H. 3, S. 23-27.

BELZ, CHR. (1998): Akzente im innovativen Marketing, St.Gallen/Wien.

BELZ, CHR. (1999): Verkaufskompetenz, 2. Aufl., St.Gallen.

BELZ, CHR./BIRCHER, B. ET AL. (1991): Erfolgreiche Leistungssysteme – Anleitung und Beispiele, Stuttgart.

BELZ, CHR./BRADEMANN, E. ET AL. (1998): Management von Geschäftsbeziehungen. Konzepte – Integrierte Ansätze – Anwendungen in der Praxis, St.Gallen u.a.O.

BELZ, CHR./SCHUH, G./GROOS, S. A./REINECKE, S. (1997): Industrie als Dienstleister, St.Gallen.

BELZ, CHR./SENN, C. (1996): Strategische Optionen im Key Account Management – Überlegungen zu einer situativen Gestaltung der Zusammenarbeit mit Schlüsselkunden, in: Tomczak, T./Belz, Chr. (Hrsg.): Kundennähe realisieren. Ideen – Konzepte – Methoden – Erfahrungen, 2. Aufl., St.Gallen, S. 159-175.

BELZ, CHR./TOMCZAK, T. (1997) (Hrsg.): Marktbearbeitung und Distribution – Kompetenz für Marketing-Innovationen, Schrift 4, St.Gallen.

BENKENSTEIN, M. (1997): Strategisches Marketing, Stuttgart u.a.O.

BERNDT, R./FANTAPIÉ ALTOBELLI, C./SANDER, M. (1997): Internationale Marketing-Politik, Berlin u.a.O.

BERRY, L. L. (1983): Relationship Marketing, in: Berry, L. L./Shostack, G. L./Upah, G. D. (Hrsg.): Emerging Perspectives on Services Marketing, Chicago, S. 25-28.

BLEICHER, K. (1999): Das Konzept Integriertes Management. Visionen – Missionen – Programme, 5. Aufl., Frankfurt am Main/New York.

BÖCKER, F. (1988): Marketingkontrolle, Berlin u.a.O.

BONOMA, T. (1986): Der Marketing-Vorsprung, München.

BORDEN, N. (1964): The Concept of the Marketing Mix, in: Journal of Advertising Research, June 1964, S. 2-7.

BROCKHOFF, K. (1992): Positionierung, in: Diller, H. (Hrsg.): Vahlens Großes Marketinglexikon, München, S. 878-879.

BROCKHOFF, K. (1999): Produktpolitik, 4. Aufl., Stuttgart.

BRODIE, R. L./COVIELLO, N. E./BROOKS, R. W./LITTLE, V. (1997): Towards a Paradigm Shift in Marketing: An Examination of Current Marketing Practices, in: Journal of Marketing Management, 12. Jg., H. 5, S. 383-406.

BRUHN, M. (1982): Konsumentenzufriedenheit und Beschwerden, Frankfurt am Main/Bern.

BRUHN, M. (1997): Kommunikationspolitik. Bedeutung – Strategien – Instrumente, München.

BRUHN, M. (1999): Relationship Marketing – Neustrukturierung der klassischen Marketinginstrumente durch eine Orientierung an Kundenbeziehungen, in: Grünig, R./Pasquier, M. (Hrsg.): Strategisches Management und Marketing, Stuttgart u.a.O., S. 189-217.

BRUHN, M. (2001): Marketing, 5. Aufl., Wiesbaden.

BRUHN, M./BUNGE, B. (1996): Beziehungsmarketing als integrativer Ansatz der Marketingwissenschaft. Ein «Beziehungsgeflecht» zwischen Neologismus und Eklektizismus?, in: Die Unternehmung, 50. Jg., H. 3, S. 171-194.

BRUHN, M./GEORGI, D./TREYER, M./LEUMANN, S. (2000): Wertorientiertes Relationship Marketing: Vom Kundenwert zum Customer Lifetime Value, in: Die Unternehmung, 54. Jg., H. 3, S. 167-187.

BRUHN, M./HOMBURG, C. (Hrsg.) (1999): Handbuch Kundenbindungsmanagement, 2. Aufl., Wiesbaden.

BURMANN, CHR. (2000): Strategiewechsel in turbulenten Märkten – Neuere theoretische Ansätze zur Unternehmensflexibilität, Arbeitspapier Nr.134 der Wissenschaftlichen Gesellschaft für Marketing und Unternehmensführung e.V., hrsg. von Meffert, H./Backhaus, K./Becker, J., Münster.

BUZZELL, R./GALE, B. (1989): Das PIMS-Programm, Wiesbaden.

CARPENTER, G./NAKAMOTO, K. (1989): Consumer Preference Formation and Pioneering Advantage, in: Journal of Marketing Research, 26. Jg., S. 285-298.

CARPENTER, G./GLAZER, R./NAKAMOTO, K. (1997): Readings on Market-Driving Strategies – Towards a New Theory of Competitive Advantage, Reading (Mass.) u.a.O.

CHURCHILL, G./FORD, N./WALKER, O. (1985): Sales Force Management, Homewood (Ill.).

COPELAND, M. (1973): The Relation of Consumers' Buying Habits to Marketing Methods, in: Harvard Business Review, 1. Jg., S. 282-289.

CUMMINGS, A./OLDHAM, G. R. (1997): Enhancing Creativity: Managing Work Contexts for the High Potential Employee, in: California Management Review, 40. Jg., H. 1, S. 22-38.

CZEPIEL, J. (1992): Competitive Marketing Strategy, Englewood Cliffs (N.J.).

DAY, G. (1984): Strategic Market Planning – The Pursuit of Competitive Advantage, St.Paul u.a.O.

DAY, G. (1986): Analysis for Strategic Marketing Decisions, St.Paul u.a.O.

DAY, G. (1990): Market Driven Strategy, New York/London.

DAY, G. (1994): The Capabilities of Market-Driven Organizations, in: Journal of Marketing, 58. Jg., H. 10, S. 37-52.

DEAN, J. (1951): Managerial Economics, Englewood Cliffs (NJ).

DEAN, J. (1976): Pricing Policies for New Products, in: Harvard Business Review, 54. Jg., H. 6, S. 141-153.

DESHPANDÉ, R./FARLEY, J. U./WEBSTER, F. E. (1993): Corporate Culture, Customer Orientation, and Innovativeness in Japanese Firms: A Quadrad Analysis, in: Journal of Marketing, 57. Jg., H. 1, S. 23-37.

DICHTL, E. (1994): Strategische Optionen im Marketing, 3. Aufl., München.

DICHTL, E./RAFFÈE, H./NIEDETZKY, H.-M. (1981): Reisende oder Handelsvertreter, München.

DIEKMANN, A. (1995): Empirische Sozialforschung – Grundlagen, Methoden, Anwendungen, Reinbek.

DILLER, H. (1987): Das Innenleben von Key Accounts, in: Absatzwirtschaft, 30. Jg., H. 7, S. 89-93.

DILLER, H. (1989): Key Account-Management als vertikales Marketingkonzept, in: Marketing ZFP, 11. Jg., H. 4, S. 213-223

DILLER, H. (1996): Kundenbindung als Marketingziel, in: Marketing ZFP, 18. Jg., Nr. 2, S. 81-94.

DILLER, H. (2000): Preispolitik, 3. Aufl., Stuttgart u.a.O.

DILLER, H./KUSTERER, M. (1988): Beziehungsmanagement, in: Marketing ZFP, 10. Jg., H. 3, S. 211-220.

DITTRICH, S. (2000): Kundenbindung als Kernaufgabe im Marketing, Diss., St.Gallen.

DRUCKER, P. (1954): The Practice of Management, New York.

ECKERT, S. (1993): Rentabilitätssteigerung durch Kundenbindung am Beispiel eines Buchclubs, Diss., St.Gallen.

ENGELHARDT, W. H. (1988): Überlegungen zur Marketing-Strategie von Zulieferern, in: Thexis, 5. Jg., H. 2, S. 12-15.

ENGELHARDT, W. H. (1989): Dienstleistungsorientiertes Marketing – Antwort auf die Herausforderung durch neue Technologien, in: Adam, D. et al. (Hrsg.) (1989): Integration und Flexibilität – Eine Herausforderung für die Allgemeine Betriebswirtschaftslehre, Wiesbaden, S. 269-288.

ENGELHARDT, W. H./PLINKE, W. (1979): Marketing. Elemente der Marketing-Entscheidung, Lehrmaterial der Fernuniversität Hagen, Hagen.

ENGELHARDT, W. H./KLEINALTENKAMP, M./RECKENFELDERBÄUMER, M. (1993): Leistungsbündel als Absatzobjekte, in: zfbf, 45. Jg., H. 5, S. 395-426.

ENIS, B./ROERING, K. (1980): Product Classification Taxonomies – Synthesis and Consumer Implications, in: Lamb/Dunne (Hrsg.): Theoretical Developments in Marketing, Chicago, S. 186-189.

ESCH, F. J. (1992): Positionierungsstrategien – konstituierender Erfolgsfaktor für Handelsunternehmen, in: Thexis, 9. Jg., H. 4, S. 9-15.

ESCH, F. J. (1998): Marktreaktionen auf integrierte Kommunikation, Wiesbaden

ESCH, F. J./ANDRESEN, T. (1996): 10 Barrieren für eine erfolgreiche Markenpositionierung und Ansätze zu deren Überwindung, in: Tomczak, T./Th. Rudolph/A. Roosdorp (Hrsg.): Positionierung – Kernentscheidung des Marketing, St.Gallen, S. 78-94.

ESCH, F. J/ LEVERMANN, T. (1995): Positionierung als Grundlage des strategischen Kundenmanagements, in: Thexis, 12. Jg., H. 3, S. 8-16.

FEIGE, S. (1996): Handelsorientierte Markenführung, Frankfurt am Main

FINK, D. H./MEYER, N. (1995): Key-Account-Management – Effiziente Kundenbearbeitung im Vertrieb von Investitionsgütern durch Einsatz der Portfolio-Technik, in: Marktforschung & Management, 39. Jg., H. 2, S. 76-80.

FINSTERWALDER, J. (2000): Die Beendigung von Kundenbeziehungen durch den Anbieter, in: Albers, S./Hassmann, V./Somm, F./Tomczak, T. (Hrsg.): Verkauf: Kundenmanagement, Vertriebssteuerung, E-Commerce, Loseblattsammlung, Wiesbaden, Abschnitt 01.12, S. 1-22.

FINSTERWALDER, J. (2002): Transformation von Kundenbeziehungen – Ansätze für das Mengenkundengeschäft von Dienstleistungsunternehmen, Diss., St.Gallen.

FINSTERWALDER, J./REINECKE, S./TOMCZAK, T./STADELMANN, M. (2002): Erschließen und Ausschöpfen von Kundenpotenzialen durch Customer Relationship Management (CRM) – Managementkonzept und Ergebnisse einer Studie bei Schweizer Dienstleistern, in: Payne, A./Rapp, R. (Hrsg.): Handbuch Relationship Marketing. Konzeption und erfolgreiche Umsetzung, 2. Aufl., München (in Vorbereitung).

FISCHER, M. (1993): Make Or Buy Entscheidungen, Wiesbaden.

FLIEß, S. (1994): Messeselektion – Entscheidungskriterien für Investitionsgüterhersteller, Wiesbaden.

FRETER, H. (1983): Marktsegmentierung, Stuttgart u.a.O.

FRITZ, W. (1997): Erfolgsursache Marketing – Warum marktorientiert geführte Unternehmen erfolgreich sind, Stuttgart.

GÄLWEILER, A. (1990): Strategische Unternehmensführung, 2. Aufl., Frankfurt am Main u.a.O.

GAITANIDES, M./WESTPHAL, J. (1990): «Nachfragemacht» und Erfolg, in: ZfB, 60. Jg., H. 2, S. 135-153.

GARTNER GROUP (1997): Defining EC, Ems and other Terms, in: Price Waterhouse (Hrsg.): Global Enterprise Advisor, H. 10, S. 2-3.

GESCHKA, H./EGGERT-KIPFELSTUHL, K. (1994): Innovationsbedarfserfassung, in: Tomczak,T./ Reinecke, S. (Hrsg.): Marktforschung, St.Gallen, S. 116-127.

GILBERT, X./STREBEL, P. (1987): Strategies to Outpace the Competition, in: Journal of Business Strategy, 8. Jg., S. 28-36.

GILMORE, J. H./PINE, B. J. (1998): Massenproduktion auf Kunden zugeschnitten, in: Harvard Business Manager, 19. Jg., H. 4, S. 105-113.

GOLDER, P./TELLIS, G. (1993): Pioneer Advantage – Marketing Logic or Marketing Legend, in: Journal of Marketing Research, 30. Jg., S. 158-170.

GORE (2002a): Homepage von Gore Deutschland/Österreich/Schweiz, elektronisch veröffentlicht unter der URL: www.gore.de (Zugriff: 10.05.2002).

GORE (2002b): Homepage von Gore U.S./Canada, elektronisch veröffentlicht unter der URL: www.gore.de (Zugriff: 10.05.2002).

GRANT, R. M. (1991): The Resource-Based Theory of Competitive Advantage: Implications for Strategy Formulation, in: California Management Review, 34. Jg., Spring, S. 114-135.

GRÖNROOS, C. (1994): From Marketing Mix to Relationship Marketing: Towards a Paradigm Shift in Marketing, in: Management Decision, 32. Jg., H. 2, S. 4-20.

GROßE-OETRINGHAUS, W. F. (1996): Value Marketing, in: Tomczak, T./Belz, Chr. (Hrsg.): Kundennähe realiseren. Ideen – Konzepte – Methoden – Erfahrungen, 2. Aufl., St.Gallen, S. 55-79.

GÜNTER, B. (1979): Das Marketing von Großanlagen, Berlin.

GÜNTER, B./HELM, S. (Hrsg.) (2001): Kundenwert. Grundlagen – Innovative Konzepte – Praktische Umsetzungen, Wiesbaden.

GUMMESSON, E. (1994): Making Relationship Marketing Operational, in: International Journal of Service Industry Management, 5. Jg., H. 5, S. 5-20.

GUMMESSON, E. (1998): Productivity, quality and relationship marketing in service operations, in: International Journal of Contemporary Hospitality Management, 10. Jg., H. 1, S. 4-15.

GUSSEK, F. (1992): Erfolg in der strategischen Markenführung, Wiesbaden.

GUTENBERG, E. (1976): Grundlagen der Betriebswirtschaftslehre, Bd.II, Der Absatz, 15.Aufl., Berlin u.a.O.

HAAG, J. (1992): Kundendeckungsbeitragsrechnungen – Ein Prüfstein des Key-Account-Managements, in: Die Betriebswirtschaft, 52. Jg., H. 1, S. 25-39.

HAEDRICH, G. (1976): Werbung als Marketinginstrument, Berlin/New York.

HAEDRICH, G./GUSSEK, F./TOMCZAK, T. (1989): Differenzierte Marktbearbeitung und Markterfolg im Reiseveranstaltermarkt der Bundesrepublik Deutschland, in: Marketing ZFP, 11. Jg., H. 1, S. 11-18.

HAEDRICH, G./GUSSEK, F./TOMCZAK, T. (1990): Instrumentelle Strategiemodelle als Komponenten im Marketingplanungsprozess, in: DBW 50. Jg., H. 2, S. 205-222.

HAEDRICH, G./JENNER, T. (1995): Die Bedeutung strategischer Gruppen für die Marktwahl- und Marktbearbeitungsentscheidung bei der Neuproduktplanung in Konsumgütermärkten, in: Marketing ZPF, 17. Jg., S. 29-36.

HAEDRICH, G./TOMCZAK, T. (1996a): Strategische Markenführung, 2. Aufl., Bern/Stuttgart.

HAEDRICH, G./TOMCZAK, T. (1996b): Produktpolitik, Stuttgart u.a.O.

HAEDRICH, G./TOMCZAK, T./KAETZKE, P. (2002): Strategische Markenführung, 3. Aufl., Bern/Stuttgart.

HAGEL, J./SINGER, M. (1999): Unbundling the Corporation, in: Harvard Business Review, 77. Jg., H. 2, S. 133-141.

HAMEL, G./PRAHALAD, C. K. (1992): So spürten Unternehmen neue Märkte auf, in: Harvard Manager, 14. Jg., H. 2, S. 44-55.

HANSEN, U. (2000): Lost in Relationship-Marketing Space: The Limitations of Relationship Marketing from the Perspective of the Consumer, in: Hennig-Thurau, T./Hansen, U. (Hsrg.): Relationship Marketing. Gaining Competitive Advantage Through Customer Satisfaction and Customer Retention, Berlin u.a.O., S. 415-435.

HANSEN, U./HENNIG-THURAU, T./SCHRADER, U. (2001): Produktpolitik. Ein kunden- und gesellschaftsorientierter Ansatz, 3. Aufl., Stuttgart.

HAX, A./MAJLUF, N. (1996): The Strategy Concept and Process, 2. Aufl., Upper Saddle River (N.J.).

HEDLEY, B. (1976): A Fundamental Approach to Strategy Development, in: Long Range Planning, Dez., S. 2-11.

HENDERSON, B. (1974): Die Erfahrungskurve in der Unternehmensstrategie, Frankfurt am Main/New York.

HENNIG-THURAU, T./HANSEN, U. (Hrsg.) (2000): Relationship Marketing. Gaining Competitive Advantage Through Customer Satisfaction and Customer Retention, Berlin u.a.O.

HENTSCHEL, B. (1991): Beziehungsmarketing, in: Das Wirtschaftsstudium (WISU), 20. Jg., H. 1, S. 25-28.

HENZLER, H. (1980): Strategisches Marketing als Impulsgeber für die 80er Jahre, in: zfbf, 32. Jg., Sonderheft 11, S. 70-86.

HERRMANN, A. (1998): Produktmanagement, München.

HERSTATT, C. (1991): Anwender als Quelle für Produktinnovationen. Diss., Zürich.

HERSTATT, C./VON HIPPEL, E. (1992): From Experience: Developing New Product Concepts Via the Lead User Method. In: The Journal of Product Innovation Management, 9. Jg., S. 213-221.

HILKE, W. (1989): Grundprobleme und Entwicklungstendenzen des Dienstleistungs-Marketing, in: Hilke, W. (Hrsg.): Dienstleistungs-Marketing, Wiesbaden, S. 5-44.

HILKER, J. (1993): Marketingimplementierung, Wiesbaden.

HOLBROOK, M. (1987): What is Marketing Research, in: Russell Belk u.a. (Hrsg.): Marketing Theory – 1987 AMA Winter Educator's Conference, Chicago.

HOMBURG, CHR. (2000): Kundennähe von Industriegüterunternehmen: Konzeption – Erfolgsauswirkungen – Determinanten, 3. Aufl., Wiesbaden.

HOMBURG, CHR. (2002): Marketingmanagement. Strategie, Instrumente, Umsetzung, Unternehmensführung, Wiesbaden.

HOMBURG, CHR./GRUNER, K./HOCKE, G. (1997): Entwicklungslinien der Marketingorganisation, in: Albach, Horst (Hrsg.): ZfB-Ergänzungsheft «Marketing», Wiesbaden, S. 91-115.

HOMBURG, CHR./SIEBEN, F. (2000): Customer Relationship Management: Strategische Ausrichtung statt IT-getriebenem Aktivismus, Arbeitspapier des Instituts für Marktorientierte Unternehmensführung an der Universität Mannheim, Nr. M52, Mannheim.

HORVARTH, P. (1996): Controlling, 6. Aufl., München.

HÜTTEL, K. (1993): Produktpolitik, 3. Aufl., Kiehl.

HÜTTNER, M. (1989): Grundzüge der Marktforschung, 4. Aufl., Berlin u.a.O.

HULDI, C./STAUB, F. (1995): Cube-based Marketing, in: Direkt Marketing, Nr. 5, S. 27-31.

HUNT, S. D./LAMBE, C. J. (2000): Marketing's contribution to business strategy: market orientation, relationship marketing and resource-advantage theory, in: International Journal of Management Reviews, 2. Jg., H. 1, S. 17-43.

JACOB, F. (1995): Produktindividualisierung, Wiesbaden.

JAIN, S. (1985): Marketing Planning and Strategy, 2. Aufl., Cincinnati u.a.O.

JEANNET, J./HENNESSEY, H. (1988): International Marketing Management, Dallas u.a.O.

KAAS, K. P. (1990a): Marketing als Bewältigung von Informations- und Unsicherheitsproblemen im Markt, in: DBW 50. Jg., H. 4, S. 539-548.

KAAS, K. P. (1990b): Langfristige Werbewirkung und Brand Equity, in: Werbeforschung & Praxis, H. 3, S. 48-52.

KAAS, K. P. (2001): Marketing-Mix, in: Diller, H. (Hrsg.): Vahlens Großes Marketing Lexikon, 2. Aufl., München, S. 1002-1006.

KAETZKE, P./TOMCZAK, T. (2000): Ausschöpfen von Leistungspotenzialen – Ein Konzept zur Gestaltung existierender Leistungen, in: Thexis, 17. Jg., H. 2, S. 19-22.

KAPLAN, R./NORTON, D. (1996): The Balanced Scorecard, Boston.

KAPLAN, R./NORTON, D. (2001): Die strategiefokussierte Organisation, Stuttgart.

KARG, M. (2001): Kundenakquisition als Kernaufgabe im Marketing, Diss., St.Gallen.

KEMNA, H. (1990): Das Key Account-Management der 90er Jahre, in Thexis, 7. Jg., H. 1, S. 29-35.

KEVIN, R./MAHAJAN, V./VARADARAJAN, R. (1990): Contemporary Perspectives on Strategic Market Planning, Boston u.a.O.

KINNEAR, T./BERNHARDT, K./KRENTLER, K. A. (1995): Principles of Marketing, 4. Aufl., New York.

KIRSCH, W. (1991): Grundzüge des Strategischen Managements, in: Kirsch, W. (Hrsg.): Beiträge zum Management strategischer Programme, München, S. 3-38.

KIRSCHNER, U. (1988): Die Erfassung der Nachfragemacht von Handelsunternehmen, Frankfurt am Main u.a.O.

KLEINALTENKAMP, M. (1987): Die Dynamisierung strategischer Marketing-Konzepte, in: Schmalenbachs Zeitschrift für betriebswirtschaftliche Forschung, 39. Jg., S. 31-52.

KLEINALTENKAMP, M. (1988): Marketing-Strategien des Produktionsverbindungshandels, in: Thexis, 5. Jg., H. 2, S. 38-43.

KLEINALTENKAMP, M. (1995): Gestaltung der Distributionsleistung, in: Kleinaltenkamp, M./Plinke, W. (Hrsg.): Technischer Vertrieb. Grundlagen des Business-to-Business Marketing, Berlin u.a.O., S. 745-781.

KLEINALTENKAMP, M. (2000a): Wettbewerbsstrategie, in: Kleinaltenkamp, M./Plinke, W. (Hrsg.): Strategisches Business-to-Business Marketing, Berlin u.a.O., S. 57-189.

KLEINALTENKAMP, M. (2000b): Marktsegmentierung, in: Kleinaltenkamp, M./Plinke, W. (Hrsg.): Strategisches Business-to-Business Marketing, Berlin u.a.O., S. 191-232.

KLEINALTENKAMP, M./JACOB, F. (1995): Gestaltung des Leistungsprogramms, in: Kleinaltenkamp, M./Plinke, W. (Hrsg.): Technischer Vertrieb. Grundlagen des Business-to-Business Marketing, Berlin u.a.O., S. 703-743.

KLEINALTENKAMP, M./PLINKE, W. (Hrsg.) (2000): Strategisches Business-to-Business Marketing, Berlin u.a.O.

KLICHE, M. (1991): Industrielles Innovationsmarketing. Wiesbaden.

KÖHLER, R. (1993): Beiträge zum Marketing-Management, 3. Aufl., Stuttgart.

KÖHLER, R. (2000): Kundenorientiertes Rechnungswesen als Voraussetzung des Kundenbindungsmanagements, in: Bruhn, M./Homburg, C. (Hrsg.): Handbuch Kundenbindungsmanagement – Grundlagen, Konzepte, Erfahrungen, 3. Aufl., Wiesbaden, S. 415-444.

KOHLI, A. K./JAWORSKI, B. J. (1990): Market Orientation: The Construct, Research Proposition, and Managerial Implications, in: Journal of Marketing, 54. Jg., H. 4, S. 1-18.

KOPPELMANN, U. (1997): Produktmarketing. Entscheidungsgrundlagen für Produktmanager, 5. Aufl., Berlin u.a.O.

KORTE, E. (1992): Der Anschlussabsatz als strategische Kooperationsform, Bochum.

KOTLER, P. (1992): Marketing's New Paradigm. What's Really Happening Out There, in: Planning Review, 20. Jg., H. 5, S. 50-52.

KOTLER, P. (1999): Kotler on Marketing. How to Create, Win, and Dominate Markets, New York.

KOTLER, P./BLIEMEL, F. (2001): Marketing-Management. Analyse, Planung und Verwirklichung, 10. Aufl., Stuttgart.

KOTLER, P. (2002): Marketing Management, 11. Aufl., Upper Saddle River (N.J.).

KOTLER, P./GREGOR, W./ROGERS, W. (1977): The Marketing Audit Comes of Age, in: Sloan Management Review, 21. Jg., S. 25-43.

KREILKAMP, E. (1987): Strategisches Management und Marketing, Berlin/New York.

KREILKAMP, E./NÖTHEL, T. (1996): Zielgruppenfragmentierung durch Szene-Positionierung, in: Tomczak, T./Th. Rudolph/A. Roosdorp (Hrsg.): Positionierung – Kernentscheidung des Marketing, St.Gallen, S. 134-144.

KROEBER-RIEL, W./ESCH, F.-R. (2000): Strategie und Technik der Werbung, 5. Aufl., Stuttgart u.a.O.

KROEBER-RIEL, W./WEINBERG, P. (1999): Konsumentenverhalten, 7. Aufl., München.

KROGH, G./ROGULIC, B. (1996): Branchen gestalten statt Marktanteile verwalten, in: Tomczak, T./Rudolph, T./Roosdorp, A. (Hrsg.): Positionierung – Kernentscheidung des Marketing, St.Gallen, S. 58-68.

KÜHN, R. (1985): Marketing-Instrumente zwischen Selbstverständlichkeit und Wettbewerbsvorteil – Das Dominanz-Standard-Modell, in: Thexis, 2. Jg., H. 4, S. 16-21.

KÜHN, R. (1986): Das Dominanz-Standard-Modell – Ein Ansatz zur wirkungsbezogenen Gewichtung der Instrumente des Marketing-Mix, in: IHA-News, H. 1, S. 4-9.

KÜHN, R. (1997): Marketing: Analyse und Strategie, 3. Aufl., Zürich.

KUß, A. (1996): Analyse von Kundenwünschen mit Hilfe von Means-End-Chains, in: Tomczak, T./Belz, Chr. (Hrsg.): Kundennähe realisieren. Ideen – Konzepte – Methoden – Erfahrungen, 2. Aufl., St.Gallen, S. 251-262.

KUß, A. (2001): Marketing-Einführung – Grundlagen, Überblick, Beispiele; Wiesbaden.

KUß, A./TOMCZAK, T. (2000): Käuferverhalten, 2. Aufl., Stuttgart.

LASSWELL, H. D. (1967): The Structure and Function of Communication in Society, in: Berelson, B./Janowitz, M. (Eds.): Reader in Public Opinion and Communication, 2. Aufl., New York/London, S. 178-190.

LAZARSFELD P. F./BERELSON, B./GAUDET, H. (1968): The People's Choice – How the Voter Makes up his Mind in a Presidential Campaign, 3. Aufl., New York.

LEITHERER, E. (1974): Betriebliche Marktlehre, 1. Teil, Stuttgart.

LEVITT, T. (1960): Marketing Myopia, in: Harvard Business Review, 38. Jg., H. 4, S. 45-56.

LEVITT, T. (1983): The Globalization of Markets, in: Harvard Business Review, 61. Jg., H. 3.

LEVITT, T. (1986): The Marketing Imagination, New York/London.

LINK, J. (1995): Welche Kunden rechnen sich?, in: Absatzwirtschaft, 38. Jg., H. 10, S. 108-110.

LINK, J./GERTH, N./VOSSBECK, E. (2000): Marketing-Controlling, München.

LIPSON, H. A./DARLING, J. R./REYNOLDS, F. D. (1970): A two phase interaction process for marketing model construction, in: MSU Business Topics, 18. Jg., Herbst 1970, S. 34-44.

LISOWSKY, P. U. (1968): Das Bedürfnis als absatzwirtschaftliches Problem, Diss., St.Gallen.

LITTLE, J. D. (1970): Models and Managers: The Concept of a Decision Calculus, in: Management Science, S. 466-485.

LUDWIG, E. (1998): Pralinelli von Lindt & Sprüngli: Produtkinnovation als Erfolgsgeheimnis, in: Tomczak, T./Reinecke, S. (Hrsg.) (1998): Best Practice in Marketing – Erfolgsbeispiele zu den vier Kernaufgaben im Marketing, St.Gallen/Wien, S. 199-214.

MAGYAR, K. M. (1987): Pioniermanagement, Rorschach.

MAHONEY, J. T/ PANDIAN, J. R. (1992): The Resource-Based View Within the Conversation of Strategic Management. In: Strategic Managment Journal, 13. Jg., H. 6, S. 363-380.

MAUCH, W. (1990): Bessere Kundenkontakte durch Sales Cycle, in: Thexis, 7. Jg., H. 1, S. 15-18.

MCCARTY, J. E. (1960): Basic Marketing: A Managerial Approach, Homewood (Illinois).

MCGUIRE, W. (1977): Information processing model of advertising effectiveness, in: Davis, M./Silk, A. (Eds.)(1978): Behavioral- and Management Science in Marketing, New York u.a.O.

MCKENNA, R. (1991): Relationship Marketing. Own the Market through Strategic Customer Relationship, London.

MCNAIR, M. (1958): Significant Trends and Developments in the Postwar Period, in: Smith, A. B. (Hrsg.): Competitive Distribution in a Free, High-Level Economy and its Implications for the University, Pittsburgh, S. 1-25.

MEFFERT, H. (1988): Strategische Unternehmensführung und Marketing: Beiträge zur marktorientierten Unternehmenspolitik, Wiesbaden.

MEFFERT, H. (1993): Marktorientierte Führung von Dienstleistungsunternehmen – neuere Entwicklungen in Theorie und Praxis, Arbeitspapier Nr. 78 der wissenschaftlichen Gesellschaft für Marketing und Unternehmensführung e.V.

MEFFERT, H. (1994a): Marketing-Management. Analyse – Strategie – Implementierung, Wiesbaden.

MEFFERT, H. (1994b): Marktorientierte Führung von Dienstleistungsunternehmen – neuere Entwicklungen in Theorie und Praxis, in: Die Betriebswirtschaft, 54. Jg., S. 519-541.

MEFFERT, H. (1999): Marketing – Entwicklungstendenzen und Zukunftsperspektiven, in: Die Unternehmung, 53. Jg., H. 6, S. 409-432.

MEFFERT, H. (2000a): Marketing – Grundlagen marktorientierter Unternehmensführung. Konzepte – Instrumente – Praxisbeispiele, 9. Aufl., Wiesbaden.

MEFFERT, H. (2000b): Kundenbindung als Element moderner Wettbewerbsstrategien, in: Bruhn, M./Homburg, Chr. (Hrsg.): Handbuch Kundenbindungsmanagement. Grundlagen – Konzepte – Erfahrungen, 3. Aufl., Wiesbaden, S. 115-135.

MEFFERT, H./ALTHANS, J. (1982): Internationales Marketing, Stuttgart.

MEFFERT, H./BOLZ, J. (1997): Internationales Marketing-Management, 3. Aufl., Stuttgart u.a.O.

MEFFERT, H./BURMANN, CHR. (2000): Product Life Cycle Management – Grundmodell und neuere Entwicklungen, in: Thexis, 17. Jg., H. 2, S. 6-10.

MEFFERT, H./STEFFENHAGEN, H. (1976): Konflikte zwischen Industrie und Handel, Wiesbaden.

MERGET, J. (1990): Wieviel Geld ist ihre Marke wert?, in: Nielsen Focus, H. 1, S. 6-7.

MEYER, A. (1991): Dienstleistungs-Marketing, in: Die Betriebswirtschaft, 51. Jg., S. 195-209.

MEYER, H. H. (1984): Distributionsstrategien, in: Wieselhuber, N./Töpfer, A. (Hrsg.): Handbuch Strategisches Marketing, Landsberg, S. 252-269.

MILES, R. E./SNOW, C. C. (1978): Organizational Strategy, Structure, and Process, New York u.a.O.

MONROE, K. (1979): Pricing-Making Profitable Decisions, New York u.a.O.

MOORE, G. A. (1995): Inside the Tornado. Marketing Strategies from Silicon Valley's Cutting Edge, New York (zitiert nach der Paperbackversion, New York 1999).

MORIARTY, R. T./MORAN, U. (1991): Die Absatzhybriden sind da. Was tun damit?, in: Harvard Manager, 13. Jg., H. 3, S. 97-108.

MÜHLBACHER, H./DREHER, A. (1996): Systemische Positionierung, in: Tomczak, T./Rudolph Th. /Roosdorp A. (Hrsg.): Positionierung – Kernentscheidung des Marketing, St.Gallen, S. 70-76.

MÜLLER-HAGEDORN, L. (1990): Zur Erklärung der Vielfalt und Dynamik der Vertriebsformen, in: zfbf, 42. Jg., H. 6, S. 451-466.

MÜLLER, W./RIESENBECK, H.-J. (1991): Wie aus zufriedenen auch anhängliche Kunden werden, in: Harvard Manager, 13. Jg., 3, S. 67-79.

MÜLLER-STEWENS, G./LECHNER, C. (1999): Strategie und Wandel, unveröffentlichtes Arbeitspapier, St.Gallen.

MÜLLER-STEWENS, G./LECHNER, C. (2001): Strategisches Management. Wie strategische Initiativen zum Wandel führen, Stuttgart.

NAGLE, T. (1987): The strategy and tactics of pricing, Englewood Cliffs (N.J.).

NARVER, J. C./SLATER, S. F. (1990): The Effect of a Market Orientation on Business Profitability, in: Journal of Marketing, 54. Jg., H. 10, S. 20-35.

NIESCHLAG, R. (1954): Die Dynamik der Betriebsformen im Handel, Schriftenreihe des Rheinisch-Westphälischen Instituts für Wirtschaftsfoschung, N.F. 7, Essen.

NIESCHLAG, R./DICHTL, E./HÖRSCHGEN, H. (1997): Marketing, 18. Aufl., Berlin.

OBERPARLEITER, K. (1955): Funktionen und Risikenlehre des Warenhandels, 2. Aufl., Wien.

OLBRICH, R./SCHRÖDER, H. (1995): Absatzhelfer, in: Tietz, B./Köhler, R./Zentes, J. (Hrsg.): Handwörterbuch des Marketing, 2. Aufl., Stuttgart, Sp. 12-19.

OLFERT, K./RAHN, H.-J. (1996): Marktpotenziale, in: Olfert, K. (Hrsg.): Lexikon der Betriebswirtschaftslehre, Ludwigshafen.

OLSON, J./REYNOLDS, T. (1983): Understanding Consumers' Cognitive Structures – Implications for Advertising Strategy, in: Percy, L./Woodside, A. (Eds.): Advertising and Consumer Psychology, Lexington (Mass.)/Toronto, S. 77-90.

O'SHAUGHNESSY, J. (1987): Why People Buy, New York u.a.O.

o.V. (1999a): Plüschtierhersteller Steiff bietet Mode für Kinder an, in: Frankfurter Allgemeine Zeitung, vom 11. Juni 1999, S. 18.

o.V. (1999b): Gute Osterhasen kommen auch mal erst zu Weihnachten, in: Frankfurter Allgemeine Zeitung, vom 13. September 1999, S. 28.

PABST, O. (1993): Vertikales Marketing in schnellebigen Märkten – Distributive Leistungssysteme im Damenoberbekleidungsmarkt, St.Gallen.

PAYNE, A./RAPP, R. (Hrsg.) (1999): Handbuch Relationship-Marketing: Konzeption und erfolgreiche Umsetzung, München.

PENROSE, E. T. (1959): The Theory of the Growth of the Firm, Oxford.

PEPELS, W. (1997): Einführung in die Kommunikationspolitik. Eine Werbelehre mit Beispielen und Kontrollfragen, Stuttgart.

PETER, S. (1997): Kundenbindung als Marketingziel. Identifikation und Analyse zentraler Determinanten, Wiesbaden.

PETER, S./SCHNEIDER, W. (1994): Strategiefaktor Kundennähe – Vom Transaktionsdenken zum Relationship Marketing, in: Marktforschung und Management. Zeitschrift für marktorientierte Unternehmenspolitik, 36. Jg., H. 1, S. 7-11.

PETERAF, M. (1993): The Cornerstones of Competitive Advantage: A Resource-Based View, in: Strategic Management Journal, 14. Jg., S. 174-192.

PILLER, F. T. (1998): Kundenindividuelle Massenproduktion, München/Wien.

PINE, B. J. (1993): Mass customization: the new frontier in business competition, Boston, MA.

PLINKE, W. (1989): Die Geschäftsbeziehung als Investition, in: Specht, G./Silberer, G./Engelhardt, W. H. (Hrsg.): Marketing-Schnittstellen, Stuttgart, S. 305-325.

PLINKE, W. (1995a): Grundlagen des Marktprozesses, in: Kleinaltenkamp, M./ Plinke, W. (Hrsg.): Technischer Vertrieb. Grundlagen des Business-to Business Marketing, Berlin u.a.O., S. 3-98.

PLINKE, W. (1995b): Kundenanalyse, in: Tietz, B./Köhler, R./Zentes, J. (Hrsg.): Enzyklopädie der Betriebswirtschaftslehre, Bd. 4: Handwörterbuch des Marketing, 2. Aufl., Stuttgart, Sp. 1328-1340.

PLINKE W./SÖLLNER A. (1995): Gestaltung des Leistungsentgelts, in: Kleinaltenkamp, M./ Plinke, W. (Hrsg.): Technischer Vertrieb. Grundlagen des Business-to Business Marketing, Berlin u.a.O., S. 831-921.

PLÖTNER, O. (1995): Die Gestaltung der Kommunikationsleistung, in: Kleinaltenkamp, M./Plinke, W. (Hrsg.): Technischer Vertrieb. Grundlagen des Business-to Business Marketing, Berlin, S. 785-828.

PORTER, M. E. (1999a): Wettbewerbsstrategie. Methoden zur Analyse von Branchen und Konkurrenten, 10. Aufl., Frankfurt am Main u.a.O.

PORTER, M. E. (1999b): Wettbewerbsvorteile. Spitzenleistungen erreichen und behaupten, 5. Aufl., Frankfurt am Main u.a.O.

PRAHALAD, C. K./HAMEL, G. (1990): The Core Competences of the Corporation, in: Harvard Business Review, 68. Jg., Nr. 3, S. 79-91.

PRAHALAD, C. K./HAMEL, G. (1991): Nur Kernkompetenzen sichern das Überleben, in: Harvard Manager, 13. Jg., H. 2, S. 66-78.

PÜMPIN, C. (1992): Strategische Erfolgspositionen: Methodik der dynamischen strategischen Unternehmensführung, Bern.

RAFFÉE, H./FRITZ, W. (1991): Die Führungskonzeption erfolgreicher und weniger erfolgreicher Industrieunternehmen im Vergleich, in: ZfB, 61. Jg., H. 11, S. 1211-1226.

RASCHE, CHR./WOLFRUM, B. (1994): Ressourcenorientierte Unternehmensführung, in: Die Betriebswirtschaft, 54. Jg., H. 4, S. 501-517.

RAY, M. (1982): Advertising and Communication Management, Englewood Cliffs (N.J.).

REED, R./DEFILLIPPI, R. (1990): Causal Ambiguity Barriers to Imitation, and Sustainable Competitive Advantage, in: Academy of Management Review, 15. Jg., H. 1, 1990, S. 88-102.

REIBSTEIN, D. (1985): Marketing – Concepts, Strategies and Decisions, Englewood Cliffs (N.J.).

REICHHELD, F./SASSER, E. (1991): Zero-Migration: Dienstleister im Sog der Qualitätsrevolution, in: Harvard Manager, 13. Jg., H. 4, S. 108-116.

REICHMANN, T. (1988): Entwicklungen im Bereich kennzahlengestützter Controlling-Konzeptionen, in: Die Betriebswirtschaft, 48. Jg.H. 1, S. 79-95.

REINECKE, S./REIBSTEIN, D. J. (2001): Marketing Performance Measurement. Einsatz von Marketingkennzahlen in den USA und in Kontinentaleuropa, in: Reinecke, S./Tomczak, T./ Geis, G. (Hrsg.): Handbuch Marketingcontrolling. Marketing als Motor von Wachstum und Erfolg, St.Gallen/Wien, S. 144-166.

REINECKE, S./SIPÖTZ, E./WIEMANN, E.-M. (1998): «Total Customer Care: Kundenorientierung auf dem Prüfstand», in: Reinecke, S./Sipötz, E./Wiemann, E.-M. (Hrsg.): Total Customer Care: Kundenorientierung auf dem Prüfstand, St.Gallen/Wien, S. 264-307.

REINECKE, S./TOMCZAK, T./DITTRICH, S. (1997) (Hrsg.): Marketingcontrolling, St.Gallen.

REINECKE, S./TOMCZAK, T./GEIS, G. (2001) (Hrsg.): Handbuch Marketingcontrolling. Marketing als Motor von Wachstum und Erfolg, St.Gallen/Wien.

RIES, A./TROUT, J. (1986): Positioning: Die neue Werbestrategie, Hamburg.

RIES, A./TROUT, J. (1993): Die 22 unumstößlichen Gebote im Marketing, Düsseldorf u.a.O.

RÖSSL, D. (1994): Gestaltung komplexer Austauschbeziehungen – Analyse zwischenbetrieblicher Kooperation, Wiesbaden.

ROOSDORP, A. (1998): Coca-Cola: Leistungspflege durch agile Marktkommunikation, in: Tomczak, T./Reinecke, S. (Hrsg.): Best Practice in Marketing – Erfolgsbeispiele zu den vier Kernaufgaben im Marketing, St.Gallen/Wien, S. 241-251.

ROSADA, M. (1990): Kundendienststrategien im Automobilsektor-Theoretische Fundierung und Umsetzung eines Konzepts zur differenzierten Vermarktung von Sekundärdienstleistungen, Berlin.

ROSSITER, J./PERCY, L. (1987): Advertising and Promotion Management, New York u.a.O.

ROTHSCHILD, M. (1987): Marketing Communications, Lexington (Mass.)/New York.

RUDOLF-SIPÖTZ, E. (2001): Kundenwert. Konzeption – Determinanten – Management, St.Gallen.

RUDOLF-SIPÖTZ, E./TOMCZAK, T. (2001): Kundenwert in Forschung und Praxis, Fachbericht für Marketing, Nr. 2, St.Gallen.

RUDOLPH, TH. (1993): Positionierungs- und Profilierungsstrategien im Europäischen Einzelhandel, St.Gallen.

RUDOLPH, TH. (2000): Erfolgreiche Geschäftsmodelle im Europäischen Handel. Ausmaß, Formen und Konsequenzen der Internationalisierung für das Handelsmanagement, Fachbericht für Marketing, Nr. 3, St.Gallen.

RUDOLPH, TH./WEINHOLD-STÜNZI, H. (1993): Erfolgreiche Einzelhandelskonzepte für den Einzelhandel in Europa, in: Management zwischen Effizienz und Vision, GDI-Schrift Nr. 85, S. 89-103.

RUMELT, R. P. (1984): How Much Does Industry Matter?, in: Strategic Management Journal, 12. Jg., S. 167-185.

RUMELT, R. P./SCHENDEL, D. E./TEECE, D. J. (1994) (Hrsg.): Fundamental Issues in Strategy: A Research Agenda, Boston.

RÜTTIMANN, C. (1998): 3M: Nasal Strips als Produktinnovation, in: Belz, C. (Hrsg.): Akzente im innovativen Marketing, St.Gallen/Wien, S. 145-149.

SCHÄFER, E. (1981): Die Aufgabe der Absatzwirtschaft, 3. Aufl., Stuttgart.

SCHLEUNING, C. (1994): Dialogmarketing. Theoretische Fundierung, Leistungsmerkmale und Gestaltungsansätze, Ettlingen.

SCHMALEN, H. (1995): Preispolitik., 2. Aufl., Stuttgart.

SCHMIDT, A. (1986): Das Controlling als Instrument zur Unternehmensführung. Frankfurt am Main u.a.O.

SCHÖGEL, M. (1997): Mehrkanalsysteme in der Distribution, Diss., St.Gallen.

SCHÖGEL, M./BIRKHOFER, B./TOMCZAK, T. (1999): Kooperative Leistungssysteme – Eigenschaften, Herausforderungen und Lösungsansätze, in: Thexis, 17. Jg., H. 3, S. 10-16.

SCHÖGEL, M./BIRKHOFER, B./TOMCZAK, T. (2000): E-Commerce im Distributionsmanagement – Status Quo und Entwicklungstendenzen, Fachbericht für Marketing, Nr. 2, St.Gallen.

SCHÖGEL, M./FINSTERWALDER, J. (1999): Fallstudie Winterthur: Grundlagen und Rahmenbedingungen des Dienstleistungsmarketing bei einem Versicherungsunternehmen, Materialien der Aus- und Weiterbildung aus dem IMH, unveröffentliches Arbeitspapier, St.Gallen.

SCHÖGEL, M./TOMCZAK, T. (1995a): Management von Mehrkanalsystemen – Phänomen, Herausforderungen, Lösungsansätze. Fachbericht für Marketing, Nr. 4, St.Gallen.

SCHÖGEL, M./TOMCZAK, T. (1995b): Mehrkanalsysteme im Distributionsmanagement, in: Thexis, 12. Jg., H. 3, S. 42-47.

SCHULZ, B. (1995): Kundenpotenzialanalyse im Kundenstamm von Unternehmen, Frankfurt am Main u.a.O.

SCHWEIGER, G./SCHRATTENECKER, G. (1995): Werbung, 4. Aufl., Stuttgart.

SEWING, E. (1994): Die Absatzwegewahl des Herstellers, Analyse vor dem Hintergrund der Principal-Agent-Theorie, Wiesbaden.

SHAPIRO, B. P. (1988): What the Hell is Market Oriented, in: Harvard Business Review, 66. Jg., H. 6, S. 119-125.

SHETH, J. N./PARVATIYAR, A. (1995): Relationship Marketing in Consumer Markets: Antecedents and Consequences, in: Journal of the Academy of Marketing Science, 23. Jg., Nr. 4, S. 255-271.

SHIMP, T. (1990): Promotion Management and Marketing Communications, 2. Aufl., Chicago u.a.O.

SIMON, H. (1988): Management strategischer Wettbewerbsvorteile, in: ZfB, 59. Jg., H. 4, S. 461-481.

SIMON, H. (1992): Preismanagement. Analyse – Strategie – Umsetzung, 2. Aufl., Wiesbaden.

SIMON, H. (1995): Preismanagement kompakt. Probleme und Methoden des modernen Pricing, Wiesbaden.

SLATER, S. F./NARVER, J. C. (1995): Market Orientation and the Learning Organization, in: Journal of Marketing, 59. Jg., H. 7, S. 63-74.

SLATER, S. F./OLSON, E. M./REDDY, V. K. (1997): Strategy-Based Performance Measurement, in: Business Horizons, H. 4, S. 37-44.

SPECHT, G. (1998): Distributionsmanagement, 3. Aufl., Stuttgart u.a.O.

SOUTHWEST AIRLINES (2002): Homepage von Southwest Airlines, elektronisch veröffentlicht unter der URL: www.southwest.com (Zugriff: 17.04.2002).

STAEHLE, W. H. (1969): Kennzahlen und Kennzahlensysteme, Wiesbaden.

STAPPEN, H.-J./SEUFERT, H.-D. (2001): Luxus-Leiser. Die japanische S-Klasse greift ihr Vorbild an, in: Auto Motor und Sport, H. 13, vom 13. Juni 2001, S. 82-88.

STAUSS, B. (1996): Der Einsatz der «Critical Incident Technique» im Dienstleistungsmarketing, in: Tomczak, T./Belz, Chr. (Hrsg.): Kundennähe realisieren. Ideen – Konzepte – Methoden – Erfahrungen, 2. Aufl., St.Gallen, S. 233-250.

STAUSS, B. (1997): Regaining Service Customers. Costs and Benefits of Regain Management, Diskussionsbeitrag der Wirtschaftswissenschaftlichen Fakultät Ingolstadt, Nr. 86, Ingolstadt.

STAUSS, B. (1999): Kundenzufriedenheit, in: Marketing ZFP, 21. Jg., H. 1, S. 5-24.

STAUSS, B. (2000): Rückgewinnungsmanagement: Verlorene Kunden als Zielgruppe, in: Bruhn, M./Stauss, B. (Hrsg.): Dienstleistungsmanagement Jahrbuch 2000 – Kundenbeziehungen im Dienstleistungsbereich, Wiesbaden, S. 449-471.

STAUSS, B./SEIDEL, W. (1998): Beschwerdemanagement. Fehler vermeiden – Leistung verbessern – Kunden binden, 2. Aufl., München/Wien.

STEFFENHAGEN, H. (2000): Marketing – Eine Einführung, 4. Aufl., Stuttgart.

STEFFENHAGEN, H./KELLER, D. (1989): Herstellerkonditionen und Handelsleistung, in: Trommsdorff, V. (Hrsg.): Handelsforschung 1989 – Grundsatzfragen, Jahrbuch der Forschungsstelle für den Handel Berlin (FfH) e.V., Wiesbaden, S. 77-89.

STEIFF (2002): Homepage von Steiff, elektronisch veröffentlicht unter der URL: www.steiff.de (Zugriff: 06.06.2002).

STEINMANN, H./SCHREYÖGG, G. (2000): Management: Grundlagen der Unternehmensführung. Konzepte – Funktionen – Fallstudien, 5. Aufl., Wiesbaden.

STRUCK, M. (1995): Management erfolgreicher Produktpositionierung – Fallstudie Mazola Keimöl, unveröffentlichtes Manuskript, St.Gallen.

SYDOW, J. (1992): Strategische Netzwerke, Wiesbaden.

TACKE, G. (1989): Nichtlineare Preisbildung, Wiesbaden.

TEECE, D. J. (1982): Towards an Economic Theory of the Multiproduct Firm, in: Journal of Economic Behavior and Organization, 3, S. 39-63.

TEECE, D. J./PISANO, G./SHUEN, A. (1997): Dynamic Capabilities and Strategic Management, in: Strategic Management Journal, 18. Jg., S. 509-533.

TERPSTRA, V./SARATHY, R. (1994): International Marketing, 6. Aufl., Fort Worth u.a.O.

TIETZ, B. (1993): Der Direktvertrieb an Konsumenten, Stuttgart.

TIMMERMANN, A. (1982): An Haupterfolgsfaktoren orientierte Geschäftsfeldstrategien: Grundbausteine der Multi-Faktor-Portfolio-Methode, in: AGPLAN-Handbuch der Unternehmensplanung. Kennz. 4835, 36. Ergänzungslieferung, Berlin.

THOMAS, F. (1999): Gewinnung neuer Kundenkreise durch die Ausschöpfung eines Markenbildes, in: Thexis, 16. Jg., H. 2, S. 47-49.

TOMCZAK, T. (1989): Situative Marketingstrategien, Berlin/New York.

TOMCZAK, T. (1991): Das Management indirekter Distributionssysteme, Habilitationsschrift Hochschule St.Gallen, St.Gallen

TOMCZAK, T. (1992): Distributive Leistungssysteme, in: Thexis, 9. Jg., H. 2, S. 49-55.

TOMCZAK, T. (1993): Key account-orientierte Wettbewerbsstrategien in der Konsumgüterindustrie, in: Thexis, 10. Jg., H. 3, S. 45-48.

TOMCZAK, T. (1994): Produktpositionierung, unveröffentlichtes Manuskript, St.Gallen.

TOMCZAK, T. (1996): Relationship-Marketing – Grundzüge eines Modells zum Management von Kundenbeziehungen, in: Tomczak, T./Belz, Chr. (Hrsg.): Kundennähe realisieren. Ideen – Konzepte – Methoden – Erfahrungen, 2. Aufl., St.Gallen, S. 193-215.

TOMCZAK, T./DITTRICH, S. (1997): Marketing-Instrumentarium, Vorlesungsskript, Universität St.Gallen, St.Gallen.

TOMCZAK, T./FEIGE, S./SCHÖGEL, M. (1994): Zum Management von komparativen Konkurrenzvorteilen im vertikalen Marketing – Ergebnisse einer empirischen Studie, in: Trommsdorff, V. (Hrsg.): Handelsforschung 1994/95, Wiesbaden, S. 57-70.

TOMCZAK, T./FEUERHAKE, CHR. (1992): Die Stärkung der Kundenbindung im Marketing, in: Bircher, B. (Hrsg.): Die Schweiz und Europa, Chur/Zürich, S. 71-85.

TOMCZAK, T./GUSSEK, F. (1992): Handelsorientierte Anreizsysteme der Konsumgüterindustrie, in: ZfB 62. Jg., H. 7, S. 783-806.

TOMCZAK, T./KARG, M. (1999): Grundstrategien der Kundenakquisition, in: Thexis, 16. Jg., H. 2, S. 4-8.

TOMCZAK, T./MÜLLER, F. (1992): Kommunikation als zentraler Erfolgsfaktor der strategischen Markenführung, in: Thexis, 9. Jg., H. 6, S. 18-22.

TOMCZAK, T./REINECKE, S. (1995): Die Rolle der Positionierung im strategischen Marketing, in: Thommen, J.P. (Hrsg.): Management-Kompetenz – Die Gestaltungsgrundsätze des NDU/Executive MBA der Hochschule St.Gallen, Wiesbaden, S. 499-517.

TOMCZAK, T./REINECKE, S. (1996): Der aufgabenorientierte Ansatz – Eine neue Perspektive für das Marketing-Management, Fachbericht für Marketing, Nr. 5, St.Gallen.

TOMCZAK, T./REINECKE, S. (Hrsg.) (1998): Best Practice in Marketing – Erfolgsbeispiele zu den vier Kernaufgaben im Marketing, St.Gallen/Wien.

TOMCZAK, T./REINECKE, S. (1999): Der aufgabenorientierte Ansatz als Basis eines marktorientierten Wertmanagements, in: Grünig, R./Pasquier, M. (Hrsg.): Strategisches Management und Marketing, Bern u.a.O., S. 297-337.

TOMCZAK, T./REINECKE, S./FINSTERWALDER, J. (2000): Kundenausgrenzung: Umgang mit unerwünschten Dienstleistungskunden, in: Bruhn, M./Stauss, B. (Hrsg.): Jahrbuch Dienstleistungsmanagement 2000 – Kundenbeziehungen im Dienstleistungsbereich, Wiesbaden, S. 399-421.

TOMCZAK, T./REINECKE, S./KAETZKE, P. (2000): Konzept zur Gestaltung und zum Controlling existierender Leistungen, in: Albers, S./Herrmann, A. (Hrsg.): Handbuch Produktmanagement, Wiesbaden, S. 443-459.

TOMCZAK, T./REINECKE S./MÜHLMEIER, S. (2002): Der aufgabenorientierte Ansatz – Ein Beitrag der Marketingtheorie zur Weiterentwicklung des ressourcenorientierten Ansatzes, unveröffentlichtes Arbeitspapier, St.Gallen.

TOMCZAK, T./ROOSDORP, A. (1996): Positionierung – Neue Herausforderungen verlangen neue Ansätze, in: Tomczak, T./Th. Rudolph/A. Roosdorp (Hrsg.): Positionierung – Kernentscheidung des Marketing, St.Gallen, S. 26-42.

TOMCZAK, T./RUDOLPH, T./ROOSDORP, A. (1996) (Hrsg.): Positionierung – Kernentscheidung des Marketing, St.Gallen.

TOMCZAK, T./SCHÖGEL, M. (2003): Distributionsmanagement, München (in Vorbereitung).

TÖPFER, A. (1998): Audit von Business Excellence in der marktorientierten Unternehmensführung, in: Reinecke, S./Tomczak, T./Dittrich, S. (Hrsg.): Marketingcontrolling, St.Gallen, S. 44-59.

TREACY, M./WIERSEMA, F. (1995): The Discipline of Market Leaders, Boston.

TROMMSDORFF, V. (1992): Multivariate Imageforschung und strategische Marketingplanung, in: Hermanns, A./Flegel V. (Hrsg.): Handbuch des Electronic Marketing, München, S. 321-337.

TROUT, J./RIES, A. (1972): The Positioning Era Cometh, in: Advertising Age, Aril 24, 1972, S. 35-38; May 1, 1972, S. 51-54; May 8, 1972, S. 114-116.

TUCKER, S. H. (1966): Pricing for Higher Profit: Criteria, Methods, Applications, New York u.a.O.

ULRICH, H. (1981): Die Betriebswirtschaftslehre als anwendungsorientierte Sozialwissenschaft, in: Geist, M./Köhler, R. (Hrsg.): Die Führung des Betriebs, Stuttgart, S. 1-26.

URBAN, G./HAUSER, J. R. (1993): Design and Marketing of New Products, 2. Ed., Englewood Cliffs (N.J.).

URBAN, G./HAUSER, J. R./DHOLAKIA, N. (1987): Essentials of New Product Management, Englewood Cliffs (N.J.).

VERDIN, P. J./WILLIAMSON, P. J. (1994): Core Competences, Competitive Advantage and Market Analysis: Forging the Links, in: Hamel, G./Heene, A. (Hrsg.): Competence-based Competetion, Chichester, S. 77-110.

VOGLER, S./LIENHARD, F. (1999): «Willkommen bei der ZKB», in: Thexis, 16. Jg., H. 2, S. 34-38.

VON HERMANN, F. B.W. (1870): Staatswissenschaftliche Untersuchungen, 2. Aufl., München.

VON HIPPEL, E. (1988): The sources of innovation, New York.

VON KROGH, G. F./CUSUMANO, M. A. (2001): Das Unternehmen soll wachsen – aber nach welchem Plan, in: Harvard Business Manager, 23. Jg., H. 4, S. 88-100.

VON KROGH, G. F./ROGULIC, B. (1996): Branchen gestalten statt Marktanteile verwalten, in: Tomczak, T./Rudolph Th./Roosdorp A. (Hrsg.): Positionierung – Kernentscheidung des Marketing, St.Gallen, S. 58-68.

VON KROGH, G./ROOS, J. (1995): A Perspective on Knowledge, Competence and Strategy, in: Personnel Review, 24. Jg., H. 3, S. 56-76.

VON KROGH, G./VENZIN, M. (1995): Anhaltende Wettbewerbsvorteile durch Wissensmanagement, in: Die Unternehmung, 49. Jg., H. 6, S. 417-436.

WALKER, O./BOYD, H./LARRÉCHÉ, J. (1999): Marketing Strategy – Planning and Implementation, 3. Aufl., Boston u.a.O.

WEBSTER, F. E. (1992): The Changing Role of Marketing in the Corporation, in: Journal of Marketing, 56. Jg., H. 10, S. 1-17.

WEINHOLD-STÜNZI, H. (1987): Grundsätze des Kundenstamm-Marketing, in: Thexis, 4. Jg., H. 2, S. 8-14.

WEINHOLD-STÜNZI, H. (1994a): Marketing in 20 Lektionen, 27. Aufl., St.Gallen.

WEINHOLD-STÜNZI, H. (1994b): Die Kunst der Markt- und Meinungsforschungen, in: Tomczak, T./Reinecke, S. (Hrsg.): Marktforschung, St.Gallen, S. 90-104.

WERNERFELT, B. (1984): A Resource-Based View of the Firm, in: Strategic Management Journal, 5. Jg., S. 171-180.

WERNERFELT, B. (1995): A Resource-Based View of the Firm: Ten Years after, in: Strategic Management Journal, 16. Jg., S. 171-174.

WILSON, D. T. (1995): An Integrated Model of Buyer-Seller Relationships, in: Journal of Marketing Science, 25. Jg., H. 4, S. 335-345.

WIND, Y. (1982): Product Policy. Concepts, Methods and Strategy, Reading (Mass.).

WITTE, E. (1973): Organisation für Innovationsentscheidungen, das Promotoren-Modell, Göttingen.

WÖHE, G. (2000): Einführung in die Allgemeine Betriebswirtschafslehre, 20. Aufl., unter Mitarb. von U. Döring, München.

WOLFRUM, B. (1994): Strategisches Technologiemanagement, 2. Aufl., Wiesbaden.

WOLFRUM, B./RASCHE, C. (1993): Kompetenzorientiertes Management, in: Thexis, 10. Jg., H. 5./6., S. 65-70.

WOODSIDE, A. G./SONI, P. K. (1991): Customer Portfolio Analysis for Strategy Development in Direct Marketing, in: Journal of Direct Marketing, 5. Jg., H. 2, S. 6-19.

WORTHINGTON, S./HORNE, S. (1998): A new relationship marketing model and its application in the affinity credit card market, in: International Journal of Bank Marketing, 16. Jg., H. 1, S. 39-44.

YIP, G. (1992): Total Global Strategy, Englewood Cliffs (N.J.).

ZENTES, J. (1989): Trade-Marketing – Eine neue Dimension in den Hersteller-Händler-Beziehungen, in: Marketing ZFP, 11. Jg., H. 4, S. 224-229.

ZENTES, J. (Hrsg.) (1991): Moderne Distributionskonzepte in der Konsumgüterwirtschaft, Stuttgart.

ZIMMER, D. (2001): Wenn Kreativität zu Innovationen führen soll, in: Harvard Business Manager, 23. Jg., H. 1, S. 42-56.

Stichwortverzeichnis